古代帝範文獻薈要解題

叁

天津師範大學馬克思主義學院學術文庫

主編 翟雙萍 周延良

學苑出版社

本冊目録

有至公之量。故能得此。今朕用人無間新舊。惟賢才是用。何嘗存一毫私意。有過者必體情容之。有才者必推誠任之。上能推誠。則人樂盡力。若或畜疑。則人苟圖免責。誰肯盡心。爾自今慎之。勿復妄言。○十二月己酉。名廣西祿州判官湯宗至陞大理寺右寺丞。或言宗在建文中爲北平按察僉事。嘗奏按察使陳瑛受潛邸賞賜者。

太宗曰。帝王惟才是使。豈當屑屑記憶舊嫌。齊桓用管仲。唐太宗用王魏。何嘗不得其力。竟擢用之

五倫書卷之十五

五倫書卷之十六

君道

善行

仁民

唐堯存心於天下。加志於窮民。痛百姓之罹罪。憂衆生之不遂也。有一民飢。則曰此我飢之也。有一民寒。則曰此我寒之也。一民有罪。則曰此我陷之也。故不賞而民勸。不罰而民治。

虞舜命三后。恤功于民。伯夷降典。折民惟刑。禹平水土。主名山川。稷降播種。農殖嘉穀。三后成功。惟殷于民

夏禹思天下有溺者。猶己溺之

周古公亶父。脩后稷公劉之業。積德行義。國人皆戴之。獯鬻戎狄攻之。欲得地與民。民皆怒欲戰。古公曰。有民立君。將以利之。今戎狄所攻戰。以吾地與民。民之在我。與在彼何異。以我故戰。殺人父子而君之。予不忍爲。乃以私屬去邠。渡漆沮。踰梁山。止於岐下。邠人舉國

老弱盡歸岐下。及他旁國聞古公之仁。多歸之。於是古公貶戎狄之俗。營築城郭室屋。而邑別居之。民皆歌頌其德

文王懷保小民。惠鮮鰥寡。○老而無妻曰鰥。老而無夫曰寡。老而無子曰獨。幼而無父曰孤。此四者天下之窮民而無告者也。文王發政施仁。必先斯四者。○為池沼掘得死人之骨。文王曰葬之。吏曰此無主矣。文王曰有天下者天下之主。有一國者一國之主。寡人固

其主矣。以衣棺更葬之。天下聞之。曰西伯澤及枯骨。況於人乎

漢高祖初入秦。還軍霸上。召諸縣父老豪傑。謂曰父老苦秦苛法久矣。誹謗者族。耦語者棄市。吾與諸侯約。先入關者王之。吾當王關中。與父老約法三章耳。殺人者死。傷人及盜抵罪。餘悉除去秦法。吏民按堵如故。凡吾所以來。為父兄除害。非有所侵暴。毋恐。秦民大喜。爭持牛羊酒食獻享軍士。高祖讓不受。曰倉粟多不欲費民。民益喜之

文帝元年。詔曰。方春時和。草木群生之物。皆有以自樂。而吾百姓鰥寡孤獨窮困之人。或阽於死亡。而莫之省憂。為民父母。將何如。其議所以振貸之。○後元年十月。詔曰。間者數年不登。又有水旱疾疫之災。朕甚憂之。意朕之政有所失。而行有過歟。何以致此。夫度田非益寡。計民未加益。而食之甚不足者。無乃百姓從事於末以害農者蕃。為酒醪以靡穀

者多。六畜之食焉者眾與。其與丞相列侯吏二千石博士議之。有可以佐百姓者。率意遠思。無有所隱。○帝在位二十三年。宮室苑囿車騎服御。無所增益。有不便。輒弛以利民

昭帝始元二年。遣使行郡國。舉賢良。問民疾苦。振貸貧民種食。秋。詔以所貸勿收責。除今年田租

宣帝本始四年。詔曰。導民以孝。則天下順。今百姓或遭衰絰凶災。而吏繇事。使不得葬。傷

孝子之心朕甚憐之自今諸有大父母父母喪者勿繇事使得收斂送終盡其子道

成帝鴻嘉四年四月帝以水旱為災關東流冗者衆青幽冀部尤劇詔遣使者循行郡國被災什四已上民貲不滿三萬勿出租賦逋貸未入皆勿收流民欲入關輒籍内所入之郡國謹遇以理務有以全活之

光武建武六年詔曰往歲水旱蝗虫為災穀價騰躍人用困乏朕惟百姓無以自贍惻然

愍之其命郡國有穀者給稟高年鰥寡孤獨及篤癃無家屬貧不能自存者如律二千石勉加循撫無令失職

晉武帝咸寧四年秋大水螟帝問主者何以佐百姓尚書令杜預曰今者水災東南尤劇宜敕兗豫等州留漢氏舊陂以蓄水餘皆決瀝令饑者得魚菜螺蚌之饒此目下日給之益也水去之後填淤之田畝收數鍾此又明年之益也典牧種牛有四萬五千餘頭可給民使耕種責其租稅此又數年以後之益也帝從之民賴其利

唐太宗嘗謂侍臣曰國家以民為本人以食為命若禾黍不收則兆庶非國家所有朕嘗欲天下之人皆富貴惟省徭役薄賦斂命比屋之人恣其耕稼如此則富矣敦行禮讓使人少敬長妻敬夫如此則貴矣但令天下皆然朕不聽管絃不從田獵樂在其中矣

德宗嘗問政之寬猛孰先權德輿對曰唐家

承隋苛虐以仁厚為先太宗皇帝見明堂圖禁鞭背列聖所循皆尚德教故天寶大盜竊發俄而夷滅蓋本朝之化感人心之深也帝曰誠如公言

文宗太和七年正月以去歲關輔河東旱詔有司曰水旱流行疾疫作沴兆庶艱食札瘥相仍其過在予如聞關輔河東去年亢旱秋稼不登今春作之時農務尤切若不能賑救懼至流亡京兆府賑粟十萬石河中府絳州各

賜七萬石同華陝猇晉等州各賜十萬石並以常平義倉物充

五代周世宗時淮南饑命以米貸之或曰民貧恐不能償世宗曰民吾子也安有子倒懸而父不為之解哉安在責其必償也

宋太祖開寶八年十一月曹彬平江南捷至群臣稱賀太祖泣曰宇縣分割民受其禍攻城之際必有橫罹鋒刃者實可哀也命出米十萬賑卹之

真宗咸平元年夏四月遣使按吏民逋負于天下悉除之於是除逋欠一千餘萬釋囚三千餘人

仁宗時京師大疫帝出犀角二株付太醫局和藥賜貧民其一通天犀也內侍請留以為御帶帝曰以為朕帶孰若為藥以療民疾立命碎之○嘉祐二年初天下沒入戶絕田官自鬻之至是從韓琦請募人耕而收其租別為倉貯之以給州縣郭內之老幼貧疾不能自存者謂之廣惠倉以提刑領其事歲終具出納之數上三司每千戶留田租百石以是為差

元世祖至元十六年五月兀里養合帶言賦北京車牛俱至可運軍糧帝曰民之艱苦汝等不問但知役民使今年盡取之來歲禾稼何由得種其止之

成宗時江浙省臣言陛下即位之初詔蠲田租十之三然江南與江北異貧者佃富人之

田歲輸其租今所蠲者特及田主其佃民輸租如故是恩及富室而不及貧民也宜令佃民當輸田主者亦如所蠲之數從之

仁宗諭省臣曰比聞蒙古諸部困乏往往鬻子女於民家為奴僕其命有司贖之還各部

帝出見衛士有弊衣者駐馬問之對曰戍守邊鎮餘十五年以故貧耳帝曰此輩久勞于外留守臣未嘗以聞非朕親見何由知之自今有類此者必言於朕因命賜之錢帛○延

祐四年春正月帝謂左右曰中書比奏百姓
乏食宜加賑卹朕默思民饑若此豈政有過
差以致然歟向詔百司務遵世祖成憲宜勉
力奉行輔朕不逮然嘗思之惟省刑薄賦庶
使百姓各遂其生也

國朝

太祖皇帝吳元年正月謂中書省臣曰予嘗親
歷田野見人民凋獘土地荒蕪失業者多盖
因久困兵革生息未遂譬之觸熱者思得清

凉冒寒者思就溫燠爲之上者固當念之且
如太平應天宣城諸郡乃吾渡江開創之地
供億先勞之民其有租賦宜與量免少甦民
力省臣傳瓛對曰恤民王者善政
主上念之及此真發政施仁之本也民之受賜
如大旱之得霖雨其喜當何如

太祖因歎曰吾昔在軍中嘗乏粮空腹出戰歸
得一食雖甚粗糲食之甚甘今尊居民上飲
食豐羡心未嘗忘之況吾民居於田野所業

有限而又供需百出豈不重困於是免太平
府租賦二年應天宣城等處租賦一年○洪
武元年七月謂中書省臣曰中原兵難之後
老稚孤貧者多有失所宜遣人賑恤之省臣
以國用不足爲對

太祖皇帝曰得天下者得民心也夫老者民之
父母幼者民之子弟恤其老則天下之爲子
弟者悅恤其幼則天下之爲父母者悅天下
之老幼咸悅其心有不歸者寡矣苟視其困

窮而不之恤民將憮然曰惡在其爲我上也
故周窮乏者不患無餘財惟患無是心能推
是心何憂不足今日之務此最爲先宜速行
之○八月壬午大將軍徐達克元都表至群
臣上表稱賀禮畢侍臣進曰自昔革命之際
多有所資惟漢高祖取秦起自民間今
陛下不階尺土一民以定天下元主遁歸沙漠
兵不黷武跨越千古
上諭之曰朕思三代及漢唐宋歷年多者皆其

祖宗仁厚結於人心植本深固人不能忘故也元自世祖混一天下寬恤愛人亦可謂有仁心矣但其子孫無承藉之德不能以仁愛守之故至於此他日吾子孫能持仁厚之心守而不替社稷之福也○八年正月命中書省令天下郡縣訪窮民無告者月給以衣食無所依者給以屋舍仍諭之曰天下一家民猶一體有不獲其所者當思所以安養之昔吾在民間目擊其苦鰥寡孤獨饑寒困踣之

五倫書卷十六　十七

徒常自厭生恨不即死如此者宛轉於溝壑可坐而待也吾亂離遇此心常惻然故躬提師旅揩清四海以同吾一家之安今代天理物已十餘年若天下之民有流離失所者非惟昧朕之初志於代天之工亦不能盡也爾等為輔相當體朕懷不可使天下有一夫之不獲也○十七年六月令民間立義塚

太祖皇帝諭禮部臣曰古者聖王治天下有掩骼埋胔之令推恩及於朽骨近世狃於薄俗親死或以火焚之而投其骨於水孝子慈孫之心何忍傷恩敗俗莫此為甚其禁止之若貧無地葬所在官司擇近城寬閒地為義塚俾之葬埋或有宦遊遠方不能歸葬者官給舟車以歸之

永樂元年閏十一月河南南陽縣言本縣民多逃徙他縣賦役無所出乞下令捕之

太宗皇帝顧謂戶部尚書郁新等曰人情懷土誰肯樂去其鄉河南諸郡連歲水旱蝗螟饑

五倫書卷十六　十八

饉相仍守令又鮮能盡撫綏之道不得已舉家逃徙自圖存活之計耳今其鄉田廬生業必已廢棄歸且何依捕之徒益困之耳所言不可聽

仁宗皇帝為皇太子時自南京過山東境內遇民饑即命布政司發粟賑之及入見以聞

太宗皇帝曰正是昔范仲淹之子猶能舉麥舟濟其父之故舊況百姓吾赤子乎○

仁宗皇帝即位之初山東布政司言登萊諸郡

今歲雨水傷麥。其累歲所逋稅乞令民以他物代輸。命戶部議所以寬貸之者。戶部以國用不足為言。

仁宗曰。君民一體。民貧豈可不恤。宜從所言。其永樂二十年以前所逋稅悉蠲之。二十一年稅令以鈔代輸

重農

神農氏都於曾。古者民茹草飲水。采樹木之實。食蠃蛖（蛖莫江切蠃蛤類）之肉。多疾病毒傷之害。神

農以為人民眾多。禽獸難以久養。乃求可食之物。相土地燥濕肥磽高下。因天之時。分地之利。教民播種五穀。作陶冶斤斧為耒耜鉏耨。以墾草莽。然後五穀興。以助果蓏實而食之。

唐堯時命棄為農師。棄自為兒時游戲好種樹麻菽麥。及為成人。遂好耕農。相地之宜。民皆法則之。既為農師。天下得其利。堯以為有功。封於邰。號曰后稷

漢文帝二年。詔曰。農天下之大本也。民所恃以生也。而民或不務本而事末。故生不遂。朕憂其然。故今茲親率群臣農以勸之。其賜天下民今年田租之半○十二年三月。詔曰。道民之路。在於務本。朕親率天下農十年于今。而野不加辟。歲不一登。民有饑色。是從事焉者尚寡。而吏未加務也。吾詔書數下。歲勸民種樹。而功未興。是吏奉吾詔不勤。而勸民不明也。且吾農民甚苦。而吏莫之省。將何以勸焉。其賜農民今年田租之半

景帝後二年夏四月。詔曰。雕文刻鏤。傷農事者也。錦繡纂組。害女紅者也。農事傷則饑之本。女紅害則寒之原。夫饑寒並至。而能亡為非者寡矣。朕親耕。后親桑。以奉宗廟粢盛祭服。為天下先。不受獻。減太官。省繇賦。欲天下務農蠶。素有畜積。以備災害。今歲或不登。民食頗寡。其咎安在。其令二千石各脩其職。不事官職耗亂者。丞相以聞。請其罪○後三年詔曰。農天下之本也。黃金珠玉。饑不可食。寒

不可衣。以爲幣用。不識其終始。間歲或不登。意爲末者衆。農民寡也。其令郡國務勸農桑。益種樹可得衣食物。吏發民若取庸采黃金珠玉者坐贓爲盜。二千石聽者與同罪

武帝元鼎六年。詔曰。農天下之本也。泉流灌浸所以育五穀也。左右內史地名山川原甚衆。細民未知其利。欲爲通溝瀆。畜陂澤。所以備旱也。今內史稻田租挈重。不與郡同。其議減。令吏民勉農盡地利。平繇行水。勿使失時。

成帝陽朔四年。詔曰。夫洪範八政。以食爲首。斯誠家給刑措之本也。先帝劭農。（劭勸勉農務也）薄其租稅。寵其強力。令與孝弟同科。間者民彌墮怠。鄉本者少。趨末者衆。將何以矯之。方東作時。其令二千石勉勸農桑。出入阡陌。致勞來之。書不云乎。服田力穡。乃亦有秋。其勗之哉

明帝永平四年春正月。詔曰。朕親耕籍田以祈農事。京師冬無宿雪。春不燠沐。煩勞群司積精禱求。而比再得時雨。宿麥潤澤。其賜公卿半奉。有司勉遵時政。務平刑罰

章帝元和元年。詔曰。王者八政。以食爲本。故古者急耕稼之業。致耒耜之勤。節用儲蓄。以備凶災。是以歲雖不登。而人無饑色。其令郡國募人無田欲徙他界就肥饒者。恣聽之。到在所賜給公田。爲雇耕傭。賃種餉。貰與田器。勿收租五歲。除算三年

唐太宗貞觀二年。謂侍臣曰。凡事皆須務本。國

以人爲本。人以食爲命。凡營衣食。不失時爲本。夫不失時者。唯在人君簡靜乃可致耳。若兵戈屢動。土木不息。而欲不奪農時。其可得乎。朕所以抑情損欲。剋己自勵耳。○五年。有司上言。皇太子將行冠禮。宜用二月爲吉。請追兵以備儀注。上曰。今東作方興。恐妨農事。命改用十月。太子太保蕭瑀奏言。准陰陽家用二月爲勝。上曰。陰陽拘忌。朕所不行。若動靜必依陰陽。不顧德義。欲求福祐。其可得乎。

若所行皆遵正道自然常與吉會農事甚要不可輙失

玄宗開元十三年二月制以所得客戶稅錢均充所在常平倉本又委使司與州縣議作勸農社使貧富相恤耕耘以時仍以宇文融兼戶部侍郎為勸農使○二十二年五月帝於苑中種麥率皇太子以下躬自收穫謂曰此將薦宗廟是以躬親亦欲令爾等知稼穡之艱難也因分賜侍臣等謂曰比歲令人巡

撿苗稼所對多不以實故自種植以觀其成且春秋書無麥禾豈非古人所重也

五代唐明宗嘗觀稼於近郊見民有三人同挽犁者命有司給牛三頭因謂侍臣曰朕遥望西南山坡之下若群牛然就而察之乃貧民耦耕朕甚憫焉不賜之牛無以慰朕意也侍臣對曰陛下憫農如此天下必勤于稼穡矣

周世宗嘗夜讀書見唐元稹均田圖慨然歎曰此致治之本也王者之政自此始乃詔頒其圖法使吏民先習知之期以一歲大均天下之田

宋太祖建隆二年分遣常參官詣諸州度民田課民種植每縣定民籍為五等第一種雜木百每等減二十為差桑棗半之男女十歲以上人種韭一畦闊一步長十步令佐以春秋巡視○三年詔曰生民在勤所寶惟穀先王之明訓也朕以萬邦大定漸屬於隆平百姓為心欲臻於富庶永念農桑之業寔為衣食

之源今者陽和在辰播種資始憲彼鄉閭之內或多游惰之民苟春作之不勤則歲功之何望卿任居守土職在頒條一方之憂寄非輕萬室之烝黎是賴宜行勸誘廣務耕耘南畝東皐俾無遺利用天分地各有餘粮極其藨薉上平表切下音穢墾蕪菑也之功致我倉箱之詠勉思共理別奨陟明○乾德四年詔曰五代以來兵亂相繼國用不足庸調繁興園桑柘以議鬰租括田疇以足征賦逋逃所失均出里

閭致樹蓺之不得勤汙萊之不敢辟虛遺地利重困生民朕歷試艱難周知疾苦四方甫定七載于茲節用愛人敦本抑末有經費未嘗加賦間灾沴即議蠲除方致小康固無重斂爰頒詔旨徧諭憂勤庶幾畎畝之間各務耕耘之業宜令所在明加告諭自今百姓有能廣植桑棗開荒田者並令只納舊租永不通檢其諸縣令佐如能招復逋逃勸課栽植舊減一選者更加一階凡爾烝黎當體朕意

太宗太平興國七年詔曰民惟邦本食乃民天常念稼穡之艱難每慮田園之蕪廢廣興山澤之利大開衣食之源既庶富之未臻蓋勸課之猶闕宜令諸道州縣應部民有乏種及耕具人丁許衆共推擇一人練土地之宜明種樹之法補為農師令相視田畝沃瘠及五種所宜指言某處土田宜植某物某家有種其戶闕丁男某人有耕牛即令鄉三老里胥與農師共勸民分與曠土種蒔俟歲熟共取其利為農師者常稅外免其他役民家有嗜酒蒱博怠於農務者俾農師謹察之聞於州縣寘其罪以警游惰焉所墾新田即為永業官不取其租詔到宜亟行之無或稽緩〇

端拱元年詔除耕地于朝陽門七里外祀先農如南郊禮以后稷配遂親耕籍田數十步乃止還御丹鳳樓大赦改元

真宗天禧元年十一月大雪帝謂宰相曰雪固豐稔之兆第民力未充慮失播種卿等其

務振勸毋遺地利

仁宗明道二年春行勸農禮帝搢圭三推禮儀使奏禮成帝曰朕躬耕不必泥古願終畝以勸天下遂耕十有二畦明日帝親製籍田禮成詩以賜宰臣

英宗治平四年詔曰朕惟方今孟夏乃農民作勞之時比來歲少順成今春雨澤以時農民桑蠶穀麥種作勤勞一歲之功併在此時尚慮州縣閭慢之吏覆按細罪拘牽微文名

呼證辨連逮丁壯加以興土木不急之務留繫工役理公私未償之負監錮其身失業數旬受弊卒歲委安撫轉運司明加勑誡省事息民無奪其時仍令州縣吏躬親勞農勸民專力致勤務盡地力毋或自失以俟有秋給公上奉孝養焉其有去歲不登今春少雨農民艱食失業者令所在郡縣速振救之無使流移以稱朕愛民厚農之意

神宗熙寧元年詔以孟夏農勞之時令監司

戒飭州縣省事勸民力田有艱食者振之○七年以時雨降詔河北京西陝西淮南等路勸民趨耕有因事拘繫者釋之

高宗語侍臣曰朕聞民間乏牛皆以人耕田其勞可憫令畫以人耕田之象置之左右庶不忘稼穡艱難

元世祖中統三年勑禁諸道戍兵所經及勢家豪右毋縱畜牧犯民桑棗禾稼違者罪之○至元二十五年詔行大司農司各道勸農營田司巡行勸課舉察勤惰歲具府州縣勸農官實迹以為殿最路經歷官縣尹以下並聽裁決或怙勢作威侵官害農者從提刑按察司究治募民能耕江南曠土及公田者免其差役三年其輸租免三分之一

仁宗即位七月車駕將還大都太后言於帝曰今秋稼方盛宜勿令鷹坊駝人衛士先往庶免害稼擾民帝即勑禁止之

國朝洪武二年五月

太祖皇帝幸鍾山歸由獨龍岡步至淳化門始騎而入謂侍臣曰朕久不歷農畝適見田者冒暑而耘甚苦因憫其勞徒步不覺至此農為國本百需皆其所出彼辛苦若是為之司牧者亦嘗閔念之乎且均為人耳身處富貴而不知貧賤之艱難古人嘗以為戒夫衣帛當思織女之勤食粟當念耕夫之苦朕為此故不覺惻然于心也○十二年八月遣使齎勑諭宋國公馮勝時勝督工建周王宮殿于

開封府将以九月興役以其時民當種麥勅
諭之曰中原民食所恃者二麥耳。近聞爾令
有司集民夫欲以九月赴工。正當播種之時
而後之是奪其時也。過此則天寒地凍。種不
得入土。来年何以續食。自古治天下者必重
農時。朕封建諸子。将以福民。今福未及施而
先奪民時。朕恐小民之怨咨也。勅至其即放
還。俟農隙之時赴工未晚也。○十八年九月。
太祖諭戶部臣曰。人皆言農桑衣食之本。然棄

本逐末。鮮有救其弊者。先王之世。野無不耕
之民。室無不蚕之女。水旱無虞。飢寒不至。自
什一之塗開。竒巧之技作。而後農桑之業廢。
一農執耒而百家待食。一女事織而百夫待
衣。欲人無貧。得乎。朕思是食在於禁末作。是
衣在於禁華靡。爾宜申明天下。四民各守其
業。不許遊食。庶民之家。不許衣錦繡。庶幾可
以絶其弊也。○二十年二月乙未。躬耕籍田。
遣官享先農。禮成。宴群臣于壇所。

太祖曰。耕籍田。古禮也。一以供粢盛。一以勸農
務本也。朕即位以来。恒舉行之。惟欲使民知
勸。盡力於田畝。以遂其生養。非事虛文也。今
禮成。與爾群臣享胙于此。非徒為宴飲之樂。
正欲群臣知重農之意。○二十七年三月。命
天下種桑棗。謂工部臣曰。人之常情。安於所
忽。飽即忘饑。暖即忘寒。不思為備。一旦卒遇
凶荒。則茫然無措。朕深知民艱。百計以勸督
之。俾其咸得飽暖。比年以来。時歲頗豐。民庶

給足。田里皆安。若可以無憂也。然預防之計
不可一日而忘。爾工部其諭民間。但有隙地
皆令種植桑棗。或遇凶歉。可為衣食之助。
永樂二十二年十一月。
仁宗皇帝諭戶部尚書夏原吉等曰。農者生民
衣食之原。耕耘收穫。不可失時。自今一切不
急之役。有當用人力者。皆俟農隙。前代蓋有
不恤農事而以徭役妨耕作。召亂亡者矣。不
可不謹。

正名

周襄王時晉文公既定襄王于郟王勞之以地辭請隧焉王弗許曰昔我先王之有天下也規方千里以為甸服其餘以均分公侯伯子男使各有寧宇今天降禍災於周室余一人又不佞以勤叔父而班先王之大物以賞私德其叔父實應且憎以非予一人予一人豈敢有愛也叔父若能光裕大德更姓改物以創制天下自顯庸也若由是姬姓也尚將列

為諸侯以復先王之職大物其未可改也予敢以私勞變前之大章以忝天下不然叔父有地而隧焉予安能知之文公遂不敢請受地而還

定王時晉侯使鞏朔獻齊捷于周王弗見使卿士單襄公辭焉曰蠻夷戎狄不式王命淫湎毀常王命伐之則有獻捷王親受而勞之所以懲不敬勸有功也兄弟甥舅侵敗王略王命伐之告事而已不獻其功今叔父克遂有功于齊而不使命卿而鞏伯實來未有職司於王室又奸先王之禮予雖欲於鞏伯其敢廢舊典以忝叔父鞏朔不能對王使委於三吏禮之如侯伯克敵使大夫告慶之禮降於卿禮一等

列國魯定公八年從祀先公先是魯之祭也躋僖公而外昭公不順多矣夫僖公雖兄而閔公先立則為君也昭公制於季氏薨於乾侯不得終於正寢既薨又不得以時歸葬既葬

絕其兆域又不得同於先君而在墓道之南其主未得從昭穆而祔祭至是閔公僖公始得正其位次而昭公始得溝而合諸墓從祀太廟故春秋書曰從祀而傳謂從祀者何順祀也從祀之祀始正其禮也

漢質帝以安帝不嗣殤帝而禰和帝乃詔曰孝殤皇帝雖不永休祚而即位踰年君臣禮成孝安皇帝承襲統業而前世遂令恭陵在康陵之上先後相踰失其次序非所以奉宗廟

之重。垂無窮之制。昔定公追正順祀。春秋善
之。其命恭陵次康陵。憲陵次恭陵。以序親秩。
為萬世法。

宋神宗熙寧中。詔封太祖諸孫行尊者為王。奉
太祖後。判尚書考功同知太常禮院劉攽言。
禮諸侯不得祖天子。當自奉其國之祖。宜崇
德昭德芳太祖二子也之後。世世勿降爵。宗廟祭
祀使之在位。則所以褒揚藝祖者著矣。詔如
攽議。

元太宗即位之初。耶律楚材為定儀制。謂親王
察合台曰。王雖兄位則臣也。禮當拜。王拜則
莫敢不拜矣。即位之日。王率皇族及臣僚拜
帳下。朝廷尊屬有拜禮自是始

國朝
太祖皇帝建國初。命中書省定官房舍服色等
第。諭廷臣曰。古昔帝王之治天下。必定禮制
以辨貴賤明等威。是以漢高初興。即有衣錦
繡綺縠操兵乘馬之禁。歷代皆然。近世風俗
相承流於僭侈。閭里之民服食居處與公卿
無異。貴賤無等。僭禮敗度。此元之失政也。中
書其以房舍服色等第明立禁條。頒布中外。
俾各有所守。以正名分

五倫書卷之十六

五倫書卷之十七

君道

善行

報功

周武王克商平天下。封功臣謀士。而師尚父為首封。封於營丘。曰齊。周公旦於曲阜。曰魯。召公奭於燕。餘各以次受封

成王初立。幼弱。周公攝政六年。朝諸侯於明堂。制禮作樂。頒度量而天下大服。七年。致政

於成王。公既沒。王以公有大勳勞於天下。命魯世以重祭享之

宣王以召穆公既平淮南之夷。用賞其功。錫之圭瓚秬鬯以祀其先祖。山川土田以廣其封邑。遂賜之策命。故江漢之詩曰。釐爾圭瓚。秬鬯一卣。告于文人。錫山土田。于周受命。自召祖命。虎拜稽首。天子萬年

襄王時。晉文公敗楚于城濮。且來獻俘。命尹氏及王子虎內史叔興父策命晉侯為侯伯。賜之大輅之服。戎輅之服。彤弓一。彤矢百。玈弓矢千。秬鬯一卣。虎賁三百人。曰。王謂叔父敬服王命。以綏四國。糾逖王慝。晉侯曰。重耳敢再拜稽首。奉揚天子之丕顯休命。受策以出。出入三覲

列國晉悼公時。鄭簡公使人賂晉以兵車百乘。歌鍾二肆。及其鎛磬。女樂二八。悼公以樂之半賜魏絳曰。子教寡人和諸戎狄。以正諸華。八年之中。九合諸侯。如樂之和。無所不諧。請

與子樂之。絳辭曰。夫和戎狄。國之福也。八年之中。九合諸侯。諸侯無慝。君之靈也。二三子之勞也。臣何力之有焉。抑臣願君安其樂而思其終也。詩曰。樂只君子。殿天子之邦。樂只君子。福祿攸同。便蕃左右。亦是帥從。夫樂以安德。義以處之。禮以行之。信以守之。仁以厲之。而後可以殿邦國。同福祿。來遠人。所謂樂也。書曰。居安思危。思則有備。有備無患。敢以此規。公曰。子之教。敢不承命。抑微子。寡人無

以待戎不能濟河夫賞國之典也藏在盟府
不可廢也子其受之魏絳於是乎始有金石
之樂禮也
鄭簡公如晉公孫段相甚敬而卑禮無違者
晉平公嘉焉授之以策曰子豐（段父）之有勞於
晉國余聞而弗忘賜汝州田以胙乃舊勳段
再拜稽首受策以出君子曰禮其人之急也
乎段之汰也一為禮於晉猶荷其祿況以禮
於終始乎

漢高祖既定天下封功臣皆為列侯至奏位次
羣臣皆曰平陽侯曹參身被七十創攻城略
地功最多宜第一鄂千秋進曰羣臣議皆誤
夫曹參雖有野戰略地之功此特一時之事
夫上與楚相距五歲失軍亡衆蕭何常從關
中遣軍補其處軍無見粮何轉漕給食不乏
陛下數亡山東何常全關中待陛下此萬世
之功哉蕭何當第一曹參次之帝曰善遂封
何酇侯參平陽侯張敖宣平侯周勃絳侯樊

噲舞陽侯酈商曲陽侯奚涓魯侯夏侯嬰汝
陰侯灌嬰潁陰侯傅寬陽陵侯靳涉信武侯
王陵安國侯陳武棘津侯王吸清河侯薛歐
廣平侯周昌汾陰侯丁復陽郡侯蟲達曲成
侯○帝以陳平從征伐數出奇計以定天下
及剖符定封以平為戶牖侯世世勿絕平辭
曰此非臣之功也上曰吾用先生計謀戰勝
克敵非功而何平曰非因魏無知臣安得進
上曰若子可謂不背本矣乃復賞魏無知○

五年詔故粵王亡諸世奉粵祀初秦侵奪其
地使其社稷不得血食諸侯伐秦亡諸身帥
閩中兵以佐滅秦項羽廢而弗立至是以為
閩粵王王閩中地
惠帝詔曰高皇帝匡飭天下諸有功者受分
地為列侯萬民大安莫不受休德朕思念至
於久遠而功名不著亡以尊大誼施後世令
欲差次列侯功以定朝位藏于高廟世世勿
絕嗣子各襃其功位其與列侯議定奏之丞

相陳平言謹與絳侯臣勃曲周侯臣商穎陰侯臣嬰安國侯臣陵等議列侯幸得賜餐錢奉邑。陛下加惠以功次定朝位。臣請藏高廟。奏可

文帝元年夏四月。封宋昌為壯武侯。是時帝既施惠天下。諸侯四夷遠近驩洽。乃脩代來功。由是封昌為侯

景帝二年。封鄼侯蕭何之孫嘉以奉何祀。制詔御史曰。故相國何高皇帝大功臣。所與為

天下也。今其祀絕。朕甚憐之。其以武陽縣戶二千封何孫嘉為列侯

武帝元光間。拜衛青車騎將軍。出上谷擊匈奴。斬首虜數百騎。賜爵關內侯。元朔元年。青復率騎出鴈門。走白羊樓煩王。取河南地為朔方郡。封長平侯。五年。青復將出高闕。得右賢王下裨將十餘人。人畜無算。引兵還至塞。帝使使者持印。即軍中拜青大將軍。諸將皆以兵屬。帝曰。大將軍青躬率戎士。師大捷。獲匈奴王十餘。益封青八千七百戶。封其子伉為宜春侯。不疑陰安侯。登發干侯。○霍去病為驃騎將軍。封冠軍侯。元狩三年春。將萬騎出隴西有功。益封二千二百戶。其夏復統兵出北地。遂深入至祁連山。斬首虜甚多。益封五千四百戶。○李廣利等擊匈奴還有功。帝乃下詔曰。匈奴為害久矣。貳師將軍廣利征討厥罪。伐勝大宛。賴天之靈。從泝河出涉流沙。通西海。山雪不積。士大夫徑度。獲王首虜。

珍怪之物畢陳於闕。其封廣利為海西侯。食邑八千戶。奮行者封爵有差

昭帝時。張安世為右將軍光祿勳。帝詔曰。安世輔政宿衛。肅敬不怠。十有三年。咸以康寧。夫親親任賢。唐虞之道也。其封為富平侯

宣帝本始元年。詔故丞相安平侯敞等居位守職。與大將軍光車騎將軍安世建議定策。以安宗廟。功賞未加而薨。其益封敞嗣子忠。及丞相陽平侯義度遼將軍平陵侯明友。前

將軍龍頟侯增太僕建平侯延年太常蒲侯
昌諫大夫宜春侯譚當塗侯平杜侯屠耆堂
長信少府關内侯勝邑戶各有差封御史大
夫廣明爲昌水侯後將軍充國爲營平侯大
司農延年爲陽城侯少府樂成爲爰氏侯光
禄大夫遷爲丘平侯賜右扶風德典屬國武
廷尉光宗正德大鴻臚賢詹事畸光禄大夫
吉京輔都尉廣漢爵皆關内侯德武食邑○
又詔車騎將軍光禄勳富平侯安世宿衛忠

正宣德明恩勤勞國家守職秉義以安宗廟
其益封萬六千戶功次大將軍光安世子千
秋延壽彭祖皆中郎將侍中○帝爲皇曾孫
時繫獄丙吉極愛護然吉爲人深厚不伐善
絶口不道前恩會掖庭宮婢自陳嘗有阿保
之功辭引使者丙吉知狀帝親見問然後知
吉有舊恩而終不言大賢之乃詔曰御史大
夫丙吉於朕有恩厥功茂焉詩不云乎無德
不報其封吉爲博陽侯食邑千三百戶○地

節二年詔大司馬大將軍博陸侯光宿衛孝
武皇帝三十餘年輔孝昭皇帝遭大難躬秉
義率三公諸侯九卿定萬世策以安宗廟天
下烝庶咸以康寧功德茂盛朕甚嘉之復其
後世疇其爵邑世世毋有所與功如蕭相國
及薨帝親臨其喪太中大夫任宣與侍御史
五人持節護喪事中二千石治莫府冢上發材
官輕車北軍五校士軍陳至茂陵以送其葬
謚曰宣成侯封其子山爲樂平侯○帝思股

肱之美迺圖其人於麒麟閣凡十一人法其
形貌署其官爵姓名唯霍光不名曰大司馬
大將軍博陸侯姓霍氏次曰衛將軍富平侯
張安世車騎將軍龍頟侯韓增後將軍營平
侯趙充國丞相高平侯魏相博陽侯丙吉御
史大夫建平侯杜延年宗正陽城侯劉德少
府梁丘賀太子太傅蕭望之典屬國蘇武皆
有功德知名當世是以表而揚之
元帝初元二年詔前將軍蕭望之傅朕八年

道以經書。厥功茂焉。其賜爵關內侯。食邑八
百戶。給事中。朝朔望。坐次將軍
成帝以故博陽侯丙吉於宣帝有舊恩。尤重。
制詔丞相御史曰。蓋聞褒功德。繼絕統。所以
重宗廟。廣賢聖之路也。故博陽侯吉以舊恩
有功而封。今其祀絕。朕甚憐之。夫善善及
子孫。古今之通誼也。其封吉孫中郎將關內
侯昌為博陽侯。○鴻嘉元年。詔左將軍史丹。
往時導朕以忠正。秉義醇一。封丹為武陽侯。及

丹寢病。頤歸治疾。帝愍以職事久留之。使躬
不瘳。乃使光祿勳賜丹金五十斤。安車駟馬。
其上將軍印綬。專精神。近醫藥。以輔不衰
光武時。祭遵從征隗囂。囂破。帝東歸。幸遵營
勞享士卒。作黃門武樂。夜乃罷。時遵有疾。詔
賜重茵。覆以御蓋。及卒。帝愍悼之尤甚。喪至
河南。帝素服臨之。望哭哀慟。喪禮成。復祠以
太牢。如宣帝臨霍光故事。至葬。帝復臨。贈以
將軍侯印綬。謚曰成侯。其後朝會。帝每歎曰。

安得憂國奉公如祭征虜者乎。○帝遣征西
大將軍馮異定關中。異被讒。上章自理。詔報
曰。將軍之於國家。義為君臣。恩猶父子。何嫌
何疑。而有懼意。及異朝京師。引見。帝謂公卿
曰。是我起兵時主簿也。為吾披荊棘。定關中。
既罷。使中黃門賜以珍寶衣服錢帛。詔曰。倉
卒蕪蔞亭豆粥。滹沱河麥飯。厚意久不報。異
稽首謝。○帝遣來歙伐蜀。公孫述使客刺
歙。歙自書遺表曰。臣夜定後為賊中傷。臣要

害不敢自惜。誠恨奉職不稱。以為朝廷羞。光
武聞大驚。省書攬涕。乃賜策曰。中郎將來歙
攻戰連年。平定羌隴。憂國忘家。忠孝彰著。遭
命遇害。嗚呼哀哉。使太中大夫贈歙征羌侯
印綬。謚曰節侯。謁者護喪事。喪還洛陽。乘輿
縞素臨喪送葬
明帝永平二年。思中興功臣。乃圖二十八將
於南宮雲臺。以鄧禹為首。次馬成。吳漢。王梁。
賈復。陳俊。耿弇。杜茂。寇恂。傅俊。岑彭。堅鐔。馮

興王霸朱祐任光祭遵李忠景丹萬脩蓋延
邳彤銚期劉植耿純臧宮馬武劉隆又益以
王常李通竇融卓茂合三十二人馬援以椒
房之親獨不與焉
和帝永元五年以軍司馬班超擊匈奴有功
詔曰往者匈奴獨擅西域寇盜河西先帝命
將帥擊之諸國震慴響應遂開西域置都護
而焉耆王舜舜子忠獨謀悖逆恃其險隘覆
沒都護并及吏士先帝使軍司馬班超安集

于窴以西超遂踰葱嶺迄縣度出入二十二
年莫不賓從改立其王而綏其人不動中國
不煩戎士得遠夷之和同異俗之心而致天
誅蠲宿恥以報將士之讎司馬法曰賞不踰
月欲人速覩為善之利也其封超為定遠侯
邑千戶
安帝永初六年詔封陽夏侯馮異之孫晨為
平鄉侯帝即位思中興功臣乃下詔曰建武
元功二十八將至此未遠而或至乏祀朕甚

愍之其條二十八將無嗣絕世若犯罪奪國
其子孫應當統後者分別署狀以上晨以父
普有罪國除至是復得嗣封明年二十八將
絕國者皆紹封焉
唐太宗面定勳臣長孫無忌等爵邑且曰朕敘
卿等勳賞或未當宜各自言於是諸將爭功
紛紜不已淮安王神通曰臣舉兵關西首應
義旗令房玄齡杜如晦等專弄刀筆功居臣
上臣竊不服帝曰義旗初起叔父雖首唱舉

兵蓋亦自營脫禍及竇建德吞噬山東叔父
全軍覆沒劉黑闥再合餘燼叔父望風奔北
玄齡等運籌帷幄坐安社稷論功行賞固宜
居叔父之先叔父國之至親朕誠無所愛但
不可以私恩濫與勳臣同賞耳諸將乃相謂
曰陛下至公雖淮安王尚無所私吾儕何敢
不安其分遂皆悅服◯突厥入寇王君廓邀
擊破之帝聞而大悅徵之入朝賜與御馬令
殿廷乘之而出又謂侍臣曰吾聞藺相如叱

秦王目眥出血君廓往擊建德将出戰徐勣過之君廓發憤大呼目及鼻耳一時流血如此壯氣何謝古人不可以常例賞之復賜錦袍金帶還領幽州○帝宴群臣曰貞觀以前從我定天下間關草昧房玄齡功也貞觀之後納忠諫正朕違為國家長利魏徵而已雖古名臣亦何以加親觧佩刀以賜二人○功臣李世勣嘗患暴疾方云鬚灰可療帝自翦鬚與之和藥世勣頓首出血泣謝帝曰朕為

社稷非為卿也○貞觀十七年詔圖功臣於淩煙閣長孫無忌趙郡王孝恭杜如晦魏徵房玄齡高士廉尉遲敬德李靖蕭瑀段志玄劉弘基屈突通殷開山柴紹長孫順德張亮侯君集張公謹程知節虞世南劉政會唐儉李世勣秦叔寶等凡二十四人

玄宗天寶六載正月南郊禮畢詔太廟配享功臣高祖室宜加裴寂劉文静太宗室加長孫無忌李靖杜如晦高宗室加褚遂良高季輔劉仁軌中宗室加狄仁傑魏元忠王同皎文武之道既惟並用宗敬之儀不可獨闕

德宗嗣位以郭子儀禦吐蕃有大功詔攝冢宰充山陵使賜號尚父進位太尉中書令建中二年病帝遣舒王到第傳詔省問子儀薨帝悼痛廢朝五日詔群臣往弔隨喪所須皆取于官贈太師陪葬建陵及葬帝御安福門哭過其喪

宋太祖開寶三年以潘美為行營諸軍都部署

朗州團練使征嶺南既平屢拜山南東道節度使復從曹彬平南唐以功拜宣徽北院使及征太原討范陽鎮幽州大破遼兵封代國公改忠武節度使進封韓國公

太宗時趙普上章告老拜太師封魏國公給宰相俸料仍遣其弟安易齎詔賜之又遣使以璽書賜普曰朕以居守之重慮煩耆耋維師之命用表尊賢令賜羊酒卿宜愛精神以副眷注之意○太平興國中以平北漢功賚

王廷美進封秦王。薛居正加司空。沈倫加左僕射。盧多遜兼兵部尚書。曹彬兼侍中。白進超崔翰劉廷翰田重進米信並領諸軍節度使。楚昭輔崔彥進李漢瓊並加檢校太師。王仁贍加檢校太傅。石熙載加刑部侍郎。文武從臣進秩有差

真宗以曹彬在太祖時多戰功。太宗因其伐契丹敗績。稍被責降。至是復彬檢校太師同平章事。尋召拜樞密使。及被疾。帝趣駕臨問手為和藥。仍賜白金萬兩。卒。贈中書令。追封濟陽郡王。謚武惠。贈妻高氏韓國夫人。子瑋琮璨俱領旄鉞。仍官其親族門客親校十餘人。未幾。詔彬與趙普配享太祖廟庭

神宗時。韓琦換節永興軍。再任未拜而薨。帝發哀苑中。哭之慟。輟朝三日。賜銀三千兩。絹三千匹。發兩河卒為治塚。琢其碑曰兩朝顧命定策元勳。贈尚書令。謚曰忠獻。配享英宗廟庭

高宗時。兀朮舉兵攻仙人關。謂都統制吳玠曰。公若來降。當得美地百里而王之。玠曰。已事本朝。安有二心。遂大戰破之。帝聞而嘉歎。賜以所御戰袍器甲。且賜手札曰。朕恨阻遠。不得拊御之背也。及玠卒。詔立廟仙人關。祀之賜額曰忠烈○帝謂宰執曰。用兵之際。賞罰欲明。劉錡以孤軍首挫賊鋒。兀朮遁去。其功卓然。遂超授節鉞。復賜手札曰。卿之偉績朕所不忘○張俊卒。帝親臨其喪。謂秦檜曰。張俊遽亡。曩日俊極宣力。與韓世忠等不同。恩數宜從優厚。遂賜貂冠朝服以斂。命內侍張去為護葬事。第其功。特封循王○曹成為亂。執向子諲。據道州賀州。命岳飛捕之。嶺表悉平。帝名至行在所。諭令繫金帶上殿。賜御札于旗曰。精忠岳飛。令行師必建之○詔圖像功臣趙普曹彬薛居正石熙載潘美李沆。王旦王曾李繼隆呂夷簡曹瑋韓琦富弼曾公亮司馬光韓忠彥等一十六人。配享景靈

宮◯苗傅等殺王淵爲亂帝命平寇將軍韓世忠往討之世忠令其將士曰今日各以死報國若面不帶箭者必斬及傅平加世忠兩鎮節度使御書忠勇二字表其旂幟又封其妻梁氏爲國夫人給内中俸以寵之將臣兼兩鎮功臣妻給俸並始此已而敗虜寇於淮陽賜號揚武翊運功臣加横海武寧安化節度大將賜功號節度開三鎮亦自世忠始

理宗寶慶二年三月詔太常寺繪配享景靈宮功臣趙普以下十六人及增趙鼎呂頤浩韓世忠張浚陳康伯史浩葛邲七人凡二十三人像於功臣閣以昭勳崇德爲名

元世祖時王榮祖屢有戰功又從諸王也忽略地三韓降天龍諸堡下甕子城竹木寨苦苫數島帝嘉其功賜以金幣官其子興千戶仍賞其部曲移鎮高麗平壤帝遣使諭之曰彼小國負險自守釜中之魚非久自死緩急可否卿當熟思榮祖乃募民屯戍闢地千里盡得諸島與城壘高麗遣其世子倎出降遂以倎入朝帝慰撫之曰卿父子勤勞於國誠節如一進緣邊招討使兼北京等路征行萬戶賜寶鞍弓矢還鎮

國朝洪武二年正月

太祖皇帝勅中書省臣曰元末政亂禍及生靈朕倡義臨濠以全鄉曲繼率英賢渡大江遂西取武昌東定姑蘇北下中原南平閩廣越十有六載始克混一每念諸將相從捐軀戮

力開拓疆宇有共事而不睹其成建功而未食其報追思前勞痛切朕懷人孰無死死而不朽乃爲可貴若諸將者生建忠勇之節死有無窮之榮身雖沒而名永不磨矣其命有司立功臣廟于鷄鳴山序其封爵爲像以祀之◯諭魏國公徐達等曰卿等連年征伐犯霜露冒矢石臨危決機之際死生以之今天下既定卿等宜少休息可自今或三日五日一朝有大事則召卿等議之達對曰臣等荷

陛下威靈仰奉成算遂翦群雄顧臣等愚陋犬
馬微勞何足齒錄伏蒙
聖恩特加優禮揆之於心實深愧悚豈敢自逸
太祖曰朕固知卿不忘恭敬之意但念卿等久
勞于外思有以慰卿之勞耳達等復固辭弗
許○十八年二月太傅魏國公徐達薨
太祖輟朝愴然不樂謂群臣曰朕起自徒步大
將軍為朕股肱心膂戮力行陣東征西討削
平群醜克濟大勳今邊胡未殄朕方倚任為

萬里長城之寄而太陰屢犯上將不意遽殞
其命天何奪吾將之速朕夜來竟夕不寐欷
歔流涕思盡心國家為社稷之重安得復有
斯人乃欲有以報之無所用其情耳但著其
勳烈宣于金石永垂不朽使後世知斯人為
國之元勳也遂親製碑文樹之於墓○
太宗皇帝即位之初享
太廟畢遣官祭功臣于雞鳴山廟先是禮部侍
郎宋禮言功臣自有廟請罷

太廟配享但於本廟祭之
太宗曰
先帝所定配享不可罷又曰此皆佐命開國之
臣既自有廟俟
太廟享畢亦別遣官即其廟祭之於義可也著
為令○永樂四年八月饒州府言鄱陽康山
忠臣廟圮壞請命脩治
太宗顧侍臣歎曰此皆首佐
皇考成帝業者不幸遇艱難效忠奮義以死昔

人盛德百世祀今不數十年而廟壞不治豈
報德勸功之道今國家於異代忠義之臣猶
致禮其祠墳況
皇考股肱爪牙之臣哉禮父母所愛亦愛之況
有功於國乎遂命工部即遣官督脩仍諭所
司歲時嚴祀禮守廟者悉復其家

褒嘉

虞舜以禹治水成功曰俞地平天成六府三事
允治萬世永賴時乃功○曰來禹降水儆予

成允成功惟汝賢克勤于邦克儉于家不自
滿假惟汝賢汝惟不矜天下莫與汝爭能汝
惟不伐天下莫與汝爭功予懋乃德嘉乃丕
績
商高宗得傅說為相曰嗚呼說四海之内咸仰
朕德時乃風
漢高祖微時數聞魏公子無忌賢及即天子位
每過大梁當祠之十二年擊黥布還為公子
置守塚五家世世歲以四時奉祠

景帝三年吳王濞反使使者至衡山衡山王
勒堅守無二心吳楚平衡山王來朝帝勞苦
之以南方卑濕徙王於濟北以褒之及薨賜
謚曰貞
武帝元狩四年冬以卜式為中郎賜爵左庶
長式河南人嘗輸財縣官以助邊帝使使問
式欲官乎式曰臣少田牧不習仕宦不願也
曰家豈有冤欲言乎式曰臣生與人無分爭
邑人貧者貸之不善者教之何故有冤無所

欲言也使者曰苟如此子何欲式曰天子誅
匈奴愚以為賢者宜死節於邊有財者宜輸
委如此而匈奴可滅也帝以式終長者欲尊
顯以風百姓乃召拜之賜田十頃布告天下
元鼎四年式又上書求佐軍帝下詔褒嘉之
賜爵關内侯
宣帝時尹翁歸為右扶風病卒家無餘財帝
詔曰朕夙興夜寐以求賢為右不異親疏遠
近務在安民而已扶風尹翁歸廉平鄉正治

民異等早夭不遂不得終其功業朕甚憐之
其賜翁歸子黃金百斤以奉其祭祀○帝以
膠東相王成治甚有聲嘗褒異之地節三年
復以成勞來不怠流民自占八萬餘口治有
異等之效詔賜成爵關内侯秩中二千石○
元康初以揚州刺史黃霸為潁川太守秩比
二千石官賜車蓋特高一丈別駕主簿車緹
油屏泥於軾前以彰有德神爵五年詔曰霸
宣布詔令百姓鄉化孝子弟弟貞婦順孫日

以衆多田者讓畔道不拾遺養視鰥寡贍助
貧窮獄或八年亡重罪囚吏民鄉于教化興
于行誼可謂賢人君子矣書不云乎股肱良
哉其賜爵關內侯黃金百斤秩中二千石潁
川孝弟有行義民三老力田皆以差賜爵及
帛後數月徵霸為太子太傅
成帝建始元年詔張禹曰朕以幼年執政萬
機懼失其中君以道德為師故安國政君何
疑而數乞骸骨忽忘雅素欲避流言朕無聞

焉君其固心致思總秉諸事推以孳孳無違
朕意加賜黃金百斤養牛上尊酒大官致餐
侍醫視疾使者臨問
光武建武元年詔曰前密令卓茂束身自脩
執節淳固誠能為人所不能為夫名冠天下
當受天下重賞故武王誅紂封比干之墓表
商容之閭今以茂為太傅封褒德侯食邑二
千戶○四年詔耿弇曰昔韓信破歷下以開
基今將軍攻祝阿以發跡此皆齊之西界功

足相方而韓信襲擊已降將軍獨拔勍敵其
功乃難於信也將軍前在南陽建此大策常
以為落落難合有志者事竟成也○以馮勤
為中書令拜司徒勤恭約盡忠號稱任職勤
母八十每宴見詔勅勿拜令御者扶上殿顧
謂諸王公主曰使勤貴顯者此母也
章帝以江革有至行制詔齊相曰諫議大夫
革前以病歸今起居何如夫孝百行之冠衆
善之始也國家每惟志士未嘗不及革縣以

見穀千斛賜巨孝常以八月長吏存問致羊
酒以終厥身如有不幸祠以中牢
順帝漢安元年張綱守廣陵賊張嬰等詣綱
降綱尋卒詔曰故廣陵太守張綱大臣之苗
剖符統務正身導下班宣德信降集劇賊張
嬰萬人息干戈之役濟烝庶之困未升顯爵
不幸早卒朕甚愍焉拜綱子續為郎中賜錢
百萬
桓帝建和三年詔曰故光祿大夫周舉性侔

夷魚忠諭隨管前授牧守及還納言出入京輦有欽哉之績在禁闈有密靜之風予錄乃勳用登九列不永夙終良爲愴然其令將大夫以下到喪發日復會弔加賜錢十萬以旌委蛇素絲之節焉◯永康元年詔曰太傅陳蕃輔弼先帝出内累年忠孝之美德冠本朝謇諤之操華首彌固今封蕃高陽侯食邑三百戶

晉武帝時王祥爲太保御史中丞侯史光以祥

久疾闕朝會禮請免祥官帝曰太保元老高行朕所毗倚以隆政道者也前後遜讓不從所執此非有司所得議也遂寢其奏祥固乞骸骨詔聽以睢陵公就第位同保傅在三司之右祿賜如前詔曰古之致仕不事王侯今雖以國公留居京邑不宜復苦以朝請其賜几杖不朝大事皆諮訪之賜安車駟馬第一區錢百萬絹五百匹牀帳簟褥以舍人六人爲睢陵公舍人置官騎二十人以公子騎都尉肇爲給事中使常優游定省又謂太保高潔清素家無宅宇其權留本府須所賜第成乃出

元帝以賀循清貧下令曰循冰清玉潔行爲俗表位處上卿而居身服物周形而已屋室財庇風雨孤近造其廬深爲慨然其賜六尺牀薦席褥并錢二十萬以表至德

唐太宗貞觀初代州行軍總管李靖撫納降附突厥頡利可汗歸款帝勞之曰昔李陵提步

卒五千不免身降匈奴尚得名書竹帛卿以三千輕騎深入虜庭剋復定襄威振北狄古今未有足報往年渭水之役也◯六年鄠布衣邉鳳舉韋孔宗崔定仁陳嗣等四家課役鳳舉渤海人孔宗巴西人並以孝聞葬父母皆廬墓次負土成墳孔宗廬前産芝數十莖定仁博陵人親沒爲偶像晨昏定省若平生焉隋末群賊蜂起莫敢侵掠者嗣隴西人四葉同居稱爲邕睦帝異之並下詔褒美◯雲

世南卒詔陪葬昭陵贈禮部尚書謚文懿又手詔魏王泰曰世南於我猶一體拾遺補闕無日忘之蓋當代名臣人倫準的今其云亡石渠東觀中無復斯人矣後帝為詩一篇述古興亡即其靈坐焚之又後數歲夢其進讜言若平生翌日下制厚卹其家○右武候將軍張士貴破反獠還帝勞之曰聞公親蒙矢石為士卒先雖古名將無以加也朕嘗聞以身殉國者不顧性命雖聞其語未覩其實今

於公見之矣○以蕭瑀為特進參預政事帝謂左右曰武德季年高祖有廢立之心而未定我不為兄弟所容實有功高不賞之懼斯人也不可以利誘不可以死脅真社稷臣也因賜瑀詩曰疾風知勁草板蕩識誠臣○帝聞魏徵寢疾遣使問訊賜以藥餌相望於道又遣中郎將李安儼宿其家動靜以聞帝復與太子幸其第及徵薨帝自製碑文并為書石嘗謂侍臣曰以銅為鏡可正衣冠以古為

鏡可見興替以人為鏡可見得失徵亡朕失一鏡矣

高宗麟德三年有事泰山路過鄆州聞壽張人張公藝九世同居帝親幸其宅問其故公藝書忍字百餘以對帝為感動遂推異之賜以縑帛焉

玄宗時宋璟為宰相嘗侍春宴帝以所用金筯令內臣賜璟璟受之莫知其由未敢陳謝帝曰非賜汝金賜之以筯表卿之直也璟乃

下殿謝○帝幸東都以盧懷慎居相位清儉不營產及卒家無留儲乃下制賜其家物百段米粟二百斛帝後還京因校獵鄠杜間望懷慎家環堵庳陋家人若有所營者馳使問焉還白懷慎大祥帝即以縑帛賜之為罷獵經其墓碑表未立停蹕臨視泫然流涕詔官為立碑令中書侍郎蘇頲為文帝自書之

肅宗即位尊太公望為武成王以歷代良將田穰苴孫武吳起白起樂毅張良韓信諸葛

亮李靖李勣等十人配享比孔門十哲云○
至德二載郭子儀克復東京以功加司徒封代國公食邑千戶入朝具軍容迎灞上帝勞之曰國家再造卿之力也
德宗詔以歷代武臣功畧尤著者管仲孫臏范蠡王翦廉頗趙奢李牧田單曹參周勃彭越周亞夫李廣衛青霍去病趙充國鄧禹馮異寇恂吳漢賈復耿弇馬援段熲皇甫嵩張遼鄧艾關羽張飛呂蒙周瑜陸遜陸抗羊祜

杜預王濬謝玄陶侃慕容恪王猛檀道濟王鎮惡王僧辯吳明徹長孫嵩慕容紹宗斛律光宇文憲韋孝寬于謹楊素韓擒虎史萬歲賀若弼李孝恭尉遲恭蘇定方裴行儉王晙王孝傑張齊丘郭元振張仁亶郭子儀等六十四人俱配享武成王廟
憲宗元和四年春是時魏徵玄孫稠貧甚以故第質錢於人平盧節度使李師道請以私財贖出之白居易奏言事關激勸宜出朝廷師道何人敢掠斯美望敕有司以官錢贖還之帝乃出內庫二千緡贖以賜稠仍禁質賣
穆宗長慶中以李憕在玄宗時被安祿山所害其子源始八歲家覆俘為奴轉側民間及史朝義敗故吏識源於洛陽者贖出之歸其宗屬源痛父死賊手常悲憤不仕不娶絕酒葷曰惟一食自營基為終制時時偃臥埏中帝下詔曰昔盜起幽陵振蕩河洛憕處難居首正色就死殊節卓焉夫褒忠所以勸臣節

旌孝所以激人倫鎮澆浮莫如尚義厚風俗莫如尊老舉是四者大儆于時其以源守諫議大夫賜緋魚袋河南尹遣官敦諭上道帝自遣使者持詔書袍笏即賜又賜絹二百匹
宋太祖即位吳越國王錢俶以其地來歸其貢奉視前朝有加帝尤優賜之改號開吳鎮越崇文耀武宣德守道功臣其妻孫氏為賢德順穆夫人及討江南詔俶率兵入拔常州加守太師復遣大將沈承禮等隨王師平潤州

遂進討金陵。已而封俶爲王。俶與其妻及子惟濬等來朝。車駕先幸禮賢宅按視供帳之具。令俶居之。詔謂委方面之兵柄。克常潤之土宇。輔翼帝室。震疊皇靈。可賜劍履上殿。書詔不名。孫氏爲吳越國王妃。宰相言異姓侯王無封妃之典。帝曰行自我朝。表異恩也。令俶歸國。特賜導從儀衛之物。自禮賢宅陳列至迎春苑。自俶之至。迨於還國。所賜金器萬兩。白金器又數萬兩。白金十餘萬兩。錦綺綾

羅四十餘萬匹。馬數百匹。他物不可勝計

太宗至道元年燈夕。御樓張宴觀燈。時李昉以司空致仕家居。帝思之。亟以安輿就其宅召至。賜坐於側。敷對明爽。精力康勁。帝親酌御樽飲之。選餚核之精者賜焉。謂近侍曰。昉可謂善人君子也。事朕兩入中書。未嘗有傷人害物之事。宜其今日所享如此

眞宗時。杭州隱士林逋。力學性恬淡。好古。不趨榮利。家貧衣食不足。晏如也。結廬杭州西湖之孤山。二十年足不及城市。帝聞其名而嘉之。因賜之粟帛。及卒。賜謚和靖先生。◯帝以張詠前在蜀治政優異。自永興徙知益州。剛方自任。威德並行。政績益著。下詔褒美。且令巡撫使謝濤傳旨諭詠曰。得卿在蜀。朕無西顧之憂矣。◯李宗諤爲右諫議大夫。嘗侍宴玉宸殿。帝謂曰。聞卿至孝。宗族既多。長幼雍睦。朕嗣二聖遺業。亦如卿之保守門戶也。及宗諤卒。帝甚憐之。謂宰相曰。宗諤可大用。不幸短命。深可惜也。既厚賻其家。又官其子弟

仁宗時。宰相呂夷簡感風眩。手詔拜司空平章軍國重事。三日一入中書。夷簡上表固辭。御府出萬金藥。帝剪髭賜之。手詔曰。古人有言。髭可療疾。雖無痊驗。今朕剪髭合湯藥。表予意也。及夷簡薨。帝震悼。對執政語及輒涕下。曰。安得憂公忘身。理萬事幹四鄙如呂夷簡者乎

神宗時呂溱知開封府嘗以職事對帝察其有疾色勉以近醫藥已而果病改樞密直學士提舉醴泉觀遂卒贈禮部侍郎帝悼念之詔中書曰溱立朝最孤知事君之節絕迹權貴故中廢十餘年人無言者方擢領要劇而奄忽淪亡家貧子幼宜優給賻禮官庀其葬以厲臣節

高宗紹興五年賜知樞密院張浚書曰上流定則川陜荆襄形勢接連事力增倍天其以

中興之功付卿乎浚遂奏遣岳飛屯荆襄以圖中原自鄂岳轉淮東大會諸將議防秋之宜帝遣使賜詔趣歸及至帝勞問曰卿暑行甚勞群冦既就招撫成朕不殺之仁卿之力也召對便殿浚進中興備覽四十一篇帝嘉歎置之座隅○帝以韓世忠為將紀律嚴明岳飛治軍有法並降詔獎諭之時世忠移屯淮甸軍行整肅秋毫無犯飛移軍潭州所過不擾鄉民私遺士卒酒食即時償直帝嘉之故獎之以詔

元世祖時高鳴為翰林學士遷侍御史以敢言被知嘗入內值大風雪帝謂御史大夫塔察兒曰高學士年老後有大政就問可也賜大官酒肉慰勞之○揚州儒學正李淦上言人皆知桑哥用群小之罪而不知尚書右丞葉李妄舉桑哥之罪宜斬葉李以謝天下召淦詣京而李已卒授淦江陰教授以旌其直

國朝吳元年二月甲戌大將軍徐達遣人自軍

中來請事

太祖皇帝勞之曰古者帝王之興必有命世之士以為輔佐成周伐罪鷹揚奮興炎漢仗義群策畢舉所以克集大勳肇啓隆祚者也將軍自昔相從忠義出乎天性然且沉毅有謀端重有武故能遏絕亂畧消弭群慝建無前之功雖古豪傑之士不能過也今所請事悉欲稟命而行此賢臣事君之道吾甚嘉之但所請事多可便宜行者而識慮周詳不肯造

次有違誠社稷之慶邦家之福然将在外君不御乃古道也自後軍中緩急将軍從宜行之○

太祖皇帝勅禮部官曰自古忠臣義士舍生取義身殁而名存有以垂訓於天下後世若元右丞余闕守安慶屹然當南北之衝援絶力窮舉家皆死節義凜然又若江州總管李黼身守孤城力抗强敵臨難死義與闕同轍自昔忠臣義士必見褒崇於後代蓋以勵風教

也宜令有司建祠肖像歲時祀之○平章常遇春平贛州軍還須賞勞之曰将軍勤勞于外南平諸郡兵不失律民無所擾自嶺以南望風降附是能奉揚威武克定邦家報功之典予奚敢後今錫以布帛文綺用彰厥功以答三軍之用命夫賞以酧功爵以旌德俟海宇寧謐恩數有加将軍其奬率三軍更圖後舉茂建偉烈益著耿光以副予所託将軍其勗之哉

永樂九年閏十二月庚申居寧夏都指揮僉事韓誠來朝初誠言韃靼列部同居寧夏者有懷貳之心

太宗未忍發既而果叛爲鎮兵所禽斬獲相半至是誠來朝

太宗曰朕於遠人來歸者皆推誠待之不疑早從爾言發兵禽叛何致多損物命然初不發兵者猶欲懷之以恩不謂豺狼終不可馴今彼悉就禽戮皆其自取也然爾忠誠明於幾

先朕嘉念不忘自今更加勉之命禮部賜誠鈔二百錠羊十羫酒五十瓶仍宴之於會同館

洪熙元年三月壬申

仁宗皇帝諭禮部臣曰往年劉儁從征交阯陷於賊不屈而死禮官不言婦人盡節於夫有旌襃之典況大臣捐軀爲國何可不襃卹其贈儁太子少傅賜謚節愍遣人祭之已而歎曰忠臣之心皆欲立功報國不能成功則惟

守義若身為大臣惟阿順取容為保祿固位之計國亦何賴

五倫書卷之十七

五倫書卷之十八

君道

善行

賞罰

虞舜罰弗及嗣賞延于世

周文王罪人弗孥官人以世

列國晉文公出亡時陶叔狐從文公反國行三賞而不及叔狐叔狐見咎犯曰吾從君而亡十有三年顏色黎黑手足胼胝今君反國行

三賞而不及我乎試為我言之咎犯言於公公曰嘻我豈忘是子哉夫輔我以道說我以仁暴浣我行昭明我名使我為成人者吾以為上賞防我以禮諫我以義蕃援我使我不得為非數引我而請於賢人之門吾以為次賞夫勇壯强禦難在前則居前難在後則居後免我於患難之中者吾又以為之次且子獨不聞乎死人者不如存人之身亡人者不如存人之國三行賞之後而勞苦之士次之

夫勞苦之士子固為首矣豈敢忘乎哉○公與荆人戰於城濮公問於咎犯咎犯對曰服義之君不足於信服戰之君不足於詐詐之而已矣又問於雍季雍季對曰焚林而田得獸雖多而明年無復也乾澤而漁得魚雖多而明年無復也詐猶可以偷利而後無報遂與荆軍戰大敗之及賞先雍季而後咎犯侍者曰城濮之戰咎犯之謀也君曰雍季之言百世之謀也咎犯之言一時之權也寡人既

行之矣

楚莊王以士慶為令尹授之相印中庶子聞之泣曰王賜士慶相印而不賜臣臣將死有日矣王曰寡人居涅塗中子所與寡人言者內不及國家外不及諸侯如子者可富而不可貴也於是乃出其國寶璧玉以賜之曰忠信者士之行也言語者士之道路也道路不脩治士無所行矣

齊威王即位委政卿大夫九年之間國人不

治。王於是名即墨大夫語之曰。自子之居即墨。毀言日至。然吾使人視之。田野闢。人民給。官無留事。東方以寧。是子不事吾左右以求譽也。封之萬家。名阿大夫語之曰。自子之守阿。譽言日聞。然使人視阿。田野不闢。人民貧苦。昔日趙攻鄄。子弗能救。衛取薛陵。子弗知。是子厚幣事吾左右以求譽也。是日烹阿大夫及左右嘗譽者。於是齊國震懼。人人不敢飾非。務盡其誠。齊國大治。諸侯聞之。莫敢致

兵於齊

漢高祖即位。斬項羽故將丁公。初丁公嘗逐窘帝彭城西。短兵接。帝急顧謂丁公曰。兩賢豈相戹哉。丁公引兵而還。至是謁見。帝以徇軍中曰。丁公為項羽臣不忠。使項王失天下者也。遂斬之。曰使後為人臣無傚丁公也。季布亦羽將也。數窘辱帝。至是購求之急。布髡鉗為奴。自賣于魯朱家。朱家心知其布也。入洛為滕公言之。滕公言於帝。乃赦布。召拜郎中。

光武以李忠為右將軍。封武固侯。忠從光武攻下屬縣。至苦陘。光武會諸將問所得財物。唯忠獨無所掠。光武曰。我欲特賜忠。諸卿得無望乎。即以所乘大驪馬及繡被衣物賜之。

明帝時。何湯為郎中。守開陽門。侯帝微行夜還。湯閉門不納。更從中東門入。明旦。召詣大官賜食。諸門侯皆奪俸。

章帝時。尚書令韓稜僕射郅壽尚書陳寵。同以才能稱。帝特以寶劍賜三人者。手署韓稜

以楚之龍淵。郅壽以蜀之漢文。陳寵以濟南之椎成。論者謂稜淵深。故得龍淵。壽明達有文章。故得漢文。寵敦朴善不見外。故得椎成。

晉武帝泰始七年。豫州刺史石鑒坐擊吳軍虛張首級。詔曰。鑒備大臣。吾所取信。而乃下同為詐。義得爾乎。今遣歸田里。終身不得復用。

唐太宗時。顏師古為秘書少監。專刊正古篇奇字。討析申熟。必暢本源。及注班固漢書上之。帝嘉其著述之勞。賜幣二百段。良馬一匹。〇

帝謂房玄齡有臣弼之善以黃銀帶賜之又
曰杜如晦與公同輔朕今獨見公泫然流涕
曰世傳黃銀鬼神畏之更取一帶遣玄齡送
如晦家後忽夢如晦若平生明日勑賜御饌
往祭既祥後恩禮無衰
中宗時劉光業王德壽王處貞屈銙鮑思恭
劉景陽等以酷暴為能官以凶殘為奉法往
從按察政多寃濫帝以光業等雖已云殂亦
追奪其官爵景陽見在者宜從貶降其枉被

殺者各還其官蔭
玄宗開元四年有言者曰今歲選叙大濫縣
令非才及入謝帝悉名縣令於宣政殿廷試
以理人策惟鄄城令韋濟詞理第一擢為醴
泉令餘二百餘人不入第且令之官四十五
人放歸學問吏部侍郎盧從愿李朝隱皆左
遷刺史○天寶六載河北道黜陟使奏縣令
楊懋等七人有清狀李連等八人有善狀劍
南道黜陟使以江油郡太守趙憕等六人贓

狀聞初嘗詔舉守令及是帝謂懋連等宜與
遷轉其舉主亦從褒異憕等並准律科斷其
舉主各量犯者罪狀輕重咸從貶黜仍宣示
中外以為懲勸
代宗時京畿水旱京兆尹黎幹奏損田戶部
侍郎判度支韓滉執奏幹不實乃命巡覆時
渭南縣令劉澡曲附度支且干善名以縣界
田並無損白于府及戶部分巡御史趙計不
欲忤度支奏報協澡帝覽奏以為水旱咸均

不宜渭南獨免申命侍御史朱敖再覆敖復
命渭南損田三千餘項帝怒澡因謂敖曰縣
令職在字人不損亦宜稱損損而不聞豈有
恤隱之意耶卿之此行可謂稱職下有司訊
覆澡及趙計並伏罪乃竄澡為萬州南浦縣
員外尉計為灃州員外司戶參軍
宋太祖擁兵自陳橋還周侍衛親軍副指揮使
韓通自禁中馳歸謀率衆禦之軍校王彦昇
逐殺通於其第妻子俱死太祖聞之特贈通

中書令以旌其忠而恕彥昇擅殺終身不與節鉞◯帝聞蜀兵亂凡使者至各令陳王全斌等不法事遂盡得其狀乃皆徵還以其初立功不欲屬吏但令中書問狀全斌等具伏黷貨殺降之罪命責授全斌崇義節度留後崔彥進昭化節度留後王仁贍為右衛大將軍以劉光義劉廷讓廉謹進爵秩呂餘慶參知政事曹彬自蜀還橐中唯圖書衣衾又能戢下秋毫無犯帝深嘉之以為宣徽院使彬

辭曰征西將士俱得罪臣何敢獨受賞帝曰卿有茂功又不矜伐懲勸國之常典又何辭焉

神宗時鮮于侁為利州路轉運判官助役法行詔諸路各定所役緡錢轉運使李瑜定四十萬侁爭之曰利州民貧地瘠半此可矣瑜不從各以其事聞時諸路役書皆未就帝是侁議諭司農曾布使頒以為式因黜瑜而陞侁為副使

元太宗時賈居貞為行臺從事時法制未立人以賄賂相交結有以黃金餽之者居貞卻之帝聞而嘉歎勑有司月給白金百兩以旌其廉

世祖時廉希憲為中書左丞出鎮荊南關吏得江陵人私書不敢發上之樞密臣發之帝前其中有曰歸附之初人不聊生皇帝遣廉相來鎮豈惟人漸德化昆蟲草木咸被其澤帝曰希憲不嗜殺人故能爾也及卧疾久不

愈召還朝囊橐蕭然琴書自隨而已帝知其貧特賜白金五千兩鈔萬貫

成宗時江浙行省平章脫脫遣發朱清張瑄等家屬其家以金珠重賂之脫脫以聞帝諭之曰朕以江南任卿果能爾真男子事也其益恪勤乃賜黃金五十兩

國朝

太祖皇帝洪武三年十二月封右丞薛顯為永成侯賜文綺及帛六十匹俾居海南時顯有

専殺之罪。
太祖名諸將臣諭之曰。自古帝王有天下。必爵賞以酬功。刑罰以懲惡。故能上下相安以致治也。朕倣古帝王以制爵命。卿等明聽朕言。昔漢高祖非有功不侯。所以重封爵也。而功臣不免於誅戮。侯君集有功於唐。犯法當誅。太宗欲宥之。而執法者不可。卒以見誅。非高祖太宗忘功臣之勞也。由其恃功驕恣自冒于法耳。今右丞薛顯始自盱眙來歸。朕撫之

五倫書卷十八　九

厚而待之至。推腹心以任之。及其從朕征討皆著奇績。自後破慶陽。追王保保戰賀宗哲。其勇畧意氣迥出衆中。可謂奇男子也。朕甚嘉之。然其爲性剛忍。朕屢戒飭。終不能悛。至於安殺胥吏。殺獸醫。殺火者。及殺馬軍。此罪難恕。而又殺天長衛千戶吳富。此尤不可恕也。富自幼從朕。有功無過。顯因利其所獲孳畜。殺而奪之。師還之日。富妻子服衰絰伺之於途。牽衣哭罵。且訴寃於朕。朕欲加以極刑

恐人言天下甫定。即殺將帥。欲宥之。則富死何辜。今仍論功封以侯爵。謫居海南。分其祿爲三。一以贍富之家。一以贍所殺馬軍之家。一以養其老母妻子。庶幾功過不相掩。而國法不廢也。若顯所爲。卿等宜以爲戒。諸將臣皆頓首。○二十九年九月。大賚天下致仕武臣

上諭之曰。元末兵爭。中原鼎沸。人不自保。爾諸將臣奮起從朕。效謀宣力。共平禍亂。勤勞備

五倫書卷十八　十

至。天下既定。論功行賞。使爾等居官任事。子孫世襲。永享富貴。朕思起兵時與爾等皆少壯。今皆老矣。久不相見。心恒思之。故召爾等來。所賜薄物。以資養老。爾等還家撫教子孫。以終天年。諸將叩首謝。

上因歎曰。同歷艱難。致有今日。顧朕子孫保有無窮之天下。則爾等子孫亦享有無窮之爵祿。諸將臣無不感激至有墮淚者

永樂二年十一月。刑部尚書鄭賜等奏。奉天

征討官有以罪繫獄者請論功定議
太宗皇帝曰朝廷大公至正之道有功則賞有過則刑刑賞者治天下之大法不以功掩過不以私廢公此輩征討之功既酬以爵賞矣今有犯而不罪是縱惡也縱惡何以治天下其論如律

去邪

虞舜攝位流共工于幽州放驩兜于崇山竄三苗于三危殛鯀于羽山四罪而天下咸服

列國魯定公以孔子為司寇攝行相事七日而誅亂政大夫少正卯於兩觀之下尸於朝三日

漢景帝三年襄平侯紀嘉之子恢說不孝謀反欲以殺嘉大逆無道詔謂嘉不與反謀赦嘉及妻子當坐者復故爵論恢說及妻子如法

成帝時故將作大匠解萬年佞邪不忠妄為巧詐多賦斂煩繇役興卒暴之作卒徒蒙辜死者連屬詔謂其毒流衆庶海內怨望雖蒙赦令不宜居京師於是徙萬年燉煌

哀帝時待詔夏賀良等建言改元易號增益刻漏可以永安國家已而詔曰朕過聽賀良等言冀為海內獲福卒無嘉應皆違經古不合時宜其罷改元易號事賀良等下獄伏誅

唐太宗既即位謂裴虔通在隋時委質藩寮乃潛圖弑逆雖年代異時累逢赦令可特免極刑除名削爵遷配驩州復詔宇文化及暨弟智及等咸居列職爰在江都遂行弑逆雖事

由前代而天下之惡古今同棄宜從重典以厲臣節其子孫並宜禁錮勿令齒敘其黨萊州刺史牛方裕絳州刺史薛世良廣州都督府長史唐奉義武牙郎將元禮並蒙隋代任使乃協契宇文化及構成弑逆宜依裴虔通除名配流嶺表○貞觀十年治書侍御史權萬紀言宣饒銀大發采之歲可得數百萬帝曰朕貴為天子所乏者非財也卿未嘗進一賢士而專言銀利昔堯舜抵璧於山投珠於

谷。漢之桓靈。乃聚錢為私藏。卿欲以桓靈㑴我邪。即日黜萬紀使還家

玄宗開元二年。以涪州刺史周利貞滑州刺史裴談。饒州刺史張利貞。大理評事張思敬。王承本。縣令劉暉楊允康璋。侍御史封詢行等皆為酷吏。並放歸草澤。終身勿齒◯三年冬。京兆尹崔日知貪暴不法。御史李傑將糾之。日知反搆傑罪。侍御史楊瑒廷奏曰。若糾彈之司。使姧人得而恐喝。則御史臺可廢矣。

帝遽命傑視事。貶日知為歙縣丞◯十九年。初王毛仲以嚴察幹力有寵。百官多附之。毛仲與龍武將軍葛福順為婚。福順倚其勢多為不法。毛仲求兵部尚書不得怏怏。帝由是不悅。毛仲妻產子三日。帝命高力士賜之甚厚。且授兒五品官。毛仲抱兒示力士曰。此豈不堪作三品耶。力士歸奏之。帝大怒曰。昔誅韋氏。此賊心持兩端。今日乃敢以赤子怨我於是貶毛仲福順等於遠州。追賜毛仲死

代宗時。同平章事元載。王縉。俱納賄賂。又以政事委群吏。帝欲誅之。獨與元舅金吾大將軍吳湊謀之。會有告載縉夜醮圖不軌者。帝命湊收之。命吏部尚書劉晏與御史大夫李涵等同鞫之。皆伏罪。賜自盡。晏謂涵曰。故事。重刑覆奏。況大臣乎。且法有首從。宜更稟進止。涵等從之。帝乃誅載。而貶縉為括州刺史。有司籍載家財。胡椒至八百石。他物稱是

德宗初即位。以兵部侍郎黎幹。害若豺狼。特

進劉忠翼。掩義隱賊。詔並除名長流。既行。皆賜死。又貶左丞薛邕為連山尉。時賦斂出納俸給皆無法。長吏得專之。重以元載王縉秉政。貨賂公行。天下不按贓吏者殆二十年。邕自宣歙觀察使徵為左丞。其去宣州時。盜隱官物以巨萬計。至是殿中侍御史員寓發之。故貶為尉

憲宗初嗣位。貶王伾為開州司馬。王叔文為渝州司戶。伾寢陋吳語。順宗素所褻狎。而叔

文徵知文義好言事順宗亦稍敬之以伾為散騎常侍待詔翰林叔文為學士庶事先下翰林使叔文可否然後宣于中書韋執誼承而行之韓泰柳宗元劉禹錫等采聽謀議互相推獎以為伊周管葛復出也榮辱進退生於造次惟其所欲不拘程式及叔文為戶部侍郎有惡其專權者削去翰林之職伾即為疏請乃許三五日一入翰林叔文始懼未幾以母喪去位叔文與其黨謀起復伾請起叔

文為相疏三上不報伾知事不濟忽叫曰伾中風矣遂輿歸不出至是順宗傳位於帝二人遂遭貶其黨皆坐貶為諸州刺史伾未幾病死明年賜叔文死

穆宗即位貶皇甫鏄為崖州司戶初憲宗時淮西既平鏄判度支數進羨餘有寵帝以為宰相制下朝野駭愕裴度崔群極諫其不可帝不聽度恥與同列求退不許乃上疏論之鏄自知不為衆論所與益為巧諂以自固穆宗在東宮知其奸至是即位輟西宮朝臨集羣臣於月華門宣制貶鏄市井皆相賀竟死貶所○誅台州刺史柳泌貶李道古為循州司馬憲宗時皇甫鏄與道古薦泌云能合長生藥泌言天台多靈草誠得為彼長吏庶幾可求帝以泌權知台州泌至台州驅吏民采藥歲餘無所得而懼逃入山中浙東觀察使捕送京師皇甫鏄李道古保護之憲宗復使待詔服其金丹多躁已而暴崩帝立遂誅泌

貶道古

宋真宗時宣政使王繼恩罷均州安置繼恩在太祖時特承恩顧及太祖崩之夕太宗在南府繼恩中夜馳詣府邸請太宗入太宗忠之自是寵遇莫比及帝時繼恩益豪橫頗欺罔漏泄機事與參知政事李昌齡緘題往來多請託帝惡其朋結黜之籍沒貲産多得蜀土僭擬之物

仁宗即位丁謂以罪罷初女道士劉德妙嘗

以巫師出入謂家。謂既敗。逮繫德妙鞫之。德
妙具言謂嘗教之曰。汝所為不過巫事。不若
託老君以言禍福。足以動人。於是即謂家設
神像。夜醮于園中。又因穿地得龜蛇。令德妙
持入內紿言出其家山洞中。仍復教云帝即
問若所事何知為老君。第云相公非凡人。當
知之。謂又題曰。混元皇帝賜德妙。語涉妖誕。
遂貶謂崖州司戶參軍。○慶曆八年。夏竦免。
初竦判蔡州。慶曆三年召為樞密使。至京。諫

官歐陽脩蔡襄等交章論竦在陝西畏懦不
肯用力。兼之挾詐任數。姦邪傾險。陛下孜孜
政事。首用懷詐不忠之臣。何以求治。中丞王
拱辰亦言竦經畧西師無功而歸。今置諸二
府用之。何以勵世。帝未省。遽起。拱辰前引裾。
帝乃悟。會竦已至國門。言者論亦力。乞毋令
入見。即日詔竦歸鎮。七年。帝欲以竦平章事。
制下。諫官御史交章言大臣和則政脩。竦前
在關中與首相陳執中論議不合。今不可使

共事。乃改授樞密使。殿中侍御史何郯論竦
姦邪不可任樞要。至是京師同日無雲而震
者五。帝方坐便殿。趣召翰林學士張方平至。
謂曰。夏竦姦邪以致天變如此。宜免之。乃出
知河南

哲宗元祐元年。呂惠卿有罪。建州安置。惠卿
初知太原。志欝不伸。又見正人彙進。知不容
于世。懇求散地。朝廷未許。右司諫蘇轍王覿。
歷數其姦。請投畀四裔以禦魑魅。中丞劉摯

復列其五罪。於是貶光祿卿。分司南京。蘇州
居住。再貶建寧軍節度副使。建州安置。中書
舍人蘇軾草其制曰。凶人在位。民不奠居。司
寇失刑。士有異論。稍正滔天之罪。永為垂世
之規。惠卿以斗筲之才。穿窬之智。謟事宰輔。
同升廟堂。樂禍貪功。好兵喜殺。以聚斂為仁
義。以法律為詩書。首建青苗。次行助役。均輸
之政。自同商賈。手實之禍。下及雞豚。苟可蠹
國害民。率皆攘臂稱首。先皇帝始以帝堯之

仁。姑試伯鯀。終焉孔子之聖。不信宰予。發其宿姦譎之輔郡。反覆教戒。惡心不悛。躁輕矯誣。德音猶在。始與知己共為欺君。喜則摩足以相懽。怒則反目而相噬。連起大獄。發其私書。黨與交攻。幾半天下。姦贓狼籍。橫被江東。至其復用之年。始倡西戎之隙。迷國不道。從古罕聞。尚寬兩觀之誅。薄示三苗之竄。天下傳誦稱快焉○元符中。蔡卞專託紹述之說。上欺天子。下脅同列。凡中傷善類。皆密疏建

白。然後請帝親劄付外行之。章惇雖巨姦。然猶在其術中。殿中侍御史龔夬論惇卞之惡。且曰。昔日丁謂當國。號為恣睢。然不過陷一寇準而已。及至於惇。而故老元輔侍從臺省之臣。凡天下之所謂賢者。一日之間。布滿嶺海。自有宋以來。未之聞也。當是時。惇之威勢震於海內。此陛下所親見。蓋其立造不根之語。文致悖逆之罪。是以人人危懼。莫能自保。俾其朽骨銜冤于地下。子孫禁錮于炎荒。忠

臣義士憤悶而不敢言。海內之人得以歸怨先帝。其罪如此。尚何俟而不正典刑哉。卞事上不忠。懷姦深阻。凡惇所為。皆卞發之。為力居多。望釆之至公。昭示譴黜。臺諫陳師錫。張庭堅等亦極論卞罪。浮于惇。乞正典刑。以謝天下。乃出卞知江寧。時惇為相兼山陵使。靈輿陷澤中。臺諫劾之。免知越州○御史中丞安惇有罪免。惇為中丞。屢興大獄。士大夫或千里赴逮。詐理書牘。被禍者至七八百人。天

下怨疾。為二蔡二惇之謠。至是。名鄒浩為右正言。惇言浩若復用。慮彰先帝之失。帝曰。立后大事也。中丞不言。而浩獨敢言之。何為不可復用。惇懼乞罷。遂知潭州。尋除名。發歸田里○蔡京有罪免。初京為翰林承旨。殿中侍御史陳師錫上疏言。蔡京蔡卞同惡。迷國誤朝。而京好大喜功。銳於改作。龔夬亦言京起立犴獄。多斥善士。天下冤之。願考證其實。以正姦臣之罪。皆未報。會中丞豐稷名自河南。

初入對與京遇京曰天子自外服名公中執法令日必有高論稷正色曰行自知之是日論京姦狀臺諫陳瓘江公望等相繼言之遂出京知永興軍尋奪職居杭州

高宗建炎三年黃潛善汪伯彥免初以潛善伯彥為尚書左右僕射二人猥持國柄嫉害忠良逐李綱沮宗澤臺諫內侍言者隨陷以奇禍中外為之切齒時金兵横行群盜蜂起二人既無謀略而専權自恣東京委之御史

南京委之留臺泗州委之郡守言事者不納其說請兵者不以上聞中丞張澂論二人大罪二十於是詔罷潛善知江寧府伯彥知洪州

寧宗開禧三年韓侂胄罷自兵興以來蜀口漢淮之民死於兵戈者不可勝計公私之力大屈而侂胄乃復銳意出師中外憂懼然皆畏侂胄莫敢言者禮部侍郎兼資善堂翊善史彌遠請誅侂胄以安邦國帝乃出御筆批云韓侂胄久任國柄輕啓兵端使南北生靈枉罹凶害可罷平章軍國事陳自强阿附充位可罷右丞相翌日侂胄朝令主管殿前司公事夏震以兵擁侂胄至玉津園側殛殺之奪陳自强三官永州居住

元世祖至元二十一年大名人盧世榮初以言利見躐拜中書右丞居數月監察御史陳天祥上章言其苛刻誅求為國斂怨將見民間凋耗天下空虛考其所行與所言者已不相

副錢穀出者多於所入引用憸人紊亂選法翰林學士趙孟傳亦言世榮奸邪帝始大悟即命丞相安童與諸老臣議世榮所行當罷者罷之更者更之所用人實無罪者朕自裁處遂下世榮獄世榮款伏遂誅之○尚書右丞相桑哥專擅朝政凡銓選內外官皆由於己由是以刑爵為貨當刑者脫求爵者得綱紀大壞人心駭愕已復壅蔽聰明紊亂政事有言者即誣殺之廷臣畏劾其罪帝始悟遂

命誅之

順帝以伯顏翊戴之功，拜中書右丞相，進封秦王，獨秉國鈞，專權自恣，變亂成憲，虐害天下，漸有奸謀，帝患之。伯顏自領諸衛精兵，以燕者不花爲屏蔽，導從之盛，填溢街衢，而帝側儀衛反落落如晨星，勢燄薰灼，天下之人惟知有伯顏而已。既又貶殺諸王，帝益忿之。伯顏自領兵衛，請帝出田，其姪脫脫告帝託疾不往。伯顏固請太子燕帖古思出次柳林。

帝御玉德殿，命只兒瓦歹往柳林黜伯顏爲河南行省左丞相。伯顏遣人來城下問故，脫脫倨城上宣言：有旨黜丞相一人，諸從官無罪，可各還本衛。伯顏奏陛辭，不許，遂行。詔復徙南恩州陽春縣安置，死于龍興路驛舍。

五倫書卷之十八

五倫書卷之十九

君道

善行

恤刑

虞舜既受命乃制刑曰象以典刑流宥五刑鞭作官刑扑作教刑金作贖刑眚災肆赦怙終賊刑欽哉欽哉惟刑之恤哉○帝曰皋陶惟茲臣庶罔或干予正汝作士明于五刑以弼五教期于予治刑期于無刑民協于中○好生之德洽于民心茲用不犯于有司

夏禹受舜禪出見罪人下車問而泣之左右曰罪人不順道君王何爲痛之禹曰堯舜之人皆以堯舜之心爲心寡人爲君百姓各自以其心爲心是以痛之

周武王告康叔曰要囚服念五六日至于旬時丕蔽要囚又曰汝陳時臬事罰蔽殷彝用其義刑義殺勿庸以次汝封乃汝盡遜曰時敘惟曰未有遜事

穆王命司寇呂侯訓刑以誥四方曰今爾罔不由慰日勤尒罔或戒不勤天齊于民俾我一日非終惟終在人爾尚敬逆天命以奉我一人雖畏勿畏雖休勿休惟敬五刑以成三德一人有慶兆民賴之其寧惟永○兩造具備師聽五辭五辭簡孚正于五刑五刑不簡正于五罰五罰不服正于五過○罰懲非死人極于病非佞折獄惟良折獄罔非在中察詞于差非從惟從哀敬折獄明啓刑書胥占咸庶中正其刑其罰其審克之

漢高祖六年赦曰天下既安豪傑有功者封侯新立未能盡圖其功身居軍九年或未習法令或以其故犯法大者死刑吾甚憐之其赦天下○七年制詔御史獄之疑者吏或不敢決有罪者久而不論無罪者久繫不決自今以來縣道官獄疑者各讞所屬二千石官二千石官以其罪名當報所不能決者皆移廷尉廷尉亦當報之廷尉所不能決謹具爲奏

傳所當比律令以聞
文帝二年詔丞相太尉御史法者治之正所
以禁暴而衛善人令犯法者已論而使無罪
之父母妻子同產坐之及收朕甚弗取其議
除之◯齊太倉令淳于意有罪當刑其少女
緹縈上書曰妾父為吏齊中人皆稱其廉平
今坐法當死妾傷夫死者不可復生刑者不
可復屬雖欲改過自新其道無繇願沒入為
官婢贖父刑罪書奏帝憐其意乃下詔曰夫

刑至斷支體刻肌膚終身不息何其刑之痛
而不德也豈為民父母之意哉其除肉刑
景帝元年詔曰獄人之大命死者不可復生
吏或不奉法令以貨賂為市朋黨比周以苛
為察以刻為明令亡罪者失職而有罪者不
伏姦法為暴甚無謂也諸疑獄雖文致於法
而於人心不厭者輒讞之◯初文帝除肉
刑外有輕刑之名內實殺人笞五百者率
多死帝遂下詔曰加笞重罪無異幸而不死

不可為人其定律笞五百曰三百三百曰二
百既減笞法笞者猶不全乃更減笞三百曰
二百笞二百曰一百又定箠長五尺其本大
一寸竹也末薄半寸皆平其節當笞者笞臀
一罪乃更人自是笞者得全◯後元年春正
月詔曰獄重事也人有智愚官有上下獄疑
者讞有司有司所不能決移廷尉有令讞而
後不當讞者不為失欲令治獄者務先寬
宣帝即位以武帝末法令滋彰禁網寖密時

廷尉史路溫舒上疏言秦有十失其一尚存
治獄之吏是也帝深愍焉廼下詔曰間者吏
用法巧文寖深是朕之不德也夫決獄不當
使有罪興邪不辜蒙戮父子悲恨朕甚傷之
今遣廷史與郡鞫獄任輕祿薄其為置廷平
秩六百石員四人其務平之以稱朕意◯地
節四年詔曰令甲死者不可生刑者不可息
此先帝之所重而吏未稱今繫者或以掠辜
若飢寒瘐死獄中何用心逆人道也朕甚痛

之其令郡國歲上繫囚以掠笞若瘐死者所
坐名縣爵里丞相御史課殿最以聞
元帝初元元年詔曰夫法令者所以抑暴扶
弱欲其難犯而易避也今律煩多而不約自
典文者不能分明而欲羅元元之不逮斯豈
刑中之意哉其議律令可蠲除輕減者條奏
惟在便安萬姓而已
光武建武二年詔曰頃獄多冤人用刑深刻
朕甚愍之孔子云刑罰不中則民無所措手

足其與中二千石諸大夫博士議郎議省刑
法
章帝建初五年三月詔曰孔子曰刑罰不中
則民無所措手足今吏多不良擅行喜怒或
案不以罪迫脅無辜致令自殺者一歲且多
於斷獄甚非爲人父母之意也有司其議糾
舉之
安帝建光元年居延都尉范邠犯贓罪吏議
欲增錮二世太尉劉愷以爲春秋之義善善

及子孫惡惡止其身所以進人於善也今以
輕從重懼及善人非先王祥刑之意也詔從
之
質帝本初元年正月詔曰昔堯命四子以欽
天道鴻範九疇休咎有象夫瑞以和降異因
逆感禁微應大前聖所重頃者州郡輕慢憲
防競逞殘暴造設科條陷入無罪或以喜怒
驅逐長吏恩阿所私罰枉仇隙至令守闕訴
訟前後不絕送故迎新人離其害怨氣傷和

以致灾眚書云明德慎罰方春東作育微敬
始其勑有司罪非殊死且勿案驗以崇在寬
唐高祖武德四年四月詔曰緩刑議獄搢后彝
訓解網泣辜前王茂軌朕君臨海內撫育黎
元一物乖所納隍興慮其益州道行臺及夔
州總管府衆務殷集統攝遐長囚徒禁繫其
數不少或控告未申多有冤屈或注引肆志
濫及貞良致使文案稽延獄訟繁擁念彼枉
滯情深愍惻其益州總管內諸州委御史大

夫皇甫無逸檢校夔州總管內委趙郡王孝
恭檢校所有囚悉令覆察務從寬簡小大以
情但有負罪逃亡離棄鄉邑無問輕重悉令
歸首明加勸導務脩墾植庶使家給人足稱
朕意焉
太宗嘗録囚徒憫其將死爲之動容顧謂侍
臣曰刑典之用蓋風化未洽之咎愚人何罪
而肆重刑乎更彰朕之不德也用刑之道當
審事理之輕重然後加之以刑罰何有不察

其本而一槩加誅非所以恤刑重人命也帝
又謂侍臣曰死者不可再生用法務從寬恕
有司覆一獄必求深刻作何道理令得平允
侍中王珪曰但任公正善人爲法官則姦僞
自息帝曰古者斷獄必訊於三槐九棘之官
今三公九卿是也今後大辟罪結正吏取公
卿議之　帝嘗覽明堂針灸圖見人五臟皆
近背針灸失所則其害致死歎曰箠者五刑
之輕死者人之所重安得犯至輕之刑而或

致死遂詔罪人無得鞭背復詔諸司真決死
囚雖立五覆一日即了未暇審思五奏何益
縱有追悔又無所及自今後宜二日中五覆
奏下諸州三覆奏行刑之日尚食勿進酒肉
教坊及太常不舉樂皆令門下省覆奏有據
法當死而情可矜者録狀以聞○劉德威授
大理卿帝嘗問之曰近來刑網稍密其過安
在德威奏言誠在主上不由臣下人主好寬
則寬好急則急律文失入减三等失出減五

等今則反是失入則無辜失出獲大罪所以
吏各自愛競執深文非有教使之然畏罪之
所致耳陛下但捨所急則寧失不經復行於
今日矣帝深然之
中宗神龍元年三月制曰自今法官咸宜敬
慎勿文深次胥跡徇疑貽髙下任情輕重失
衷又謂大理正王志愔曰法急則傷人寬則
漏罪情寘罰在於中平尔宜慎之
玄宗先天元年四月詔曰法憲之設期於無

私本於救人蓋非獲已故得情存於勿喜折
獄貴於哀矜至於斷決諸罪皆著科條守而
不失自為良吏聞近日州縣罕習章程率情
嚴酷或致殂殞假令事應重辟固當明啓刑
書豈可輒因檟楚輕絶人命太上皇仁覃萬
寓澤被群生子愛黎甿慎恤刑罰予恭承天
訓虔奉睿圖旰食載勤納隍軫慮凡厥長吏
宜達此懷務遵法式勿仍前弊
肅宗乾元三年閏四月詔曰自古百王欽慎

刑法蓋以法者人之命刑者國之權茍或失
其科條固難措其手足頃以姦臣擅命中典
不脩造次便行哀矜何在自今已後其有犯
極刑者宜命本司依舊三覆庶平反之際人
謂不冤幽明之間理皆無濫
宋太祖建隆三年二月詔曰獄者人之命也吏
者民之師也吏有上下咸宜盡心故漢制獄
之疑者讞於有司所不能決者移於廷尉蓋
欲各脩其職無相奪倫逮於近年頗隳舊典

或滯獄以不斷多避事而上言宜振綱條重
申釐革自今諸道州府刑獄公事仰一准詔書
從事○帝嘗讀二典歎曰堯舜之罪四凶止
從投竄何近代法網之密乎謂宰相曰五代諸
侯跋扈有枉法殺人者朝廷置而不問人命
至重姑息藩鎮當如是耶自今諸州決大辟
錄狀聞奏付刑部覆視之著為令○帝留意
聽斷專事欽恤御史大理官屬尤加選擇嘗
名馮炳謂曰朕每讀漢書見張釋之于定國

治獄天下無冤民朕以此望汝賜金帛以勉之
太宗太平興國九年詔曰蓋聞刑者不可復屬死
者不可復生故三覆行誅聖人之所至慎一
成不變君子之所盡心朕勤恤兆民哀矜庶
獄每至三伏炎蒸之際隆冬凝沍之時未嘗
不念彼圜扉憫茲徽纆而猾胥姦吏弄法舞
文或苛害以立威或稽留而不決撓冤令之
綱紀傷天地之至和而欲百姓阜安四時順
序其可得乎應天下繫囚宜令諸處州府軍

監。每十日一具所犯事由。收禁月日聞奏。仍
委刑部糾舉○帝嘗御便坐。錄京城繫囚至
日旰。近臣或以為勞苦過甚。帝曰不然。倘恩
及無辜。使獄平允。不致枉撓。朕意深以為適。
何勞之有
真宗大中祥符三年。語侍臣曰。刑獄官尤須
遴選。朕嘗念四方獄訟。若官非其人。寧無枉
濫。且單弱之人不能投訴。朝廷無由知之。遂
下詔曰。列聖詒謀。眇躬嗣服。敢忘惠恤。以荷

隆平。惟億兆之人。愛之如子。在小大之獄。察
必以情。慮刑典之失中。憫繫縲之良苦。俯炎
蒸之貫序。尤旰昃以軫懷。爰示丁寧。聿申隱
悼。眷言牧長。寅布教條。當體哀矜。務於審克。
勿淹獄犴。用洽慈仁。冀臻恥格之風。式導長
嬴之氣。重念歲頒明詔。國有常規。煩闡守臣
忽於彝制。率多懈慢。罔或遵行。是敷誕告之
文。以勵從公之節。勉思振舉。庶緩憂勤
仁宗天聖四年五月。詔曰。國家慎擇循良。勤

恤黎庶。必期無訟。以洽至仁。而生齒之繁。犯
者頗衆。未底于治。朕甚憫焉。況復大辟之科
情有輕重。特從上讞。式表哀矜。應天下大辟
情理可憫。及刑名疑慮者。並許具案以聞。有
司毋得舉駮○慶曆三年六月。詔曰。獄者。人
命之至重也。故刑罰不中。則民無所措手足。
方盛夏長養之時。有司其蠲煩獄。出輕繫。以
奉順天時。夫以苛為察。以刻為明。豈稱所以
哀矜之意哉

神宗詔天下繫囚貧乏者。冬月權給衣衲薪
炭及飲食。仍委長吏提舉
哲宗元祐八年。詔曰。方夏暑時。動植之物皆
遂其長養。而吾民觸禁抵法。繫縲囹圄。其深
文之吏。或不能體朕欽恤之意。因循延蔓。久
不為決。以干陰陽之和。非細故也。其詔天下
官師之長。敬若時令。哀矜庶獄。以丕應朕志。
又令諸獄置氣樓涼窻。設漿飲薦蓆。杻械五
日一浣。繫囚以時沐浴。遇寒給薪炭

高宗親錄囚。詔中外刑官各務仁平。臺憲檢
察。月具其平反以聞。歲終考察殿最。命兩浙
及諸路憲臣。親案部錄囚〇紹興元年。刑部
請疏決禁囚。帝曰。此事極好。朕方念之。聞祖
宗時尚遣內侍以餅肉徧賜。仍具湯沐示恩
意。范宗尹曰。祖宗矜庶獄具有著令。李回曰。
聖心卹有罪者如此。酷吏知禁矣
孝宗乾道二年。詔曰。比年以來。治獄之吏大
率巧持多端。隨意援引。而重輕之。御等其革
巧習之弊。明審克之公。使姦不隱情。罰必當罪
寧宗慶元六年五月丙辰。以旱疏決中外繫
囚。有司上寬恤令。丙寅。詔大理三衙臨安府
及諸路闕雨州縣。釋杖以下囚
金熙宗天眷三年。復取河南地。詔其民約所用
刑法。皆從律文。罷獄卒酷毒刑具。以從寬恕
元世祖為王時。憲宗盡屬以漠南漢地軍國庶
事。時斷事官牙魯瓦赤與不只兒等總天下
財賦于燕。視事一日。殺二十八人。其一人盜

馬者杖而釋之矣。偶有獻環刀者。遂追還所
杖者。手試刀斬之。王責之曰。凡死罪必詳讞
而後行刑。今一日殺二十八人。必多非辜。既
杖復斬。此何刑也。不只兒錯愕不能對。又中
書省臣言。比奉旨。凡為盜者毋釋。今竊鈔數
貫及佩刀微物。與童幼竊物者。悉令配役。臣
等議一犯者杖釋。再犯依法配役為宜。王曰。
吾以漢人徇私用泰和律。廢事致盜賊滋衆。
故有是言。人命至重。今後非詳讞者勿輒殺
及即帝位。語管如德曰。朕治天下。重惜人命。
凡百罪者。必令面對再四。果實也。而後罪之。
非如宋權姦擅權。書片紙數字。即殺人也。汝
但一心奉職。毋懼忌嫉之口
仁宗時。晉寧民侯喜兒昆弟五人。並坐法當
死。帝嘆曰。彼一家不幸而有是事。其釋情輕
者一人杖之。俾養父母。毋絕其祀〇延祐二
年。勅大辟罪臨刑。敢有橫加刲割者。以重罪
論。凡鞫囚非強盜。毋加酷刑

國朝
太祖皇帝吴元年十月。命中書省定律令。初以
唐宋皆有成律斷獄。惟元不倣古制。取一時
所行之事為條格。胥吏易為奸弊。自平武昌
以來。即議定律。至是臺諫已立。各道按察司
將巡歷郡縣。欲須成法。俾內外遵守。乃命丞
相李善長等詳定。諭之曰。立法貴在簡當。使
言直理明。人人易曉。若條緒繁多。或一事而
兩端。可輕可重。使奸貪之吏得以夤緣為奸。

則所以禁殘暴者。反以賊良善。非良法也。務
求適中。以去煩弊。卿等宜盡心參究。凡刑名
條目。逐日來上。吾與卿等面議斟酌之。庶可
以為久遠之法。○洪武八年正月。淮安府山
陽縣民有父得罪當杖。請以身代。
太祖皇帝謂刑部臣曰。父子之親。天性也。然不
嚚不遜之徒。親遭患難。有坐視而不顧者。今
此人以身代父。出於至情。朕為孝子屈法以
勸勵天下。其釋之。○十四年五月丙申。刑部

奏決重刑。
太祖皇帝諭之曰。朕嘗命汝等。凡有重獄必三
覆奏。以人命至重。恐不得其情。則刑罰濫及
而死者不可復生也。故必欲詳審。今汝等槩
以重刑來奏。其間固有瀆倫亂法。罪不可原
者。亦有一時過誤。情可矜者。必當分別。若一
槩言之。則輕重不分矣。自今凡十惡非常赦
所原者。則云重刑。其餘雜犯死罪許聽收贖
者毋槩言也。

永樂六年十一月丁巳。刑部都察院大理寺
言大辟囚三百餘人。已覆訊皆實。請處決。
太宗皇帝令行人持節諭之。有冤抑許自陳。又
召五府六部及六科官諭之曰。三百餘人未
必人人皆得其實情。有一不實。則死者銜冤
爾等更從容審之。一日不盡則二日三日。便
十日亦何害。必使其無冤。大抵人之實情。難
得。有言語便捷。輒駕虛詞掩實情者。有訥於
言。雖懷情實而口不能發者。須詳悉以聽。亦

不可以刑迫之
仁宗皇帝時大理寺奏決重囚
上曰人命甚重帝王以愛人為德卿等理刑宜贊輔德政罔俾無辜含冤地下傷國家之和氣昔法吏有於死獄求生道者天有顯報不在其身在其後人卿等勉之遂命五府各部通政司六科同三法司於承天門會審特召大學士三員至榻前諭曰比年法司之濫朕未嘗不知其所擬大逆不道往往出於羅織

煅鍊
先帝數切戒之故死刑至四五覆奏而法司略不留意甘為酷吏而無愧自今凡論重囚卿三人必往同審有冤抑者雖細故必以聞遂命三司今後審決重囚必會三人者同審

宥過

虞舜宥過無大
周武王告康叔曰乃有大罪非終乃惟眚災適爾既道極厥辜時乃不可殺

漢文帝時魏尚為雲中守以罪削爵後帝輦過郎中署問馮唐以趙將李齊之賢唐對曰齊尚不如廉頗李牧之為將也帝乃拊髀曰嗟乎吾獨不得廉頗李牧為將豈憂匈奴哉唐曰陛下雖有廉頗李牧不能用也帝復問唐曰公何以言吾不能用頗牧也唐對曰臣竊聞魏尚為雲中守軍市租盡以給士卒出私養錢五日一殺牛以饗賓客軍吏舍人是以匈奴遠避不近雲中之塞虜嘗一入尚率車

騎擊之所殺甚衆夫士卒盡家人子起田中從軍安知尺籍伍符終日力戰斬首捕虜上功幕府一言不相應文吏以法繩之其賞不行吏奉法必用愚以為陛下法太明賞太輕罰太重且雲中守尚坐上功首虜差六級陛下下之吏削其爵以罰之繇此言之陛下雖得頗牧不能用也文帝說是日令唐持節赦魏尚復以為雲中守
元帝時都護甘延壽副校尉陳湯同使西域

湯與延壽矯制發城郭及諸胡兵直指單于
城而擊之遂破其城斬郅支單于得單于所
略漢民四百餘人獲馬及牛羊皆以給軍食
而湯素貪所鹵獲物入塞多不法司隸校尉
移書道上繫吏士按驗之湯還上疏言臣與
吏士共誅郅支單于萬里振旅宜有使者迎
勞今司隸反逆收繫按驗是為郅支報讎也
帝立出吏士令縣道具酒食以過軍及論功
丞相匡衡以其擅興師矯制如加爵土恐後

奉使者生事蠻夷為國招難帝復納宗正劉
向言赦延壽湯令公卿議封焉

光武為蕭王時岑彭為更始潁川太守會舂
陵劉茂起兵略下潁川不得之官乃與麾下
數百人從河内太守邑人韓歆會光武徇河
内歆議欲守彭止不聽既而光武至懷歆迫
急迎降光武知其謀大怒收歆置鼓下將斬
之召見彭彭因言歆南陽大人可以為用乃
貰歆以為鄧禹軍師

章帝時楊終為蘭臺校書坐事繫獄帝徵諸
儒論定五經於白虎觀博士趙博校書郎班
固賈逵等以終深曉春秋學多異聞表請之
終亦上書自訟即日貰出乃得與於白虎觀
焉

隋文帝時張威為青州總管在州頗事產業遣
家奴於人間鬻蘆菔根其奴緣此侵擾百姓
帝深加譴責坐廢於家後從帝祠泰山至洛
陽帝責讓之因問所執笏安在威頓首曰臣

負罪無顏復執謹藏於家帝曰可持來威明
日奉笏以見帝曰公雖不遵法度功效實多
今還公笏於是復拜洛州刺史後改封晥城
郡公

唐太宗貞觀初徵鄧隆為國子主簿初王充兄
子太之守河陽也引隆為賓客大見親遇及
太宗攻洛陽遺書諭太隆為太復書言辭不
遜洛陽平後隆懼罪變姓名自號隱玄先生
竄於白鹿山黃冠野服不接人事至是徵之

與博陵崔仁師昌黎慕容善行弘農劉蔚新野康安禮河東敬播俱為脩文學士隆負宿罪猶不自安太宗聞之遣房玄齡謂之曰爾為王太作書誠合重責但各為其主於朕有惡朕今為天子何能追責匹夫之過爾宜坦然勿懷危懼也擢授著作佐郎

高宗永徽三年春處月朱邪孤注殺招慰使與突厥賀魯相結命梁建方破之於牢山生擒孤注斬首九千級軍還御史劾奏建方逗遛帝以其有功釋不問○咸亨初薛仁貴為邏娑道行軍大總管擊吐蕃官軍大敗仁貴坐除名尋而高麗餘衆相率復叛詔起仁貴為雞林道總管以經畧之上元中坐事徙象州會赦歸帝思其功復召見謂曰往歲萬年宮微卿我其為魚矣卿又北伐九姓東擊高麗漠北遼東咸遵聲教者並卿之力也卿雖有過豈可相忘有人云卿烏海城下故不擊賊致使失利朕所恨者唯此事耳今西邊不

靜瓜沙路絕卿可高枕鄉邑不為朕指撝邪於是起為瓜州長史尋拜右領軍衛將軍撿校代州都督

玄宗開元元年講武於驪山兵部尚書郭元振以虧失軍容坐于纛下將斬之宰相劉幽求張說跪馬前諫曰元振翼戴上皇有大功於國雖犯軍令不可加刑伏望寬宥以從人望帝乃捨之流新州○是年以李暢為虔州刺史初中宗之崩也李嶠密表韋后請出相王諸子於外上即位於禁中得其表或請誅之張說曰嶠雖不識逆順然為當時之謀則忠矣上然之以嶠子暢為虔州刺史令嶠隨暢之官

肅宗至德二年十二月既收洛陽先是博陵太守張萬頃陷賊偽授河南尹安撫百姓全活宗枝帝嘉之捨其罪授濮陽太守

德宗建中四年汾陽郡王郭子儀子曖尚代宗昇平公主公主坐事留之禁中曖亦不令出入

既而朱泚之亂不知德宗幸奉天為賊所逼欲授偽官曖辭以居喪被疾既而與兄晞弟曙及昇平公主皆奔奉天德宗喜並釋前咎待之如初復銀青光祿大夫檢校左散騎常侍

宋太祖微時客遊至漢東依董宗本宗本之子遵誨憑藉父勢嘗侮之一日謂太祖曰每見城上有紫雲如蓋又夢登高臺遇黑蛇約長百尺餘俄化龍飛騰東北去雷電隨之是何祥也太祖皆不對他日論兵遵誨理屈拂衣

起太祖乃辭宗本去自是紫雲漸散太祖即位召遵誨諭之曰卿尚記曩日紫雲黑龍之事乎遵誨皇恐請死太祖曰朕方赦過賞功豈念舊怨耶乃自驍武指揮使拜馬軍都軍頭尋授通遠軍使

真宗以馬亮為西川轉運副使時王均反及平帝召問蜀事會械送賊詿誤者八十九人至闕下執政欲盡誅之亮曰愚民脅從此特百之一二餘竄伏山林者衆今不貸之反側之人聞風疑懼一唱再起是滅一均生一均也帝悟悉宥之

仁宗嘉祐元年御史吳中復請召還唐介文彥博因言于帝曰介頃為御史言臣事多中臣病其間雖有風聞之誤然當時責之太深乞宥其罪帝乃召介知諫院

國朝

太宗皇帝時都督程達有罪

上特宥之命隨西平侯沐晟立功自贖遂勑晟

曰都督程達犯死罪今惜其才特宥之使從爾立功蓋其才足當一面其餘文武官有罪欲立功者各量罪之輕重察才之高下而用之用當其才成功可必既而顧侍臣曰君人之道犯極惡則不宥有小善亦不棄人孰無過論小過而棄大善則為善者怠亦孰無才若錄小才而免大惡則為惡者肆故惡之難容者乃不論其才才有可用者乃畧其小過如此則善善惡惡皆不失矣

五倫書卷之十九

五倫書卷之二十

君道

善行

兵政

周成王時立司馬之官設六軍之衆因井田而制軍賦地方一里為井井十為通通十為成成方十里成十為終終十為同同方百里同十為封封十為畿畿方千里有稅有賦稅以足食賦以足兵四井為邑四邑為丘丘十六井有戎馬一牛三四丘為甸甸六十四井有戎馬四兵車一乘牛十二甲士三人步卒七十二人干戈備具是謂乘馬之法一同百里提封萬井除山川沈斥城池邑居園囿術路三千六百井定出賦六千四百井戎馬四百匹兵車百乘此卿大夫采地之大者也是謂百乘之家一封三百一十六里提封十萬井定出賦六萬四千井戎馬四千匹兵車千乘此諸侯之大者也是謂千乘之國天子畿方

千里提封百萬井定出賦六十四萬井戎馬四萬匹兵車萬乘故稱萬乘之主戎馬車徒干戈素具春振旅以蒐夏拔舍以苗秋治兵以獮冬大閱以狩皆於農隙以講武事焉五國為屬屬有長十國為連連有帥三十國為卒卒有正二百一十國為州州有牧連帥比年簡車卒正三年簡徒群牧五年大簡車徒

○宮正掌王宮之戒令糾禁以時比宮中之官府次舍之衆寡為之板以待夕擊柝而比

之國有故則令宿其比亦如之辨內外而時禁稽其功緒糾其德行幾其出入均其稍食去其淫怠與其奇邪之民會其什伍而教之道藝月終則會其稍食歲終則會其行事宮伯掌王宮之士庶子凡在版者掌其政令行其秩敘作其徒役之事授八次八舍之職事若邦有大事作宮衆則令之月終則均秩歲終則均敘以時頒其衣裘掌其誅賞

列國齊桓公用管仲之說作內政而寓軍令五家為軌軌為之長十軌為里里有司四里為連連為之長十連為鄉鄉有良人以為軍令是故五家為軌故五人為伍軌長率之十軌為里故五十人為小戎里有司率之四里為連故二百人為卒連長率之十連為鄉故二千人為旅鄉良人率之五鄉一帥故萬人為軍五鄉之帥率之三軍有中軍之鼓有高子之鼓有國子之鼓三分其國為二十一鄉公率五鄉高子國子各率五鄉其卒伍定乎里

而軍政成乎郊連其什伍居處同樂死生同憂禍福共之緩急足以相助其教已成外攘夷狄內尊天子以安諸夏世稱節制之師

漢高祖踵秦置材官於郡國京師有南北軍南軍為宮城兵衛尉主之北軍為京城兵中尉主之凡民年二十三為正一歲為衛士二歲為材官騎士習射御騎馳戰陳年五十六衰老乃免為庶民就田里南北二軍不出民兵散在郡國有事以羽檄名之以備軍旅有輕

車騎士材官樓船之別平地用車騎山阻用材官水泉用樓船常以秋後講肄課試之

文帝躬戎服親御鞍馬從六郡良家材官之士馳射上林講習戰陳聚天下精兵軍於霸上棘門細柳

武帝平百粵內增中壘屯騎步兵越騎長水胡騎射聲虎賁八校尉外有樓船皆歲時講肄脩武備之事

光武以幽冀并州兵定天下始於黎陽立營

領兵騎常千人以謁者監之號黎陽兵而京師南北軍如故○立秋之日自郊禮畢始揚威武斬牲于東郊門以薦陵廟其儀乘輿御戎路白馬朱鬣躬執弩射牲牲以鹿麛太宰令謁者各一人載獲車馳駟送陵廟還宮遣使者齎束帛以賜武官武官肄兵習戰陳之儀斬牲之禮名曰貙劉（即貙膢殺新以食也）兵官皆建孫吳兵法六十四陳名曰乘之

唐高祖初置府兵其制始於西魏後周而備於隋為十二衛帝因之置驃騎車騎兩將軍府析關中為十二道皆置府兵以隸後改道為軍其法一寓於農居處教養畜材待事動作休息皆有節目每軍置將副各一人以督耕戰以車騎府統之及天下既定廢十二軍改驃騎為統軍車騎為別將又軍有坊置主一人以察戶口課農桑

太宗貞觀十年更號統軍為折衝都尉別將為果毅都尉諸府總曰折衝府兵天下十道

置府六百二十四皆有名號而關內二百六十有一皆以隸諸衛凡府三等兵千二百為上千人為中八百人為下府置折衝都尉一人左右果毅都尉各一人長史兵曹別將各一人校尉六人士以三百人為團團有校尉五十人為隊隊有正十人為火火有長每人甲兵裝糧皆自備并其介冑戎具藏於庫有所征行則視其入而出給之民年二十為兵六十而免其能騎而射者為越騎餘為步兵

每歲季冬折衝都尉率五校兵馬之在府者
教戰
玄宗開元元年十月帝親講武於驪山之下
兵二十萬旌旗連亘五十餘里戈鋋金甲照
耀天地引大陳於長川坐作進退以金鼓之
聲節之三軍出入號令如一帝親擐戎服持
沉香大鎗立於陳前威振宇宙長安士庶奔
走縱觀
宋太祖監五代方鎮之弊既平諸國聚勁兵於

京師躬定軍制紀律詳盡其軍制親衛殿禁
之名其營立龍虎日月之號分領於殿前侍
衛二司尋詔二司簡其驍勇者升為上軍疲
弱者退為剩員令諸路選所部兵送至闕下
以補其缺後復簡強壯者為之兵樣散降諸
道令依樣招收長吏部送詣闕分隸諸軍帝
御講武殿親臨試之其法刻木為箭鏃裹以
氈罽命引強者兩兩相射又以木梃為馬撾
施韋鞘俾馳騎相擊皆取其不避者分等級

以遷隸之又出內庫錢募諸軍子弟數千人
鑿大池於京城之南引蔡水注之造樓船選
精卒號水虎捷習戰池中又詔諸道選材力
技藝過人者收隸禁軍以備宿衛厚其糧賜
常躬自教閱訓練皆以一當百
太宗太平興國二年幸西郊講武臺大閱諸
軍南北綿亘二十里建五色旗鼓於前崔翰
執金鼓按旗指蹤六師如一軍容甚整帝大
悅以金帶賜翰復獎諭之○九年親閱諸軍

參考勞績升絀之帝曰兵雖衆苟不簡閱與
無兵同先帝訓練之方咸盡其要朕因講習
漸至精銳倘統帥得人何敵不克又幸金明
池觀習水戰曰示不忘戰爾
真宗大中祥符六年詔選江淮水軍於金明
池習戰其江浙淮南諸州亦令選卒教習
神宗以唐李靖兵法無全書而見之通典命
王震解釋又令內侍李憲以馬步教習之謂
憲曰黃帝制八陳武侯造圖桓溫以為常山

蛇勢。蓋即九軍陣法。韓擒虎以授靖。時知者多。故作六花陣。八陣即九軍。九軍方陣也。六花陣即七軍。七軍圓陣也。陳以圓爲體。方陣者內圓外方。圓陣者內外俱圓。六軍者左右虞候各一軍。爲二虞候軍。左右廂各二軍。爲四廂軍。與中軍共爲七軍。八陣者加前後二軍。共爲九軍。朕今采古酌今。營陣同一法。止曰營。行曰陣。營爲正。陣爲奇也

元世祖置典兵之官。視兵數多寡爲爵秩崇卑。長萬夫者爲萬戶。千夫者爲千戶。百夫者爲百戶。內立五衛以總宿衛諸軍。衛設親軍都指揮使。並樞密院以總之。遇方面有警。則置行樞密院。事已則罷。而移都鎮撫司屬行省。軍士有蒙古軍。皆國人。探馬赤軍。則諸部族。其法。家有男子十五以上七十以下。無衆寡盡僉爲兵。十人爲一牌。設牌頭。上馬則備戰鬭。下馬則屯聚牧養。既平中原。發民爲卒。是爲漢軍。或以丁論。或以戶論。其營爲軍者定

入民籍伍。符不可更易。病死戍所者。百日外役次丁。死陣者復一年。貧不能役。則聚而一之曰合併。貧甚者老無子者落其籍。戶絕者別以民補之。帝以兵籍爲軍機重務。漢人不得閱其數。雖樞密近臣職專軍旅者惟長官一二人知之。有事則有司調糧軍司調兵。弓弩戈甲。歲有常貢

國朝乙巳春。

太祖皇帝將經理淮甸。親閱試將士。命鎮撫居明率軍士分隊習戰。勝者賞銀十兩。其傷而不退者亦勇敢士。賞銀有差。且徧給酒饌勞之。仍賜傷者醫藥。因諭之曰。刃不素持。必致血指。舟不素操。必致傾溺。弓馬不素習而欲攻戰。未有不敗者。吾故擇汝等練之。今汝等勇健若此。臨敵何憂不克。爵賞富貴。惟有功者得之。顧謂起居注詹同等曰。兵不貴多而貴精。多而不精。徒累行陳。近聞軍中募兵多冗濫者。吾特爲戒之。冀得精銳。庶幾有用也

太祖御奉天門與劉基論用兵謂基曰克敵在兵而制兵在將兵無節制則將不任將非其人則兵必敗是以兩軍之間決死生成敗之際有精兵不如良將基對曰臣荷
聖上厚恩得侍左右每觀廟筭初謂未必皆然及至摧鋒破敵動若神明臣由是知任將在
上將之勝不若主之勝也然臣觀
陛下常不拘古法而勝此尤所難也乃謂之曰兵者詭也因敵制勝豈必泥於古哉朕常親

矢石觀戰陳之事闔闢奇正頃刻變化猶風雲之無常勢要在通其變耳亦何暇論古法耶

馬政

周官校人掌王馬之政辨六馬之屬曰種馬戎馬齊馬道馬田馬駑馬天子十有二閑馬六種邦國六閑馬四種家四閑馬二種如趣馬巫馬牧師廋人圉師圉人皆掌馬政者也春祭馬祖夏祭先牧秋祭馬社冬祭馬步凡大祭祀朝覲會同毛馬而頒之凡將事于四海山川則飾黃駒凡軍事物馬而頒之

列國衛文公大布之衣大帛之冠務材訓農通商惠工敬教勸學授方任能元年革車三十乘季年乃三百乘故詩人詠之曰秉心塞淵騋牝三千言所畜之馬七尺而牝者亦已至於三千之衆矣

魯僖公能遵伯禽之法儉以足用寬以愛民務農重穀牧于坰野而其馬之多駉而壯者

有十六種之毛色蓋極其盛而國之殷富為可見故詩人作頌以美之曰思無疆思馬斯臧思無期思馬斯才思無斁思馬斯作思無邪思馬斯徂蓋言其牧馬之盛由意之遠也

漢文帝初年廄馬止有百餘匹下取給於邊郡班氏居塞則致馬數千群橋桃居塞則致馬千匹是時內郡之盛則衆庶街巷有馬阡陌之間成群乘牸牝者擯不聚會邊郡之盛則三十六苑分置西北邊其良者以給乘輿

景帝時造苑馬以廣用四年御史大夫鄧綰奏禁馬高九尺五寸以上齒未平不得出關時太僕牧師諸苑三十六所分布西北邊以郎為苑監官奴婢三萬人養馬三萬匹
武帝征伐四夷益盛養馬以西河上郡為萬騎太守而馬政始掌於郡二千石矣蓄積廢馬有四十萬自遣衛霍之師追匈奴而馬大耗焉晚年乃詔修馬復令以補缺使毋乏武備而已

昭帝元鳳二年令郡國毋斂今年馬口錢又令民有車騎馬一匹者復卒三人是時有馬者閑居則免三人之算有事則當三人之卒其制優異此內郡之制也至於邊郡則縱民蓄牧而官不禁
唐高祖得牝馬三千匹於赤岸澤徙之隴右命太僕張萬歲掌之萬歲善於其職自貞觀至麟德馬蕃息及七十萬匹分為八坊四十八監各置使以領之

玄宗即位牧馬有二十四萬匹以太僕卿王毛仲為內外閑廄使少卿張景順副之至開元間有馬四十三萬匹帝東封以牧馬數萬匹從色別為群望之如雲錦焉
德宗建中元年市關輔馬三萬實內廄貞元三年吐蕃羌渾犯塞詔禁大馬出潼蒲武關者元和十年伐蔡命中使以絹一萬市馬河曲其始置四十八監據隴西金城平涼天水負廣千里繇京度隴置八坊為會計都領其

間善水草腴田廄旋以給貧民及軍吏間及賜佛寺道館幾千頃十一年廄使長茂宗舉故事盡牧岐陽坊地失業者甚衆十三年以蔡州牧地為龍陂監十四年置臨漢監於襄州牧馬三千二百費田四百頃
宋太祖以五代時監牧多廢官失其守國馬不蕃息時但有左右飛龍院帝始置養馬二務歲遣中使詣邊州市馬自是閑廄始充矣
太宗既平太原遂觀兵范陽得汾晉燕薊之

馬凡四萬二千餘匹國馬增多乃詔於景陽門外新作四廄名曰天駟監左右各二以左右飛龍使為左右天廄使閑廄使為崇儀使内廄馬既充牣始分置諸州牧養雍熙初禁邊臣於邊外市蕃馬勿得黷其直改太廄院為騏驥院天駟監為天廄坊自河北洛陽至許州鎮監凡十八監又詔北虜未平方資戰騎分遣使臣收買京城諸道私家所産之馬

○通利軍上十牧草地圖帝慮畜牧之地多

侵民田乃遣中使檢視畫其疆界又從內侍趙守倫之請於諸州牧龍坊畜牝馬萬五千匹逐水草放牧不費芻秣所生駒可資軍用自是諸牧馬頗蕃息

真宗咸平三年群牧司總內外馬政其後歲遣判官一人巡行諸監取孳生駒二歲已上者點印之左右騏驥院六坊監止留馬二千餘匹餘皆三月出就牧放秋冬而入其御馬準備用者在京師

仁宗時舊制以群牧司總天下馬政其屬有左右騏驥院分領左右天駟監左右天廄坊其畜病馬有牧養上下監牧兵校長有提舉指揮使副使諸監之外者知州通判兼領之各據芻地列棚並課士卒春夏出牧秋冬入廄孳息有賞耗亡有罰其為條教甚備丁度為群牧使上言天聖中牧馬至十餘萬其後言者以天下無事遂廢八監陝西河東歲市馬一萬二百尤能補京畿塞下之闕自用兵

數年所市馬比常歲特三之一請下令河東京東京西淮南籍丁壯為兵處有能畜一戰馬者與免二丁仍不升戶等以備緩急如此則國馬蕃矣

英宗時唐介知太原請於交城縣置馬監詔比部員外郎崔台符相視得汾州故牧地三千餘頃其千二百餘頃民以租佃者令入租以給塞月芻豆已從介請置監自沙苑發牝馬五百匹往交城帝謂文彦博曰馬政之盡

善縣群牧判官國冀蕃息以給騎兵遂以台符權群牧判官尋詔台符及劉航刪脩群牧司敕令

神宗即位留意於馬政於是樞密使邵亢請以牧馬餘田修稼政以資牧養之利而群牧司言馬監草地四萬餘頃今以五萬為率一馬占地五十畝大名廣平四監餘田無幾宜且仍舊而原武單鎮洛陽沙苑淇水安陽東平等監餘田萬七千頃可賦民以芻粟從之

又詔河南北分置監牧使以劉航崔台符為之又置都監各一員其在河南者為孳生監凡外諸監並分屬兩使諸監官吏若牧田縣令佐並委監牧使舉劾專隸樞密院不隸於羣牧制置

高宗謂輔臣呂頤浩曰若復孳生馬當就水草地是日條畫於饒州四望山等處以為牧地郡守帶提領選差使臣五員專管牧養事

帝曰兵以馬政為先唐開元間馬多至四十萬匹當時用一縑易一馬亦要得其人如王毛仲陳馬若錦綉則盛矣

元文宗天曆初以所括河北諸路馬四百匹給宿衛阿塔赤二百匹給中官阿塔赤餘二千匹分牧於內郡

征伐

黃帝以神農世衰諸侯相侵伐暴虐百姓乃習用干戈以征不享諸侯咸來賓從而蚩尤作亂不用命乃徵師諸侯與蚩尤戰於涿鹿之

野禽殺蚩尤遂代神農為天子

夏啓初立有扈不服啓親率六師往征之誓曰嗟六事之人予誓告汝有扈氏威侮五行怠棄三正天用勦絕其命今予惟恭行天之罰左不攻于左汝不恭命右不攻于右汝不恭命御非其馬之正汝不恭命用命賞于祖不用命戮于社予則孥戮汝戰于甘澤不勝六卿請復之啓曰不可吾地不淺吾民不寡是吾德薄而教不善也於是親親長長尊賢使

能朞年而有扈氏服

商湯居亳與葛為隣葛伯放而不祀湯使人問之曰何為不祀曰無以供犧牲也湯使人遺之牛羊葛伯食之又不以祀湯又使人問之曰無以供粢盛湯使亳衆往為之耕老弱饋食葛伯率其民要其有酒食黍稻者奪之不授者殺之有童子以黍肉餉殺而奪之書曰葛伯仇餉此之謂也為其殺是童子而征之四海之內皆曰非富天下也為匹夫匹婦報

讎也○湯一征自葛載十一征而無敵於天下東面而征西夷怨南面而征北狄怨曰奚為後我民望之若大旱之望雲霓也歸市者不止畊者不變誅其君而弔其民若時雨降民大悅○湯以夏桀無道暴虐其民率師征之誓于衆曰格爾衆庶悉聽朕言非台小子敢行稱亂有夏多罪天命殛之今汝其曰我后不卹我衆舍我穡事而割正夏予惟聞汝衆言夏氏有罪予畏上帝不敢不正於是遂

進師伐桀放之南巢

高宗時盤庚既沒而殷道衰楚人叛之遂用武以伐楚入其險阻以致其衆三年而克之盡平其地故殷武之詩曰撻彼殷武奮伐荊楚罙入其阻裒荊之旅有截其所湯孫之緒

周文王時密人侵阮徂共遂往伐之故皇矣之詩曰密人不恭敢距大邦侵阮徂共王赫斯怒爰整其旅以按徂旅以篤周祜以對于天下○王聞崇侯虎蔑侮父兄不敬長老聽獄

不中分財不均百姓力盡不得衣食乃往伐之軍三旬而不降退脩德教而復伐之因壘而崇降

武王伐紂告于皇天后土所過名山大川曰今商王受無道暴殄天物害虐烝民為天下逋逃主萃淵藪予小子既獲仁人敢祗承上帝以遏亂略華夏蠻貊罔不率俾惟爾有神尚克相予以濟兆民無作神羞既戊午師逾孟津癸亥陳于商郊俟天休命甲子昧爽受

率其旅若林會于牧野罔有敵于我師前途倒戈攻于後以北血流漂杵一戎衣而天下大定乃反商政政由舊釋箕子囚封比干墓式商容閭散鹿臺之財發鉅橋之粟大賚于四海而萬姓悅服乃偃武修文歸馬于華山之陽放牛于桃林之野示天下弗服祀于周廟紫望大告武成

成王即政淮夷奄國叛王親征之既伐淮夷遂踐奄遷其君于薄姑

宣王時淮北徐州之夷叛王自將征之乃命大師皇父整治六師程伯休父爲大司馬使左右陳其行列往除其亂故常武之詩曰王奮厥武如震如怒進厥虎臣闞如虓虎王旅嘽嘽如飛如翰如江如漢如山之苞如川之流濯征徐國徐方既同天子之功四方既平徐方來庭徐方不回王曰還歸

列國齊桓公伐楚楚子使與師言曰君處北海寡人處南海唯是風馬牛不相及不虞君之涉吾地也管仲對曰昔召康公命我先君太公曰五侯九伯汝實征之以夾輔周室爾貢包茅不入王祭不供無以縮酒寡人是徵昭王南征不復寡人是問對曰貢之不入寡君之罪也敢不供給昭王之不復君其問諸水濱師進次于陘楚子使屈完如師遂及諸侯盟

漢高祖爲沛公時引兵擊秦至嶢關秦遣兵拒高祖擊破之進至霸上秦王子嬰素車白馬

繫頸以組封皇帝璽符節出降軹道傍諸將請誅之高祖曰始懷王遣我固以能寬容人且人已降殺之不祥遂屬之吏及伐楚引兵至洛陽新城三老董公遮說曰順德者昌逆德者亡兵出無名事故不成明其爲賊敵乃可服項羽不道放弒其主天下之賊也夫仁不以勇義不以力大王宜率三軍之衆爲之素服以告諸侯爲此東伐四海之內莫不仰德此三王之舉也高祖曰善非夫子無所聞

於是為義帝發喪。袒而大哭哀臨三日。發使
告諸侯曰天下共立義帝北面事之。今項羽
放弒義帝江南大逆無道寡人悉發關中兵。
南浮江漢而下。願從諸侯王擊楚之弒義帝
者諸侯遂皆從之漢軍大振焉
光武始為將軍討王莽至郾定陵悉發諸營
兵諸將貪惜財物欲分兵守之光武曰。若破
敵珍寶萬倍大功可成如為所敗首領無餘。
何財物之有。乃悉發之自將步騎為前鋒。莽

將王尋王邑遣兵合戰光武奔之斬首數十
級諸將喜曰劉將軍平生見小敵怯。今見大
敵勇甚可怪也光武復進尋邑兵却諸將膽
氣益壯無不一當百大敗莽軍。盡獲其軍實
關中震恐海內豪傑翕然響應皆殺其牧守
用漢年號旬月徧於天下。及誅莽光武以大
司馬徇河北。所過郡縣黜陟能否平遣囚徒。
除莽苛政復漢官名吏民大悅爭持牛酒迎
勞○建武三年。馮異破赤眉劉盆子於崤底

赤眉餘衆東向宜陽帝親勒六軍嚴陣以待
之赤眉忽遇大軍驚震以其衆三十餘萬肉
袒乞降上所得傳國璽綬帝明旦大陳兵馬
臨洛水謂盆子丞相徐宣曰得無悔降乎朕
今遣卿歸營勒兵鳴鼓相攻決其勝負不欲
强相服也宣叩頭曰臣等出長安東都門君
臣計議歸命聖德百姓可與樂成難與圖始。
故不告衆耳今日得降猶去虎口歸慈母。誠
懽誠喜無恨帝曰卿所謂鐵中錚錚庸中佼

佼者也
隋高祖與陳隣好甚篤每獲陳諜皆給衣馬禮
遣之而陳侵掠如故故伐之會陳宣帝殂高
祖即命班師遣人赴弔書稱姓名頓首陳後
主荅書末云想彼統內如宜此宇宙清泰高
祖不悅又謀伐之謂臣下曰我為民父母豈
可限一衣帶水而不拯之乎命大作戰船人
請密之高祖曰吾將顯行天誅何密之有使
投其柹於江曰若彼懼而能改吾復何求後

送璽書暴後主二十惡罵詔徧諭江外遂伐之

唐高祖起義師伐隋將發太原杖白旗誓衆以少子元吉爲太原留守既下山西諸郡子世民北徇三輔鄠賊丘師利盩厔賊何潘仁等俱來降帝次馮翊自下邽以西所經隋行宮苑籞悉罷之出宮女還其家遂次長樂宮遣使諭隋代王侑及留守衛文昇等不報乃圍城下令曰有犯隋七廟及宗室者罪三族京

城既克命收圖籍約法十二條悉除隋苛禁

太宗討群盜西河郡不下進兵擊之與士卒同甘苦遇敵則以身先之近道果菜非買不食軍士有竊之者輒求其主償之亦不詰竊者兵民皆悅至西河城下郡丞高德儒閉城拒守攻拔之執德儒至軍門數之曰汝指野鳥爲鸞以欺人主取高官吾興義兵正爲誅佞人耳遂斬之自餘不殺一人秋毫無犯

宋太宗自將伐漢主劉繼元至太原城下督戰益急慮其城陷殺傷者衆手詔漢主降使者至城守陴者不納帝怒益督諸將衛士進薄城下列陣于前蹲甲交射矢集城上如蝟毛復手詔漢主速降當始終保富貴且又慮城陷害及良民麾兵使却漢主遂降

真宗時契丹寇河北帝北巡至南澶州虜騎已過魏州矣帝疑不欲渡河寇準勸帝北渡以固士卒心帝猶豫未決時陳堯叟勸帝避之蜀王欽若勸帝避之金陵帝以問準準曰

誰爲陛下畫此計者帝曰顧所畫如何耳毋問其名準曰臣姑欲知之先斬此曹以令天下且先帝建都垂五十年天下財用兵甲聚於京師宗廟社稷之所寄也不幸有事陛下當與臣等以死守之今一旦棄去非復陛下所有若賊盜因緣而起陛下當何歸乎帝遂渡河至澶州虜數千騎乘勝薄城下詔令將士迎擊之斬獲大半虜乃引退不敢復逼請和而去

元世祖征大理至曲先腦兒之地夜宴姚樞樞陳宋太祖遣曹彬取南唐不殺一人市不易肆事明日世祖據鞍呼曰汝昨夕言曹彬不殺者吾能為之吾能為之樞馬上賀曰聖人之心仁明如此生民之幸有國之福也明年師及大理城飭樞裂帛為旗書止殺之令分號街陌由是民得相完保○帝征雲南劉秉忠從之謂世祖曰天地好生王者不殺世祖然之故克城之日不妄殺一人○帝師師伐

宋張文謙劉秉忠言王者之師有征無戰當一視同仁不可嗜殺帝曰期與卿等守此言既入宋境分命諸將毋妄殺毋焚人室廬所獲生口悉縱之

國朝癸卯九月

太祖皇帝平陳友諒還告廟論功行賞因與諸將論鄱陽之戰諸將請曰自古水戰必得天時地利乃為可勝若周瑜之破曹操因風水之便乃能勝之陳友諒兵據鄱陽先處上流而待我是得地利矣況我勞而彼佚今勝之誠未諭也

太祖曰汝不聞古人所謂天時不如地利地利不如人和陳友諒兵雖衆強人各一心上下猜疑矧用兵連年數敗無功不能養威俟時今日適勞於東明日又馳騖於西失衆心矣夫兵貴時動動則威威則勝我以時動之師威不振之虜將士一心人百其勇如鷙鳥搏擊巢卵俱覆此所以為吾破也諸將皆歎服

五倫書卷之二十

五倫書卷之二十一

君道 善行 命將

虞舜以有苗弗率命禹徂征禹乃會羣后誓于
師曰濟濟有衆咸聽朕命蠢茲有苗昏迷不
恭侮慢自賢反道敗德君子在野小人在位
民棄不保天降之咎肆予以爾衆士奉辭伐
罪爾尚一乃心力其克有勳既而苗民逆命

禹遂班師振旅帝乃誕敷文德舞干羽于兩
階七旬有苗格

夏仲康肇位羲和廢厥職王命胤侯徂征胤侯
乃告于衆曰羲和顛覆厥德沈亂于酒畔官
離次俶擾天紀遐棄厥司今予以爾有衆奉
將天罰爾衆士同力王室尚弼予欽承天子
威命

周宣王時蠻荊背叛王命方叔伐之故詩人詠
之曰顯允方叔征伐玁狁蠻荊來威言其甞
與北伐之功是以蠻荊聞其名而皆來畏服
也

列國秦武王使甘茂伐韓茂曰宜陽大縣其實
郡也今倍數險行千里攻之難魯人有與曾
參同姓名者殺人人告其母母織自若及三
人告之母投杼下機踰垣而走臣賢不及參
王之信臣又不如其母疑臣者非特三人臣
恐大王之投杼也今臣羇旅之臣也樗里子
公孫奭挾韓而議王必信之王曰寡人弗信

乃盟于息壤茂伐宜陽五月而不克二人果
譖之武王召茂欲罷兵茂曰息壤在彼王乃
悉起兵佐茂遂拔韓

漢高祖王漢中時欲還兵東擊項羽乃用蕭何
言設壇具禮拜韓信為大將既拜禮畢引信
上坐問曰將軍何以教寡人信因言項王所
過無不殘滅百姓不附特劫於威强服耳名
雖為霸實失天下心今大王誠能反其道任
天下武勇何所不誅以天下城邑封功臣何

所不服。以義兵從思東歸之士。何所不散。於諸侯約。大王當王關中。今大王舉而東。三秦可傳檄而定也。於是漢王喜。自以為得信晚。遂聽信計

文帝時。匈奴大入邊。詔將軍周亞夫屯細柳。劉禮次霸上。徐厲次棘門上自勞軍。至霸上及棘門軍。馳直入。大將以下騎送迎。已而之細柳。不得入。先驅曰。天子且至。軍門都尉曰。軍中聞將軍令。不聞天子詔。帝乃使使持節

詔將軍周亞夫。乃傳言開壁門。壁門吏士請車騎曰。將軍約。軍中不得驅馳。帝乃按轡徐行。亞夫持兵揖曰。甲冑之士不拜。請以軍禮見。帝為改容。成禮而去。羣臣皆驚。帝曰。嗟乎。此真將軍矣。曩者霸上棘門軍兒戲耳。其將固可襲也。至於亞夫。可得而犯耶。稱善者久之。遂拜亞夫為中尉

宣帝初。遣義渠安國行諸羌。諸羌怒。犯塞攻城邑。殺長吏。安國以聞。時趙充國年七十餘。帝老之。使問誰可將者。充國對曰。無踰老臣。帝遣問曰。將軍度羌虜何如。當用幾人。充國曰。百聞不如一見。兵難遙度。願至金城圖上方略。既至金城。帝賜書曰。皇帝問後將軍。甚苦暴露。計欲宿留于進。借使虜知此意。或冦或匿。寧有利哉。將軍不念國中之費。欲以歲數而勝微。（謂應年乃勝小敵也）將軍誰不樂此者。今詔破羌將軍武賢等將兵亡處二千人。以七月北行擊罕羌。將軍其引兵便道西並進。使虜

聞東方南方兵並來。分散其心意。當有瓦解者。今五星出東方。中國大利。蠻夷大敗。太白出高。用兵深入敢戰者吉。弗敢戰者凶。將軍急裝。因天時誅不義。萬下必全。勿復有疑。已又屢書。令充國熟計其便。復奏。充國乃奏願罷騎兵。留步兵萬餘屯田。條不出兵留田便宜十二事。奏每上。輒下公卿議。初是其計者什三。中什五。最後什八。魏相任其計可必用。帝從之。朞年。諸羌悉平

光武以赤眉延岑暴亂三輔郡縣乃遣馮異討之車駕送至洛陽賜以乘輿及七尺具劒勑異曰三輔遭王莽更始之亂重以赤眉延岑之酷元元塗炭無所依訴今之征伐非必畧地屠城要在平定安集之耳諸将非不健鬬然好虜掠卿能御吏士令自修飭無為郡縣苦異頓首受命所至皆布威信羣盗悉降

○帝討公孫述命吳漢進軍攻廣都拔之帝戒漢曰成都十餘萬衆不可輕也但堅據廣

都待其来攻勿與爭鋒若不敢来公轉營迫之須其力疲乃可擊也漢乘利遂自将步騎二萬餘進逼成都去城十餘里阻江北為營作浮橋使副将劉尚将萬餘人屯於江南相去二十餘里帝聞大驚使讓漢曰公既輕敵深入又與尚别營事有緩急不復相及賊若出兵綴公而大衆攻尚尚破公即敗矣急引兵還廣都詔書未到述果使其将謝豐袁吉攻漢使别将攻尚漢敗入壁豐圍之漢乃率諸将夜銜枚引兵與尚軍合豐等不覺悉兵迎戰自晨至晡遂大破之斬謝豐袁吉自是八戰八尅蜀乃平

晉武帝時凉州羗叛河西斷絶帝臨朝嘆曰誰能為我討此虜通凉州者乎朝臣莫對馬隆前曰陛下能任臣臣能平之帝曰必能滅賊何為不任卿顧卿方畧何如耳隆曰陛下若能任臣當聽臣自任臣請募勇士三千人無問所從来率之鼓行而西稟陛下威靈醜虜

何足滅哉帝許之公卿僉曰隆小将妄說不可從也帝弗納卒用隆隆果攻殺諸羗遣使回報帝撫掌歡笑召羣臣謂曰若從諸卿言是無秦凉也

唐高祖既定京師以李靖初不附已将殺之靖呼曰公起兵為天下除暴亂欲就大事奈何以私怨殺誼士乎遂釋而用之開州蠻冉肇則寇夔州靖率兵八百破其屯要險設伏斬肇則俘獲五千帝謂左右曰使功不如使過

靖果然因手勑勞曰既往不欲向事吾已久
忘之矣靖遂為大將屢立功
太宗貞觀八年吐谷渾寇涼州命李靖為西
海道行軍大總管帥諸軍往討之帝誡靖曰
吐谷渾安自矜大失藩臣之禮數為草竊侵
我邊陲是行也以寡制衆良在不疑然敵不
可輕寇不可玩閫外之事將軍裁之制變應
機不可預筭官賞罪罰並在此行當思自勉
肅宗時安慶緒弒祿山繼為亂帝命天下兵

馬都元帥廣平王俶司空天下兵馬副元帥
郭子儀帥諸將佐往討之初帝勞饗諸將謂
子儀曰事之濟否在此行也子儀曰此行不
捷臣必死之於是俶將朔方諸軍及回紇之
衆與子儀大敗賊於長安既定西京已而復
與賊戰於新店大敗之東京亦定焉
代宗時僕固懷恩叛帝問郭子儀計所出子
儀曰無能為也懷恩本臣偏將雖慓悍然素
失士心其肯為亂者又皆臣故部曲素以恩

信結之彼忍以刃相向乎帝曰善遂遣子儀
擊敗之
宋太祖命曹彬伐江南主李煜戒以勿暴虐生
民務廣威信待其自歸不須急擊取匣劍授
彬曰不用命者副將以下皆斬之潘美以下
皆失色自王全斌伐蜀多殺人帝每恨之彬
性仁厚故專任焉彬將行又戒之曰城陷之
日慎無殺戮設若困鬭則煜一門不可加害
及彬克昇州得煜以歸帝御明德門見煜于

樓下不用獻俘儀○帝以郭進為澤潞防禦
使充西山巡檢進有材幹御下嚴毅在西山
嘗有軍校詣闕誣進者太祖謂左右曰彼有
過畏罰故誣進求免爾遣使送與進令殺之
會幷人入寇進謂誣者曰汝敢論我信有膽
氣今捨汝罪汝能掩殺幷寇即薦汝於朝如
敗可自投河水其人喜躍聽命果致克捷進
即以聞乞遷其職太祖從之○帝遣潘美伐
南漢主劉鋹美進兵薄城下漢主懼遣人

諭以帝意以為能戰則戰不能戰則守不能守則降不能降則死不能死則亡此五者惟所行之他不敢問也漢主不果降卒被擒而歸○帝征太原過彰德時韓重贇為節度使迎帝帝宴之曰契丹知我是行必率衆來援彼意鎮定無備必由此入卿可領兵倍道而進出其不意破之遂命重贇為北面都部署夜發果遇契丹兵于定州重贇大破其衆

高宗時兀术入寇韓世忠戰走之詔曰世忠

蕩平諸寇連奏大捷已加優擢其告諸統制官各務立功報國共濟中興以光史册已而兀术與劉豫合兵復至帝以御札賜世忠畧曰虜氣正銳朕甚憂之朕雖不德無以君國子民而祖宗德澤猶在人心所宜深念累朝涵養之恩永垂千載忠義之烈世忠讀詔感泣遂自鎮江進屯揚州以禦之○帝命岳飛收復襄陽遂詔監司帥守餉軍無闕庶幾必濟飛等進軍與金兵戰大破之遂復襄陽及郢隨諸州軍聲大振帝尋命飛為宣撫使扈駕至建康以劉光世所統王德酈瓊等兵五萬餘隸飛且詔德曰聽飛號令如朕親行飛連上疏反復極論恢復帝賜報曰覽卿近奏銳然以恢復為請豈天實啓之以輔成朕志行遂中興也飛由是率厲將士將大舉會秦檜主和議忌其成功乃沮其志

元世祖大舉伐宋以伯顔領河南等路行中書省所屬兼聽節制及陛辭世祖諭之曰昔曹

彬以不嗜殺平江南汝其體朕心為吾曹彬可也○至元十八年正月命行省右丞相阿剌罕右丞范文虎及忻都洪茶丘等率十萬人征日本二月諸將陛辭世祖勑曰始因彼國使來故朝廷亦遣使往彼遂留我使不還故使卿輩為此朕聞漢人言取人家國欲得百姓土地若盡殺百姓徒得地何用又有一事朕甚憂之恐卿輩不和耳假言彼國人至與卿輩有所議當同心協謀如出一口答之

○盜起雲南。擁數十萬。聲言欲寇成都。時立智理威為嘉定路達魯花赤。馳入告急。言辭懇切。繼以泣涕。大臣疑其不然。帝曰。雲南朕所經理。未可忽也。乃推食以勞之。又語立智理威曰。南人生長亂離。豈不厭兵畏禍邪。御之乖方。保之不以其道。故為亂耳。歸以朕意告諸將。叛則討之。服則捨之。毋多殺以傷生意。則人必定矣

國朝。甲辰八月。平章常遇春兵至贛州。熊天瑞固守不下。

太祖皇帝命平章彭時中以兵會遇春等共擊之。又命中書右司郎中汪廣洋往參謀遇春軍事。諭廣洋曰。汝至贛。如城未下。可與遇春等言。熊天瑞困處孤城。猶籠禽阱獸。豈能逃逸。但恐破城之日。殺傷過多。要當以保全生民為心。一則可為國家用。一則可為未附者勸。且如漢將鄧禹不妄誅殺。得享高爵。子孫昌盛。此可為法。向者鄱陽湖之戰。陳友諒既敗。生降其兵。至今為我用。縱有逃歸者。亦我之民。我前克湖廣。禁軍士毋入城。故能全一郡之民。苟得郡無民。何益。廣洋至贛。見遇春等。傳

太祖命。時天瑞拒守益堅。遇春乃浚濠立柵以困之。未幾城降。○乙巳八月。命中書左相國徐達為大將軍。平章常遇春為副將軍。帥師二十萬伐張士誠。集將佐諭之曰。自大亂以來。豪傑並起。所在割據。稱名號者不可勝數。

江南亂雄。西有陳友諒。東有張士誠。皆連地千里。擁衆數十萬。吾介乎二人之間。相與抗者十餘年。觀二人所為。其志豈在於民。不過貪富貴。聚淵藪。劫奪寇攘而已。友諒敗滅。獨士誠據有浙西。北連兩淮。恃其彊力。數侵吾之疆埸。賴諸將連歲征討。克取兩淮之地。今惟浙西姑蘇諸郡未下。故命卿等討之。卿等宜戒飭士卒。毋肆虜掠。毋妄殺戮。毋發丘壠。毋毀廬舍。聞張士誠母葬姑蘇城外。慎勿侵

毀其墓。汝等毋忘吾言。諸將帥務在輯睦。勿縱左右欺淩軍士。凡為將之功。必資士卒。善撫恤之。大抵克敵者必以成功為效。樹德者必以廣恩為務。卿等勉之。諸將皆再拜受命

○吳元年十月。命徐達為征虜大將軍。常遇春為征虜副將軍。率甲士二十五萬。由長淮入大河北取中原。胡廷瑞為征南將軍。何文輝為副將軍。率吉安寧國南昌袁贛滁和無為等衛軍。由江西取福建。以湖廣參政戴德

隨征。湖廣平章楊璟。左丞周德興。參政張彬。率武昌荊州益陽常德潭岳衡澧等衛軍取廣西。召諸將諭之曰。征伐所以奉天命。平禍亂。安生民。故命將出師。必在得人。今諸將非不健鬬。然能持重。師有紀律。戰勝攻取。得為將之體者。莫如大將軍達。當百萬之衆。勇敢先登。摧鋒陷陣。所向披靡。莫如副將軍遇春。然吾不患遇春不能戰。但患其輕敵耳。吾前在武昌。親見遇春纔遇數騎挑戰。即輕身赴

之。彼陳氏如張定邊者。何足稱數。尚據城指揮。遇春為大將。顧與小校爭能。甚非所望。切宜戒之。若臨大敵。遇春須領前鋒。或敵勢彊。則遇春與參將馮宗異分為左右翼。各將精銳以擊之。左丞薛顯參政傅友德皆勇略冠諸軍。可各領一軍。使當一面。或有孤城小敵。但遣一將有膽略者付以總制之權。皆可成功。達則專主中軍。策勵群帥。運籌決勝。不可輕動。古云將在軍。君不與者勝。汝等其識之。

又謂達曰。閫外之事。汝實任之。茲行必自山東次第進取。山東古云十二山河之地。師行之際。須嚴部伍。明分數。一衆心。審進退之機。適通變之宜。使戰必勝。攻必取。我虛而彼實則避之。我實而彼虛則擊之。將者三軍之司命。立威者勝。任勢者彊。威立則士用命。勢重則敵不敢犯。吾嘗與諸豪傑並驅。觀其取敗者。未有不由威不立而勢輕也。汝其慎之。諭友德曰。此行汝當努力。昔漢高祖與項羽爭

衡彭越宣力於山東。今用師，自山東始。汝其勉之。諭廷瑞曰：汝以陳氏丞相來歸，事吾數年，忠實無過，故命汝總兵往取福建。何文輝爲爾之副。湖廣叅政戴德從汝調發。二人皆吾親近之人，勿以此故廢軍政。凡號令征戰，一以軍法從事。吾昔微時在行伍中，見將帥統御無法，心竊鄙之。及後握兵權，所領一軍皆新附之士，一日驅之野戰，有二人犯令，即斬以徇，衆皆股栗，莫敢違吾節度，人能立志，

何事不可爲。聞汝往年嘗攻閩中，必深知其地里險易。今總大軍進征，凡攻圍城邑，必擇便利可否爲之進退，無失機宜，克定之功，全賴於汝。於是達等拜命辭出。○洪武元年七月。

太祖將發汴梁，大將軍徐達等自陳橋入辭，乃諭之曰：朕與公等率衆渡江，誓除禍亂以安天下。今士卒舍父母妻子，戰鬬於矢石之間，百死一生，久未休息，朕每念之惕然于心。然非得已也。中原之民久爲羣雄所苦，死亡流離徧于道路，天監在茲，朕不敢怠，故命爾等帥師北征，廓清中原，拯民艱苦。昔元起沙漠，其祖宗有德，天命入主中國，將及百年，今其子孫怠荒罔䘏民艱，天厭棄之，君則有罪，民復何辜。前代革命之際，兵戈相加，視如仇讎，肆行屠戮，違天虐民，朕實不忍，爾諸將帥當以爲戒。克城之日，毋虜掠，毋焚蕩，毋妄殺人，必使市不易肆，民安其生。凡元之宗戚，皆善

待之。庶幾上荅天心，下慰人望，以成朕伐罪救民之志。有不恭命者，必罰無赦。諸將皆感激，拜辭而行。

永樂四年七月。

太宗皇帝命成國公朱能等征討安南黎賊，臨遣諭之曰：前安南王陳日煃，在我

太祖皇帝時率先歸順，恭脩職貢，始終一誠。我

國家亦待以優禮，安南之人皆受其福。日煃死，其後王爲賊臣黎季犛所弑，篡奪其位，僭

稱大號殺陳氏子孫殆盡放兵四劫攻擾占
城侵我邊境邀殺朝使傷害官軍而暴征橫
賦虐其國人國人怨之深入骨髓
天地鬼神皆所不容朕恭天之命子育萬方不
敢不正特遣爾等率師弔伐夫安南之人皆
朕赤子今其勢如在倒懸汝往當如救焚拯
溺不可緩也惟黎賊父子及其同惡在所必
獲其脅從及無辜者必釋爾宜深體朕心毋
養亂毋玩寇毋毀廬墓毋害稼穡毋恣取貨

財毋掠人妻女毋殺戮降附有一於此雖有
功不宥爾其慎之毋冒險肆行毋貪利輕進
其愛恤士卒堅利甲兵本之以敬慎載之以
智勇爾其勉之罪人既得即擇陳氏子孫之
賢者立之使撫治一方然後還師其往勉之
能等頓首受命復遣使齎勅諭西平侯沐
晟曰昔爾父事我
皇考累效勞勤撫西域定雲南功績偉然既沒
之後越等追封爾兄弟繼襲侯爵爾受一方

之寄者數年邊境安輯良有可嘉然丈夫貴
自立功烈今命爾為左副將軍副總兵官成
國公朱能征討安南黎賊爾當勉盡忠勤和
以輯事建非常之功以光先人以啓後嗣爾
其懋哉夫智信仁勇嚴為將之道也畏懦則
僨事委瑣則罔功必務深遠之謀毋狃目前
之見毋驕于小得必戒于私暱則有以稱朕
之委任爾宜懋哉

馭夷

周宣王時玁狁內侵逼近京邑命尹吉甫帥師
伐之故詩人詠之曰薄伐玁狁至于太原言
逐出之而已不窮追也◯淮南之夷為亂乃
命召穆公往平之既平詩人美之曰江漢湯
湯武夫洸洸經營四方告成于王四方既平
王國庶定時靡有爭王心載寧
漢文帝未立時南越王趙佗以漢數擊之不利
遂乘黃屋左纛稱制數寇邊境及帝即位遣
中大夫陸賈賜佗書有曰聞王遣將軍隆慮

侯書求親昆弟。請罷長沙兩將軍。朕以王書罷將軍博陽侯。親昆弟在真定者。已遣人存問。脩治先人冢。前日聞王發兵於邊。為寇不止。雖王之國。庸獨利乎。必多殺士卒。傷良將吏。寡人之妻。孤人之子。獨人父母。得一亡十。朕不忍為之也。且得王之地。不足以為大。得王之財。不足以為富。服嶺以南。王自治之。雖然。王之號為帝。兩帝並立。亡一乘之使以通其道。是爭也。爭而不讓。仁者不為也。願與王分棄前惡。通使如故。賈至越。佗恐。頓首謝罪。願奉明詔。長為藩臣。奉職貢

武帝元狩二年。匈奴單于怒渾邪休屠王為漢所殺虜數萬人。欲召誅之。渾邪王與休屠王恐。謀降漢。休屠王後悔。渾邪王殺之。并其衆以降。帝乃分徙降者邊五郡故塞外。因其故俗為五屬國。而金城河西西並南山至鹽澤。空無匈奴。漢既得渾邪王地。隴西北地上郡益少胡寇。詔減三郡戍卒之半。以寬天下之繇。○帝以匈奴右賢王數侵擾朔方。乃令車騎將軍衛青將三萬騎出高闕。別遣將出朔方及右北平。凡十餘萬人。皆令屬青。擊匈奴右賢王。飲醉。青等夜至圍之。右賢王驚潰圍北去。得裨王十餘人。衆萬五千餘人。畜數十百萬。於是引兵還。○帝以樓蘭王姑師攻劫漢使。為匈奴耳目。遣趙破奴擊之。破奴以七百騎虜樓蘭王。遂破車師。因舉兵威以困烏孫大宛之屬。封破奴浞野侯。於是酒泉列亭障至玉門矣

宣帝神爵二年。以鄭吉為西域都護。初吉以侍郎田渠黎。因發諸國兵攻破車師。遷衛司馬。使護鄯善以西南道。至是匈奴乖亂。日逐王先賢撣（音纏）欲降漢。使人與吉相聞。吉發諸國兵五萬人迎之。將詣京師。時吉威震西域。遂并護車師以西北道。故號都護。都護之置。自吉始。於是中西域而立幕府。治烏壘城。去陽關二千七百餘里。督察烏孫康居等三

十六國動靜有變以聞漢之號令班西域矣
○甘露三年帝幸甘泉郊泰畤匈奴呼韓邪
單于來朝賜以冠帶衣裳金璽盭綬玉具劍
佩弓矢棨戟安車鞍馬金錢衣被錦繡穀帛
絮禮畢使使者道單于先行宿長平帝還登
長平阪詔單于毋謁其羣臣皆得列觀及諸
蠻夷君長數萬咸迎於渭橋下夾道陳帝登
渭橋咸稱萬歲單于就邸長安置酒建章宮
饗賜之二月遣歸國發邊郡士馬送出塞又

轉邊穀米前後三萬四千斛給之單于請居
光祿塞下有急保受降城自是烏孫以西至
安息諸國近匈奴者咸尊漢矣
光武建武九年司徒掾班彪上言今涼州部
皆有降羌羌胡被髮左衽與漢人雜處習俗
既異言語不通數為小吏黠人所見侵奪窮
恚無聊故致反叛舊制益州部置蠻夷騎都
尉幽州部置領烏桓校尉涼州部置護羌校
尉皆持節領護治其怨結歲時巡行問所疾

苦又數遣使譯通導動靜使塞外羌夷為吏
耳目州郡因此可得警備今宜復如舊制以
明威防帝從之以牛邯為護羌校尉○建武
二十一年莎車王賢浸以驕橫欲兼并西域
數攻諸國諸國愁懼車師前王鄯善焉耆等
十八國俱遣子入侍願得都護帝以中國初
定北邊未服皆還其侍子厚賞賜之諸國聞
都護不出而侍子皆還大憂恐乃與燉煌太
守檄願留侍子以示莎車言侍子見留都護

尋至冀且息其兵裵遵以狀聞帝許之西域
諸國侍子久留燉煌皆愁思亡歸莎車王賢
知都護不出擊破鄯善攻殺龜茲王鄯善王
安上書願復遣子入侍更請都護帝報曰今
使者大兵未能出如諸國力不從心東西南
北自在也○建武二十七年北匈奴遣使詣
武威求和親帝召公卿廷議不決皇太子言
曰南單于新附北虜懼於見伐故傾耳而聽
爭欲歸義耳今未能出兵而反交通北虜臣

恐南單于将有二心北虜降者且不復来矣帝然之告武威太守勿受其使摭官馬武上書曰虜今人畜疫死旱蝗赤地疲困乏力不當中國一郡萬里死命縣在陛下豈宜固守文徳而墮武事乎今命将臨塞厚縣購賞諭告高句驪烏桓鮮卑攻其左發河西四郡天水隴西羌胡擊其右如此北虜之滅不過數年詔報曰今國無善政災變不息百姓驚惶人不自保而復欲遠事邊外乎且傳聞之事恒多失實誠能舉天下之半以滅大寇豈非至願苟非其時不如息民自是諸将莫敢言兵事者

安帝延光元年詔高句驪遂成等桀逆無狀當斬斷葅醢以示百姓幸會赦令乞罪請降鮮卑濊貊連年寇鈔驅略小民動以千數而裁送數十百人非向化之心也自今已後不與縣官戰鬭而自以親附送生口者皆與贖直縑人四十匹小口半之

唐太宗貞觀初頡利突利二可汗大舉入寇進至渭水便橋之北帝與房玄齡等六騎徑詣渭水上與頡利隔水語責以負約突厥大驚皆下馬羅拜俄而諸軍繼至旌甲蔽野帝麾軍使却而布陣獨留與語久之突厥懼而請和受盟而去◯三年冬代州都督張公謹上言突厥可取之狀帝乃命李靖為定襄道行軍總管統諸軍討之十二月突厥突利可汗入朝帝曰往者太上皇以百姓之故稱臣於突厥朕常痛心焉今單于稽顙庶幾可雪前恥矣昔人謂禦戎無上策能安撫中國而四夷自服豈非上策乎◯四年春李靖自馬邑進夜襲頡利于定襄破之李世勣出雲中戰于白道亦大破之頡利既敗竄于鐵山遣執失思力入見謝罪求朝帝遣鴻臚卿唐儉等慰撫之又詔李靖将兵迎之頡利外為卑辭内實猶豫謀走磧北靖引兵與世勣會謀曰頡利雖敗其衆猶盛若走度磧北則難圖矣

令詔使至彼虜必自寬若選萬騎襲之。不戰
可擒矣。遂勒兵夜發世勣繼之頡利見儉來
大喜靖前鋒去牙帳七里。頡利始知之乘千
里馬先走。其衆遂潰。斬首萬餘級俘男女十
餘萬世勣軍磧口。酋長皆率衆降頡利及族
人思摩往依沙鉢羅設蘇尼失蘇尼失執頡
利等舉衆來降。漠南遂空。帝御樓受俘館之
太僕。上皇聞之歎曰。漢高祖困白登不能報
今我子能滅突厥。吾付託得人復何憂哉帝
詔羣臣議區處突厥降衆。朝士言多不合。溫
彥博請準漢建武故事置於塞下。順其土俗
以實空虛之地使為中國扞蔽帝用彥博策。
東自幽州。西至靈州。分突利故地為四州。又
分頡利之地為六州左置定襄。右置雲中二
都督府以統其衆以突利為順州都督頡利
為右衛大將軍。蘇尼失思摩皆封郡王其餘
拜官有差。願入居長安者近萬家○五年。康
國求內附。帝曰。前代帝王好招來絕域以求

服遠之名。無益於用而糜弊百姓。今康國內
附儻有急難於義不得不救。師行萬里豈不
疲勞。勞百姓以取虛名朕不為也。遂不受○
十七年。太常丞鄧素使高麗還請於懷遠鎮
加戍兵以逼高麗。帝謂之曰遠方不至則脩
文德以來之未聞一二百戍卒能威絕域者
也。仁義忠信不理於內兵甲士卒遠勞於外。
有國之深忌朕所不取也
宋真宗景德三年六月。知廣州凌策請發兵定
交阯亂。帝以黎桓素脩職貢不欲伐命遵前
詔安撫。七月邵曄上邕州至交阯水陸路及
控制宣州山川等圖帝曰。祖宗闢土廣大。唯
當慎守。不必貪無用地苦勞兵力
神宗時范純仁為陝西轉運副使。召還帝問
曰。卿在陝西久主漕輓。必精意邊事。城郭甲
兵糧儲如何。對曰。城郭粗完甲兵粗脩糧儲
粗備。帝愕然曰。卿才能如此。朕所倚賴而執
事皆言粗何也。純仁徐對曰。粗者未精之辭

如是足矣。臣願陛下無深留意於邊事。恐邊
臣覬望要功生事。結釁夷狄。殘害生靈。耗竭
財用。糜費爵賞。不惟爲今日眼前之害。又將
貽他時意外之憂。願陛下究孟子交隣之道。
修孔子來遠之德。洽于夷狄。彼將愛戴陛下
如父母。雖其酋首桀驁。欲侵侮我疆。其徒亦
不爲之用也。帝納之
元世祖中統元年。廉希憲爲陝西宣撫使。言高
麗國王嘗遣其世子倎入覲。會憲宗將兵攻
宋。倎留三年不遣。今聞其父已死。若立倎遣
歸國。彼必懷德於我。是不煩兵而得一國也。
帝是其言。改館倎。以兵衛送之。仍敕其境內
○征交阯失利。復謀大舉。不忽木曰。島夷詭
詐。天威臨之。寧不震懼。獸窮則噬。勢使之然。
今其子日燇襲位。若遣一介之使。諭以禍福。
彼能悔過自新。則不煩兵而下矣。如或不悛。
加兵未晩。帝從之。於是交阯感懼。遣其僞昭
明王等詣闕謝罪。盡獻前六歲所當貢物

國朝
太宗皇帝永樂初。西北諸胡來貢。命光祿卿賜
食。既罷。禮部尚書李至剛進曰。西北諸胡
陛下撫綏。皆已向化。邊境已寧。
太宗曰。人嘗言以不治治夷狄。夫好善惡惡。人
情所同。豈間於華夷。撫之有道。未必不來。虎
至暴。擾之能使馴怗。況虜亦飢食渴飲。具人
心者。何不可馴哉。但有來者。推誠待之耳
二十一年十月。
太宗皇帝北征。駐蹕上莊堡。寧陽侯陳懋爲前
鋒。遇韃靼王也先土干率妻子部屬來歸。懋
以其部屬入見。也先土干遙望
天顏。尚有懼色。
太宗命稍前與語。遂備述誠悃。久願來歸。但爲
阿魯台等牽縶。今幸見
陛下。是天賜臣再生之日也。
太宗曰。華夷本一家。朕奉天命爲天子。天之所
覆。地之所載。皆朕赤子。豈有彼此。爾今順天

道而來。君臣相與共享富貴。勿憂也。也。先土
干及其部屬皆叩頭呼萬歲。命悉賜酒饌也。
先土干退謂所親曰。
大明皇帝真吾主也。舍此何適。
太宗諭文武羣臣曰。遠人來歸。宜有以旌異之
其封也。先土干為忠勇王。賜姓名曰金忠也
先土干之來歸也。其甥把台罕實贊之。遂授
把台罕都督。俱賜冠帶及織金龍衣。遂賜宴。
命金忠坐侯之下。伯之上。御前珍羞悉輟以

賜之。宴罷。御用金杯等物亦輟賜之。於是左
右皆贊美
上功德之盛。
太宗曰。昔唐突厥頡利入朝。太宗言胡越一家
有矜大自得之意。朕所不取。惟天下之人皆
遂其生。邊境無虞。兵甲不用。斯朕志也

五倫書卷之二十一

五倫書卷之二十二

虞。娥皇女英。舜之二妃。帝堯之女也。舜在側微
四岳薦之於堯。堯乃妻之二女。以觀厥內。二
女承事舜。不以天子之女故而驕盈怠嫚。思
盡婦道。舜既嗣位為天子。娥皇為后。女英為
妃。天下稱二妃聰明貞仁。舜南巡崩於蒼梧。

二妃從之。死於江湘之間。世稱湘君湘夫人
周。太姒。有莘國之女。文王妃也。性貞淑。不貳其
操。已貴而能勤。已富而能儉。已長而敬不弛
於師傅。已嫁而孝不衰於父母。情欲之感無
介乎容儀。宴私之意不形乎動靜。時宮中之
人見其有幽閑貞靜之德。故作關雎詩以美
之。言后妃之德如關雎摯而有別。則性情之
正可見矣
漢。孝宣帝后許氏。初起微賤。及進尊位。其車從

甚節儉。五日一朝皇太后於長樂宮。親奉案
上食以婦道共養。帝加重焉

馮昭儀右將軍光祿勳奉世之女也。元帝時。
自美人為婕妤。帝幸虎圈鬬獸。後宮皆從。熊
逸出圈。攀檻欲上殿。左右貴人傅昭儀等皆
驚走。婕妤直當熊而立。左右格殺熊。帝問婕
妤人情皆驚懼。何故當熊。對曰。妾聞猛獸得
人而止。妾恐至御坐。故以身當之。帝嗟嘆。以
此敬重焉。傅昭儀等皆慚。明年立為昭儀

班婕妤左曹越騎況之女。賢才通辯。入後宮
為婕妤。成帝遊於後庭。嘗欲與同輦。辭曰。觀
古圖畫賢聖之君皆有名臣在側。三代末主。
乃有女嬖。今欲同輦。得無似之乎。帝善其言
而止

平帝后王氏莽之女也。婉嫕有節行。帝即位
后年九歲。莽秉政。欲依霍光故事。以女配帝。
后立歲餘帝崩。後數年莽篡位。后年十八。自
劉氏廢。常稱疾不朝會。莽敬憚哀傷。欲嫁之。
令立國將軍孫建世子豫將醫往問疾。后大
怒。鞭笞傍侍御。因發疾不肯起。莽遂不敢彊
及漢兵誅莽。燔燒未央。后曰。何面目以見漢
家。自投火中而死。君子謂平后體自然貞淑
之行。不為存亡改意。可謂節行不虧汙者矣

明德皇后馬氏。伏波將軍援之小女。明帝后
也。章帝即位。尊為皇太后。建初元年。帝欲封
諸舅。太后不聽。明年夏大旱。言事者以為不
封外戚之故。有司因此上奏宜依舊典。太后

詔曰。有司奈何欲以馬氏比陰氏乎。吾豈可
上負先帝之旨。下虧先人之德。重襲西京敗
亡之禍哉。固不許。廣平鉅鹿樂成王車騎朴
素。無金銀之飾。帝以白太后。太后即賜錢各
五百萬。於是內外從化。被服如一

和熹皇后鄧氏。太傅禹之孫。和帝后也。能史
書。通詩論語。時有疾。特令后母兄弟入侍醫
藥。不限日數。后言於帝曰。宮禁至重。而使外
舍久在內省。上令陛下有幸私之譏。下使賤

妾獲不知足之謗上下交損誠不願也帝曰人皆以數入為榮乃反以為憂深自抑損誠難及也每有讌會諸姬貴人競自脩整后獨著素裝服無飾初為貴人時其衣有與陰后同色者即時解易帝每有所問常逡巡後對不敢先陰后言帝知其勞心曲體歎曰脩德之勞乃如是乎

順烈皇后梁氏大將軍商之女順帝后也少好書史常以列女圖畫置于左右以自監戒

永建三年選入掖庭遂以為貴人常被引御從容辭於帝曰夫陽以博施為德陰以不專為義螽斯則百福之所由興也願陛下思雨露之均澤識貫魚之次序使小妾得免罪謗之累由是帝加敬焉陽嘉元年春立為后

三國魏文昭皇后甄氏文帝后也后初為夫人時太祖征關中武宣皇后從留孟津帝居守鄴后以武宣皇后體少不安不得定省憂怖晝夜泣涕左右驟以安問告后猶不信曰夫人在家故疾每動輒歷時今疾便差何速也此欲慰我意耳憂愈甚及大軍還鄴后朝武宣皇后望幄座悲喜感動左右武宣皇后見后如此亦泣且曰新婦謂吾前病如昔時困邪吾時小小耳十餘日即差因嗟嘆曰此真孝婦也

晉文明皇后王氏魏中領軍蘭陵侯肅之女文帝后也年八歲誦詩論尤善喪服苟有文義目所一見必貫於心九歲遇母疾扶侍不捨

左右衣不解帶者久之既笄歸于文帝事舅姑盡婦道及居父喪身不勝衣言與淚俱雖處尊位不忘素業躬執紡績器服無文御浣濯之衣食不參味云

唐文德皇后長孫氏太宗后也喜圖傳視古善惡以自鑒矜尚禮法性約素服御取給則止益觀書雖容櫛不少廢與帝言或及天下事辭曰牝雞司晨家之窮也帝固要之訖不對初后與母兄安業無行父喪嘗逐后還外家

后貴未嘗以為言擢位將軍後與李孝常等謀反將誅后叩頭曰安業罪死無赦然向遇妾不以慈戶知之今論如法人必謂妾釋憾於兄無乃為帝累乎遂得減流越巂一日后寢疾稍亟太子欲請大赦泛度道人祓塞災會后曰死生有命非人力所支若脩福可延吾不為惡使善無效我尚何求且赦令國家大事佛老異方教耳皆上所不為豈宜以吾亂天下法太子遂不敢奏云

莊憲皇后王氏順宗后也性仁順宮中化其德莫不柔雍又深抑外家無毫絲假貸訓厲內職有古后妃風

懿安皇后郭氏汾陽王子儀之孫憲宗后也憲宗為廣陵王聘以為妃順宗以其家有大功烈故禮之異諸婦是生穆宗元和元年進冊貴妃穆宗嗣位上尊號皇太后移御興慶宮凡朔望三朝帝率百官詣宮門為壽帝升遐中人有為后謀稱制者后怒曰吾效武氏

耶今太子雖幼尚可選重德為輔吾何與外事哉敬宗立號太皇太后

宋章穆皇后郭氏宣徽南院使守文第二女真宗后也后謙約惠下性惡奢靡族屬入謁禁中服飾華侈必加戒勗有以家事求言於帝者后終不許兄子出嫁以貧欲求恩賚但出裝具給之帝尤加禮重焉

德妃楊氏仁宗妃也端嚴機敏善組紃書藝一過目如素習父忠為侍禁仁宗欲加奬擢妃辭曰外官當積勞以取貴今以恩澤徼倖恐啓左右攲謁之端帝悅命徙居肅儀殿

宣仁皇后高氏英宗后也神宗立尊為皇太后居寶慈宮帝屢欲為高氏營大第不許元豐八年帝不豫浸劇宰執王珪等入問疾乞立延安郡王為皇太子太后權同聽政帝頷之珪等見太后簾下后泣撫王曰兒孝順自官家服藥未嘗去左右喜學書已誦論語七卷絕不好弄乃令王簾外見珪等是日降制

立爲皇太子是爲哲宗哲宗嗣位尊爲太皇
太后驛召司馬光呂公著未至迎問今日設
施所宜先未及條上已散遣修京城役夫減
皇城覘卒出禁庭工伎廢導洛司出近侍尤
無狀者戒中外無苛斂寬民間保馬戶事由
中旨王珪等弗豫知又起文彥博於旣老諭
以復祖宗法度爲先務從父遵裕坐西征失
律抵罪蔡確欲獻諛以固位乞復其官后曰
遵裕靈武之役塗炭百萬先帝中夜得報起

環榻行徹旦不能寐聖情自是驚悸馴致大
故禍由遵裕得免刑誅幸矣先帝肉未冷吾
何敢顧私恩而違天下公議確悚慄而止有
司請受用寶於文德殿后曰母后當陽非國
家美事況天子正衙豈所當御就崇政足矣
上元燈宴后母當入觀止之曰夫人登樓上
必加禮是由吾故而越典制於心殊不安但
令賜之燈燭遂歲以爲常時宋用臣等旣被
斥祈神宗乳媼入言之冀得復用后見其來

曰汝來得非爲用臣等遊說乎且汝尚欲如
曩日求內降干撓國政耶若復爾吾即斬汝
媼大懼不敢出一言自是內降遂絕力行故
事抑絕外家私恩文思院奉上之物無巨細
終身不取其一臨政八年朝廷清明華夏綏
定人以爲女中堯舜
成肅皇后謝氏孝宗后也性儉慈減膳羊每
食必先以進御服澣濯衣有數年不易者弟
淵以后貴授武翼郎后嘗戒之曰主上化行

恭儉吾亦躬服澣濯爾宜崇謙抑遠驕侈
度宗全皇后會稽人理宗母慈憲夫人姪孫
女也略涉書史幼從父昭孫知岳州開慶初
秩滿歸道潭州時元兵入破全衡永桂圍潭
州人有見神人衛城者已而潭獨不下逾年
事平至臨安會太子議納妃臣僚遂言全氏
侍其父昭孫往返江湖備嘗艱險其處富貴
必能盡警戒相成之道理宗以母慈憲故乃
詔后入宮理宗問曰爾父昭孫昔在寶佑間

沒于王事。每念之。令人可哀。后對曰。妾父可念。淮湖之民尤可念也。理宗深異之。語大臣曰。全氏女言辭甚令。宜配冢嫡以承祭祀。遂擇為皇太子妃。度宗立。冊為皇后

元徽仁皇后弘吉剌氏。裕宗后。成宗母也。先是世祖出田獵。道渴。至一帳房。見一女子緝駝茸。世祖從覓馬湩。女子曰。馬湩有之。但我父母諸兄皆不在。我女子難以與汝。世祖欲去之。女子又曰。我獨居此。汝自來去。於理不宜。

我父母即歸。姑待之。須臾果歸。出湩飲世祖。世祖既去。嘆息曰。得此等女子為人家婦。豈不美耶。後與諸臣謀擇太子妃。世祖俱不允。有一老臣嘗知向者之言。且知其未許嫁。言于世祖。世祖大喜。遂納為太子妃。成宗即位。尊為皇太后云

國朝

孝慈高皇后馬氏

太祖高皇帝后也。自少貞靜端一。孝敬慈慧聰明。出人意表。尤好詩書。恒以不逮事舅姑為恨。見

帝追慕悲傷。亦為之流涕。晨夕褘翟從

帝拜謁奉先殿。每當祭祀。躬治膳羞。務盡誠敬。

仁孝皇后徐氏。中山武寧王之長女。

太宗皇帝后也。自幼貞靜純明。孝敬仁厚。王與夫人言。此女天稟非常。宜以經史充其知識。后於書一覽輒成誦不忘。由是博通載籍。

太祖高皇帝一日召王問曰。知卿有賢女。朕第

四子氣質不凡。欲以配焉。王拜稽首謝。洪武九年正月。冊為燕王妃。恭勤婦道。

孝慈高皇后深所愛重。嘗曰。燕王妃所行足以

儀範宮闈。又曰。此吾孝婦也。

高皇后崩。哀毀動左右。執喪三年。蔬食如禮。免喪。或語及。未嘗不流涕云

內助

周太姜。有呂氏之女。太王妃也。生太伯仲雍王季。太姜性貞順。率道靡有過失。太王謀事遷

從必與太姜俱焉
太任文王之母太姒文王之妃俱有聖德故
詩人美文王而推本言之曰思齊太任文王
之母思媚周姜京室之婦太姒嗣徽音則百
斯男蓋言上有聖母所以成之者遠内有賢
妃所以助之者深也
姜后者齊侯之女宣王后也賢而有德宣王
常晏視朝姜后脫簪珥待罪於永巷使其傅
母通言於王曰妾之不才至使君王晏朝敢

請罪王曰寡人不德寔自生過非夫人之罪
也遂復姜后而勤於政事早朝晏退卒成中
興之名
漢明德皇后馬氏明帝在御楚獄連年不斷囚
相證引坐繫者甚衆后慮其多濫乘間言及
惻然帝感悟多所降宥每於侍執之際輒言
及政事尤多毗補而未嘗以家私干欲寵敬
日隆始終無衰
和熹皇后鄧氏和帝永元八年冬入掖庭爲

貴人時年十六知典籍承事陰后夙夜競惕
會陰后以巫蠱事廢后請救不能得帝便屬
意焉后愈稱疾篤深自閉絶會有司奏建長
秋宮遂立爲皇后是時方國貢獻競求珍麗
之物自后立悉令禁絶歲時但供紙墨而已
晉文明皇后王氏文帝知鍾會有才能深見寵
任后言於帝曰會見利忘義好爲事端寵過
過必亂不可大任會後果反武帝受禪尊爲
皇太后

唐太穆皇后竇氏周上柱國毅之女高祖后也
高祖在煬帝時多畜善馬后見曰上性樂此
盍以獻徒留之速罪無益也不聽頃果坐譴
帝見隋政亂多妄誅殛乃爲自安計數奏鷹
犬異駒煬帝喜擢位將軍因泣謂諸子曰早
用而母言得此久矣帝有天下詔即所葬園
爲壽安陵謚曰穆及祔獻陵尊爲太穆皇后
文德皇后長孫氏兄無忌於太宗本布衣交
以佐命爲元功出入臥内帝將引以輔政后

固謂不可乘間曰妾託體紫宮尊貴已極不願私親更據權于朝漢之呂霍可以為誡帝不聽自用無忌為尚書僕射后密諭令牢讓帝不獲已乃聽后喜見顏色一日從幸九成宮方屬疾會柴紹等急變聞帝甲而起后輿以從宮司諫止后曰上震驚吾可自安及疾大漸與帝訣時房玄齡小譴就第后曰玄齡久事陛下預奇計秘謀非大故願勿置也又請帝納忠容諫勿受讒省遊畋作役死無恨也

賢妃徐氏太宗妃也生五月能言四歲通論語詩八歲自曉屬文父孝德試使擬離騷為小山篇曰仰幽巖而流盼撫桂枝以凝想將千齡兮此遇荃何為兮獨往孝德大驚太宗聞之召為才人遷充容貞觀末數調兵討定四夷稍稍治宮室百姓勞怨上疏極諫且言東戍遼海西討崑丘士馬罷耗漕饟漂沒捐有盡之農趨無窮之壑圖未獲之衆喪已成之軍故地廣者非常安之術人勞者為易亂之符也又言伎巧為喪國之斧斤珠玉為蕩心之酖毒侈麗纖美不可以不遏志驕於業泰體逸於時安其剴切精詣大畧如此帝善其言優賜之帝升遐哀慕成疾不肯進藥曰帝遇我厚得先狗馬侍園寢吾志也永徽元年卒贈賢妃陪葬昭陵石室

宋章獻皇后劉氏虎捷都指揮使嘉州刺史通第二女也真宗即位入為美人進德妃章穆

皇后崩帝立為后性警悟曉書史聞朝廷事能記其本末帝退朝閱天下封奏多至中夜后皆預聞宮闈事有問輒傳引故實以對帝甚重之

遼太祖皇后述律氏簡重果斷有雄略時幽州劉守光遣韓延徽求援不拜太祖怒留之使牧馬后曰守節不屈賢者也宜禮用之太祖乃召延徽與語大悅時吳主李昇獻猛火油以水沃之愈熾太祖選三萬騎以攻幽州后

曰豈有試油而攻人國者指帳前樹曰無皮
可以生乎太祖曰不可后曰幽州之有土有
民亦猶是耳吾以三千騎掠其四野不數年
困而歸我矣何必爲此萬一不勝爲中國笑
吾部落不亦解體乎
金徒單皇后廢帝后也帝謂侍臣曰昨太子生
日皇后獻朕一物大是珎異卿試觀之即出
諸絳囊中乃田家稼穡圖后意太子生深宫
之中不知民間稼穡之艱難故以爲獻朕甚

賢之
元昭睿皇后弘吉剌氏濟寧忠武王按陳之女
世祖后也性明敏達於事機國家初政左右
怯薛與有力焉一日四怯薛官奏割京城外
近地牧馬帝既允方以圖進后至帝前將諫
先陽責太保劉秉忠曰汝漢人聰明者言則
帝聽汝何爲不諫向初到定都時若以地牧
馬則可今軍民俱分業已定奪之可乎帝默
然命寝其事至元十三年平宋幼主朝于上

都大宴衆皆歡甚唯后不樂帝曰我今平江
南自此不用兵甲衆人皆喜爾獨不樂何耶
后跪奏曰妾聞自古無千歲之國毋使吾子
孫及此則幸矣帝以宋府庫故物各聚置殿
庭上召后視之后徧視即去帝遣宦者追問
后欲何所取后曰宋人貯蓄以遺子孫子孫
不能守而歸於我我忍取一物耶
國朝
孝慈高皇后馬氏從

太祖在軍時歲大歉常自忍饑懷糗餌脯脩供
帝未嘗乏絶進次顛沛恪遵婦道
帝每有識記書札輒命
后藏之倉卒取視
后即於囊中出而進之未嘗脱誤
帝嘗焚香祝天願天命早有所付毋苦天下生
民
后謂
帝曰方今豪傑並爭雖未知天命所歸以妾觀

之。惟以不殺人為本。顛者扶之，危者救之，收集人心。人心所歸，即天命所在。彼縱殺掠以失人心，天命之所惡，雖其身亦難保也。

帝曰：爾言深合我意。明日冒雨歸，語

后曰：昨聞爾言，往來方寸間不能忘。有一卒違令，忽與婦人俱，詰之不能隱，吐實云掠得之。我告之曰：今日用兵，所以禁亂。若寡人之妻，孤人之子，適以生亂。不即捨之，吾必戮爾。此卒感悟，遂即捨之，由爾言也。

后曰：用心如此，何憂人心之不歸乎。

帝帥師渡江，

后亦率諸將士妻妾繼至太平。及居建康，時吳漢接境，戰無虛日，親率妾媵完緝衣鞋，助給將士，夜分不寐，時時左右。

帝規畫動合事機。洪武元年春正月，

帝即位，冊為皇后。因謂侍臣曰：昔漢光武勞馮異曰：倉卒蕪蔞亭豆粥，滹沱河麥飯，厚意久不報。君臣之間始終保全。朕念皇后起布衣，同甘苦，嘗從朕在軍，倉卒自忍飢餓，懷糗餌食朕，比之豆粥麥飯，其困尤甚。昔唐太宗長孫皇后當隱太子構隙之際，內能盡孝謹承諸妃，消釋嫌猜。朕數為郭氏所疑，朕徑情不恤，將士或以服用為獻。

后先獻郭氏，慰悅其意，及欲危朕，后輒為彌縫，卒免於患，殆又難於長孫皇后者。朕或因服御詰怒小過，輒謂朕曰：主忘昔日之貧賤耶。朕復為惕然。家之良妻，猶國之良相，豈忍忘

之。罷朝，因以語

后。后曰：妾聞夫婦相保易，君臣相保難。且妾安敢比長孫皇后賢，但願陛下以堯舜為法耳。

后一日聞得元府庫輸其貨寶至京師，問

帝曰：得元府庫何物。

帝曰：寶貨耳。

后曰：元氏有此寶，何以不能守而失之。蓋貨財非可寶，抑帝王自有寶也。

帝曰：皇后之意朕知之矣，但謂以得賢為寶耳。

后即拜謝曰。誠如聖言。妾每見人家產業厚則驕至。時命至則逸生。家國不同。其理無二。人之常情所當深戒。妾與陛下同處窮約。今富貴至此。恒恐驕縱生於奢侈。危亡起於忽微。故世傳伎巧為喪國斧斤。珠玉為蕩心酖毒。誠哉是言。但得賢才。朝夕啓沃。共保天下。即大寶也。顯名萬世。即大寶也。而豈在於物乎。

帝曰善。

后嘗侍坐乾清宮。語及窮約時事。

帝曰。吾與爾跋涉艱難。備嘗辛苦。今日化家為國。無心所得。上感天地之德。祖宗之恩。然亦爾內助之功也。

后曰。陛下一念救民之心。格于皇天。天命眷之。祖宗祐之。妾何力之有。但願陛下不忘於窮約之時。而警戒於治安之日。妾亦不忘相從於患難。而謹飭於朝夕。則

天地祖宗。非惟庇佑於今日。將為子孫無窮之福。

后嘗命女史誦小學書。注意聽之。既而奏曰。小學書言易曉。事易行。於人道無所不備。真聖人之教法。盍表章之。

帝曰。然。吾已令親王。駙馬。太學生。咸講讀之矣。

嘗遇水旱歲凶。

后進食。必間設麥飯野蔬。

帝因告以賑卹之事。

后曰。妾聞水旱無時。賑卹之有方。不如蓄積之先備。若不幸有九年之水。七年之旱。將何法

以賑之。

帝深以為然。

后嘗為

帝言。施恩欲溥徧。然亦有等差。衆庶日給固有艱難。百官家在京者。其鄉里遠近不同。家貧富亦異。而俸入有限。應或不給。艱難必甚。遇暑雨祁寒。輒形於嗟嘆。

帝感其意。每遣存問。周給之。近臣及諸奏事官朝罷。會食廷中。

后命中官取其飲食親嘗之滋味涼薄不旨奏
帝曰朝廷用天祿以養天下之賢故自奉欲其
薄養賢欲其豐今之典大亨者不能輯其下
人惟奉上者甘旨羣臣飲食皆不得其味豈
陛下養賢之意乎
帝曰飲食之事朕不經心將謂羣臣皆得甘旨
豈意所司自分厚薄想羣臣欲言又難於啓
齒事雖甚微所係亦大皇后今日不言朕豈
知其如此亟召光祿卿徐興祖等切責之與

祖等皆慙服
帝嘗臨太學祀先師孔子還
后問曰太學生幾何
帝曰數千又問悉有家乎曰亦多有之
后曰善理天下者以賢才為本今人才衆多深
足為喜但生員廩食於太學而妻子無所仰
給寧無所累於心乎
帝即命月賜粮給其家以為常
成穆貴妃孫氏父和卿母晁氏妃稟性賢淑

年十八未聘
太祖皇帝聞其有容德詔納宮中言行皆有禮
法如古昔賢女
帝即位用為貴妃位衆妃上小心恭謹於
帝有警戒相成之助佐
皇后以理治於內宮壼雍肅
仁孝皇后徐氏當
太宗皇帝舉義靖內難后所贊畫居多
帝正大統后正位中宮愈益祗勤數言南北戰

鬬累年兵民俱敝宜與休息又言帝堯施仁
自親族始又言人材難得昔湯武之佐伊尹
太公皆先代之人況今日賢才皆
太祖皇帝所成望
陛下不以新舊為間
帝悉見嘉納一日
帝退朝晏
后請其故
帝曰吏部選人每循資格朕今日親拔二十餘

人為方岳。為郡守。故不覺晏耳。
后曰。國之理亂。係於民之安否。民之安否係於
牧守之賢不肖。奈何悉用資格任牧守哉。往
古令制。有出衆之才。必有不次之擢。積年勞
之多。亦有敘陞之典。二者並行。則士無枉才。
官得實用。而治效可致。
帝然之

五倫書卷之二十二

五倫書卷之二十三

商湯妃有莘者。有莘氏之女也。湯娶以為妃。統
領九嬪。後宮有序。咸無妬媢逆理之人。卒致
王功。君子謂妃明而有序
周太姒仁而明道。文王嘉之。親迎于渭。太姒事
太姜太任。旦夕勤勞。以進婦道。號曰文母。文

王治外。文母治內
邑姜太公之女。武王后也。生有聖德。武王曰。
予有亂臣十人。十人者。邑姜其一也。君子以
為九人治外。邑姜治內云
漢和熹皇后鄧氏。元興元年和帝崩。長子平原
王有疾。殤帝生始百日。后乃迎立之。尊后為
皇太后。是時新遭大憂。法禁未設。宮中亡大
珠一篋。太后念欲考問。必有不辜。乃親閱宮
人。觀察顏色。即時首服。又和帝幸人吉成。御

者共枉成以巫蠱事遂下掖庭考訊辭證明白太后以先帝左右待之有恩平日尚無惡言今反若此不合人情更自呼見實覈果御者所爲莫不嘆服以爲聖明

唐文德皇后長孫氏初隱太子釁鬩已構后内盡孝事高祖謹承諸妃消釋嫌猜及太宗立爲后後庭有被罪者必助帝怒請繩治俟意解徐爲開治終不令有冤由是下懐其仁焉

宋章獻皇后劉氏真宗崩遺制尊后爲皇太后

時柴氏李氏二公主入見猶服髲鬄太后曰姑老矣命左右賜以珠璣帕首潤王元份婦安國夫人李氏老髮且落見太后亦請帕首太后曰大長公主太宗皇帝女先帝諸妹也若趙家老婦寧可比耶賜族人御食必易以釦器曰尚方器勿使入吾家也常服絁襦練裙侍者見仁宗左右簪珥珍麗欲效之太后戒曰彼皇帝嬪御飾也爾安得學其治内多類此云

慈聖皇后曹氏武惠王彬之孫仁宗后也慶曆八年閏正月望夕後三日衛卒數人作亂夜越屋叩寢殿后方侍帝聞變遽起帝欲出后閉閤擁持趣呼都知王守忠使引兵入賊傷宮嬪殿下聲徹帝所宦者以乳嫗毆小女子紿奏后叱之曰賊在近殺人敢妄言耶后度賊必縱火陰遣人挈水踵其後果舉炬焚簾水隨滅之是夕所遣宦侍后皆親剪其髮諭之曰明日行賞用是爲驗故爭盡死力賊

即擒滅閤内妾與卒亂當誅祈哀幸姫姫言之帝貸其死后具衣冠見請論如法曰不如是無以肅清禁掖帝命坐后不可立請移數刻卒誅之

金明惠皇后王氏宣宗后也於宮中就食尚器有玉盌楪三一奉太后二奉帝及中宮荊王母真妃龐氏以瑪瑙器進食后見之召主者責曰誰令汝安生分別荊王母豈卑我兒婦耶非飲食細故已令有司杖殺汝矣是後宮

中事真妃有加。君子謂后能睦族云

元昭睿皇后弘吉剌氏。嘗率宮人親執女工。拘諸舊弓絃練之。緝為紬以為衣。其韌密比綾綺。宣徽院羊臑皮置不用。后取之合縫為地毯。其治内勤儉有節。而無棄物類如此

伯顏忽都皇后順帝后孛羅帖木兒之女也。至元三年立為皇后。性節儉不妬忌。動以禮法自持。帝一日問中政院所支錢粮皆傳汝旨。汝還記之否。對曰。妾當用則支。關防出入。必己選人司之。妾豈能盡記耶。帝賢之

國朝

孝慈皇后馬氏自正位中宮益自勤勵。嘗講求古訓。諭告六宮。孜孜不倦。一日集女史清江范孺人等問曰。自漢唐以來。何后最賢。家法何代最正。對曰。惟趙宋諸后多賢。家法最正。后於是命女史錄其家法。賢行每令誦而聽之。曰。不徒為吾今日法。子孫帝王后妃皆當省覽。此可以為萬世法也

后嘗聞元世祖后煑故弓絃事。亦命取練之。織為衾裯。以惠孤老。每製衣裳餘帛。緝為巾褥。織工治絲有荒纇棄遺者。亦俾緝而織之。以賜諸王妃公主。謂曰。生長富貴。當知蚕桑之不易。此雖荒纇棄遺。民間猶為難得。故織以示汝。不可不知也

仁孝皇后徐氏嘗觀女憲女戒諸書。紬其要義作内訓二十篇。居常志存内典。奉祭祀盡誠敬。事上恭謹。不懈晨夕。與皇太子言。惟孝親恤民。與嬪妃以下言。惟恭敬和睦。言動以禮。喜怒不形。下人有過。教之使改。亦靡不畏服焉

逮下

周太姒仁明有德。能以惠下逮衆妾而無嫉妬之心。俾衆妾得上附而事之。故衆妾樂其德。作詩以稱頌之曰。南有樛木。葛藟纍之。樂只君子。福履綏之。由是子孫衆多。又作詩以比之曰。螽斯羽。詵詵兮。宜爾子孫。振振兮

漢班婕妤賢才通辯始選入宮爲小使俄而大幸爲婕妤自鴻嘉之後見帝稍隆於女寵婕妤乃進侍者李平平得幸亦立爲婕妤君子謂班婕妤進李平於同列即古樊姬之德也

明德皇后馬氏明帝爲太子時選入宮時年十三傍接同列禮則脩備上下安之遂見寵異帝即位以爲貴人嘗以皇嗣未廣每懷憂嘆薦達左右若恐不及後宮有進見者每加慰納若數所寵引輒增隆遇永平三年春有

司奏立長秋宮帝未有所言皇太后曰馬貴人德冠後宮即其人也遂立爲皇后

和熹皇后鄧氏初選入掖庭爲貴人恭肅小心動有法度接撫同列常克己以下之雖宮人隷役皆加恩借帝深嘉愛焉後帝數失皇子后憂繼嗣不廣恒垂涕歎息數選進才人以博帝意

三國魏文德皇后郭氏文帝后也初入東宮時有所獻納及即尊位雖有異寵心愈恭肅是時柴貴人亦有寵后教訓奬導之後宮諸貴人時有過失常彌覆之有譴讓輒爲帝言本末帝或大有所怒至爲之頓首請罪是以六宮之人無所稱怨焉

晉文明皇后王氏性約素雖處尊位常謙冲接下嬪御有序敦睦九族垂心萬物言必典禮浸潤不行武帝受禪尊爲皇太后既崩帝手疏其德行爲哀策稱后內叙嬪御外叶時望履信居順德行洽暢云

北齊武明皇后婁氏武帝后也性寬厚不妬忌神武姬侍咸加恩待是時神武逼於蠕蠕欲娶其女而未決后曰國家大計願不疑也及茹茹公主至后避正室處之神武愧而謝焉后曰彼將有覺願絕勿顧慈愛諸子不異己出躬自紡績人賜一袍一袴手縫戎服以帥左右

唐文德皇后長孫氏太宗下嬪生豫章公主而死后視如所生媵寺[illegible]輟所御飲藥以

資之由是下懷其仁
國朝
孝慈高皇后馬氏凡進
太祖御膳后必躬自省視宮人請曰宮中人衆
、無煩聖體
后曰吾固知宮中有人但婦人事夫不可不謹
膳羞上進不可不蠲潔脫有不至汝輩受責
吾心豈安吾所以為此者一以敬上而不敢
忽一以保汝輩免於責也豈為無人耶宮人

聞之莫不感悅○宮人有過
帝怒之
后亦怒命左右執付宮正司議罪
帝怒解問
后爾不自責罰付之宮正司何也
后曰妾聞賞罰惟公足以服人故不以喜而加
賞不以怒而加刑喜怒之際而行賞罰必有
偏重人議其私付之宮正司則當斟酌其輕
重矣治天下者亦豈能人人自賞罰哉有司

者論之耳
帝曰爾亦怒之何也
后曰當陛下怒時遽自罰之非惟宮人得重罰
陛下亦損中和之氣故妾之怒者所以解陛
下之怒也○
后慈以接下親戚勳舊之家無不得其懽心命
婦入朝不以尊貴臨之延接如家人禮
仁孝皇后徐氏
太宗皇帝初之國北平時后理內政宮中肅然

而和厚逮下有周南樛木之德焉及
帝嗣正大統后正位宮闈嘗從容問
帝曰陛下日與共圖政理者誰歟
帝曰六卿治政務翰林職論思典詞命皆朝夕
左右者也乃請於
帝悉賜其命婦冠服鈔幣且諭之曰妻之事夫
豈止於衣服饋食必有德行之助焉今
皇上所與共圖理道者六卿翰林之臣數輩諸
命婦可不有以翼贊於內乎百姓安則國家

安。國家安。則君臣同享富貴澤被子孫矣
后作內訓有曰。君子為宗廟之主奉神靈之統
宜蕃衍似續傳序無窮。故夫婦之道世祀為
大。古之哲后賢妃皆推德逮下。薦達貞淑不
獨任已。是以茂衍来裔長流慶澤。周之太姒
有逮下之德。故樛木形福履之詠。螽斯揚振
振之美終能昌大本支綿固宗祏。三王之隆
莫此為盛矣。故婦人之行貴於寬惠惡於妬
忌月星並麗豈掩於末光。松蘭同畝不嫌於

俱秀。自后妃以至士庶人之妻誠能貞靜寬
和明大孝之端。廣至仁之意不專一己之欲。
不蔽衆下之美務廣君子之澤。斯上安下順。
和氣蒸融。善慶源源實肇於此矣

教育

夏塗山氏禹之妃也。生啓。禹治水三過其門而
不入。塗山氏獨明教訓而致其化。及啓長。化
其德而從其教卒致令名。禹為天子而啓為
嗣持禹之功而不殞

周太姜賢而有色。生泰伯仲雍。季歷。化導三子
皆成賢德。故周自太王肇基王迹。王季其勤
王家文王誕膺天命。以撫方夏武王周公脩
太平之業太任太姒嗣續其美者皆太姜廣
於德教之所致也

太任摯任氏之中女。王季之妃也太任之性
端一誠莊惟德之行及其有娠目不視惡色
耳不聽淫聲口不出敖言生文王而明聖太
任教之以一而識百卒為周宗君子謂太任

為能胎教

太姒仁而明道文王嘉之生十男號曰文母。
太姒教誨十男自少及長常以正道夾持未
嘗見邪僻之事卒成武王周公之德云

漢明德皇后馬氏明帝即位以后為貴人時后
前母姊女賈氏亦以選入生章帝帝以后無
子命養之后盡心撫育勞悴過於所生章帝
亦孝性淳篤恩性天至母子慈愛始終無纖
介之間章帝即位尊后為皇太后常與帝旦

夕言道政事及教授諸小王論議經書述敘平生雍和終日

和熹皇后鄧氏和帝崩殤帝立尊爲皇太后殤帝崩定策立安帝太后自入宮掖從曹大家受經書兼天文筭數晝省王政夜則誦讀又詔中官近臣於東觀受讀經傳以教授宮人左右習誦朝夕濟濟又徵和帝弟濟北河間王子男女年五歲以上四十餘人開邸第教學經書躬自監試撫循詔導恩愛甚渥

唐太穆皇后竇氏始太宗生有二龍之符后於諸子中愛視最篤自言於高祖擇師以教卒成聖德太宗即位嘗過慶善宮覽觀哽欷顧謂侍臣曰朕生於此今母后永違育我之德不可報矣因歸慟

懿安皇后郭氏生穆宗憲宗崩穆宗嗣位尊號皇太后穆宗崩武宗立喜畋游角武抃擇五坊小兒得出入禁中帝一日問后起居從容請曰如何可爲盛天子后曰諫臣章疏宜審覽度可用用之有不可以詢宰相毋拒直言勿納偏言以忠良爲腹心此盛天子也帝再拜還索諫章閱之往往道游獵事自是畋幸爲稀小兒不復横賜矣

宋昭憲太后杜氏太祖母也太祖受周禪即皇帝位拜太后於堂上衆皆賀太后愀然不樂左右進曰臣聞母以子貴今子爲天子胡爲不樂太后曰吾聞爲君難天子置身兆庶之上若治得其道則此位可尊苟或失馭求爲

匹夫不可得是吾所以憂也太祖再拜曰謹受教

章憲皇后劉氏真宗崩仁宗即位尚少太后保護盡力諭輔臣曰皇帝聽斷之暇宜詔名儒講習經史以輔其德於是設幄崇政殿之西日命近臣侍講讀焉

慈聖皇后曹氏性慈儉英宗方四歲育禁中拊鞠周盡迨爲嗣子贊策居多仁宗崩英宗即位尊爲皇太后神宗立尊爲太皇太后嘗

語神宗曰祖宗法度不宜輕改吾昔聞民間
疾苦必以告仁宗因赦行之今亦當爾帝曰
今無他事后曰吾聞民間甚苦青苗助役宜
罷之王安石誠有才學然怨之者甚衆帝欲
愛惜保全之不若暫出之於外帝俯伏竦聽
憲聖皇后吳氏高宗后也初為才人時帝擇
宗室子養禁中后得伯玖更名璩張婕妤得
伯琮張氏卒併育于后后視之無間伯琮性
恭儉喜讀書帝與后皆愛之封普安郡王后

嘗語帝曰普安真天日之表也帝意決立為
皇子封建王嗣位為孝宗尊后曰壽聖太上
皇后光宗即位更號壽聖皇太后帝嘗言及
用人后曰宜崇尚舊臣後行慶壽禮嘉王侍
側后勉以讀書辯邪正立綱常為先
國朝
孝慈高皇后馬氏性慈惠嘗語諸王妃公主曰
無功受福造化所惡吾與若屬被錦繡美飲
食終日無所為當勤女工以報造物者太子

諸王雖愛之甚篤勉令務學諄切懇至嘗曰
汝父尊臨萬國身致太平亦由學以聚之爾
小子當思繼繼繩繩以不辱所生又曰吾聞
女史言鄧禹為將不妄殺人故其女為后吾
家世忠厚至吾父雖無禹之功然平生急於
義今日為后非偶然也汝輩異日有人民社
稷之寄尤必積累忠厚乃可長世切不可自
恃而不務德謂事有偶然也汝切識之諸王
或以衣服器皿相尚者

后曰唐堯虞舜茅茨土階夏禹文王惡衣卑服
汝父儉朴尤惡奢麗日夜憂勤以治天下汝
輩無功錦衣玉食猶欲以服御相加何志氣
不同如是乎惟當親師取友講論聖賢之學
開明心志自無此氣習也
后有疾
太祖嘗問曰爾有身後之屬乎
后對曰惟
陛下當求賢人教育諸子使進德脩業子孫皆

賢臣民得所。妾雖死如生也。
帝曰然
仁孝皇后徐氏。
太宗文皇帝初册立
仁宗皇帝為太子。
后言於
帝曰。太子國家之本。願擇老成端正之士。輔養
德器。
帝曰斯言正合朕意。既而又曰。

皇考之制。東宮官屬。率以廷臣兼之。任使一。則
疑隙不生。今凡宮臣之重者。悉擇廷臣賢者
兼之。
后曰。此先朝鑒戒往古之失。誠良法也。雖萬世
當守而行之。又曰。長子仁厚。足為令器。不忝
祖宗矣
后有疾。遺令皇太子曰。吾祗事
皇上。於今三十有二年。上不能繼承
先皇后懿德。吾甚愧之。今至此。命也。奚悲。爾吾

之長子。孝仁淳厚。當夙夜恪勤敬事
君父。勿以吾故過哀毀。以傷
君父之心。吾素菲薄無德及人。身没之日。喪葬
務從簡省。毋妨臣民。往者
皇上遭罹內難。躬率將士在外。吾母子留北京。
敵兵圍城。將校士民之妻。皆擐甲胄。捍矢石。
登城列陴。協力一心。以死固守。及內難平。吾
正位中宮。富貴已極。而將校士民之妻。至今
報賚未稱。吾寢食未嘗忘。近聞

皇上將巡狩北京。意願從行。將請恩澤及之。而
吾今不逮矣。爾能體吾心。九原無憾。嗚呼。主
器之任在爾。匪輕。敬以事上。仁以撫下。爾以
正家。恩以睦親。爾念之。○
后嘗作內訓。於母儀章有云。孔子曰。女子者。順
男子之教。而長其理者也。是故無專制之義。
所以為教。不出閨門。以訓其子者也。教之者。
導之以德義。養之以廉遜。率之以勤儉。本之
以慈愛。臨之以嚴恪。以立其身。以成其德。慈

愛不至於姑息。嚴恪不至於傷恩。傷恩則離
姑息則縱。而教不行矣。詩云。載色載笑。匪怒
伊教。夫教之有道矣。而在己者亦不可不慎。
是故女德有常。不踰貞信。婦德有常。不踰孝
敬。貞信孝敬。而人則之。詩云。其儀不忒。正是
四國。此之謂也

五倫書卷之二十三

五倫書卷之二十四

易。直方大。不習无不利。○含章可貞。或從王事。
无成有終。○君子敬以直內。義以方外。敬義
立而德不孤。○在師中吉。○拔茅茹。以其彙。
征吉。○包荒。用馮河。不遐遺。朋亡。得尚于中
行。○謙亨。君子有終。○勞謙君子。萬民服也
○介于石。不終日。貞吉。○由豫。大有得。勿疑

朋盍簪。○觀國之光。利用賓于王。○樽酒簋
貳。用缶。納約自牖。終无咎。○王臣蹇蹇。匪躬
之故。○勞而不伐。有功而不德。厚之至也。○
臣不密則失身。幾事不密則害成。是以君子
慎密而不出也。○德薄而位尊。知小而謀大。
力少而任重。鮮不及矣
書。臣哉鄰哉。鄰哉臣哉。○臣作朕股肱耳目。○予
違汝弼。汝無面從。退有後言。欽四鄰。○股肱
喜哉。元首起哉。百工熙哉。○百官脩輔。厥后惟

明明○式敷民德永肩一心○股肱惟人良
臣惟聖○臣無有作福作威玉食臣之有作
福作威玉食其害于而家凶于而國○慎乃
服命率由典常以蕃王室○恫瘝乃身敬哉
天畏棐忱民情大可見小人難保往盡乃心
無康好逸豫乃其乂民○若有疾惟民其畢
棄咎若保赤子惟民其康乂○無作怨勿用
非謀非彝蔽時忱丕則敏德用康乃心顧乃
德遠乃猷裕乃以民寧○越在外服侯甸男

衛邦伯越在内服百僚庶尹惟亞惟服宗工
越百姓里居罔敢湎于酒不惟不敢亦不暇
惟助成王德顯越尹人祗辟○民心無常惟
惠之懷○懋乃攸績睦乃四隣以蕃王室以
和兄弟康濟小民率自中無作聰明亂舊章
詳乃視聽罔以側言改厥度○六御分職各
率其屬以倡九牧阜成兆民○欽乃攸司愼
乃出令令出惟行弗惟反以公滅私民其允
懷學古入官議事以制政乃不迷○功崇惟

志業廣惟勤惟克果斷乃罔後艱位不期驕
祿不期侈恭儉惟德無載爾僞作德心逸日
休作僞心勞日拙居寵思危罔不惟畏弗畏
入畏推賢讓能庶官乃和不和政厖舉能其
官惟爾之能稱匪其人惟爾不任○敬爾有
官亂爾有政以佑乃辟永康兆民萬邦惟無
斁○圖厥政莫或不艱有廢有興出入自爾
師虞庶言同則繹爾有嘉謀嘉猷則入告爾
后于内爾乃順之于外曰斯謀斯猷惟我后

之德○無依勢作威無倚法以削寬而有制
從容以和○爾無忿疾于頑無求備於一夫
必有忍其乃有濟有容德乃大○罔曰弗克
惟既厥心罔曰民寡惟慎厥事○爾身克正
罔敢弗正民心罔中惟爾之中○懋乃后德
交脩不逮愼簡乃僚無以巧言令色便辟側
媚其惟吉士○爾無昵于憸人充耳目之官
迪上以非先王之典○如有一介臣斷斷猗
無他技其心休休焉其如有容焉人之有技

若已有之人。之彥聖。其心好之。不啻如自其
口出。是能容之。以保我子孫黎民。亦職有利
哉
詩。羔羊之皮。素絲五紽。退食自公。委蛇委蛇○
彼其之子。邦之司直○淑人君子。其儀不忒。
其儀不忒。正是四國○我有嘉賓。德音孔昭。
示民不恌。君子是則是傚○四牡騑騑。周道
倭遲。豈不懷歸。王事靡盬。我心傷悲○皇皇
者華。于彼原隰。駪駪征夫。每懷靡及○我馬

維駒。六轡如濡。載馳載驅。周爰咨諏○樂只
君子。民之父母。樂只君子。德音不已○顯允
君子。莫不令德○有嚴有翼。共武之服。共武
之服。以定王國○靖共爾位。正直是與。神之
聽之。式穀以女○左之左之。君子宜之。右之
右之。君子有之。維其有之。是以似之○之屏
之翰。百辟爲憲。不戢不難。受福不那○彼交
匪紓。天子所予○樂只君子。殿天子之邦○
予曰有疏附。予曰有先後。予曰有奔走。予曰

有禦侮○有馮有翼。有孝有德。以引以翼○
藹藹王多吉士。維君子使。媚于天子○藹藹
王多吉人。維君子命。媚于庶人○四國于蕃。
四方于宣○令儀令色。小心翼翼。古訓是式。
威儀是力。天子是若。明命使賦○出納王命。
王之喉舌。賦政于外。四方爰發○既明且哲。
以保其身。夙夜匪解。以事一人○柔亦不茹。
剛亦不吐。不侮矜寡。不畏彊禦○夙夜匪解。
虔共爾位。朕命不易。榦不庭方。以佐戎辟○

無封靡于爾邦。維王其崇之○有來雝雝。至
止肅肅○載見辟王。曰求厥章。龍旂陽陽。和
鈴央央。鞗革有鶬。休有烈光○濟濟多士。克

廣德心

春秋左氏傳。仁以接事。信以守之。忠以成之。敏
以行之。事雖大必濟○人所以立。信知勇也。
信不叛君。知不害民。勇不作亂○君子長國
家者。非無賄之患。而無令名之難○臣之祿
君實有之。義則進。否則奉身而退○臨患不

忘國忠也。思難不越官信也。圖國忘死忠也○畏君之威。聽其政尊其貴事其長養其親五者所以爲國也○忠信禮之器也。卑讓禮之宗也。辭不忘國忠信也。先國後己卑讓也○苟利社稷。死生以之○在禮家施不及國。民不遷農不移。工賈不變。士不濫官不滔。大夫不收公利○君所謂可而有否焉臣獻其否以成其可。君所謂否而有可焉臣獻其可以去其否。是以政平而不干。民無爭心○政

寬則民慢。慢則糾之以猛。猛則民殘。殘則施之以寬。寬以濟猛。猛以濟寬。政是以和○臣有臣之威儀。其下畏而愛之。故能守其官職保族宜家○政如農工。日夜思之。思其始而成其終。朝夕而行之。行無越思。如農之有畔。其過鮮矣○共而從君。神之所福也

春秋公羊傳。大夫受命不受辭。出竟有可以安社稷利國家者。則專之可也

國語。敬所以承命也。恪所以守業也。恭所以給事也。儉所以足用也○事君者竭力以役事不閒違命。君立臣從。何貳之有○事君者君爲我心。制不在我○信於君心。則美惡不踰信於名。則上下不干。信於令。則時無廢功。信於事。則民從事有業○事君者比而不黨。夫周以舉義。比也。舉以其私。黨也○無功庸者不敢居高位○委質爲臣。無有二心。委質而策死。古之法也○夫事君者諫過而賞善。薦可而替否。獻能而進賢。擇才而薦之。朝夕誦

善敗而納之。道之以文。行之以順。勤之以力。致之以死○夫事君者。不爲外內行。不爲豐約舉

禮記。大夫士出入君門。由闑右。不踐閾○賜果於君前。其有核者懷其核。御食於君。君賜餘器之溉者不寫。其餘皆寫○凡爲君使者。已受命。君言不宿於家。君言至。則主人出拜君言之辱。使者歸。則必拜送于門外。若使人於君所。則必朝服而命之。使者反。則必下堂而

受命○大夫士下公門式路馬○立則磬折
垂佩。主佩倚則臣佩垂。主佩垂則臣佩委○
君命大夫與士肄。在官言官。在府言府。在庫
言庫。在朝言朝○事君有犯而無隱○為人
臣者無外交不敢貳君也○凡有指畫於君
前用笏。造受命於君前則書於笏○君賜車
馬乘以拜賜。衣服服以拜賜。君未有命。勿敢
即乘服也○為人臣下者有諫而無訕。有亡
而無疾。頌而無諂。諫而無驕。怠則張而相之。

廢則埽而更之謂之社稷之役○君子之事
君也。必身行之所不安於上。則不以使下。所
惡於下。則不以事上○善則稱君。過則稱已
○下之事上也。雖有庇民之大德不敢有君
民之心。仁之厚也。是故君子恭儉以求役仁。
信讓以求役禮。不自尚其事不自尊其身。儉
於位而寡於欲。讓於賢。卑已而尊人。小心而
畏義。求以事君。得之自是。不得自是以聽天
命○事君難進而易退則位有序。易進而難

退則亂也。故君子三揖而進。一辭而退。以遠
亂也○事君慎始而敬終○事君軍旅不避
難。朝廷不辭賤。處其位而不履其事則亂也
○大臣不可不敬也。是民之表也。邇臣不可
不慎也。是民之道也○下之事上也身不正。
言不信則義不一。行無類也
論語臣事君以忠○不患無位。患所以立○可
以託六尺之孤。可以寄百里之命。臨大節而
不可奪也。君子人歟。君子人也○所謂大臣

者以道事君○居之無倦。行之以忠○苟正
其身矣於從政乎何有○行已有恥使於四
方不辱君命。可謂士矣○君子易事而難說。
也說之不以道不說也。及其使人也器之○
勿欺也而犯之○不在其位不謀其政○君
子思不出其位○志士仁人無求生以害仁。
有殺身以成仁○事君敬其事而後其食○
行義以達其道○君子學道則愛人○君子
信而後勞其民。未信則以為厲已也。信而後

諫未信則以爲謗已也○君子之仕也行其義也○士見危致命見得思義○仕而優則學學而優則仕

大學聽訟吾猶人也必也使無訟乎無情者不得盡其辭大畏民志此謂知本○君子不出家而成教於國孝者所以事君也弟者所以事長也慈者所以使衆也○有諸已而後求諸人無諸已而後非諸人○所惡於上毋以使下所惡於下毋以事上所惡於前毋以先

後所惡於後毋以從前所惡於右毋以交於左所惡於左毋以交於右此之謂絜矩之道○見賢而不能舉舉而不能先命也見不善而不能退退而不能遠過也○畜馬乘不察於雞豚伐冰之家不畜牛羊百乘之家不畜聚斂之臣與其有聚斂之臣寧有盜臣

中庸在上位不陵下在下位不援上正已而不求於人則無怨上不怨天下不尤人○在下位不獲乎上民不可得而治矣獲乎上有道不信乎朋友不獲乎上矣信乎朋友有道不順乎親不信乎朋友矣順乎親有道反諸身不誠不順乎親矣誠身有道不明乎善不誠乎身矣

孟子我非堯舜之道不敢以陳於王前○責難於君謂之恭陳善閉邪謂之敬○欲爲臣盡臣道○惟大人爲能格君心之非君仁莫不仁君義莫不義君正莫不正一正君而國定矣○君子之事君也務引其君以當道志於

仁而已○古之人得志澤加於民不得志脩身見於世窮則獨善其身達則兼善天下○有安社稷臣者以安社稷爲悅者也有天民者達可行於天下而後行之者也有大人者正已而物正者也○居仁由義大人之事備矣

孝經非先王之法服不敢服非先王之法言不敢道非先王之德行不敢行○資於事父以事君而敬同○故以孝事君則忠以敬事長

則小忠順不失以事其上然後能保其祿位而守其祭祀。○君子之事親孝故忠可移於君。○君子之事上也進思盡忠退思補過將順其美匡救其惡故上下能相親也

家語忠臣之諫君有五義焉一曰譎諫二曰戇諫三曰降諫四曰直諫五曰諷諫唯度主而行之○人臣而忠其君者爵祿不足以賞也諫其君者刑罰不足以誅也○知為吏者奉法以利民不知為吏者枉法以侵民○治官莫若平臨財莫若廉廉平之守不可改也○貞以幹之敬以輔之施仁無倦見君子則舉之見小人則退之○人臣之節當君大事惟力所及死而後已

莊周曰臣之事君義也無適而非君也無所逃於天地之間是之謂大戒○夫事其君者不擇事而安之忠之盛也

荀卿曰君子行不貴苟難說不貴苟察名不貴苟專唯其當之為貴○君子寬而不僈廉而

不劌○上則能尊君下則能愛民物至而應事起而辨○政法令舉措時聽斷公上則能順天子之命下則能保百姓○下臣事君以貨中臣事君以身上臣事君以人○上則能尊君下則能愛民政令教化形下如影○恭敬而遜聽從而敏不敢有私決擇也不敢有私取與也以順上為志○忠信而不諛諫爭而不諂矯然剛折端立而無傾側之心○有大忠者有次忠者有下忠者有國賊者以德復君而化之大忠也以德調君而補之次忠也以是諫非而怒之下忠也不恤君之榮辱不恤國之臧否偷合苟容以之持祿養交而已耳國賊也○言有召禍也行有召辱也君子慎其所立乎○主尊貴之則恭敬而僔主信愛之則謹慎而嗛謹慎利也鬬怒害也故君子安禮樂義謹慎而無鬬怒是以百舉不過也○凡流言流說流事流謀流譽流愬不官而衡至者君子慎之

蘇從曰慶君之高爵食君之厚祿愛其死而不
諫其君則非忠臣也
王蠋曰忠臣不事二君
肥義曰貞臣也難至而節見忠臣也累至而行
明
賈山曰為人臣者盡忠竭愚以直諫主○大臣
不得與宴游方正脩絜之士不得從射獵使
皆務其方以高其節則群臣莫敢不正身脩
行以稱大禮

賈誼曰為人臣者主爾亡身國爾忘家公爾忘
私利不苟就害不苟去唯義所在○顧行而
忘利守節而伏義故可以託不御之權可以
寄六尺之孤
枚乘曰忠臣不敢避誅以直諫故事無廢業而
功流於萬世也
董仲舒曰受祿之家食祿而已不與民爭業然
後利可均布而民家可足
蓋寬饒曰山有猛獸藜藿為之不采國有忠臣
奸邪為之不起
說苑人臣之術順從而復命無所敢專義不苟
合位不苟尊必有益於國必有補於君○虛
心白意進善通道勉主以禮義諭主以長策
將順其美匡救其惡功成事立歸善於君不
敢獨伐其勞○夙興夜寐進賢不解數稱往
古德行之事以厲主意庶幾有益以安國家
○守文奉法任官職事辭祿讓賜不受贈遺
○貴視其所舉富視其所與貧視其所不取

窮視其所不為○賢臣之事君也受官之日
以主為父以國為家以士人為兄弟故苟有
可以安國家利民人者不避其難不憚其勞
以成其義○夫士欲立義行道毋論難易而
後能行之立身著名無顧利害而後能成之
○臣勞動以為君而不求其賞○佐已高而
意益下官益大而心益小祿已厚而慎不敢
取○去儌倖務忠信節嗜欲無取虐於人○
人臣之公治官事則不營私家在公門則不

言貨利當公法則不阿親戚奉公舉賢則不避仇讎忠於事君仁於利下推之以恕道行之以不黨○奉國法而不黨施刑戮而不骩可謂公平○食其食者死其事受其祿者畢其能○官怠於宦成

新序事君者內其祿而外其身○官事君者也其交皆誠信有好善如此者事君日益官職日進○臣事君猶子事父也子為父死無所恨守節不移雖有鈇鉞湯鑊之誅而不懼也

尊官顯位而不榮也○知命之士見利不動臨死不恐為人臣者時生則生時死則死是謂人臣之禮故上知天命下知臣道

賈堅曰與其屈辱而生不若守節而死

王濬曰事君之道苟利社稷死生以之若顧嫌避咎此人臣不忠之利非人主社稷之福

王通曰忠臣之事君也盡忠補過君失於上則臣補於下臣諫於下則君從於上此王道所以不跌也○廉者常樂而無求

陸贄曰承問而對臣之職也竭誠無隱臣之忠也○知無不言之謂盡事君以義之謂忠○人之所助在乎信信之所立由乎誠循誠於忠可以俾衆無惑存信於己可以教人不欺唯信與誠有補無失○臣子之於君父也盡其敬而敬焉盡其愛而愛焉

韓愈曰臣者行君之令而致之民者也○百官者承君之化者也任有小大惟其所能○入則諫其君出則不使人知者大臣宰相之事

○君子居其位則思死其官未得位則思脩其辭以明其道○古之君子相其君也一夫不獲其所若已推而內之溝中

柳宗元曰能者進而由之使無所得不能者退而休之亦莫敢慍不衒能不矜名不親小勞不侵衆官日與天下之英才討論其大經○相道得而萬國理矣○奉王制脩古典至敬也尊朝覲率貢職至忠也執忠與敬臣道畢矣

柳玭曰涖官則潔己省事而後可以言守法

王禹偁曰三公論道六卿分職張其教矣○兆民未安思所泰之四方未附思所來之兵革未息何以弭之田疇多蕪何以闢之賢人在野我將進之佞臣立朝我將斥之六氣不和災眚荐至願避位以禳之五刑不錯欺詐日生請脩德以釐之

張詠曰事君者廉不言貧勤不言苦忠不言己效公不言己能

范仲淹曰士當先天下之憂而憂後天下之樂而樂○居廟堂之高則憂其民處江湖之遠則憂其君

歐陽脩曰所謂大臣者必能宣布上德叶和中外使人心悅豫朝政肅清○高秩厚祿人臣所顧必也處之無媿然後得以為榮○士不忘身不為忠言不逆耳不為諫○不避雷霆之威不畏權臣之禍此乃至忠之臣也○人臣之能盡忠者不敢避難言之事○有所不足之謂廉有所不為之謂恥

周敦頤曰善人多則朝廷正而天下治矣○賢才輔則天下治○公於己者公於人未有不公於己而能公於人也○君子以道充為貴身安為富故常泰無不足

賈昌朝曰仕官之法清廉為最聽訟務在詳審用法必求寬恕

程顥曰一命之士苟存心於愛物於人必有所濟○直己守道所以濟時枉道徇人徒為失己

程頤曰為臣之道當使恩威一出於上衆心皆隨於君若人心從己危疑之道也○有翦桐葉之戲則隨事箴規違養生之戒則即時諫止○人臣以忠信善道結於君心必自其所明處乃能入也人心有所蔽有所通蔽者暗處也通者明處也當就其明處以告之求信則易也○臣之於君竭其忠誠致其才力用否在君而已不可阿諛逢迎以求君之厚己

也○事君者知人主不當自聖則不爲諂諛之言知人臣義無私交則不爲阿黨之計○君子之事君也不得其心則盡其誠以感發其志誠積而動則雖昏蒙可開也雖柔弱可輔也雖不正可正也古之人事庸君常主而克行其道者以己誠上達而其君信之之篤耳○人臣身居大位功蓋天下而民懷之則危疑之地也誠積於中動不違理威福不自己出人唯知君而已然後位極而無逼上之

嫌勢重而無專權之過斯可謂明哲君子矣周公孔明其人也郭子儀有再造社稷之功威震人主而上不疑之也亦其次歟○臣賢於君則輔君以所不能伊尹之於太甲周公之於成王孔明之於劉禪是也臣不及君則贊助之而已○人臣之義位愈高而思所以報國者當愈勤

張載曰近臣守和和其心以備顧對不可徇其喜怒好惡

司馬光曰凡人臣者上以事君中以利國下以養民釋此三者非人臣也○忠臣憂公如家見危致命○身爲宰相知其君之過不以告而私語於家非忠臣也○爲人臣者策名委質有死無二○忠臣之事君也責其所難則其易者不勞而正補其所短則其長者不勸而遂○報國之忠莫如薦士負國之罪莫如蔽賢○忠臣之志莫先於嫉邪

蘇軾曰以義正君而無害于國可謂大臣矣○

人臣執法而不求情盡心而不求名出死力以捍社稷使天下之心繫於一人而已不與焉○愼重則必成輕發則多敗

蘇轍曰輔君之善而補其不足此誠大臣之事

楊時曰人臣之事君豈可佐以刑名之說如此是使人主失人心也人主無仁心則不足以得人心故人臣能使其君視民如傷則王道行矣

陳公輔曰愛君憂國先義後利平居犯顔逆耳

不計一身之利害緩急伏節死難不顧一家之存亡

黃龜年曰一言而盡事君之道曰忠罪莫大於欺君一言而盡輔政之道曰公罪莫大於私己

呂本中曰當官之法惟有三事曰清曰慎曰勤知此三者則知所以持身知此三者可以保祿位可以遠恥辱可以得上之知可以得下之援矣

胡安國曰臣之事君猶子之事父以忠信爲本

范祖禹曰人臣以難事責於君使其君爲堯舜之君者尊君之大也開陳善道以禁閉其君之邪心惟恐其君或陷于有過之地者敬君之至也

胡寅曰臣之事君以行安民之術也○大臣欲正君心必先自正其心其心不正如正君何○臣之事君格其非心褊狹者宜廓以寬弘急促者宜道以紆緩○忠愛其君者必思納諸無過之地而不計一身之安危○忠賢之於事有所不可亦陳其正理以開悟君心而已

胡宏曰守身以仁以守身之道正其君者大臣也○有其德無其位君子安之有其位無其功君子恥之○當爵祿而不輕行道德而不舍者君子人歟君子人也○知道之臣寧有死於其分而無犯分以徼功也○德之大小當其位才之高下當其職人務自脩而不僥

倖於上人知自守而不冒昧求進人知自重而不輕用其身人能有恥而不苟沒於利所以仕路清政事治風俗美天下安寧四夷慕義

張浚曰事君者必此心純一而後能有感格

岳飛曰荷國厚恩當以忠義報國

胡銓曰臣事君猶子事父知無不言若於君有隱則於父亦有隱也非忠孝也

陳俊卿曰人臣以不欺爲忠而論事必達於大

體

羅從愿曰士之立朝要以正直忠厚爲本正直則朝廷無過失忠厚則天下無嗟怨二者不可偏也一於正直而不忠厚則漸入於刻一於忠厚而不正直則流入於懦汲黯正直所以闢公孫弘之阿諛忠厚所以闢張湯之殘刻武帝享國五十五年其臣之賢獨此一人而已○立朝之士當愛君如愛父愛國如愛家愛民如愛子然三者未嘗不相賴也凡人

愛君則必愛國愛國則必愛民未有以君爲心而不以民爲心者○士之立身要以名節忠義爲本有名節則不枉道以求進有忠義則不固寵以撮君矣

朱熹曰古之君子居大臣之任者其於天下之事知之不惑任之有餘則汲汲乎其時而勇爲之知有所未明力有所未足則咨訪講求以進其知扳援汲引以求其助如救火追亡尤不敢以少緩上不敢愚其君以爲不足與

言仁義下不敢鄙其民以爲不足以興教化中不敢薄士大夫以爲不足以成事功一日立乎其位則一日業乎其官一日不得乎其官則不敢一日立乎其位有所愛而不肯爲者私也有所畏而不敢爲者亦私也屹然中立無一毫私情之累而惟知其職之所當爲者夫如是是以志足以行道道足以濟時而於大臣之責可以無媿矣○士大夫出身事主上則使其君爲堯舜之君下則使其民爲

堯舜之民○誠以天下之事爲已任則當自格君心之非始欲格君心則當自身始○欲圖大者當謹於微欲正人主之心術未有不以嚴恭寅畏爲先務聲色貨利爲至戒○大臣以得士爲功下士爲難而士之所守乃以不自失爲貴○於天下之事有可否則斷之以公道而勿牽於内顧偏聽之私於天下之議有從違則開以誠心而勿誤爲陽開陰闔之計則庶乎德業盛大表裏光明中外遠迩

心悅誠服○守官只要律已公廉執事勤謹
晝夜孜孜。如臨淵谷○臣子無愛身自佚之
理○今人仕宦不能盡心盡職者是無那先
其事而後其食底心
張栻曰。後世道學不明論至道者不過及於人
才政事而已。孰知其本在於君心。而孰知格
君之心。乃在於吾身乎○古人未嘗不講。至
周公方說謙。蓋周公以天子之叔父而又爲
宰相猶且自屢以謙。若在吾人。則亦合當爲

者也。謙之九三伊川專以指周公。德言盛。禮
言恭。德只要盛禮只要恭。又曰。某於世間無
所愛慕。亦無所享用惟有報君愛民之事。在
所當爲耳
陸子靜曰。共其職。勤其事。心乎國。心乎民。而不
爲身計。其得不謂之君子乎○古人所以不
屑屑於間政適人。而必務有以格君心者。蓋
君心未格。則一邪黜一邪登。一弊去一弊興
如循環然。何有窮已。及君心既格。則規模趨

嚮有若燕越。邪正是非有若蒼素。大明既升。
群陰畢伏。是瑣瑣者亦何足汙人牙頰間哉
呂祖謙曰。進諫之道使人君畏吾之言。不若使
人君信吾之言。使人君信吾之言。不若使人
君樂吾之言○人臣之憂在於諫之未善。不
在於君之未從○講論治道。不當言主意難
移。當思臣道未盡不當言邪學難勝。當思正
學未明○忘其身者。事君之忠
黃榦曰。臣子之於君父。與生俱生。而不可懈於

心者也。食人之祿者當任其事。此亦不待智
者而後知也
真德秀曰。臣之事君。以恭爲本。然必忠誠不二。
然後可貴○大臣以正理事君。君之所行有
不合正理者。必規之拂之。不苟從也○人臣
之義。以忠直爲本○古今人臣事業未嘗無
所本。諸葛武侯平生所立事業奇偉。然求其
所以。則開誠心。布公道。集衆思。廣忠益。蓋此
四者乃武侯事業之本。而誠之與公又其本

也○忠臣之心常欲君身之强固君德之清明故勤以聲色游畋為藥石之戒古之人有行之者周公是也君身强固則必不倦於政機而威權在己君德清明則必不謬於邪正而用舍合宜此正人君子之所深願有志愛君其可不以周公為法

劉靜春曰人臣事君股肱心腹無有二事故居中則格其非心用賢人行善政在外則安邊陲固根本選士而進之用心一也

許衡曰臣子執威權未有無禍者豈唯人事在天道亦不許夫月陰魄也借日為光與日相遠則光盛猶臣遠於君則聲名大威權重與日相近則光微愈近愈微臣道陰道理當如此大臣在君側而擅權此危道也古人舉善薦賢不敢自名欲恩澤出於君也刑人亦然恩威豈可出於己是生多少怨敵其危亡可立待也故月星皆借日以為光及近日却失其光此理殊可玩索

五倫書卷之二十四

五倫書卷之二十五

虞伯禹陳謨於帝舜曰安汝止惟幾惟康其弼
直惟動丕應徯志以昭受上帝天其申命用
休
臯陶陳謨曰允迪厥德謨明弼諧又曰慎厥
身脩思永惇敍九族庶明勵翼邇可遠在茲

伯益告舜曰吁戒哉儆戒無虞罔失法度罔
遊于逸罔淫于樂任賢勿貳去邪勿疑疑謀
勿成百志惟熙罔違道以干百姓之譽罔咈
百姓以從己之欲無怠無荒四夷來王
商伊尹訓于太甲曰脩厥身允德協于下惟明
后又曰德惟治否德亂與治同道罔不興與
亂同事罔不亡終始慎厥與惟明明后
傅說為相告高宗曰惟木從繩則正后從諫
則聖后克聖臣不命其承疇敢不祗若王之

休命又曰惟厥攸居政事惟醇黷于祭祀時
謂弗欽禮煩則亂事神則難又曰非知之艱
行之惟艱王忱不艱允協于先王成德惟說
不言有厥咎
周周公旦相成王作無逸之書以訓之曰嗚呼
君子所其無逸先知稼穡之艱難乃逸則知
小人之依又曰無淫于觀于逸于遊于田以
萬民惟正之供無皇曰今日耽樂乃非民攸
訓非天攸若又曰嗚呼我聞曰古之人猶胥

訓告胥保惠胥教誨民無或胥譸張為幻○
以王未知稼穡之艱難乃作七月之詩陳后
稷公劉風化之所由使瞽矇朝夕諷誦以教
之○又作文王大明緜三詩以戒王文王之
詩則述文王之德明周家所以受命而代商
者皆由於此大明之詩將陳文武受命先言
在下者有明明之德則在上者有赫赫之命
達于上下去就無常使知天之所以難忱而
為君之所以不易也緜之詩追述大王始遷

岐周以開王業。而文王因之以受天命也

召公奭為太保。因西旅獻獒。作書訓于武王有曰。不役耳目。百度惟貞。玩人喪德。玩物喪志。又曰。不作無益害有益。功乃成。不貴異物賤用物。民乃足。犬馬非其土性不畜。珍禽奇獸不育于國。不寶遠物。則遠人格。所寶惟賢。則邇人安。嗚呼。夙夜罔或不勤。不矜細行。終累大德。為山九仞。功虧一簣。允迪茲。生民保厥居。惟乃世王。◯成王將涖政。公以為當戒

以民事。故詠公劉之事作詩以告之。曰公劉又從王遊於卷阿之上。因王之歌而作詩以為戒。曰卷阿

漢陳平初見漢王。王與語而說之。拜護軍中尉楚急攻絕漢甬道。圍漢王於滎陽城。漢王患之。平曰。項王為人恭敬愛人。士之廉節好禮者多歸之。至於行功賞爵邑重之。士亦以此不附。今大王慢而少禮。士廉節者不來。然大王能饒人以爵邑。士之頑鈍嗜利無恥者亦多歸漢。誠各去其兩短。集其兩長。天下指麾即定矣。漢王然之

陸賈為太中大夫。時時前說稱詩書。高帝罵之曰。乃公居馬上得之。安事詩書。賈曰。馬上得之。寧可以馬上治之乎。且文武並用。長久之術也。鄉使秦已并天下。行仁義。法先聖。陛下安得而有之。帝曰。試為我著秦所以失天下。吾所以得之者。及古成敗之國。賈凡著十二篇。每奏一篇。帝未嘗不稱善。號其書曰新

語

魏相宣帝時為相。言於帝曰。明王謹乎尊天。慎于養人。動靜以道。奉順陰陽。則日月光明。風雨時節。寒暑調和。三者得叙。則災害不生。五穀熟。絲麻遂。草木茂。禽獸蕃。民不夭疾。衣食有餘。若是。則君尊民說。上下亡怨。政教不違。禮讓可興

蕭望之宣帝時為大行丞。地節三年夏。京師雨雹。望之上疏言曰。陛下以聖德居位。思政

求賢堯舜之用心也。然而善祥未臻，陰陽不和，是大臣任政，一姓擅執之所致也。附枝大者賊本心，私家盛者公室危。唯明主躬萬機，選同姓，舉賢材，以爲腹心，與參政謀。令公卿大臣朝見奏事，明陳其職，以考功能。如是則庶事理，公道立，姦邪塞，私權廢矣。對奏，天子拜爲謁者。

陳寵爲尚書。章帝初即位，承永平故事，政尚嚴切。寵上疏曰：臣聞先王之政，賞不僭，刑不

濫。與其不得已，寧僭無濫。往者斷獄嚴明，所以威懲奸慝。奸慝既平，必宜濟之以寬。夫爲政猶張琴瑟，大絃急者小絃絕。陛下宜隆先王之道，除滌煩苛之法，輕薄捶楚，以濟羣生，全廣至德，以奉天心。帝深納寵言，每事務於寬厚。

唐孫伏伽補萬年縣法曹。武德初，上言三事。其一曰：天子有爭臣，雖無道不失其天下。隋失天下者何？不聞其過也。方自謂功德盛五帝，邁三王，窮侈極欲，使天下士肝腦塗地，戶口殫耗，盜賊日滋，而卒不聞悟者，君不受諫，而臣不敢告之也。向使開不諱之路，官賢授能，賞罰時當，人人樂業，誰能搖亂者乎？其二曰：百戲散樂，本非正聲，隋末始見崇用，此謂淫風，不得不變。近太常假民裙襦五百稱以衣妓工游戲，臣以爲非詒子孫之謀，請並廢之，以復雅正。其三曰：性相近，習相遠。今皇太子諸王左右不可不擇。大抵不義無賴及馳騁

射獵歌舞聲色慢游之人，止可悅耳目，備驅馳，至拾遺補過，決不能也。願選賢才，澄僚友之選。高祖大悅，即下詔厚賜其帛，以示羣臣。太宗時遷大理少卿。帝數出馳射，伏伽諫曰：臣聞天子之居，禁衛九重，出也警，入也蹕，非直尊其居處，爲社稷生人計也。比聞陛下走馬射帖，娛悅羣臣，殆非所以導養聖躬，垂憲後代。此直少年諸王務耳，安得既爲天子尚行之乎？竊爲陛下不取。帝悅曰：卿能言朕失

朕能改之天下庶有瘳乎
魏徵太宗時為太子太師上嘗問侍臣曰或
君亂而臣治或君治而臣亂孰愈徵對曰君
治則善惡明賞罰當臣安得而亂之苟為不
治縱暴愎諫雖有良臣將安所施上曰齊文
宣得楊遵彥非君亂而臣治乎對曰彼纔能
救亡耳烏足為治哉
張玄素太宗即位問以政對曰自古未有如
隋亂者得非君自專法日亂乎且萬乘之尊

身決庶務日斷十事五不中中者信善有如
不中者何若上賢右能使百司善職則高居
深拱疇敢犯之以陛下聖神跡所以危墜所
以亡日慎一日雖堯舜何以加帝曰善拜侍
御史遷給事中
杜正倫遷給事中知起居注太宗嘗謂侍臣
曰朕每日坐朝欲出一言即思於百姓有利
益否正倫曰君舉必書言存於左右史臣職
當脩起居注不敢不盡愚直若一言乖於道

理千載累於聖德非直當今損於百姓帝悅
令狐德棻為太常卿高宗嘗召問何脩而王
何若而霸又當孰先德棻對曰王任德霸任
刑夏殷周純用德而王秦專刑而霸至漢雜
用之魏晉以降王霸兩失若用之王為先帝問
何為要對曰古者為政清心簡事為本今天
下無虞年穀豐衍惟薄賦斂省征役為要又
問禹湯桀紂所以興亡對曰禹湯罪己其興
也勃然桀紂罪人其亡也忽然帝悅

宋璟玄宗時拜吏部尚書兼侍中會日食帝
素服俟變錄囚多所貸遣賑卹災患罷不急
之務璟曰陛下降德音卹人隱末宥輕繫惟
流死不免此古所以慎赦也恐議者直以月
蝕脩刑日蝕脩德或言分野之變與有揣合
臣以謂君子道長小人道銷止女謁放讒夫
此所謂脩德也囹圄不擾兵甲不黷官不苛
治軍不輕進此所謂脩刑也陛下常以為念
雖有虧食將轉而為福又何患乎且君子恥

言浮於行。頷動天以誠。無事空文。帝嘉納之。
張九齡為中書令。開元二十四年秋八月千
秋節。羣臣皆獻寶鏡。九齡謂以鏡自照見形
容。以人自照見吉凶。乃述前世興廢之源為
書五卷。謂之千秋金鑑錄。上之。玄宗賜書褒
美
陸贄為翰林學士。德宗欲改元而術家爭言
數鍾百六。宜有所變示天下復始。帝乃議更
益大號。贄曰。今乘輿播越。大憝未去。此人情

向背天意去就之際。陛下宜痛自貶勵。不宜
益美名以累謙德。古之人君德合於天曰皇。
合於地曰帝。合於人曰王。父母天地以養人
治物得其宜者曰天子。皆大名也。三代而上
所稱尚其德。至秦乃兼曰皇帝。流及後世昏
僻之君始有聖劉天元之號。故人主重輕不
在稱美。視德何如耳。帝從之
李絳憲宗時由司勳郎中進中書舍人。所言
事。帝皆順納。後閱月不賜對。絳謂大臣持祿

不敢諫。小臣畏罪不敢言。管仲以為害霸最
甚。今臣等飽食不言。無履危之患。自為計得
矣。顧聖治如何。有詔明日對便殿。帝曰。前世
任賢以致治。今無賢可任。何耶。絳曰。天子不
以己能蓋人。痛折節下士。則天下賢者乃出。
帝曰。卿言得之矣
韋處厚穆宗時為翰林侍講學士。與路隋合
易書詩春秋禮孝經論語。掇其粹要。題為六
經法言二十篇上之。冀助省覽。帝稱善

柳公權文宗時常對便殿。帝稱漢文帝恭儉。
因舉袂曰。此三澣矣。學士皆賀。獨公權無言。
帝問之。公權對曰。人主當進賢退不肖。納諫
諍。明賞罰。服澣濯之衣。此小節耳。非有益治
道者。帝徐曰。卿有諍臣風。可屈居諫議大夫。
乃自舍人下遷。仍為學士知制誥
裴度復輔政。敬宗嘗日晏坐朝。度諫曰。比陛
下月率六七臨朝。天下人知勤政。河朔賊臣
皆悚畏。近開延英益稀。恐萬機奏稟有所壅

關夫頤養之道當順適時候則六氣平和萬壽可保今方居盛夏宜詰旦數坐廣加延問漏及巳午則炎赫可畏聖躬勞矣帝嘉納焉數視朝

令狐綯爲翰林學士宣宗嘗夜召綯與論人間疾苦帝出金鏡書曰太宗所著也卿爲我舉其要綯摘語對曰至治未嘗任不肖至亂未嘗任賢任賢享天下之福任不肖罹天下之禍帝曰善朕讀此嘗三復乃已綯再拜曰

陛下必興王業捨此孰先

宋蘇易簡任中書舍人充承旨嘗直禁中以水試歙器太宗密聞之因晚朝問曰卿所玩得非歙器耶易簡曰然命取試之易簡進曰臣聞日中則昃月滿則虧器盈則覆物盛則衰願陛下持盈守成慎終如始以固大業則天下幸甚

呂蒙正太宗時以吏部尚書入相帝嘗因對論及征伐蒙正對曰治[illegible]要在內脩政事則遠人來歸自致安靜帝韙之嘗燈夕設宴蒙正侍帝語之曰五代之際生靈凋喪當時謂無復太平之日矣朕躬覽庶政萬事粗理每念上天之貺致此繁盛乃知理亂在人蒙正避席曰乘輿所在士庶走集故繁盛如此臣嘗見都城外不數里饑寒而死者甚衆願陛下視近以及遠蒼生之幸也

陳恕爲三司使真宗命具中外錢穀大數以聞恕諾而不進久之帝屢趣之恕終不進命

執政詰之恕曰天子富於春秋若知府庫充羨恐生侈心是以不敢進帝聞而善之

呂夷簡拜同中書門下平章事仁宗始親政事夷簡手疏陳八事曰正朝綱塞邪徑禁貨賂辨佞壬絕女謁疎近習罷力役節冗費其語甚切夷簡又擢孫奭等居講席以經義輔導後又增置崇政殿說書天章閣侍講之職以廣帝聞見

賈昌朝仁宗詔對邇英閣帝問乾卦昌朝曰

乾之上九稱亢龍有悔。悔者凶灾之萌。爻在亢極。必有凶灾。不言凶而言悔者。以悔有可凶可吉之義。脩德則免悔而獲吉矣。用九見羣龍無首。吉。聖人用剛健之德。乃可決萬機。天下久盛。柔不可以濟。然亢而過剛。又不能久。獨聖人外以剛健決事。内以謙恭應物。不敢自矜為天下首。乃吉也。帝賜手詔優荅

呂公著。仁宗時侍經筵。帝嘗詔講官凡經傳所載逆亂事。皆直言毋諱。公著因進講言弑逆之事。臣子之所不忍言。而仲尼書之春秋者。所以深戒後世人君。欲其防微杜漸。居安慮危。使君臣父子之道。素明長幼嫡庶之分早定。則亂臣賊子無所萌其奸心。故易曰。履霜堅冰至。由辨之不早辨也。侍讀劉敞退謂記言官曰。當載之史冊。以垂後世。神宗時為端明殿學士。帝從容與論治道。遂及釋老。公著問曰。堯舜知此道乎。帝曰。堯舜豈不知。公著曰。堯舜雖知此。而惟以知人安民為難。所以

為堯舜也。帝又言唐太宗能以權智御臣下。對曰。太宗之德。以能屈己從諫爾。帝善其言。哲宗即位。復上言曰。人君初即位。當正始以示天下。脩德以安百姓。脩德之要。莫先於學。學有緝熙于光明。則日新以底至治者學之力也。謹昧死陳十事。曰畏天愛民脩身講學任賢納諫薄斂省刑去奢無逸。又乞備置諫員。以開言路。拜尚書左丞門下侍郎

龔鼎臣。仁宗時擢起居舍人。同知諫院。歲冬旱。將錫春宴。鼎臣曰。旱菑太甚。非君臣同樂之時。請罷宴以荅天戒。日當食。陰雲不見。鼎臣曰。陽精既虧。四方必見。為異益大。願精思力行。進賢遠佞。以應皇極。帝然之

呂希哲為崇政殿說書。其勸導人主。以脩身為本。脩身以正心誠意為主。其言曰。心正意誠。則身脩而天下自化。不假他術。身不能脩。雖左右之人且不能諭。況天下乎

劉敞判三班院。侍英宗講讀。每指事據經。因

以諷諫。時兩宮方有小人間言。諫者或訐而過直。敞進讀史記至堯授舜以天下。拱而言曰。舜至側微也。堯禪之以位。天地享之。百姓戴之。非有他道。惟孝友之德光于上下耳。帝竦體改容。知其以義理諷也。皇太后聞之亦大喜

韓維英宗時侍講迩英。帝初免喪。簡默不言。維上疏曰。迩英閣者陛下燕間之所也。侍於側者皆獻納論思之臣。陳於前者非經則史

可以博咨訪之義。窮仁義之道。究成敗之原。今禮制終畢。臣下傾耳以聽玉音。陛下之言。此其時也。臣請執筆以俟

韓琦進封魏國公。英宗得暴疾。太后垂簾聽政。帝疾甚。舉措或改常度。遇左右尤少恩。左右多不悅者。乃共為讒間。兩宮遂成隙。琦見帝。帝曰。太后待我無恩。琦對曰。自古聖帝明王不為少矣。然獨稱舜為大孝。豈其餘盡不孝耶。父母慈愛而子孝。此常事不足道。惟父母不慈而子不失孝。乃為可稱。但恐陛下事之未至爾。父母豈有不慈者哉。帝大感悟

吳奎神宗初為參知政事。嘗進言曰。陛下在推誠應天。天意無他。合人心而已。若以至誠格物。莫不以至誠應。則和氣之感。自然而致。今民力困極。國用窘乏。必俟順成。乃可及他事。帝王所職。惟在於判正邪。使君子常居要近。小人不得以害之。則自治矣。帝然之

富弼神宗改元。以鄭國公判汝州。詔入覲。帝

坐語從容。訪以治道。弼知帝果於有為。對曰。人主好惡不可令人窺測。可測則姦人得以傅會。當如天之監人。善惡皆所自取。然後誅賞隨之。則功罪無不得其實矣。又問邊事。對曰。陛下臨御未久。當布德行惠。願二十年口不言兵。帝默然。至日昃乃退。時有為帝言災異皆天數。非關人事得失所致者。弼聞而歎曰。人君所畏惟天。若不畏天。何事不可為者。此必姦人欲進邪說。以搖上心。使輔弼諫諍

之臣無所施其力。是治亂之機。不可以不速
捄。即上書數千言力論之。又言君子小人之
進退係王道之消長。願深加辨察。勿以同異
為喜怒。勿以喜怒為用舍。帝嘉納之
王安石。神宗時為翰林學士兼侍講。帝問為
治所先。對曰。擇術為先。帝曰。唐太宗何如。對
曰。陛下當法堯舜。何以太宗為哉。堯舜之道
至簡而不煩。至要而不迂。至易而不難。但末
世學者不能通知。以為高不可及爾。帝曰。卿

可謂責難於君。朕自視眇躬。恐無以副卿此
意。可悉意輔朕。同濟此道
蘇軾直史館。神宗召見。問方今政令得失安
在。對曰。陛下生知之性。天縱文武。不患不明。
不患不勤。不患不斷。但患求治太急。聽言太
廣。進人太銳。願鎮以安靜。待物之來。然後應
之。帝竦然曰。卿三言。朕當熟思之。會上元勅
府市浙燈。且令損價。軾疏言。陛下豈以燈為
悅。此不過以奉二宮之懽耳。然百姓不可戶

曉。皆謂以耳目不急之玩。奪其口體必用之
資。此事至小。體則甚大。願追還前命。即詔罷
之。時王安石創行新法。軾上書論其不便。大
要以結人心。厚風俗。存紀綱為言。哲宗時為
翰林學士兼侍讀。每進讀至治亂興衰邪正
得失之際。未嘗不反覆開導。覬有所啓悟。帝
雖恭默不言。輒首肯之
司馬光。神宗時除御史中丞。上疏論脩心之
要三。曰仁。曰明。曰武。治國之要三。曰官人。曰

信賞。曰必罰。其說甚備。且曰。臣昔為諫官。即
以此六言獻仁宗。其後以獻英宗。今以獻陛
下。平生力學所得。盡在是矣。帝然其言
劉摯。哲宗即位。擢侍御史。上疏曰。陛下春秋
鼎盛。在所資養。願選忠信孝弟。惇茂老成之
人。以充勸講進讀之任。便殿燕坐。時賜延對。
執經誦說。以廣睿知。仰副善繼求治之志。帝
然之
呂大防拜尚書左僕射兼門下侍郎。見哲宗

年益壯。日以進學為急。請勅講讀官取仁宗邇英御書解釋上之。寘于坐右。又摭乾興以來四十一事足為勸戒者分上下篇。標曰仁祖聖學。使人主有欣慕不足之意

范祖禹哲宗時遷著作郎兼侍講。夏暑權罷講。祖禹言陛下今日之學與不學。係他日治亂。如好學則天下君子欣慕願立於朝。以直道事陛下。輔佐德業而致太平。不學則小人皆動其心。務為邪諂以竊富貴。且凡人之進

學。莫不於少時。今聖質日長。數年之後。恐不得如今日之專。竊為陛下惜也。嘗講尚書至內作色荒。外作禽荒六語。拱手再誦。却立云。願陛下留聽。帝首肯再三。乃退

王巖叟哲宗時嘗侍延英講。進讀寶訓至節費。巖叟曰。凡言節用非偶節一事便能有濟。當每事以節儉為意。則積久累日。國用自饒。讀仁宗知人事。巖叟曰。人主常欲虛心平意。無所偏係。觀事以理。則事之是非。人之邪正。

自然可見。司馬康講洪範至乂用三德。帝曰止此三德。為更有德。巖叟因言于帝曰。三德者。人君之大本。得之則治。失之則亂。不可須臾去者也。三者足以盡天下之要。在陛下力行何如耳。帝然之

程大昌權禮部侍郎直學士院。孝宗嘗問治道不進。奈何。對曰。陛下勤儉過古帝王。自女真通和。知尊中國。不可謂無效。但當求賢納諫。脩政事。則大有為之業在其中。不必他求

奇策。以幸速成

張栻孝宗時直秘閣奏言先王所以建事立功無不如志者。以其胸中之誠有以感格天人之心。而與之無間也。今規畫雖勞。而事功不立。陛下誠深察之。日用之間念慮云為之際。亦有私意之發以害吾之誠者乎。有則克而去之。使吾中扃洞然無所間雜。則見義必精。守義必固。而天人之應將不待求而得矣。

劉珙孝宗時拜中大夫兼參知政事。帝嘗以

久旱齋居禱雨，一夕而應。珙進言曰：陛下誠心感格，其應如響。天人相與之際，真不容髮。隱微纖芥之失，其應豈不亦猶是乎。臣願益謹其獨。帝竦然稱善。

朱熹孝宗時以江西提刑入奏事，言於帝曰：陛下即位二十有七年，而因循荏苒，無尺寸之效可以仰酬聖志。嘗反覆而思之，無乃燕閒蠖濩之中，虛明應物之地，天理有所未純，人欲有所未盡，一念之頃，公私邪正是非得

失之機，朋分角立，交戰於其中。願陛下自今以往，一念之頃，則必謹而察之，果天理也，則敬以充之；果人欲也，則敬以克之。推而至於言語動作之間，用人處事之際，無不以是裁之，則聖心洞然，中外融徹，無一毫之私欲得以介乎其間，而天下之事將惟陛下之所欲爲，無不如志矣。帝奨諭甚至。

魏了翁爲起居郎，理宗即位之明年，雷發非時，帝見羣臣有朕心終夕不安之語。了翁入對，即論人主之心，義理所安，是之謂天，非此心之外別有所謂天地神明也。陛下盍即不安而求之，對天地，事大母，見羣臣，親講讀，皆隨事反求，則大本立而無事不可爲矣。

吳泳理宗時以著作郎對，言：願陛下養心以清明，約己以恭儉，進德以剛毅發彊，毋以旨酒違善言，毋以嬖御嫉莊士，毋以靡曼之色伐天性，杜漸防微，澄源正本，使君身之所自立者先有其地，夫然後移所留之聰明以經

世務，移所舍之精神以彊國政，移所用之心力以恤罷民，移所當省之浮費以犒邊上久戍之士，則不惟可以消弭災變，攘除姦凶，殄滅寇賊，雖以是建久安長治之策可也。

元竇默隱居教授，世祖在潛邸，遣人召之。既至，問以治道，默首以三綱五常爲對。帝曰：人道之端，孰大於此。失此，則無以立於世矣。默又言：帝王之道，在誠意正心。心既正，則朝廷遠近莫敢不一於正。一日凡三召與語，奏對皆

稱旨。自是敬待加禮。不令暫去左右

李孟大德初仁宗侍母后降居懷州孟以布衣每進言曰堯舜之道孝弟而已矣今侍大母居外當迎奉意旨以娛樂之則孝弟之道得矣帝深納其言日問安視膳婉容愉色有暇則就孟講論古先帝王得失成敗及君君臣臣父父子子之義孟善論事忠愛懇惻言之不厭而治天下之大經大法深切明白帝嘗與羣臣語握拳示之曰所重乎儒者為其

握持綱常如此其固也。其講學之功實孟啓之。及為平章政事嘗言於帝曰人君之柄在刑賞賞一善而天下勸罰一惡而天下懲所施失當何以為治又曰貴賤有章所以定民志賜予有節所以勸臣下。請各為之限制帝皆從之

陳顥初為說書侍仁宗奉母后出居懷州日開陳以古聖賢居艱貞之道帝既即位拜集賢大學士榮祿大夫政事無不與聞燕閒輒取聖經所載大經大法有切治體者陳之每見嘉納

巙巙為翰林學士承旨順帝即位侍經筵日勸帝務學帝輒就之習授凡四書六經所載治道為帝紬繹而言必使辭達感動帝衷或遇天變民灾必憂見於色乘間則進言於帝曰天心仁愛人君故以變示儆譬如慈父於子愛則教之戒之子能起敬起孝則父怒必釋人君側身脩行則天意必回帝察其真誠

虛己以聽

朱公遷順帝時以遺逸徵授翰林直學士每勸帝親賢遠佞抑豪彊省冗費脩德卹民庶天意可回民志可定不然恐國家之憂近在旦夕帝嘉之

五倫書卷之二十五

五倫書卷之二十六

虞伯禹作司空言於帝舜曰洪水滔天浩浩懷山襄陵下民昏墊予乘四載隨山刊木曁益奏庶鮮食予決九川距四海濬畎澮距川曁稷播奏庶艱食鮮食懋遷有無化居烝民乃粒萬邦作乂○惟荒度土功弼成五服至于

五千州十有二師外薄四海咸建五長各迪有功○德惟善政政在養民水火金木土穀惟修正德利用厚生惟和九功惟叙九叙惟歌戒之用休董之用威勸之以九歌俾勿壞

周周公旦相成王位冢宰初基作新大邑于東國洛大保召公奭先周公相宅越若來三月惟丙午朏越三日戊申大保朝至于洛卜宅厥既得卜則經營越三日庚戌大保乃以庶殷攻位于洛汭越五日甲寅位成若翼日乙卯周公朝至于洛則達觀于新邑營越三日丁巳用牲于郊牛二越翼日戊午乃社于新邑牛一羊一豕一越七日甲子周公乃朝用書命庶殷侯甸男邦伯厥既命殷庶庶殷丕作○周公既歸政成王作立政以戒于王欲其專擇百官有司之長有曰繼自今我其立政立事準人牧夫我其克灼知厥若丕乃俾亂相我受民和我庶獄庶慎時則勿有間之

○其克詰爾戎兵以陟禹之迹方行天下至于海表罔有不服以覲文王之耿光以揚武王之大烈○惟王建國辨方正位體國經野設官分職以為民極

仲山甫佐宣王中興王命築城于齊尹吉甫作烝民之詩以送之曰天子是若明命使賦纘戎祖考王躬是保出納王命王之喉舌○肅肅王命仲山甫將之邦國若否仲山甫明之

召穆公虎受宣王命平淮南之夷詩人作江漢之詩以美之曰。經營四方。告成于王。四方既平王國庶定時靡有爭王心載寧◯王命召虎来旬来宣文武受命召公維翰無曰予小子召公是似肇敏戎公。用錫爾祉

列國齊管仲相桓公制國為二十一鄉工商之鄉六士鄉十五作内政以寄軍令。興鹽筴以盡海王之利以三選擇賢。始於鄉長之推。繼於官長之選。復親自咨相於是民皆勉於為

善相地而征山澤。各致其時。於是民各安其居。正封疆重聘幣。遍召天下之遊士擇諸侯之淫亂者而先征之。反棠潛於魯使為南伐之主。反臺原漆里於衛使為西伐之主。反柴夫吠狗於燕使為北伐之主。故齊國之境南至餉陰。西至濟北北至于河。東至紀鄰革車八百乘。即位數年一戰而帥服者三十一國。

漢蕭何從沛公至咸陽諸將皆走金帛財物之府分之。何獨先入收秦丞相御史律令圖書藏之沛公所以具知天下阨塞戸口多少強弱之處民所疾苦者以何具得秦圖書也項羽立沛公為漢王王怒欲攻之何諫曰雖王漢中之惡不猶愈於死乎夫能詘於一人之下。而信於萬乘之上者湯武是也臣願大王王漢中養其民以致賢人收用巴蜀還定三秦。天下可圖也王曰善乃就國以何為丞相

張良從漢王在滎陽項羽急圍滎陽漢王恐與酈食其謀撓楚權食其欲復立六國後王

曰善趣刻印未行良從外来謁漢王方食曰客有為我計撓楚權者具以酈生語告良。曰何如良曰誰為大王畫此計大王事去矣臣請藉前箸為大王籌之言其不可復立六國之後者有七且曰天下游士離親戚棄墳墓去故舊從大王游者徒欲日夜望咫尺之地今復立六國後天下游士各歸事其主大王誰與取天下乎漢王輟食吐哺罵曰豎儒幾敗乃公事。令趣銷印

酈食其從漢王擊楚數困滎陽成皋王計欲捐成皋以東屯鞏雒以距楚食其因曰臣聞之知天之天者王事可成不知天之天者王事不可成王者以民為天而民以食為天夫敖倉天下轉輸久矣臣聞其下藏粟甚多楚人拔滎陽不堅守敖倉乃引而東此乃天所以資漢方今楚漢久相持不決百姓騷動海內搖蕩農夫釋耒紅女下機天下之心未有所定也願令急復進兵收取滎陽據敖倉之

粟塞成皋之險杜太行之道距飛狐之口守白馬之津以示諸侯形勝之勢則天下知所歸矣漢王曰善

婁敬當高帝初定天下將都雒陽進說曰秦地被山帶河四塞以為固卒然有急百萬之衆可具因秦之故資甚美膏腴之地此謂天府陛下入關而都山東雖亂秦故地可全而有也夫與人鬬而不搤其亢拊其背未全勝也願陛下都關中左右大臣皆山東人多勸帝都雒陽張良曰雒陽雖有小固其中小田地薄四面受敵此非用武之國夫關中左殽函右隴蜀沃野千里南有巴蜀之饒北有胡苑之利阻三面而固守獨以一面東制諸侯諸侯安定河渭漕輓天下西給京師諸侯有變順流而下足以委輸此所謂金城千里天府之國婁敬說是也於是即日駕西都關中

曹參為齊相惠帝二年蕭何卒召參代為相國舉事無所變更一遵何約束參子窋為中

大夫帝怪相國不治事以為豈少朕與謂窋歸試私問參參怒笞窋曰趣入侍天下事非若所當言也至朝時帝讓參參免冠謝曰陛下自察聖武孰與高帝帝曰朕乃安敢望先帝乎曰陛下觀臣能孰與蕭何賢曰君似不及也參曰陛下言之是也且高帝與蕭何定天下法令既明今陛下垂拱參等守職遵而勿失不亦可乎帝曰善君休矣為相三年百姓歌之曰蕭何為法較若畫一曹參代之守

而勿失載其清淨民以寧一

周勃為人木彊敦厚高帝以為可屬大事事惠帝為太尉及諸呂顓兵秉政欲危劉氏勃與丞相陳平謀以曲周侯酈商子寄與呂祿善使人刼商令寄紿祿曰高帝與呂后共定天下劉氏所立九王呂氏三王是下不急之國守藩乃為上將將兵留此為大臣諸侯所疑何不速歸將軍印以兵屬大尉時勃欲入北軍不得入襄平侯紀通尚符節乃令持節

矯內勃北軍復令酈寄典客劉揭說祿祿遂解印屬典客而以兵授勃勃入軍門令軍中曰為呂氏右袒為劉氏左袒軍皆左袒遂將北軍丞相平召朱虛侯劉章佐勃共誅諸呂無少長皆斬之遂迎代王立之是為文帝

霍光受武帝遺詔輔昭帝及帝崩光承太后詔迎立昌邑王賀賀淫亂不足奉宗廟子萬姓光率羣臣奏太后廢之會大臣議所立未定光祿大夫丙吉言於光曰方今社稷宗廟羣生之命在將軍之壹舉而武帝曾孫名病已在掖庭外家者今十八九矣通經術有美材行安而節和願將軍詳大義參以蓍龜先使入侍令天下昭然知之然後決定大策光用其言會丞相以下上奏太后迎曾孫於掖庭而立之是為孝宣皇帝

魏相少明易經有師法及為丞相好觀漢故事及便宜章奏數條漢興以來國家便宜行事及賢臣賈誼晁錯董仲舒等所言請施行

之勑掾史案事郡國及休告從家還至府輒白四方異聞或有逆賊風雨災變相輒奏言之時丙吉為御史大夫同心輔政宣帝皆重之

侯霸初為臨淮大尹王莽末霸獨能保全其郡光武即位徵拜尚書令時無故典朝廷又少舊臣霸明習故事收錄遺文條奏前世善政法度有益於時者皆施行之每春下寬大之詔奉四時之令皆霸所建也

三國蜀諸葛亮治蜀頗尚嚴峻法正謂曰昔高祖入關約法三章而秦民知德願緩刑弛禁以慰此州之望亮曰秦以無道政苛民怨高祖因之可以弘濟劉璋暗弱德政不舉威刑不肅君臣之道漸以陵替寵之以位位極則賤順之以恩恩竭則慢所以致弊今威之以法法行則知恩限之以爵爵加則知榮榮恩並濟上下有節為治之要於斯著矣未幾而蜀大治

法正說先主曰曹操一舉而降張魯定漢中不因此勢以圖巴蜀而留夏侯淵張郃屯守身遽北還此非其智不逮而力不足也必將內有憂故耳今策淵郃才畧不勝國之將帥舉衆往討則必可克之克之日廣農積穀觀釁伺隙上可以傾覆寇敵尊獎王室中可以蠶食雍涼廣拓境土下可以固守要害為持久之計此蓋天以與我時不可失也先主善其策乃率諸將進兵漢中

晉祖逖為軍諮祭酒時元帝方拓定江南未遑北伐逖進說曰晉室之亂由藩王爭權自相誅滅遂使戎狄乘隙毒流中原今遺黎既被殘酷人有奮擊之志誠能發威命將使若逖等為之統則郡國豪傑必因風嚮赴沉溺之士欣於來蘇庶幾國恥可雪帝喜乃以逖為奮威將軍豫州刺史給千人廩布三千匹不給鎧仗使自招募仍將流徙部曲百餘家渡江逖中流擊楫而誓曰祖逖不能清中原而

復濟者有如大江辭色壯烈衆皆慨歎屯于淮陰起冶鑄兵器得二千餘人而後進

唐傅奕高祖即位拜太史丞時國制草具多仍隋舊奕謂承亂世之後當有變更乃上言龍紀火官黃帝廢之咸池六英堯不相沿禹弗行舜政周弗襲湯禮陛下撥亂反正而官名律令一用隋舊且懲沸羹者吹冷齏傷弓之鳥驚曲木況天下久苦隋暴安得不新其耳目哉改正朔易服色變律令革官名功極作

樂治終制禮使民知盛德之隆此其時也然官貴簡約夏后官百不如虞氏五十周三百不如商之二百又曰夏有亂政而作禹刑商有亂政而作湯刑周有亂政而作九刑至衛鞅爲秦制法增鑿顛抽脅鑊烹等六篇始皇爲挾書律此失於煩不可不監帝善之

杜如晦與房玄齡共筦朝政時天下新定臺閣制度憲物容典率二人討裁每議事帝所玄齡必曰非如晦莫籌之及如晦至卒用玄

齡策蓋如晦長於斷而玄齡善謀兩人深相知故能同心濟謀以佐佑帝當世語良相必曰房杜云

魏徵太宗即位拜諫議大夫日益親信或引至臥内訪天下事徵亦自以不世遇乃展盡底蘊無所隱凡三百餘奏無不剴切當帝心者帝嘗曰朕始即位惟徵勸我脩文德安中夏則遠人服今天下大安四夷君長皆來貢獻此徵力也又曰貞觀之後納忠諫正朕違

爲國家長利徵而已雖古名臣亦何以加

高馮貞觀初拜監察御史累遷中書舍人列上五事以爲今天下大定而刑未措者何哉蓋謀猷之臣臺閣之吏不崇簡易而昧經遠故執憲者以深刻爲奉公當官者以侵下爲益國如尚書八座人主所責成者也宜擇温厚脩潔者任之敦朴素革浮僞使家識廉孝人知廉恥自然禮節興矣陛下身帥節儉而營繕未息願愛其財無使殫惜其力無使弊

畿内數州京師之本土狹人庶儲蓄少科役多宜蒙優賚令得休息彊本弱枝之義也至江南河北人頗舒閑宜蒙差等均量勞逸公族勳戚之家邑入俸稍足以奉養而貸息出舉爭求什一下民化之競爲錐刀宜加懲革今外官卑品皆未得祿故飢寒之切夷惠不能全其行爲政之道期於易從不卹其匱而欲其廉正恐巡察歲出輶軒繼軌而侵漁不息也宜及户口之繁倉庾之實稍加廩賜使

得事父母養妻子然後督責其效則官人畢力矣太宗稱善

陸贄始入翰林年尚少以才幸在奉天朝夕進見小心精潔未嘗有過由是帝親倚焉雖外有宰相主大議而贄常居中參裁可否時號內相嘗為帝言今盜遍天下宜痛自咎悔以感人心昔成湯罪己以興楚昭王出奔以一言善復國陛下誠不吝改過以言謝天下使臣持筆亡所忌庶叛者革心帝從之故奉

天所下制書雖武人悍卒無不感動流涕及輔政不敢自顧重事有可否必言之所言皆剴拂帝短懇到深切或規其大過者對曰吾上不負天子下不負所學皇他卹乎

段秀實為司農卿嘗以禁兵寡弱不足以備非常言於德宗曰古者天子曰萬乘諸侯曰千乘大夫曰百乘蓋以大制小以十制一今外有不庭之虜內有梗命之臣而禁兵寡少卒有患難何以待之且猛虎為獸畏者有爪牙也若去之則犬彘馬牛皆能為敵帝不用及涇卒亂召神策六軍無一人至者世多其謀

李德裕進位司徒會昌間黠戛斯遣使來且言取安西北庭武宗欲從黠戛斯求其地德裕曰不可安西距京師七千里北庭五千里異時由河西隴右抵玉門關皆我郡縣往往有兵故能緩急調發自河隴入吐蕃則道出回鶻回鶻今破滅未知黠戛斯果有其地邪

假令安西可得即復置都護以萬人往戍何所興發何道饋輓彼天德振武於京師近力猶苦不足況七千里安西哉臣以為縱得之無用也帝乃止

李藩拜中書門下平章事憲宗嘗問前世所以家給或匱乏者何致而然藩對曰儉則足用敦本則百姓富反是則匱帝悅曰當與公等上下相勗以保此言

宋趙普為相太祖即位初數出微行或過功臣

家不可測。普每退朝。不敢脫衣冠。一日大雪向夜。普謂帝不復出矣。久之。聞叩門聲。普亟出。帝立風雪中。普惶懼迎拜。帝曰。已約晉王矣。已而王至。共於普堂中設重裀地坐。普從容問曰。夜久寒甚。陛下何以出。帝曰。吾睡不能着。一榻之外皆他人家也。故來見卿。普曰。陛下小天下耶。南征北伐。今其時也。願聞成筭所向。帝曰。吾欲下太原。普默然久之曰。非臣所知也。帝問其故。普曰。太原當西北二邊。

使一舉而下。則二邊之患我獨當之。何不姑留以俟削平諸國。則彈丸黑子之地。將無所逃。帝笑曰。吾意正如此。特試卿耳。遂定下江南之議。

呂端為宰相。時保安軍奏獲李繼遷母。太宗以繼遷擾西鄙。欲誅之。獨召樞密副使寇準與謀。準退自相幕次前過。不入。端疑謀大事。使人邀準至。問曰。上戒君勿言於端乎。準曰。否。端曰。邊鄙常事。端不必與知。若軍國大計。

端備位宰相。不可不知也。準遂告其故。端曰。何以處之。準曰。欲斬於保安軍北門外。以戒凶逆。端曰。必若此。非計之得者也。願少緩之。端入奏曰。昔項羽得太公。欲烹之。高祖曰。願分我一杯羹。夫舉大事。不顧其親。況繼遷悖逆之人乎。陛下今日殺之。明日繼遷可擒乎。若其不然。徒結怨讎。愈堅其叛心耳。帝曰。然則何如。端曰。以臣之愚。宜置於延州。使善養視之。以招來繼遷。雖不能降。終可以繫其心。

而母死生之命在我矣。帝撫髀稱善曰。微卿幾誤我事。即用端策。其母後病死延州。繼遷尋亦死。繼遷子竟納款請命。

曾公亮備起居注。擢侍制。仁宗一日召執政侍從。策訪政事。時公亮侍楚國太夫人病。謁告家居。亟以手詔就問。公亮條六事以獻。其畧謂完堡柵。蓄兵馬。使主兵者久於其任。則夷狄不敢窺邊。取之得其要。任之盡其材。則將帥不患無人。損冗兵。汰冗官。則財用省。繇役不專在農則耕者勸。又陳古者六郡良家子爲宿衛。及府兵番上十六衛之制。以明今宿衛之失。言狂者似直。愛憎似忠。以明聽言知人之難。蓋皆取當時之所先急而便於施行者以爲說。帝嘉之

范仲淹除參知政事。仁宗方銳意太平。開天章閣召二府條對。仲淹惶恐退而上十事。一曰明黜陟。二曰抑僥倖。三曰精貢舉。四曰擇長官。五曰均公田。六曰厚農桑。七曰脩武備。

八曰推恩信。九曰重命令。十曰減徭役。帝方信嚮仲淹。悉采用之

張方平慶曆元年。西方用兵已六年矣。仁宗旣厭兵而賊亦困斃。方平慨然上疏曰。陛下猶天地父母也。豈與此犬豕豺狼較勝負乎。願因今歲郊赦引咎示信。開其自新之路。申勑邊吏勿絕其善意。若猶不悛。亦足以怒我而怠彼。雖天地鬼神必將誅之。帝喜曰。是吾心也。命以疏付中書。呂夷簡讀之。拱手曰。公之言及此。是社稷之福也。是歲赦書開諭如方平意。明年二月元昊請降。方平又建言國家都陳留。當四通五達之道。非若雍洛有山川足恃。特倚重兵以立國耳。兵恃食。食恃漕運。以汴爲主。汴帶引淮江。利盡南海。天聖已前。歲調民浚之。故水行地中。其後淺妄者爭以裁減役費爲功。汴日以塞。今仰而望焉。是利尺寸而喪丘山也。乃畫上十四策。富弼讀其奏。漏盡十刻。帝稱善。弼曰。此國計大本。非

常奏也。悉如其說行之。遷尚書左丞

范鎮。仁宗時知諫院。上疏論民田困弊。請約祖宗以來官吏兵數。酌取其中爲定制。以今賦入之數十七爲經費。儲其三以備水旱非常。又言周以冢宰制國用。唐以宰相判鹽鐵度支。今中書主民。樞密主兵。三司主財。各不相知。財已匱。樞密益兵無窮。民已困。三司取財不已。請使二府通知兵民大計。與三司同制國用。又言備契丹莫若寬晉民。備靈夏莫

若寬秦民備西南莫若寬蜀民備天下莫若寬天下之民夫兵所以衛民而反殘民臣恐異日之憂不在四夷而在冗兵與窮民也

傳堯俞嘉祐末為監察御史時乏國用言利者爭獻富國計堯俞奏曰今度支歲用不足誠不可忽然欲救其弊陛下宜自儉刻身先天下無奪農時勿害商旅如是則可矣不然徒欲紛更為之無益聚斂者用則天下殆矣

歐陽脩同脩起居注知制誥奉使河東自西

方用兵議者欲廢麟州以省餽餉脩曰麟州天險不可廢廢則河內郡縣民皆不安居矣不若分其兵並駐河內諸堡緩急得以應援而平時可省轉輸於策為便由是州得不廢又言忻代岢嵐多禁地廢田願令民得耕之不然將為敵有朝廷行其議歲得粟十萬斛凡河東賦斂過重民所不堪者悉奏罷之

呂公弼神宗時進樞密使議者欲併環慶鄜延為一路公弼曰自白草西抵定遠中間相去千里若合為一路猝有緩急將何以應欲下邊臣使議之公弼曰廟堂之上不處決而委邊吏可乎乃止陳升之建議衛兵年四十以上稍不中程者減其牢廩徙之淮南公弼以為非人情帝曰是當退為剩員者今故為優假何所害公弼曰臣不敢生事邀名正恐誤國耳既使去本土又削其廩儻眾皆相聚反側為之奈何韓絳議復肉刑公弼力陳不可帝皆為之止

王巖叟哲宗時拜樞密直學士簽書院事奏曰陛下今日聖學當深辨邪正正人在朝則朝廷安邪人一進便有不安之象非謂一夫能然蓋其類應之者衆上下蔽蒙不覺養成禍爾又曰或聞有以君子小人參用之說告陛下者不知果有之否此乃深誤陛下也自古君子小人無參用之理聖人但云君子在內小人在外則泰小人在內君子在外則否小人既進君子必引類而去若君子小人競進

則危亡之始也。此際不可不察。帝深然之

葉夢得為戶部尚書。高宗駐蹕揚州，夢得陳待敵之計有三，曰形，曰勢，曰氣而已。形以地理山川為本，勢以城池芻粟器械為重，氣以將帥士卒為急。形固則可恃以守，勢強則可資以立，氣振則可作以用。如是則敵皆在吾度內矣。因請帝南廵，阻江為險，以備不虞

胡銓紹興間為國史院編修官，請都建康。大槩謂與人鬬，不搤其亢而拊其背，不能全勝

今日大勢自淮以北，天下之亢與背也，而建康則搤之拊之之地也。若據建康，下臨中原，此高光興王之計也。願都之

汪應辰為秘書省正字。時秦檜力主和議，王倫使還，金人欲以河南地歸宋。應辰上疏謂和議不諧，非所患；和議諧矣，而因循無備之可患。異議不息，非所患；異議息矣，而上下相蒙之可畏。今雖通和，疆埸之上宜各戒嚴，以備他盜。今方且肆赦中外，襃寵將帥，以為休兵息民自此而始。縱忘積年之恥，獨不思異時意外之患乎。此因循無備之所以可畏也。方朝廷力排羣議之初，大則竄逐，小則罷黜，至有一言迎合，則不次擢用。是以小人窺見間隙，輕躁者阿諛以希寵，畏懦者循默以備位，而忠臣正士乃無以自立於羣小之間。此上下相蒙之所以可畏也。臣願勿以和好之可無虞，而思患預防，常若敵人之至，可也

趙葵淳祐間累官至同知樞密院事。疏奏：今

天下之事其大者有幾，天下之才其可用者有幾，須從其大者而講明之，疏其可用者而任使之。有勇畧者治兵，有心計者治財，寬厚者任牧養，剛正者持風憲，為官擇人，不為人擇官。用之既當，任之宜久，然後可以責其成效。乞詔大臣講求規畫，凡有關於宗社安危治亂之大計者，條具以聞，審其先後緩急而籌策之，則治功可成，外患不足畏矣。理宗嘉納之

元耶律楚材金貞祐二年為行中書省左右司員外郎留守燕元太祖定燕聞其名召見之楚材身長八尺美髯宏聲帝偉之夏人常八斤以善造弓見知於帝每自矜曰國家方用武耶律儒者何用楚材曰治弓尚須用弓匠治天下者豈可不用治天下匠耶帝聞之甚喜日見親用及議籍中原民大臣忽都虎等議以丁為戶楚材曰不可丁逃則賦無所出當以戶定之爭之再三卒以戶定時將相大

臣有所驅獲往往寄留諸郡楚材因括戶口並令為民匿占者死太宗時有于元者奏行交鈔楚材曰金章宗時初行交鈔與錢通行有司以出鈔為利收鈔為諱謂之老鈔至以萬貫唯易一餅民力困竭國用匱乏當為鑒戒今造交鈔宜不過萬錠從之

劉秉忠初事世祖藩邸為書記即見親任密謀大計莫不預焉及即位拜光祿大夫太保參領中書省事嘗命擬議治天下之大經養民之良法秉忠條上祖宗舊典參以古制之宜於今者帝善之命下之日綱舉目張一時人才咸見錄用文物粲然一新

姚樞為中書左丞言於世祖曰陛下於基業為守成於治道為創始正宜睦親族以固本建儲副以重祚定大臣以當國開經筵以格心脩邊備以防虞蓄糧餉以待歉立學校以育才勸農桑以厚生帝納之

史惟良言於文宗曰今天下郡邑被害者衆

國家經費若此之繁帑藏空虛生民凋瘵此正更新百廢之時宜遵世祖成憲汰冗濫蠶食之人罷土木不急之役事有不便者咸釐正之如此則天災可弭禎祥可致不然將恐因循苟且其弊彌深治亂之由自此而分矣

帝嘉納之

五倫書卷之二十六

五倫書卷之二十七

漢叔孫通說高祖徵魯諸生共起朝儀。帝曰。得無難乎。通曰。五帝異樂。三王不同禮。禮者因時世人情爲之節文者也。臣願采古禮與秦儀雜就之。帝曰。可試爲之。度吾所能行者。通遂與所徵魯諸生及帝左右與其弟子百餘

人爲綿蕞野外習行之。月餘。言於帝曰。可試觀矣。帝使行禮。曰。吾能爲此。乃令羣臣習肄

趙憙。光武崩。受遺詔典喪禮。是時藩王皆在京師。自王莽篡亂。舊典不存。皇太子與東海王等雜止同席。憲章無叙。憙乃正色横劔殿階。扶下諸王。以明尊卑。時藩國官屬出入宫省。與百僚無別。憙乃表奏謁者將護。分止他縣。諸王並令就邸。唯朝晡入臨。整禮儀。嚴門衛。内外肅然

晉華恒。元帝時拜太常。議立郊祀。尚書刁協。國子祭酒杜夷。議須還洛乃脩郊祀。恒議。漢獻帝居許。即便郊祭。宜於此脩立。司徒荀組。驃騎將軍王導。同恒議。遂立郊祀

唐唐紹。中宗時爲太常博士。韋后請妃公主命婦以上葬給鼓吹。詔可。紹言。鼓吹本軍容。黃帝戰涿鹿。以爲警衛。故曲有靈夔吼。鵰鶚爭石墜崖。壯士怒之類。惟功臣詔葬得兼用之。男子有四方功。所以加寵。雖郊祀天地亦不

參設。容得接閨閫哉

賈曾爲諫議大夫。睿宗即位。將有事於南郊。曾議曰。祭法。有虞氏禘黃帝而郊嚳。夏后氏禘黃帝而郊鯀。郊之與廟。皆有禘也。禘於廟則祖宗合食於太祖。禘於郊。則地祇群望皆合於圜丘。以始祖配享。蓋有事之大祭。非常祀也。三輔故事。祭于圜丘。上帝后土位皆南面。則漢嘗合祭矣。時以曾言爲然

張九齡爲左拾遺。玄宗即位。未郊見。九齡建

言天者神之君王者所由受命也不以德澤未洽年穀未登而闕其禮昔者周公郊祀后稷以配天謂成王幼沖周公居攝猶用其禮明不可廢也漢丞相匡衡曰帝王之事莫重乎郊祀董仲舒亦言不郊而祭山川失祭之序逆於禮故春秋非之陛下紹休聖緒于今五載而未行大報考之于經義或未通願以迎日之至升紫壇陳采席定天位則聖典無遺矣

宋陳靖直史館淳化四年正月太宗以南郊禮成大宴含光殿靖上言古之饗宴者所以省禍福而觀威儀也伏見近年內殿錫宴群臣當坐於朶殿兩廊者拜舞方畢趍馳就席品列之序糾紛無別及至尊舉爵群臣起立先後不整俯仰失節喧譁過甚者並令糾舉從之

李至太宗時爲秘書監言五郊迎氣之日皆祭逐方嶽鎮海瀆自兵亂後有不在封域者遂闕其祭國家克復四方間雖奉詔特祭未著常祀望遵舊禮就迎氣日各祭於所隸之州長吏以次爲獻官詔施行之

孫固爲少府監時神宗議尊僖祖爲始祖固曰漢高以得天下與商周異故太上皇不得爲始封光武中興不敢祖舂陵而祖高帝宋有天下傳之萬世太祖功也不當替其祀請以爲始祖而爲僖祖別立廟禘祫之日奉其祧主東向以伸其尊合所謂祖以孫尊孫以

祖屈之意韓琦見而嘆曰孫公此議是以不朽矣

程頤爲崇政殿說書神宗之喪未除而百官以冬至表賀頤言節序變遷時思方切請改賀爲慰及除喪有司將以開樂置宴頤又奏請罷宴曰除喪而用吉禮則因事用樂可矣今特設宴是喜之也

元拜住英宗時爲中書左丞相初世祖始立太廟於大都親享之禮未暇講肄拜住奏曰古

云禮樂百年而後興郊廟祭祀此其時矣帝悅曰朕能行之至治二年春正月孟享始備法駕設黃麾大仗帝服通天冠絳紗袍出自崇天門致齋大次行酌獻禮升降周旋儀若素習中外肅然明日還宮鼓吹交作萬姓聳觀拜住率百僚稱賀於大明殿執事之臣賜金帛有差

吳澄英宗至治末詔作太廟議者習見同堂異室之制乃作十三室未及遷奉而國有大

故有司疑於昭穆之次命集議之澄議曰世祖混一天下悉考古制而行之古者天子七廟廟各為宮太祖居中左三廟為昭右三廟為穆昭穆神主各以次第遷其廟之宮頗如今之中書六部夫省部之設亦倣金宋豈以宗廟序次而不考古乎

劉閶至正間為太常博士順帝將南郊告祭太廟至寧宗室問曰朕寧宗兄也當拜否閶對曰寧宗雖弟其為帝時陛下為之臣春秋時魯閔公弟也僖公兄也閔公先為君宗廟之祭未聞僖公不拜陛下當拜帝乃拜

國朝崔亮為禮部尚書奏言禮所以辯上下防奢僭也今喪葬之禮自公侯卿大夫至於士庶各有等第然其間儀制上得以兼下下不得以僭上力雖有餘不許過度力不及者稱家有無不拘常例朝廷從其言

典銓

三國魏毛玠初為曹操東曹掾典選舉其所舉

用皆清正之士雖於時有盛名而行不由本者終莫得進務以儉率人由是天下之士莫不以廉節自勵雖貴寵之臣輿服不敢過度

陳群為吏部尚書文帝延康元年以當時選用不盡人才乃立九品官人之法州郡皆置中正以定其選擇州郡之賢有識鑒者為之區別人物第其高下又制郡口十萬以上歲察一人其有秀異不拘戶口其武官之選俾護軍主之

晉山濤武帝咸寧初為尚書僕射加侍中領吏
部居選部十餘年每一負缺輒啓擬數人隨
帝意所欲為濤所奏甄拔人物各為品題前
後選舉周徧內外並得其才時稱山公啓事
北齊辛術為吏部尚書自魏遷鄴以來典選之
職知名者數人互有得失未若術德沉密謹厚
所傷者細楊愔風流辯給取士失於浮華唯
術性尚貞明取士必以才器循名責實新舊
參舉管庫必擢門閥不遺考之前後最為折

衷
梁徐勉為吏部尚書雖文案填積坐客充滿而
應對如流手不停筆嘗與門人夜集客求官
勉正色曰今夕止可談風月不宜及公事時
人咸服其無私
隋牛弘為吏部尚書其選舉先德行而後文才
務在審慎雖致停緩時進用多稱侍郎高孝
基鑒賞機悟清慎絕倫然爽俊有餘迹似
輕薄時宰多以此疑之惟弘深識其真推心
委任隋之選舉於斯為最
唐裴行儉有人物之鑒凡遇賢俊無不甄擢高
宗時為檢校司列少常伯以選人益多總章
二年始與員外郎張仁禕設長名姓歷榜引
銓注之法又定州縣升降官資高下其後遂
為永制無能革之者大畧唐之選法取人以
身言書判計資量勞而擬官五品以上不試
六品以下始集而試觀其書判已試而銓察
其身言已銓而注詢其便利已注而唱集眾

告之然後類以為甲先簡僕射乃上門下省
給事中讀之侍郎省之侍中審之不當者駁
下既審然後上聞主者受旨奉行各給以符
謂之告身凡試判登科謂之入等甚拙者謂
之藍縷選未滿而試文三篇謂之宏辭試判
三條謂之拔萃中者即授官兵部武選亦然
課試之法以騎射及翹關（翹關長丈七尺徑三寸半凡十舉後手持關距出處無過一尺）負米其黔中嶺南閩中州縣官
不由吏部委都督選擇土人補授凡居官以

年為考六品以下四考為滿
魏玄同高宗時為吏部侍郎上言銓選之弊以為人君之體當委任而責成功所委者當則所用者自精矣故周穆王命伯冏為太僕正曰慎簡乃僚是使群司各自求其小者而天子命其大者也乃至漢氏得人皆自州縣補署五府辟名然後升於天朝自魏晉以來始專委選部夫以天下之大士人之衆而委之數人之手用刀筆以量才案簿書而察行

借使平如權衡明如水鏡猶力有所極照有所窮況所委非人而有愚暗阿私之弊乎願略依周漢之規以救魏晉之失
宋璟為吏部尚書李乂盧從愿為侍郎舊制三品以上官冊授五品以上制授六品以下敕授皆委尚書省奏擬文屬吏部武屬兵部尚書曰中銓侍郎曰東西銓中宗之末選舉混淆無復綱紀至是璟等皆不畏彊禦請謁路絕集者萬餘人留者三銓不過二千人服

其公
姜晦開元中為吏部侍郎主選曹先是吏請託為姦領選者周棘藩扈內外猶不禁晦至悉除之示無防限處事精明其私相屬謁者輒發覺皆以為神由是賄賂塞而流品有敘
崔祐甫德宗時拜中書侍郎初元載用事非賄謝不與官劉晏公路綱紀大壞載誅楊綰相未幾卒常袞當國懲其弊凡奏請一杜絕

之惟文辭入第乃得進然無所甄異賢愚同滯焉帝即位首用祐甫薦舉惟其人不自疑畏推至公以行未踰年除吏幾八百員莫不諧允帝嘗謂曰人言卿擬官多親舊何邪對曰陛下命臣進擬庶官夫進擬者必悉其才行如不與聞知何由得其實帝以為然
宋趙普事太祖為相嘗欲除其人為某官不合帝意不用明日復奏之又不用明日又奏之帝怒取其奏壞裂投地普顏色自若徐拾奏

歸補綴。明日復進之。帝悟。用之果稱
魯宗道嘗言於真宗曰。守宰去民近而無以區別能否。今除一守令。雖資材低下。而考任應格。則左司無擯斥。故天下親民者黷貨害政。十常二三。欲裕民而美化。不可得矣。漢宣帝除刺史守相。必親見而考察之。今守佐雖未暇親見。宜令大臣延之中書。詢考以言。察其應對。設之以事。觀其施為。才不肖皆得進退之。吏部之擇縣令放此。庶得良守宰宣助

聖化矣。帝納之。及仁宗時。判吏部流內銓。在選調久。患銓格煩密。及知吏所以為姦狀。多釐正之。悉揭科條廡下。人便之
呂夷簡。仁宗時當國。關中薦長安布衣雷簡夫才器可任。遽命賜對於便殿。簡夫辯給善敷奏。條列西事甚詳。帝嘉之。即降旨中書令檢真宗名种放事。夷簡為帝言曰。臣觀士大夫有口才者。未必有實效。今遽爵之以美官。異時用有不周。即難於進退。莫若且除一小官。徐觀其能。遷擢未晚。帝然之。遂除耀州幕官。簡夫後累官至員外郎三司判官。而才實無大過人者
王曾。仁宗時拜右僕射兼門下侍郎平章事。曾進退士人。莫有知者。范仲淹嘗問曾曰。明揚士類。宰相之任也。公之盛德。獨少此耳。曾曰。夫執政者恩欲歸己。怨使誰歸。仲淹服其言
杜衍。仁宗時為御史中丞兼判吏部流內銓。

選補科格繁長。主判不能悉閱。吏多受賕出縮為姦。衍既視事。即敕吏上銓法。問曰。盡乎。曰盡矣。乃閱視。具得本末曲折。明日令諸吏無得升堂。各坐曹廳行文書。銓事悉自予奪。由是吏不能為姦利。數月名動京師
王質。判吏部流內銓。號為稱職。而於選法未嘗有所更易。人問之。質曰。選法具備。如權衡。在執政者不欺其輕重耳。何必屢更其法
蘇頌。判尚書吏部。兼詳定官制。唐制吏部主

文選兵部主武選神宗謂三代兩漢本無文武之別議者不知所處頌言唐制吏部有三銓之法分品秩而掌選事今欲文武一歸吏部則宜分左右曹掌之每選更以品秩分治於是吏部始有四選法須前後掌四選五年吏不得以選而選官多感德其不得所欲者亦心服而去

陳俊卿孝宗時為尚書右僕射同平章事俊卿以用人為己任所除吏皆一時之選奬廉

退抑奔競或才可用資應淺密薦於上未嘗語人每接朝士及牧守自遠至必問以時政得失人才賢否虞允文宣撫四川俊卿薦其才堪相帝乃召允文為右相以俊卿為左相

元張思明拜中書叅知政事時浮屠妙總寵於仁宗勑中書官其弟五品思明執不可帝大怒召見切責之思明對曰選法天下公器徑路一開來者雜遝故寧違旨獲戾不忍隳祖宗成憲使四方得窺陛下淺深也帝心然其言而業已許之曰卿可姑與之後勿為例乃以為萬億庫提舉不與散官

考課

晉杜預為河南尹以黜陟之課奏之武帝曰古者黜陟擬議於心不於法末世不能紀遠而專求密微疑心而信耳目疑耳目而信簡書簡書愈繁官方愈偽魏氏考課即京房之遺意其文可謂至密然失於苛細以違本體故歷代不能通也豈若申唐堯之舊制取大舍

小去密就簡俾之易從也夫曲盡物理神而明之存乎其人去人而任法則以文傷理莫若委任達官各考所統歲第其人言其優劣如此六載主者總集採案其六歲處優舉者超擢六歲處劣舉者奏免優多劣少者敘劣多優少者左遷今考課之品所對不鈞誠有難易主者固當準量輕重微加降殺不足復曲以法盡也其有優劣徇情不叶公論者當委監司隨而彈之若令上下公相容過此為

清議大頹雖有考課之法亦無益也
唐盧承慶貞觀初爲民部侍郎兼檢校兵部侍郎知五品選嘗校百官考有坐漕舟溺者承慶以失所載考中下以示其人無愠色更曰非力所及考中中亦不喜承慶嘉之曰寵辱不驚考中上一時稱之
趙宗儒德宗時爲司勳員外郎領考功事自至德後考績失實內外悉考中上殿最混淆至宗儒黜陟詳當無所回憚右司郎中獨孤

良器殿中侍御史杜倫以過黜考左丞裴郁御史中丞盧佋降考中中凡入中上者纔五十人上聞而善之進考功郎中
宋雷德驤以戶部郎中典考校京朝官將命出入及秩滿受代歸闕事太宗嘗欲擇人爲河北轉運使患不能徧識其才德驤具群臣功過之跡引與俱對於是下之賢否莫隱

五倫書卷之二十七

五倫書卷之二十八

周樊穆仲事宣王宣王欲得國子之能導訓諸侯者穆仲曰魯侯孝王曰何以知之對曰肅恭明神而敬事耆老賦事行刑必問於遺訓而咨於故實不干所問不犯所咨王曰然則能訓治其民矣乃命魯孝公於夷宮

列國齊管仲用鮑叔牙之薦爲相因言於桓公曰墾田大邑辟土生粟盡地之利臣不若甯戚請置以爲大田登降辭讓進退閑習臣不若隰朋請置以爲大行蚤入晏出犯顏進諫以忠不避死亡不重貴富臣不若東郭牙請置以爲大諫平原廣城車不結轍士不旋踵鼓之而三軍之士視死如歸臣不若王子城父請置以爲大司馬決獄折中不殺不辜不誣無罪臣不若弦章請置以爲大理君若欲

理國彊兵則五子者足矣君若欲霸王則夷吾在此於是桓公命五子皆任其事而以管仲任國事遂九合諸侯一匡天下齊桓以霸管仲之力也及仲有病桓公問之曰仲父不幸而至於大病則寡人惡乎屬國仲曰公誰欲歟公曰鮑叔牙可仲曰不可其為人潔廉善士也其於不己若者不比之一聞人之過終身不忘使之理國上且鉤乎君下且逆乎民公曰然則孰可對曰勿已則隰朋可其為

人也上忘而下不叛愧其不若黃帝而哀不己若者以德分人謂之聖人以財分人謂之賢人以賢臨人未有得人者也以賢下人未有不得人者也其於國有不問也其於家有不見也勿已則隰朋可然則管仲非薄鮑叔也不得不薄非厚隰朋也不得不厚

晉咎犯事文公公問曰誰可使為西河守者咎犯對曰虞子羔可也公曰非汝之讎耶對曰問可為守者非問臣之讎也子羔見咎犯而謝之曰幸赦臣之過薦之於君得為西河守咎犯曰薦子者公也怨子者私也吾不以私事害公義子其去矣

祁奚為大夫請老晉君問曰孰可使嗣祁奚對曰解狐可君曰非子之讎耶對曰君問可非問讎也晉君遂舉解狐後又問孰可以為國尉祁奚對曰午也可君曰非子之子耶對曰君問可非問子也君子謂祁奚外舉不避仇讎內舉不回親戚可謂至公矣

趙武為晉大夫喜薦賢叔向稱之曰趙武之為人也立若不勝衣言若不出口然其身舉士於白屋下者四十六人皆得其意而公家甚賴之及武之死也四十六人皆就賓位是其無私也

解狐與荆伯柳為怨簡子問於狐曰孰可以為上黨守對曰荆伯柳可簡子曰非子之讎乎對曰臣聞忠臣舉賢不避仇讎其廢也不阿親近簡子曰善遂以荆伯柳為守

楚令尹虞丘子復於莊王曰臣爲令尹十年矣國不加治獄訟不息處士不升淫禍不討久践高位妨群賢路尸位素飡貪欲無厭臣之罪當稽於理臣竊選國俊下里之士曰孫叔敖秀羸多能其性無欲君舉而授之政則國可使治而士民可使附莊王曰子輔寡人得以長於中國令行於絕域遂霸諸侯非子如何虞丘子曰久固祿位者貪也不進賢能者誣也不讓以位者不廉也不能三者不忠

也爲人臣不忠君王又何以爲忠臣願固辭莊王從之賜虞丘子采地三百號曰國老以叔敖爲令尹少焉虞丘子家干法叔敖執而戮之虞丘子喜入見於王曰臣言叔敖果可使持國政奉國法而不黨施刑戮而不骫郁銳切可謂公平莊王曰夫子之賜也

魏李克事文侯文侯且置相召克問曰寡人將置相魏成與翟璜孰可克曰居視其所親富視其所與達視其所舉窮視其所不爲貧視其所不取五者足以定之矣文侯曰先生就舍寡人之相定矣克出過璜璜問曰吾聞君召卜相果孰爲之克曰魏成璜作色不悅曰璜何遽不爲相乎西河之守璜所任也計事內史璜所任也王欲攻中山吾進樂羊無使治之臣吾進先生無使傅其子吾進屈侯附君內以鄴爲憂吾進西門豹璜何負於魏成克曰不如魏成魏成食采千鍾什九居外是以東得卜子夏田子方段干木彼其所舉

人主之師也子之所舉人臣之才也璜逡然而慙曰璜失對於先生請自脩然後學

子思居衛言苟變於衛君曰變之才可將五百乘君任軍旅得此人則可無憂於敵矣衛君曰吾知其才可將然變也嘗爲吏賦於民而食人二雞子以故弗用也子思曰夫聖人用人猶匠之用木取其所長棄其所短故杞梓連抱而有數尺之朽良工不棄以其所妨者細也今君處戰國之世選爪牙之士而以

二卯棄干城之將此不可使聞於隣國於是衛君再拜曰謹受教矣

秦百里奚為大夫嘗告繆公曰臣不及臣友蹇叔蹇叔賢世莫知臣嘗游困於齊而乞食銍人蹇叔收臣臣因欲事齊君無知蹇叔止之臣得脫齊難遂之周周王子頹好牛臣以養牛干之及欲用臣蹇叔止之臣去得不誅臣事虞君蹇叔止臣臣知虞君不用誠貪利祿爵且留用其言得脫不用及於難是以知

五倫書卷二十八　六

其賢於是繆公使人厚幣迎蹇叔以為上大夫

漢蕭何從漢王之南鄭韓信初歸漢王未之奇信怨不能用遂亡何聞信亡不及以聞自追之二日乃還王謂何曰若亡何也何曰臣非敢亡追韓信耳王曰諸將亡者以十數公無所追追信詐也何曰諸將易得至如信國士無雙王必欲長王漢中無所事信必欲爭天下非信無可與計者王從之拜信為大將軍

魏無知事漢王陳平自楚亡歸漢因無知求見王乃拜平為都尉或讒平曰平雖美如冠玉其中未必有也況平嘗事魏不容亡歸楚不中又亡歸漢平反覆亂臣也願王察之王疑之召讓魏無知無知曰臣所言者能也大王所問者行也楚漢相距臣進奇謀之士誠足以利國家事耳王乃拜平為護軍中尉諸將乃不敢復言

田叔為漢中守文帝初立召叔問曰公知天

五倫書卷二十八　七

下長者乎對曰臣何足以知之帝曰公長者宜知之叔頓首曰故雲中守孟舒長者也是時孟舒坐虜大入雲中免帝曰先帝置孟舒雲中十餘年矣虜嘗一入孟舒不能堅守士卒戰死者數百人長者固殺人乎叔叩頭曰夫貫高等謀反天子下明詔有敢隨張王者罪三族然孟舒自髠鉗隨張王以身死之豈自知為雲中守哉漢與楚相距士卒罷敝而匈奴冒頓新服北夷來為邊寇孟舒知士卒

罷救不忍出言士爭臨城死敵如子為父以故死者數百人孟舒豈毆之哉是乃孟舒所以為長者於是帝賢孟舒復名為雲中守

吳公為河南守聞洛陽人賈誼年十八能誦詩書屬文召至門下甚愛之文帝初立聞吳公治平為天下第一徵以為廷尉吳公乃言誼年少頗通諸家之書文帝召以為博士一歲中超遷為太中大夫

暴勝之武帝時為繡衣御史持斧逐捕盜賊

以軍興從事誅二千石以下勝之過被陽欲斬令王訢訢已解衣伏質仰言曰使君專殺生之柄威震郡國今復斬一訢不足以增威不如時有所寬以明恩貸令盡死力勝之壯其言貰不誅因與訢相結厚勝之使還薦訢徵為右輔都尉守右扶風勝之東至渤海聞郡人雋不疑賢遣吏請與相見不疑因言曰凡為吏太剛則折太柔則廢威行施之以恩然後封功揚名永終天祿勝之知不疑非庸人敬納其戒深接以禮遂表薦不疑徵詣公車拜為青州刺史

王鳳成帝時為大將軍以執金吾辛慶忌坐事左遷酒泉太守鳳薦之曰慶忌前在張掖酒泉兩郡著功迹徵入應位朝廷莫不信向質行正直仁勇得衆心通於兵事明略威重任國柱石臣鳳不宜久處慶忌之右帝乃復徵慶忌為光祿大夫執金吾

谷永成帝時為尚書薦薛宣曰竊見少府宣

材茂行潔達於從政有退食自公之節寡私黨遊說之助臣恐陛下忽於羔羊之詩捨功實之臣任華虛之譽是用越職陳宣行能唯願留神考察帝然之遂以宣為御史大夫

陳寵和帝時為廣漢太守舉王渙為功曹當職割斷不避豪右寵風聲大行入為大司農帝問曰在郡何以為理寵頓首謝曰臣任功曹王渙以簡賢選能主簿鐔顯拾遺補闕臣奉宣詔書而已帝大悅渙顯由此顯名

虞詡順帝時爲尚書僕射。以左雄有忠公節。上疏薦之於帝曰。伏見議郎左雄數上封事。至引陛下身遭危難以爲警戒。實有王臣蹇蹇之節。宜擢喉舌之官。必有匡弼之益。由是拜雄尚書

左雄爲尚書令。薦冀州刺史周舉爲尚書。既而雄爲司隸校尉。舉故冀州刺史馮直任將帥。直嘗坐臟受罪。舉以此劾奏雄。雄曰。詔書使我選武猛。不使我選清高。舉曰。詔書使君

選武猛。不使君選貪汙。雄曰。進君適所以自伐也。舉曰。昔趙宣子任韓厥爲司馬。厥以軍法戮宣子僕。宣子謂諸大夫曰。可賀我矣。吾選厥也。任其事。今君不以舉之不才。誤升諸朝。不敢阿君以爲君羞。不寤君之意與宣子殊也。雄悅謝曰。吾嘗事馮直之父。又與直善。今公以此奏吾。是吾之過也。天下益以此賢之

陳蕃。胡廣事桓帝。上疏薦徐穉等曰。臣聞善人天地之紀。治之所由也。伏見處士豫章徐穉。彭城姜肱。汝南袁閎。京兆韋著。潁川李曇。德行純備。著於民聽。若使擢登三事。協亮天工。必能翼宣威美。增光日月。帝乃以安車玄纁徵之

鍾皓桓帝時爲郡功曹。太丘長陳寔爲西門亭長。皓深敬異。寔少皓十七歲。常禮待與同分義。會辟公府。臨辭。太守問誰可代君。皓曰。明府欲必得其人。西門亭長可用。寔聞之曰。

鍾君似不察人。不知何獨識我

田歆爲河南尹。歆甥王諶名知人。歆謂之曰。今當舉孝廉。欲得一名士以報國家。時洛陽种暠爲縣門下史。明日諶白歆曰。爲尹得孝廉矣。近洛陽門下史也。歆笑曰。當得山澤隱滯。近洛陽吏邪。諶曰。山澤不必有異士。異士不必在山澤。歆名暠於庭。辯詰職事。暠辭對有序。歆甚知之。遂舉孝廉

三國蜀。諸葛亮留軍漢中。參軍蔣琬爲長史。亮

數外出。琬常足食足兵以相供給。亮每言琬托志忠雅。當與吾共贊王業者也。密表後主曰。臣若不幸。後事宜以付琬。亮卒。後主以琬為尚書令。○初龐統以從事守耒陽令不治。免官。吳魯肅遺先主書曰。龐士元非百里之才。使處治中別駕之任。始當展其驥足耳。亮亦言之於先主。召見與語。大器之。乃以為治中從事。親待亞於亮

魏。桓範文帝時為羽林左監。薦尚書徐宣曰。

宣體忠厚之行。秉直亮之性。清雅特立。不隨世俗。確然難動。社稷之節。今僕射缺。宣行掌後事。腹心任重。莫如宣者。帝遂以宣為右僕射

盧毓明帝時為吏部尚書。帝問誰可為司徒者。對曰。敦篤至行則太中大夫韓暨。亮直清方則司隸校尉崔林。貞固純粹則太常常林。帝乃以暨為司徒

吳呂蒙稱疾。詣建業。孫權問誰可代卿者。蒙對曰。陸遜意思深長。才堪負重。觀其規慮。終可大任。而未有遠名。若用之。當令外自韜隱。內察形便。然後可克。權乃召遜拜偏將軍右部都督。代蒙

晉山濤武帝時掌選。嵇紹早孤。事母孝謹。以父得罪。靖居私門。濤啓帝曰。康誥有言。父子罪不相及。嵇紹賢侔郤缺。宜加旌命。請為秘書郎。帝謂濤曰。如卿所言。乃堪為丞。何但郎也。遂徵為秘書丞

劉弘為鎮南將軍都督荊州諸軍事。時弘欲以牙門將皮初為襄陽太守。朝廷以初雖有功。襄陽名郡。名器宜慎。不可授初。乃以前東平太守夏侯陟為襄陽太守。陟弘之壻也。弘下教曰。夫統天下者宜與天下同心。化一國者宜與一國為任。若必姻親然後可用。則荊州十郡。安得十女壻然後為政哉。乃表陟姻親。舊制不得相監。皮初之勳。宜見酬報。詔以為襄陽太守

謝安武帝太元二年詔求文武良將可以鎮
禦北方者安以兄子玄應詔郗超聞之歎曰
安之明乃能違衆舉親玄之才足以不負所
舉
南陳徐陵宣帝太建中為尚書左僕射抗表固
辭而推周弘正王勵張種帝召入內殿曰卿
何為固辭而舉人乎陵曰弘正舊藩長史王
勵相府長史張種帝鄉賢戚若選賢舊臣宜
居後固辭累日乃奉詔及朝議北侵帝命舉

元帥衆議在淳于量陵獨曰不然吳明徹家
在淮左悉彼風俗將畧人才當今無過之者
於是爭論數日不能決都官尚書裴忌曰臣
同徐僕射陵應聲曰非但明徹良將忌即良
副也是日詔明徹為大都督令忌監軍事遂
剋淮南數十州帝因置酒舉杯屬陵曰賞卿
知人
隋楊素文帝開皇中華陰多盜賊妙選長史素
薦榮毗為華州長史世號為能素之田宅多

在華陰左右放縱毗以法繩之無所寬貸毗
因朝集素謂之曰素之舉卿適以自罰也毗
荅曰奉法一心者但恐累公所舉素笑曰前
言戲之耳卿之奉法素之望也
李綱為太子洗馬顏師古少博覽精學善屬
文綱薦之授安養尉尚書左僕射楊素見其
年弱謂曰安養劇縣子何以治之師古曰割
雞焉用牛刀素驚其言大後果以幹治聞
唐房玄齡太宗為秦王時即授府記室時府屬

多外遷王患之玄齡曰去者雖多不足吝杜
如晦王佐才也大王若終守藩無所事必欲
經營四方捨如晦無共功者王驚曰非公言
我幾失之因表留幕府從征伐常參帷幄機
秘方多事裁處無留僚屬才之
婁師德嘗薦狄仁傑於武后及仁傑與師德
同輔政數擠令外使后覺問仁傑曰師德賢
乎對曰為將謹守賢則不知也又問知人乎
對曰臣嘗同僚未聞其知人也后曰朕用卿

師德薦也。誠知人矣。出其奏。仁傑慙。已而歎
曰。婁公盛德。我為所容乃不知。吾不逮遠矣。
狄仁傑事武后。后嘗問仁傑欲得一佳士用
之。誰可者。仁傑曰。未審陛下欲何所用之。武
后曰。欲為將相。仁傑對曰。文學縕藉。則蘇味
道李嶠。固其選矣。必欲取卓犖奇才。則有荊
州長史張柬之。其人雖老。宰相才也。武后擢
柬之為洛州司馬。數日又問仁傑。對曰。前薦
柬之尚未用也。武后曰。已遷矣。對曰。臣所薦

者可為宰相。非司馬也。乃遷秋官侍郎。卒用
為相。仁傑又嘗薦夏官侍郎姚元崇。監察御
史曲阿桓彥範。太州刺史敬暉等數十人。率
為名臣。或謂仁傑曰。天下桃李。悉在公門矣。
仁傑曰。薦賢為國。非為私也
張循憲以御史出使。還次蒲州驛。使務有不
決者。意頗病之。問驛吏曰。此有客乎。驛吏以
張嘉貞對。時嘉貞自平鄉尉免歸。人莫知者。
循憲召與相見。咨以使事。積時凝滯者。嘉貞

隨機應之。莫不豁然。乃命草奏。文出意外。他
日武后以問。循憲具以實對。因請以己官讓
與之。武后曰。卿能讓賢。朕豈無一官自進賢
耶。乃名見內殿。奏對偘偘。后異之。遂拜監察
御史。
蘇良嗣。高宗時為雍州長史。韋安石舉明經
調乾封尉。良嗣器之。永昌元年遷雍州司兵
叅軍。良嗣當國。謂安石曰。大才當大用。徒勞
州縣可乎。薦于武后。擢膳部員外郎。遷并州

司馬。有善政
劉憲為太僕少卿兼脩文館學士。遷太子詹
事。時玄宗在東宮。雅意文史。憲啓曰。殿下位
副君。有絕人之才。非以尋章摘句。要通大意
而已。侍讀褚無量經明行脩。耆年宿望。宜數
名問以察其言。太子順納
張說喜推轂後進。善用人之長。多引天下知
名士以佐佑王化。粉澤典章。成一王法。始知
集賢院。嘗薦張九齡可備顧問。說卒。上思其

言。名為秘書少監。集賢院學士

張嘉貞。玄宗時為相。性簡疏。與人不疑。內曠如也。有嗜進者汲引之。能以恩終始。所薦中書舍人苗延嗣。呂太一。考功員外郎員嘉靜。殿中侍御史崔訓。皆位清要。日與議政事。故當時語曰。令君四俊。苗呂崔員。員音運

裴垍。憲宗時拜中書侍郎。加集賢殿大學士。監脩國史。垍為學士時。引李絳崔群與同列。及相。又擢韋貫之裴度知制誥。李夷簡御史中丞。皆踵躡為輔相。號名臣。自它選任。罔不精明。人無異言。故元和之治。百度脩舉。朝無倖人

韋處厚為學士。敬宗嘗羞惋。數宰輔非其人。使究贓熾肆。處厚上疏曰。臣聞汲黯在朝。淮南寢謀。干木處魏。諸侯息兵。裴度元勳宿德。文武兼備。若位巖廊。委參決。必使戎虜畏威。幽鎮自臣。管仲曰。人離而聽之則愚。合而聽之則聖。治亂之本。非有他術。陛下當饋而歎。恨無蕭曹。今一裴度擯棄于外。所以馮唐知漢文帝有頗牧不能用也。帝感悟。謂處厚曰。度累為宰相。而官無平章事。謂何。處厚具道其由。帝於是復度兼平章事

宋范質為宰相。奏太祖曰。臣聞為宰相者當舉賢能以輔佐天子。端明殿學士呂餘慶。樞密副使趙普。精通治道。經事霸府。歷歲滋久。觀其公忠誠堪毗倚。乞授以台司。俾申才用。帝嘉納。遂大用之

賈黃中。太宗時拜給事中。參知政事。素重呂端為人。屬端出鎮襄陽。黃中力薦於帝。因留為樞密直學士。遂參知政事。當世文行之士。多黃中所薦引。而未嘗言。人皆賢之

呂蒙正。真宗時為相。帝嘗欲遣人使朔方。諭中書選才而可責以事者。蒙正退以名上。帝不許。他日三問。三以其人對。帝曰。卿何執邪。蒙正曰。臣非執。蓋陛下未諒爾。因稱其人可使。餘人不及。帝退謂左右曰。蒙正氣量我不

如既而用之果稱職常以一夾袋自隨中有册子每四方人替罷謁見必問其有何人才客去隨即疏之悉分門類或有一人而數人稱之者必賢也朝廷求賢取之囊中耳後致政居洛帝祀汾陰回幸其宅問曰卿諸子孰可用蒙正對曰臣諸子皆豚犬不足用臣姪夷簡任潁川推官宰相才也帝記其語夷簡遂至大用

王旦爲相公於用人不以名譽必求其實其所薦引人未嘗知故叅知政事李穆子行簡有賢行以將作監丞居于家真宗召見慰勞之遷太子中允初遣使者召之不知其所止帝命至中書問旦然後人知行簡旦所薦也旦自知制誥至爲相薦士尤多及病求罷入見滋福殿帝曰朕方以大事託卿而卿病如此因命皇太子拜之旦言皇太子盛德必任陛下事因薦可爲大臣者十餘人旦久疾不愈帝命肩輿入禁中使其子雍與直省吏扶之見於延和殿帝曰卿萬一有不諱使朕以天下事付之誰乎旦謝曰知臣莫若君時張詠馬亮皆爲尚書帝曰張詠如何不對又曰馬亮如何不對帝曰試以卿意言之旦強起舉笏曰以臣之愚莫如寇準帝憮然有間曰準性剛褊卿更思其次旦曰他人臣不知旦薨歲餘帝卒用準爲相

畢士安眞宗時遷吏部侍郎叅知政事入謝帝曰未也行且相卿士安頓首帝曰朕倚卿以輔相豈特今日然時方多事求與卿同進者其誰可對曰宰相者必有其器乃可居其位臣材駑朽實不足以勝任寇準兼資忠義善斷大事此宰相才也帝曰聞其好剛使氣對曰準方正慷慨有大節忘身徇國秉道疾邪此其素所蓄積朝臣罕出其右者第不爲流俗所喜今天下之民雖蒙休德涵養安佚而西北跳梁爲邊患若準者正所宜用也帝曰然

張詠守金陵范延貴為殿直押兵過金陵詠因問曰天使沿路來曾見好官員否延貴曰昨過袁州萍鄉縣邑宰張希顔者雖不識之知其好官員也詠曰何以言之延貴曰自入縣境驛傳橋道皆完葺田萊墾闢野無惰農及至縣則壓肆無賭博市易不敢諠爭夜宿邸中聞更鼓分明以是知其必善政也詠大笑曰希顔善矣天使亦好官員也即日同薦於朝希顔後為發運使延貴亦為閤門祗候皆號能吏

王曾當國屢薦呂夷簡是時明肅太后聽政曾奏曰臣屢言夷簡才望可當政柄而兩宮終未用以臣度太后之意不欲其班在樞密使張旻之上耳且旻一赤腳健兒豈容妨賢如此太后曰固無此意行且用夷簡矣曾曰兩宮既已許臣臣請即命宣名學士草麻太后從之

晏殊平居好賢當世知名之士如范仲淹孔道輔皆出其門及為相益務進賢才而仲淹與韓琦富弼皆進用至於臺閣一時之賢多殊所薦也

韓琦在相位所取引多正直有名或忠厚可鎮風俗列侍從備臺諫以公議用之多有未嘗識者及罷相帝問孰可以為執政者琦力薦韓絳忠直有公輔之器帝遂用為樞密副使既而有排毀絳者帝曰韓琦之去惟薦此人朕豈可違又屢薦歐陽脩而帝不用他日

復薦之曰韓愈唐之名士天下望以為相而竟不用使愈為之未必有補於唐而談者至今以為謗歐陽脩今之韓愈也而陛下不用臣恐後之談者謗必及國不特臣輩而已陛下何惜不一試之以曉天下後世也帝從之

孫抃為御史中丞薦唐介呉中復為御史人或問曰聞君未嘗與二人相識而遽薦之何也抃荅曰昔人恥呈身御史今豈求識面臺官後二人皆以風力稱於天下抃晚年執政

嘗歎曰。吾何功以輔政。惟薦二臺官無愧耳
范仲淹知開封府。獻百官圖。指宰相差除不
公。而陰薦韓億可用。仲淹既貶。仁宗以諭億
億曰。若仲淹舉臣以公。則臣之拙直。陛下所
知。舉臣以私。則臣委質以來。未嘗交託於人
遂除參知政事

呂公著累乞致仕。仁宗倚眷之重。久之不允
他日復叩於便殿。帝度其志不可奪。因詢之
曰。卿果退。當何人可代。公著曰。知臣莫若君

陛下當自擇。帝再三問之。公著遂引陳堯佐
曰。陛下欲用英俊經綸之才。臣所不知。必欲
圖任老成。鎮百度。周知天下良苦。無如陳其
者。帝深然之。遂大拜

富弼。神宗時為左僕射門下侍郎同平章事
時王安石用事。雅不與弼合。弼度不能爭。多
稱疾求退。章數十上。帝將許之。問曰。卿即去
誰可代卿者。弼薦文彥博。帝默然。良久曰。王
安石何如。弼亦默然

蘇軾。元祐初。三上章薦陳師錫。謂其學術淵
源。行己潔素。議論剛正。器識靖深。德行追踪
於古人。文章冠絕於當世。乃擢為秘書省校
書郎

司馬光。哲宗時拜相。嘗薦劉安世充館職。因
謂安世曰。知所以相薦否。曰。獲從公游舊矣
光曰。非也。光居閒。足下時節問訊不絕。光位
政府。足下獨無書。此光之所以相薦也

范祖禹言於哲宗曰。呂希哲經術操行。宜備

勸講。其父常稱為不欺暗室。臣以婦兄之故
不敢稱薦。今方將引去。竊謂無嫌。詔以為崇
政殿說書

程頤為崇政殿說書。謂司馬光曰。經筵若得
范淳夫來尤好。光曰。他已修史。朝廷自擢用
矣。頤曰。不謂如此。但經筵須要他。光問何故
答曰。頤自度乏溫潤之氣。淳夫色溫而氣和
尤可以開陳是非。導人主之意。其後除淳夫
侍講

張浚高宗朝與趙鼎共政。多所推引。從臣朝列皆一時望人。所薦虞允文汪應辰王十朋劉珙等為名臣。拔吳玠吳璘於行間。謂韓世忠忠勇可倚以大事。一見劉錡奇之付以事任。卒皆為名將有成功。一時稱浚為知人

趙鼎自江西制置使入為參知政事。高宗諮以當世人才。鼎曰。臣所知者荆門朱震學術深博。廉正守道。士之冠冕。使位講讀必有益於陛下。帝乃名之擢為祠部員外郎

史浩孝宗朝拜相。喜薦人材。嘗擬陳之茂進職與郡。帝知之茂嘗毀浩。帝曰。卿豈以德報怨耶。浩曰。臣不知有怨。若以為怨而以德報之。是有心也。莫濟狀王十朋行事詆浩尤甚。浩薦濟掌內制。帝曰。濟非議卿者乎。浩曰。臣不敢以私害公。遂除中書舍人兼直學士院。待之如初

元竇默世祖時初拜命名。奏對皆稱旨。不令暫去左右。世祖問今之明治道者。默薦姚樞。即名用之

崔斌性警敏多智慮世祖嘗命安童舉漢人識治體者一人安童舉斌入見較陳時政得失曲中宸慮帝幸上都嘗名斌斌下馬步從。帝命之騎。因問為治大體今當何先斌以任相對帝曰汝其為我舉可為相者斌以安童史天澤對帝默然良久斌曰陛下豈以臣猥鄙所舉未允公議有所惑歟今近臣咸在乞采輿言。陛下裁之帝允其請斌立馬颺言曰。

有旨問安童為相可否。衆驩然呼萬歲。帝悅遂以二人並為相

王慶之至元中為淮東按察副使按行至海寧州。時臧夢解知州事。剛直廉慎而學問淵輿在官門無私謁。政平訟簡。為諸州縣最。乃舉夢解才德兼備。宜擢清要以展所蘊。而御史臺亦以夢解廉能抗章薦之後累官至廉訪使為元名臣

哈散相仁宗辭職帝不允其請益堅帝詰之

曰。朕任卿未專邪。曰非曰近臣有撓政者邪
曰無有也。然則何爲而辭。對曰臣自揆才薄
恐悞陛下國事若必欲任臣願薦一人爲助
帝問爲誰。朕能從汝請哈散再拜謝曰臣願
得張思明思明居官勤政帝即日召思明拜
中書叅知政事。未幾陞左丞
月赤察兒順帝至元初爲宣徽使時朝廷以
湖廣行省西連諸番。南接交阯延袤數千里
其閒土沃人稠思得賢方伯往撫安之。月赤

察兒舉哈剌哈孫以爲行省平章事。凡八年
威德交孚洽于海外。及入爲丞相。天下稱賢
世以月赤察兒爲知人

五倫書卷之二十八

五倫書卷之二十九

漢張釋之文帝時廷尉帝行出中渭橋有一人
從橋下走乘輿馬驚。於是使騎捕之屬廷尉
釋之奏此人犯蹕當罰金帝怒曰此人親驚
吾馬。廷尉乃當之罰金。釋之曰。法者。天子所
與天下公共也。今法如是更重之是法不信

於民也。且方是時上使使誅之則已。今已下
廷尉。廷尉。天下之平也。一傾。天下用法皆爲
之輕重民安所措其手足。唯陛下察之帝良
久曰。廷尉當是也。其後有盜高廟坐前玉環
得。下廷尉治。案盜宗廟服御物當棄市帝大
怒曰。人亡道乃盜先帝器吾屬廷尉者欲致
之族。而君以法奏之非所以共承宗廟意也
釋之免冠頓首謝曰。法如是足矣。假令愚民
取長陵一抔土。陛下何以加其法乎帝許之

何並哀帝時為潁川太守時潁川鍾元為尚書令領廷尉用事有權弟威為郡掾贓千金並初赴任過辭元元免冠為弟請一等之罪並曰罪在弟身與君律不在於太守時陽翟輕俠趙季李款以氣力漁食閭里從横郡中聞並且至皆亡去並下車勅曰三人非負太守乃負王法不得不治鍾威所犯多在赦前驅使入函谷關勿令汙民間趙李雖遠去當得其頭以謝百姓於是皆如其令郡中清靜

祭遵從光武征河北為軍市令舍中兒犯法遵格殺之光武令收遵主簿陳副諫曰明公常欲衆軍整齊今遵奉法不避是教令所行也光武貰之以為刺姦將軍謂諸將曰當避祭遵吾舍中兒犯法尚殺之必不私諸卿也

趙憙光武以為平林侯相後拜懷令大姓李子春先為琅邪相豪猾并兼為人所患憙下車聞其二孫殺人事未發覺即窮詰其姦收考子春二孫自殺京師為請者數十終不聽時趙王良疾病將終車駕親臨問所欲言王曰素與李子春厚今犯罪懷令趙憙欲殺之願乞其命帝曰吏犯法律不可枉也遷憙平原太守

虞延遷洛陽令時陰氏有客馬成者常為姦盜延收考之陰氏屢請獲一書輒加篣二百信陽侯陰就乃訴光武譖延多所寃枉帝乃親錄囚徒延陳其獄狀可論者在東無理者居西成乃回欲趨東延前執之謂曰爾人之

臣蠹久依城社不畏熏燒今考實未竟宜當盡法成大呼稱枉陛戟郎以戟刺延叱使置之帝知延不私謂成曰汝犯王法身自取之呵使速去後數日伏誅於是外戚歛手莫敢干法

樊儵明帝永平初拜長水校尉封燕侯時廣陵王荆有罪帝以至親悼傷之詔儵與任隗雜理其獄奏請誅荆帝怒曰諸卿以我弟故欲誅之即我子卿等敢爾耶儵對曰天下高

帝天下非陛下之天下也春秋之義君親無將將而誅焉臣等以荆屬託毋弟陛下留聖心加惻隱故敢請耳如令陛下子臣等專誅而已帝歎息憮益以此知名

蘇章順帝時爲冀州刺史章有故人爲清河太守章行部欲按其姦贓乃爲設酒甚懽太守喜曰人皆有一天我獨有二天章曰今夕蘇孺文與故人飲者私恩也明日冀州刺史按事者公法也遂舉正其罪州境肅然

桓典靈帝光和中拜侍御史執正無所回避嘗乘驄馬京師畏憚爲之語曰行行且止避驄馬御史

三國魏高柔文帝時爲廷尉時獵法甚峻宜陽典農劉龜竊於禁内射兎功曹張京詣校事言之帝匿京名收龜付獄柔表請告者名帝怒曰劉龜當死乃敢獵吾禁地廷尉便當考掠何復請告者名耶柔曰廷尉天下之平也以至尊喜怒而毁法乎帝意悟乃下京名即還訊各當其罪

後魏源懷世宗時爲使持節加侍中行臺巡行北邊六鎮懷朔鎮將元尼須與懷少舊貪穢狼籍置酒請懷謂曰命之長短由卿之口豈可不相寬貸懷曰今日之集乃是與故人飲酒之坐非鞫獄所也明日公庭始爲使人檢鎮將罪狀之處尼須揮淚無以對懷遂表劾之

崔光韶莊帝時遷廷尉卿時秘書監祖瑩以

贓罪被劾光韶欲致之重法太尉城陽王徽尚書令臨淮王彧吏部尚書李神儁侍中李彧並勢望當時皆爲瑩求寬光韶正色曰朝賢執事於舜之功未聞有一如何反爲罪人言乎其奉法不回如此

隋趙綽高祖時與辛亶同爲刑部侍郎亶嘗衣緋褌俗云利於官帝以爲厭蠱將斬之綽曰據法不當死臣不敢奉詔帝怒甚謂綽曰卿惜辛亶而不自惜命左僕射高熲將綽斬之

綽曰陛下寧可殺臣不得殺辛亶至朝堂辭衣帝使人謂綽曰竟如何對曰執法一心不敢惜死帝釋而勞勉之時禁行惡錢有二人在市以惡錢易好者武候執以聞帝令悉斬之綽進諫曰此人坐當杖殺之非法帝曰不關卿事綽曰陛下不以臣愚暗置在法司欲妄殺人豈得不關臣事帝曰撼大木不動者當退對曰臣望感天心何論動木帝復曰啜羹者熱則置之天子之威欲相挫耶綽拜而

益前訶之不肯退帝遂入治書侍御史柳彧復上奏切諫乃止

源師少有識悟尤以吏事自許煬帝時拜大理少卿帝在顯仁宮勑宮外衛士不得輒離所守有一主帥私令衛士出外帝付大理師據法奏徒帝令斬之師奏曰若陛下初便殺之自可不關文墨既付有司義歸恒典脫宿衛近侍者更有此犯將何以加之帝乃止

唐李素立高祖時擢監察御史民犯法不及死帝欲殺之素立諫曰三尺法天下所共有一動搖則人無所措手足方大業經始奈何輦轂下先棄刑書乎帝嘉納之

戴胄太宗時為大理少卿帝以選人多詐冒資蔭勑令自首不首者死未幾有詐冒事覺者帝欲殺之胄奏據法應流帝怒曰卿欲守法而使朕失信乎對曰勑者出於一時之喜怒法者國家所以布大信於天下也陛下忿選人之多詐故欲殺之今既知其不可復斷

之以法此乃忍小忿而存大信也帝曰卿能執法朕復何憂長孫無忌嘗以被召不解佩刀入東上閤尚書右僕射封德彝論監門校尉不覺察罪當死無忌贖胄曰校尉與無忌罪均臣子於君父不得稱誤法著凡御湯藥飲食舟船誤不如法皆死陛下錄無忌功原之可也若罰無忌殺校尉不可謂刑太宗曰法為天下公朕安得阿親戚詔復議德彝固執太宗將可胄駁之曰校尉緣無忌以致罪

罪當從輕。若皆過誤。不當獨死。由是無忌與校尉皆免

李乾祐太宗時為殿中侍御史。鄃令裴仁軌私役門卒。帝欲斬之。乾祐曰法令與天下共之非陛下獨有也。仁軌以輕罪致極刑。非畫一之制。刑罰不中。則民無所措手足。帝意解。繇是免死

劉蔵器高宗時為侍御史。衛尉卿遲寳琳脅人女為妾。蔵器劾還之。寳琳私請。帝止其

還。凡再劾再止。蔵器曰法為天下縣衡。陛下用舍繇情。法何所施。今寳琳私請。陛下從之。臣公劾。陛下亦從之。今日從。明日改。下何所遵。彼匹夫匹婦猶憚失信。况天子乎。帝乃詔可

狄仁傑高宗時為大理丞。左威衛大將軍權善才右監門中郎將范懷義坐誤斧昭陵栢罪當免。帝詔誅之。仁傑奏不應死。帝怒曰。是使我為不孝子。必殺之。仁傑曰漢有盜高廟

玉環。文帝欲當之族。張釋之廷諍曰假令取長陵一抔土。何以加其法。於是罪止棄市。陛下之法在象魏固有差等。犯不至死而致之死。何哉。今誤伐一栢殺二臣。後世謂陛下為何如主。帝意解。遂免死

權懷恩高宗時以蔭累遷尚乘奉御。駁人安畢羅為帝所寵。見帝戲慢不恭。懷恩奏事。遂見之。退杖四十。帝嗟賞曰良吏也。擢萬年令。賞罰明。見惡輙取。時語曰寧飲三斗塵。莫逢

權懷恩

馬懷素武后時遷左臺監察御史。魏元忠為張易之搆譖嶺表。太僕崔貞慎等祖道。易之使人告貞慎等與元忠謀反。詔懷素按之。使者促迫。懷素不從曰貞慎餞流人。嘗得罪。以為反謀則非。昔彭越以逆誅。欒布奏事尸下。漢不坐罪。今元忠罪非越比。且陛下操生殺柄。欲加之罪。自當處決。既付臣按狀。惟知守陛下法耳。貞慎等乃得免

裴懷古武后時遷監察御史時恒州浮屠為其徒誣告訖詛不道后怒命按誅之懷古得其枉爲后申析不聽因曰陛下法與天下畫一豈使臣殺無辜以希盛旨哉即其人有不臣狀臣何情寛之后意解得不誅

蘇瓌中宗時遷户部尚書拜侍中留守京師鄭普思以妖幻位秘書員外監支黨徧岐隴間相煽誘為亂瓌捕擊普思窮訊普思妻以左道得幸韋后出入禁中有詔勿治瓌廷爭

不可帝猶依違於是僕射魏元忠頓首曰瓌長者用刑不枉普思法當死帝不得已流普思於儋州

李元紘睿宗時為雍州司户參軍時太平公主勢震天下百司順望風旨嘗與民競碾磑元紘還之民長史竇懷貞大驚趣改之元紘大署判後曰南山可移判不可揺也

宋璟中宗時遷黄門侍郎武三思恃寵數有請于璟璟厲聲荅曰今復子明辟王宜以侯就第安得尚干朝政獨不見禄産事乎後韋月將告三思亂宫掖三思諷有司論月將大逆不道詔殊死璟請付獄按罪帝怒岸巾出側門謂璟曰朕謂已誅矣尚何請璟曰陛下不問即斬之臣恐有竊議者請按而後刑帝愈怒璟曰請先誅臣不然終不奉詔帝乃流月將嶺南

韓休玄宗時拜黄門侍郎同中書門下平章事休直方不務進趍既為相天下翕然宜之

萬年尉李美玉有罪帝將放嶺南休曰尉小官犯非大惡今朝廷有大姦請先見治金吾大將軍程伯獻恃恩而貪室宅輿馬僭法度臣請先伯獻後美玉帝不許休固諍曰罪細且不容巨猾乃置不問陛下不出伯獻臣不敢奉詔帝不能奪

穆寧肅宗時為殿中侍御史佐鹽鐵轉運時李光弼屯徐州餉不至檄取資粮寧不與光弼怒召寧欲殺之或勸寧去寧曰避之失守

亂自我始何所避罪乎即往見光弼光弼曰吾師衆數萬爲天子討賊食乏則人散君閉廩不救欲潰吾兵邪寧答曰命寧主粮者勑也公可以撤取乎今公求粮而寧專饋寧有求兵而公亦專與乎光弼執其手謝曰吾固知不可聊與君議耳時人重其守法

柳渾德宗時判門下省玉工爲帝作帶誤毀一銙工不敢聞私市他玉足之及獻帝識不類摘之工人伏罪帝怒其欺詔京兆府論死

渾曰陛下遽殺之則已若委有司須詳讞乃可於法誤傷乘輿器服罪當杖請論律由是工不死

薛存誠憲宗時拜御史中丞時浮屠鑒虛者自貞元中關通賂遺會坐于頔杜黃裳家事逮捕下獄存誠窮劾之得贓數十萬當以大辟權近更保救於帝有詔釋之存誠不聽明日詔使詣臺諭曰朕須此囚面詰非赦也存誠奏曰獄已具陛下必欲名赦之請先殺臣乃可不然臣不敢奉詔鑒虛卒抵罪

柳公綽憲宗時拜京兆尹方赴府有神策校乘馬不避者即時榜死帝怒其專殺公綽曰此非獨試臣乃輕陛下法耳帝曰既死不以聞可乎公綽曰臣不當奏在市死職金吾在坊死職左右巡使帝意乃解

許孟容憲宗時爲京兆尹時神策軍驕恣府縣不能制軍吏李昱貸長安富人錢八百萬滿三歲不肯償孟容遣吏收捕械繫剋日命

還之曰不如期且死一軍盡驚訴於朝帝命付本軍治之孟容繫不遣奏曰臣職司輦轂合爲陛下彈抑豪強錢未盡輸昱不可得帝以其守正許之自此豪右斂跡威望大震

韋子澳宣宗時爲京兆尹帝舅鄭光主墅吏豪肆積年不輸官賦子澳逮繫之帝問其故子澳具道姦狀且言必寘以法帝曰可貸否答曰陛下擢臣尹京邑安可使畫一法獨行於貧下乎帝曰是不可犯俾輸租乃免

宋趙普太宗時陳利用以變幻之術得幸于帝驕恣不法居處服御僭擬乘輿普按其十罪力請誅之帝曰豈有萬乘之主不能庇一人乎普曰陛下不誅則亂天下法法可惜此一豎子何足惜哉帝乃聽之賜死商州

錢若水爲樞密副使時招討使李繼隆與轉運使盧之翰有隙欲陷之罪乃檄轉運司期八月出塞令辦芻粟調發方集繼隆復爲檄更取十月轉運司遂散芻粟既而復檄之賊

且入塞當以時進軍是時民輸輓者適散倉卒不可復集繼隆遂奏轉運司乏軍興太宗怒命中使乘驛馳取盧之翰等三人首若水爭之請先推驗有狀然後行法帝大怒拂衣起入禁中二府皆罷若水猶留廷中不去帝既食久之使人偵廷中有何人報云有細瘦而長者尚立焉帝出詰之曰朕以爾爲賢乃不才如是耶對曰陛下擢李繼隆一幅奏書誅三轉運使雖有罪天下何由知之鞫驗事狀明白加誅何晚獻可替否死以守之臣之常分臣未獲死固不敢退帝意解乃召宰相呂端等如若水議既而虜不入塞事皆虛誕繼隆坐罷招討知秦州

蔡齊拜樞密副使蜀大姓王齊雄坐殺人除名齊雄以外戚未更赦復官齊明日入奏曰齊雄恃勢殺人不死又亟授以官是以恩廢法也帝曰降一等與官可乎齊曰以恩廢法如朝廷何帝從之乃抵齊雄罪

劉敞仁宗時糾察在京刑獄營卒桑達等醉鬬指斥乘輿皇城使捕送開封棄達市敞移府問何以不經審訊府報曰近例凡聖旨及中書樞密所鞫獄皆不慮問敞奏請一準近格樞密院不肯行敞力爭之乃詔以其章下府著爲令

范純仁英宗時知襄邑縣縣有牧地初不隸縣衛士牧馬以踐民稼純仁捕而杖之主者怒曰天子宿衛之士令敢爾耶白其事于上

劾治甚急。純仁言養兵出於稅畝，若使暴民田而不得問，稅安所出。帝釋之，且聽牧地隸縣。凡牧地隸縣自純仁始。

苗時中為潞州司法參軍。時郡守欲入一囚於死，時中執不可。守怒責甚峻。時中曰：寧歸田里，法不可奪。守悟而聽之。熙寧中拜為司農丞。

金李仲略，世宗時知大興府事。紇石烈執中坐贓，帝命仲略鞫之，罪當削解。權要競言太重，

帝頗然之。仲略奏曰：教化之行自近者始。京師，四方之則也。郡縣守令無慮數百，此而不懲，何以勵後。況執中兇殘狠愎，慢上虐下，豈可宥之。帝曰：卿言是也。遂寘于法。

完顏仲德，本名忽斜虎。哀宗時拜尚書省右丞兼樞密副使。忠孝軍提控李德以月粮不優，率十餘人乘馬入省大呼，幾於罵詈。郎中移剌克忠白之，仲德怒，縛德杖之六十。帝諭之曰：此軍得力，方欲倚用，卿何不容忍，責罰乃爾。仲德曰：將帥之職，小犯則決，大犯則誅。強兵悍卒不可使一日不在紀律。蓋小人之情，縱則驕，驕則難制。睢陽之禍，豈獨官奴之罪，亦有司縱之太過耳。今欲更易前轍，不宜愛克厥威。賞必由中，罰則臣任其責。軍士聞之，不敢有犯。

元撒蠻，嗣國王速渾察之子。自襁褓時，世祖撫育之若子。及長，常侍左右。帝嘗詔之曰：男女異路，古制也，況掖庭乎。禮不可不肅，汝其司

之。既而近臣孛羅銜命遠出，行失其次。撒蠻怒其違禮，執而囚之別室。帝怪其久不至，詢知其故，釋其罪。撒蠻因進曰：令自陛下出，陛下乃自違之，何以責臣下乎。帝曰：卿言誠是也。

趙璧，憲宗時為河南經略使。河南劉萬戶貪淫暴戾，郡中婚嫁必先賂之，得所請而後行。其黨董主簿尤恃勢為虐，強取民女有色者三十餘人。璧至，按其罪，立斬之，盡還民女。劉

大驚。時天大雪。因詣闢相勞苦。且酌酒賀曰。経畧下車。誅鋤強猾。故雪為瑞應。闢曰。如董主簿比者尚有其人。俟盡誅之。瑞應將大至。劉屏氣不復敢出語。歸臥病而卒。時人以為懼死

李好文拜監察御史。録囚河東。有撒都剌者以足蹋人而死。衆皆曰。殺人非刃。當杖之。好文曰。怙勢殺人。甚於刃。況因有所求而殺之。其情尤重。乃寘之死。河東為之震肅

國朝朱友文。洪武三年。為天策衛知事。初指揮張温守蘭州。元將王保保兵圍城。温督將士備守。夜二鼓。圍兵登城。千户郭祐被酒醉臥不之覺。巡城官軍擊却之。圍既解。温執祐將斬之。友文諍之曰。當賊犯城時。將軍斬祐以令衆。所謂以軍法從事。人無得而議之。今賊既退。乃追罪之。非惟無及於事。且有擅殺之名。竊以為不可。温悟。杖祐而釋之。

太祖皇帝聞之。謂輔臣曰。友文以幕僚能守朝廷法。直言開諭長官。亦正人也。宜加賚予。以勸其餘。遂賜綺帛各五匹

五倫書卷之二十九

五倫書卷之三十

臣道 善行 諫君

列國鄭子產為大夫魯昭公十七年冬有星孛于太辰鄭裨竈言於子產曰宋衛陳鄭將同日火若我用瓘斝玉瓚鄭必不火子產弗與既而宋衛陳鄭皆火裨竈曰不用吾言鄭又將火鄭人請用之子產不可子太叔曰寶以

保民也若有火國幾亡可以救亡子何愛焉子產曰天道遠人道邇非所及也竈焉知天道是亦多言矣遂不與亦不復火鄭復大水龍鬬于時門之外洧淵國人請為禜焉子產弗許曰我鬬龍弗我覿也龍鬬我獨何覿焉禳之則彼其室也吾無求於龍龍亦無求於我乃止

漢周昌高帝時為御史大夫嘗燕入奏事帝方擁戚姬昌還走帝追及之問曰我何如主也

昌曰陛下即桀紂之主也帝笑之然尤憚昌及帝欲廢太子而立戚姬子如意為太子大臣固爭莫得而昌廷爭之彊帝問其說昌為人吃又盛怒曰臣口不能言然臣期期知其不可陛下欲廢太子臣期期不奉詔帝欣然笑即罷之

袁盎文帝時為郎中帝幸上林后與慎夫人從及坐郎署長布席盎引却慎夫人坐因前說曰今陛下既已立后夫人乃妾妾主豈可

同坐哉不見人彘乎於是帝乃悅夫人賜盎金五十斤

宋弘光武徵拜為大司空弘薦桓譚名拜議郎給事中帝讌輒令鼓琴好其繁聲弘聞之不悅伺譚內出遣吏召譚至讓之曰吾所以薦子者欲令輔國家以道德也而令數進鄭聲以亂雅頌非忠正者也將舉以法譚頓首謝乃遣之後帝大會使譚鼓琴譚見弘失常度帝怪問之弘謝曰臣薦譚者望能以忠正

導主。而令朝廷耽悅鄭聲。臣之罪也。帝改容謝

任延。光武時爲武威太守。帝曰。善事上官。無失名譽。延對曰。臣聞忠臣不私。私臣不忠。履正奉公。臣子之節。上下雷同。非陛下之福。善事上官。臣不敢奉詔。帝嘆息曰。卿言是也

郅惲。光武時舉孝廉。爲上東城門候。帝嘗出獵。車駕夜還。惲拒關不開。帝令從者見面於門間。惲曰。火明遼遠。遂不受詔。帝乃回從東

中門入。明日惲上書諫曰。昔文王不敢盤于遊田。以萬民爲憂。今陛下遠獵山林。夜以繼晝。其如社稷宗廟何。帝賜惲帛百匹。貶東中門候爲參封尉

韓稜。和帝時爲尚書令。竇憲使人刺殺齊都鄉侯暢於上東門。有司畏憲。咸委疑於暢兄弟。詔遣侍御史按其事。稜上疏以爲賊在京師。不宜捨近問遠。恐爲姦臣所笑。竇太后怒切責稜。稜固執其議。及事發。果如所言。憲惶恐。

求出擊北匈奴。有功。還爲大將軍。威震天下尚書以下議欲拜之。伏稱萬歲。稜正色曰。夫上交不諂。下交不黷。禮無人臣稱萬歲之制議者皆慙而止

黃琬。靈帝時爲太尉。董卓議遷都長安。琬與司徒楊彪同諫不從。琬退而駁議之曰。昔周公營洛邑以寧姬。光武卜東都以隆漢。天之所啓。神之所安。大業既定。豈宜妄有遷動。以虧四海之望。時人懼卓暴怒。琬對曰。昔白公

作亂於楚。屈廬冒刃而前。崔杼弒君於齊。晏嬰不懼其盟。吾雖不德。誠慕古人之節。琬竟坐免

晉嵇紹。惠帝時累遷散騎常侍。領國子博士。太尉陳準薨。太常奏謚。紹駁曰。謚號所以垂之不朽。大行受大名。細行受細名。自頃禮官協情。謚不依本。準謚爲過。宜謚曰繆。司空張華爲趙王倫所誅。議者欲復其爵。紹曰。華歷任内外。雖粗有善事。然兆禍始亂。華實爲之。不

宜復其爵位齊王冏輔政時紹嘗詣事遇冏讌會召董艾等共論時政艾言於冏曰嵇侍中善絲竹公可令操之左右進琴紹推不受冏曰今日為懽卿何吝此耶紹對曰公匡復社稷當軌物作則垂之於後紹雖虛鄙忝備常伯腰紱冠冕鳴王殿省豈可操執絲竹為伶人之事冏大慚艾等不自得而退

温嶠明帝時為中書令王敦欲誣帝以不孝云温嶠在東宮久最所知悉因厲聲問嶠謂

懼威必與己同嶠正色對曰鉤深致遠小人無以測君子當今諒闇之際有至性可稱敦嘿然不悅後敦敗嶠鎮武昌見敦畫像曰敦大逆宜加斲棺之戮受崔杼之刑古人闔棺而定謚春秋大居正崇王父之命未有受戮於天子而圖形於群下者命削去之

南宋謝莊為侍中領前軍將軍時高祖出行夜還勅開門莊居守執不奉旨須墨詔乃開帝後因酒讌從容曰卿欲效郅君章邪對曰臣聞蒐巡有度郊祀有節盤于游田著之前誡陛下今蒙犯塵露晨往宵歸恐不逞之徒妄生矯詐臣是以伏須神筆乃敢開門耳

北齊張耀為尚書左丞文宣近出令耀居守車駕夜還耀不開門勒兵嚴備火至看面然後開迎文宣笑曰卿欲學郅君章也賜以錦袍以其忠勤深見親待

唐段志玄太宗時為驍騎大將軍文德皇后葬與宇文士及勒兵衛章武門太宗夜遣使至

二將軍所士及披戶納使志玄拒曰軍門不夜開使者示手詔志玄曰夜不能辨不納比曙帝嘆曰真將軍周亞夫何以加焉

褚遂良太宗貞觀中累遷兼知起居事帝曰卿記起居人君得觀之否對曰今之起居古左右史也善惡必記戒人主不為非法未聞有天子自觀史者帝曰朕有不善卿必記邪對曰臣職載筆君舉必書劉洎曰使遂良不記天下之人亦記之矣帝善其言

狄仁傑。高宗時為度支郎中。帝幸汾陽宮。為知頓使。并州長史李冲玄以道出妬女祠。俗言盛服過者致風雷之變。更發卒數萬改馳道。仁傑曰。天子之行。風伯清塵。雨師洒道。何妬女避邪。止其役。帝壯之曰。真大丈夫哉

王及善。高宗時授朝散大夫。皇太子弘立。擢為左奉衛率。太子宴于宮。命宮臣擲倒。及善辭曰。殿下自有優人。臣苟奉令。非羽翼之美。太子謝之。帝聞。賜絹百餘匹。除左千牛衛將軍

郝處俊為中書令。高宗欲詔武后攝知國政。令宰相議之。處俊曰。臣聞禮經云。天子理陽道。后理陰德。外內和順。國家以理。然則帝之與后。猶日之與月。陽之與陰。各有所主。不相奪也。若失其序。上則謫見于天。下則禍成于人。況天下者。高祖太宗之天下。陛下正合謹守宗廟。傳之子孫。誠不可持國與人。有私於后。且曠古以來。未有此事。帝遂止

李昭德。武后時拜鳳閣侍郎同平章事。鳳閣舍人張嘉福令洛陽人王慶之率輕薄惡少數百人。表請立武承嗣為皇子。后未許。令昭德詰之。昭德遂殺慶之。餘衆乃息。因奏曰。臣聞文武之道。布在方冊。豈有已為天子而為姑立廟乎。以親親言之。天皇是陛下夫也。皇嗣是陛下子也。陛下正合得天皇子孫為萬代計。況陛下承天皇顧託而有天下。若立承嗣。臣恐天皇不來食矣。后以為然

崔祐甫。代宗時累遷中書舍人。會朱泚軍中猫鼠同乳。表其瑞。宰相常衮率群臣賀。祐甫獨曰。可弔不可賀。詔使問狀。祐甫對曰。臣聞禮迎猫。為其食田鼠。以其為人去害。雖細必錄。今猫受畜於人。不能食鼠。而反乳之。無乃失其性耶。猫職不脩。其應若曰法吏有不觸邪。疆吏有不扞敵。臣愚以為當命有司察貪吏。誡邊候。勤徼巡。則猫能致功。鼠不為害。帝異其言

李絳憲宗時同中書門下平章事。李吉甫嘗
盛贊天子威德。帝欣然。絳獨曰。陛下自視今
日何如漢文帝時。帝曰。朕安敢望文帝。對曰。
是時賈誼以為措火積薪下。火未及然。因以
為安。其憂如此。今法令所不及者五十餘州。
西戎內訌。近以涇隴為鄙。去京師遠不千里。
烽燧相接也。加比水旱。倉廩空虛。陛下誠宜
焦心銷志求濟時之略。可便高枕而臥哉。帝
入謂左右曰。絳言骨鯁真宰相也

魏謩文宗時累遷為起居舍人。會帝索起居
注。謩奏古置左右史書得失以存鑒戒。陛下
所為善無畏不書。不善天下之人亦有以記
之。帝曰。不然。我既嘗觀之。謩曰。向者取觀史
氏為失職。陛下一見。則後來所書必有諱屈
善惡不實。不可為史。且後代何信哉。乃止
宋竇儀周世宗時從太祖下滁州。籍其帑藏數
日後太祖遣親吏取藏絹。儀曰。公初下城雖
傾藏取之誰敢言者。今既有籍。即為官物。非

詔旨不可得也。後太祖屢對大臣稱儀有守
王祐事太祖為知制誥。魏州節度使符彥卿
太宗夫人之父。有飛語聞于帝。帝使祐使魏
以便宜付之。曰。使還與卿王溥官職。時溥為
相。祐往別太宗於晉邸。太宗卻左右欲與之
語。祐徑趨出。至魏得彥卿家僮二人挾勢恣
橫。以便宜決配而已。及還朝。帝問曰。汝敢保
符彥卿無異意乎。祐曰。臣與彥卿家各百口。
願以臣之家保彥卿。又曰。五代之君多因猜

忌殺無辜。致享國不長。願陛下以為戒。帝怒
其語直。貶護國軍行軍司馬華州安置。太宗
即位。以兵部侍郎召之
竇偁太祖時為晉府記室。賈琰為推官。每諸
王宗室宴集。琰必怡聲下氣。褒贊捷給。偁叱
之曰。賈氏子何巧言令色之甚。獨不愧於心
耶。太宗甚怒。白太祖斥偁出為涇州節判。後
即位思之。召為樞密直學士。數月即參知政
事。語之曰。卿嘗面折賈琰。故任卿左右。思聞

直言耳

李沆真宗時拜相。帝問沆曰。人皆有密啓而卿獨無。何也。對曰。臣待罪宰相。公事則公言何用密啓。夫人臣有密啓者。非讒則佞。臣常惡之。豈可效尤。駙馬都尉石保吉求為使相。仁宗以問沆。沆曰。賞典之行。須有所自。保吉因緣戚里。無攻戰之勞。台席之拜。恐騰物論。他日再三詢之。執議如初。遂寢其事

王旦為相時。天下大蝗。真宗使人於野得死

蝗以示大臣。明日他宰相有袖死蝗以進者曰。蝗實死矣。請示於朝。率百官賀。旦獨以為不可。後數日方奏事。飛蝗蔽天。帝顧旦曰。使百官方賀而蝗如此。豈不為天下笑耶。劉承規以忠謹得幸。病且死。求為節度使。帝語旦曰。承規待此以瞑目。旦執以為不可。曰。他日將有求為樞密使者。柰何

馬知節真宗時任樞密。遇事謇謇。未嘗有所顧憚。時丁謂輩用事。每廷議。得其不直。輒面詆之。王欽若每奏事。或懷數奏。出其一二。餘皆匿之。既退。以己意稱聖旨行之。嘗與知節俱奏事帝前。欽若將退。知節目之曰。懷中奏何不盡出之。知節退見王旦。詞色尚怒。因語旦曰。諸子上前議論如此。知節幾欲以笏擊死之

孔道輔仁宗時為寧州軍事推官。有蛇出天慶觀真武殿中。一郡以為神。州將帥官屬往奠拜之。欲上其事。道輔徑前以笏擊蛇碎其

首。觀者初驚。後莫不歎服

張昇仁宗朝拜御史中丞。劉沆在相位。以御史范師道趙抃嘗攻其惡。陰欲出之。昇曰。天子耳目之官。柰何用宰相怒而斥。上章力爭之。沆竟罷去。帝見昇指切時事。無所避。謂曰。卿孤立乃能如是。對曰。臣仰託聖主。致位侍從。是為不孤。今陛下之臣。持祿養望者多。而赤心謀國者少。竊以為如陛下乃孤立耳。帝為之感動

范鎮神宗時居內翰三疏力詆王安石青苗之法不行即請致仕安石怒鎮落翰林學士致仕鎮既得謝蘇軾往賀之曰公雖退而名益重矣鎮愀然不樂曰君子言聽計從消患於未萌使天下陰受其賜無智名無勇功吾獨不得為此命也夫使天下受其害而吾享其名吾何心哉

趙抃為御史范鎮為諫官以論陳執中事有隙熙寧中安石執政恨鎮數毀之於神宗且曰陛下問趙抃即知其為人他日帝以問抃對曰忠臣帝曰卿何由知其忠對曰嘉祐初仁宗違豫鎮首請立皇嗣以安社稷豈非忠乎既退安石問抃曰公不與景仁有隙乎抃曰不敢以私害公

陳瓘為左司員外郎兼權給事中宰相曾布使客告以將即真瓘語子正彙曰吾與丞相議事多不合今若此是欲以官爵相餌也若受其薦進復有異同則公義私恩兩有愧矣吾有一書論其過投之以決去就旦持入省布就席遽出書布大怒爭辯移時至箕踞詬語瓘色不為動徐起曰適所論者國事是非有公議公未可失待士禮布矍然改容

周必大孝宗時除參知政事有介椒房之援求為郎者帝俾諭給舍繳駁必大曰臺諫給舍與三省相維持豈可諭意不從失體從則壞法命下之日臣等自當執奏帝喜曰肯如此任怨耶必大曰當予而不予則有怨不當予而不予何怨之有帝曰此任責非任怨也後拜右丞相

袁樞孝宗時為國史院編脩官章惇家以其同里宛轉請文飾其傳樞曰子厚為相負國欺君吾為史官書法不隱寧負鄉人不可負天下後世公議時相趙雄總史事見之歎曰無愧古良史

元耶律楚材為中書令太宗崩皇后乃馬真氏稱制崇信姦回庶政多紊后以御寶空紙付

與都刺合蠻使自書填行之楚材曰天下者先帝之天下朝廷自有憲章今欲紊之臣不敢奉詔事遂止又有旨凡與都刺合蠻所建白令史不爲書者斷其手楚材曰國之典故先帝悉委老臣令史何與焉事若合理自當奉行如不可行死且不避況截手乎后不悅楚材辯論不已因大聲曰老臣事太祖太宗三十餘年無負於國皇后亦豈能無罪殺臣也后雖憾之亦以先朝舊勳深敬憚焉

尚文拜中書左丞時西域賈人有奉珍寶進售者其價六十萬定省臣平章顧謂文曰此所謂押忽大珠也六十萬酬之不爲過一坐傳玩文問何所用平章曰含之可不渴熨面可使目有光文曰一人含之千萬人不渴則誠寶也若一寶止濟一人則用已微矣吾之所謂寶者米粟是也一日不食則飢三日則疾七日則死有則百姓安無則天下亂以功用較之豈不愈於彼乎平章固請觀之文竟不爲動

徹里帖木兒爲河南行省平章政事時黃河清有司以爲瑞請聞于朝徹里帖木兒曰吾以爲臣忠爲子孝天下治百姓安爲瑞餘何益於治哉竟不以聞

樊執敬順帝時擢授經郎嘗見帝師不拜或誚之曰帝師天子素崇重王公大人見必俯伏作禮公獨不拜何也執敬曰吾孔氏之徒知尊孔氏而已何拜異教乎

朶爾直班順帝時爲御史元日朝賀當糾正班次即上言百官踰越班制者當同失儀論以懲不敬先是教坊官位在百官後御史大夫撒迪傳旨俾入正班至是朶爾直班執不可撒迪曰御史不奉詔耶朶爾直班曰事不可行卒不入正班

五倫書卷之三十

五倫書卷之三十一

臣道十四

善行

剛正

漢王陵從高祖定天下為人少文任氣好直言為右丞相二歲惠帝崩高后欲立諸呂為王問陵陵曰高帝刑白馬而盟曰非劉氏而王者天下共擊之今王呂氏非約也太后不説及問丞相平絳侯勃等皆曰高帝定天下王

子弟今太后稱制欲王昆弟諸呂無所不可太后喜罷朝陵讓平勃曰始與高帝啑血而盟諸君不在邪今高帝崩太后欲王呂氏諸君縱欲阿意背盟何面目見高帝於地下乎

劉章漢宗室也封朱虛侯章忿劉氏不得職嘗入侍讌飲高后令為酒吏章自請曰臣將種也請得以軍法行酒高后曰可酒酣章進歌舞已而曰請為太后歌耕田高后兒子畜之笑曰顧乃父知田耳若生而王子安知田乎章曰知之太后曰試為我言田意章曰深耕穊種立苗欲疏非其種者鉏而去之太后嘿然頃之諸呂有一人醉亡酒章追拔劍斬之而還報曰有亡酒一人臣請行軍法斬之太后大驚已許其軍法毋以罪因罷酒

申屠嘉文帝時為丞相為人廉直入朝見太中大夫鄧通居帝旁有怠慢禮嘉奏事畢因言曰陛下愛幸群臣則富貴之至於朝廷之禮不可以不肅帝曰君勿言吾私之罷朝嘉

坐府中為檄召通詣丞相府曰不來且斬通通至免冠徒跣頓首謝嘉坐自如弗為禮責曰朝廷者高皇帝之朝廷也通小臣戲殿上大不敬當斬吏今行斬之通頓首出血不解帝度丞相已困通乃使使持節召通而謝丞相始釋之

轅固景帝時為博士帝知固廉直拜清河太傅疾免武帝即位復以賢良徵時固已九十餘矣公孫弘亦徵仄目而事固固曰公孫子

務正學以言無曲學以阿世
汲黯武帝時為謁者帝方招文學儒者曰吾
欲云云黯對曰陛下内多慾而外施仁義柰
何欲效唐虞之治乎帝怒變色而罷朝公卿
皆為黯懼帝退謂人曰甚矣汲黯之戇也群
臣或數黯黯曰天子置公卿輔弼之臣寧令
從諛承意陷主於不誼乎且已在位縱愛身
柰辱朝廷何黯多病嚴助為請告帝曰汲黯
何如人也曰使黯任職居官無以瘉人至其
輔少主守成深堅雖自謂賁育不能奪也帝
曰然古有社稷臣黯近之矣
龔遂以明經官至昌邑郎中令事昌邑王賀
賀動作多不正遂忠厚剛毅有大節内諫爭
於王外責傅相引經義陳禍福至於涕泣蹇
蹇亡已面刺王過王至掩耳起走曰郎中令
善媿人及國中皆敬憚焉王嘗與騶奴宰人
游戲飲食賞賜無度遂入見王涕泣膝行左
右侍御皆出涕王曰郎中令何為哭遂曰臣

痛社稷危也願賜清閒竭愚王辟左右遂曰
大王親近群小漸漬邪惡存亡之機不可不
慎也臣請選郎通經術有行義者與王起居
坐則誦詩書立則習禮容宜有益王許之遂
乃選郎中張安等十人侍王數日王皆去遂
安等昭帝崩賀嗣立二十七日以淫亂廢昌
邑群臣坐陷王於不道皆誅死唯遂以數諫
爭得免焉
蓋寬饒宣帝時為司隸校尉刺舉無所迴避
公卿貴戚及郡國吏繇使至長安皆恐懼莫
敢犯禁京師為清平恩侯許伯入第丞相御
史將軍中二千石皆賀寬饒不行許伯請之
乃往從西街上東嚮特坐許伯自酌曰蓋君
後至寬饒曰無多酌我我乃酒狂丞相魏侯
笑曰寬饒醒而狂何必酒也坐者皆屬目卑
下之酒酣樂作長信少府檀長卿起舞為沐
猴與狗鬬坐皆大笑寬饒仰視屋而嘆曰美
哉然富貴無常忽則易人此如傳舍所閱多

矣唯謹慎為得久君侯可不戒哉因起趨出
劾奏樫長卿失禮不敬之罪
尹翁歸宣帝時拜東海太守過辭廷尉于定
國定國家在東海欲屬託邑子兩人令坐後
堂待見定國與翁歸語終日不敢見其邑子
既去定國乃謂邑子曰此賢將汝不任事也
又不可干以私
王尊元帝時遷東平王相先是東平王數出
入驅馳國中與后姬家交通尊到官召勑厩

長曰大王當從官屬鳴和鸞乃出自今有令
駕小車即叩頭爭之言相教不得後尊朝王
王復延請登堂尊謂王曰尊來為相人皆弔
尊也以尊不容朝廷故見使尊相王耳天下
皆言王勇顧但負貴安能勇如尊乃勇耳王
變色視尊意欲格殺之即好謂尊曰願觀相
君佩刀尊舉掖顧謂傍侍郎前引佩刀視王
曰王欲誣相拔刀向王邪王情得又雅聞尊
高名大為尊屈酌酒具食相對極歡

王閎哀帝時為中常侍時倖臣董賢為大司
馬寵愛貴盛帝臨崩以璽綬付賢曰無妄以
與人時國無嗣主內外恇懼閎白太后請奪
之即帶劒至宣德後闥舉手叱賢曰宮車晏
駕國嗣未立公受恩深重當俯伏號泣何事
久持璽綬以待禍至耶賢知閎必死不敢拒
之乃跪授璽綬馳上太后朝廷壯之
董宣光武時為洛陽令寧平公主乳母子白
日殺人因匿主家吏不能得及主出行以奴

驂乘宣於大夏門亭候之駐車叩馬以刀畫
地數主之失者三叱奴下車格殺之主即馳
車入宮帝大怒召宣曰令欲死乎宣叩頭曰
願一言死無恨帝曰何言宣曰陛下聖德中
興而縱奴殺良民以奴殺臣臣死之後陛下
何以治天下插殺臣不如臣自殺即以頭擊
楹流血被面帝令小黃門持之曰癡令令叩
頭謝主宣不從帝曰頓癡令頭兩手據地不
肯低頭帝勑強項令出賜錢三十萬

宋均明帝時爲尚書令每有駁議多合上旨嘗刪剪疑事帝以爲有姦大怒收郎縛格之諸尚書惶恐皆叩頭謝罪均顧厲色曰忠臣執義無有二心若畏威失正均雖死不易志帝聞善其不撓即令貰郎

虞詡順帝永建中爲司隷校尉時中常侍張防特用權勢每請託受取詡輒按之而屢寢不報詡不勝其憤乃奏防曰昔孝安皇帝任用樊豐遂交亂嫡統幾亡社稷今者張防復

弄威柄國家之禍將重至矣臣不欲與防同朝以瀝楊震之跡謹自繫以聞書奏防流涕訴帝詡坐論輸左校防必欲害之二日之中傳考四獄吏或勸其自引詡曰寧伏歐刀以示遠近中常侍高梵爲詡言枉狀即日赦出之

張綱爲御史順帝遣八使循行風俗綱獨埋其車輪於洛陽都亭曰豺狼當路安問狐貍遂奏大將軍梁冀河南尹梁不疑等貪叨不法書御京師震竦

范滂桓帝時冀州飢荒盜賊群起以滂爲清詔使按察之滂登車攬轡慨然有澄清天下之志及至州境守令自知贓汙望風解印綬去其所舉奏莫不厭塞衆議及爲光祿勳主事奏刺史二千石權豪之黨二十餘人尚書責滂所劾猥多疑有私故滂對曰臣之所舉自非叨穢姦暴深爲民害豈以汙簡札哉臣聞農夫去草嘉穀必茂忠臣除姦王道以清

若臣言有貳甘受顯戮吏不能詰爲鉤黨下獄吏曰諸入獄當祭皋繇以祈福滂曰皋繇古之賢臣知滂無罪將理之於天如其有罪祭之何益及訊獄王甫以次詰之滂年少在後越次而前甫曰夫合黨連群必有盟誓其所謀圖皆何等邪滂曰竊聞仲尼之言見善如不及見惡如探湯欲使善善同其清惡惡同其行謂王政之所急不悟反以爲黨乃仰天歎曰古之循善自求多福今之循善乃陷

大戮死之日顧埋於首陽山側上不負皇天下不愧夷齊尚書霍諝以黨事無驗表陳赦之

吳樹為宛令之官辭大將軍梁冀冀賓客布在縣界以情託樹樹對曰小人姦蠹比屋可誅明將軍以椒房之重處上將之位宜崇賢善以補朝闕宛為大都士之淵藪自侍坐以來未聞稱一長者而託非人誠非敢聞冀嘿然不悅樹到縣遂誅殺冀客為人害者十數

人

陳蕃桓帝時為樂安太守時大將軍梁冀威震天下遣書詣蕃有所請託不得通使者詐求謁蕃怒笞殺之

奚延桓帝時為侍中帝遊上林苑從容問曰朕何如主也延對曰陛下為漢中主帝曰何以言之對曰尚書令陳蕃任事則治中常侍預政則亂是知陛下可與為善可與為非帝曰昔朱雲折檻今侍中面稱朕違敬聞闕矣

賈琮靈帝中平間沙汰刺史二千石更選清能吏以琮為冀州刺史之部升車言曰刺史當遠視廣聽糾察美惡何有反垂帷裳以自掩塞乎乃命御者褰之百城聞風自然竦震其諸贓過者望風解印綬去

李燮靈帝朝為議郎會西羌及邊章韓遂作亂隴右徵發天下役賦無已司徒崔烈以為宜棄涼州燮厲色言曰斬司徒天下乃安尚書楊贊奏燮廷辱大臣帝以問燮燮曰涼州

天下衝要國家藩衛今牧御失利使一州叛逆烈為宰相不念為國思所以弭之之策乃欲割棄一方萬里之土臣竊惑焉若烈不知是極蔽也知而故言是不忠也帝從燮議由是朝廷重其方畧

孔融為將作大匠恒守正袁術僭亂曹操託以楊彪與術婚姻誣以欲圖廢置奏收下獄劾以大逆融聞之不及朝服往見操曰楊公四世清慎海內所瞻周書父子兄弟罪不相

及況以袁氏歸罪之乎。操曰。此國家之意。融曰。假使成王殺召公。周公可得言不知耶。簪纓縉紳所以瞻仰明公者。以公聰明仁智。輔相漢朝。舉直錯枉。致之雍熙。今橫殺無辜。則海內觀聽莫不解體。孔融魯國男子。便當拂衣而去。操不得已。遂理出彪

三國吳張昭為輔吳將軍。每朝見言論辭氣壯厲。義形於色。曾以直言逆旨不進見。後蜀使來。稱蜀德美而群臣莫拒。孫權嘆曰。使張公

在坐。彼不折則廢。安得復自誇乎。明日遣中使勞問。因請見昭。避席曰。昔太后桓王。不以老臣屬陛下。而以陛下屬老臣。臣是以思盡臣節以報厚恩。若乃變易思慮以偷榮取容此臣所不能也。權辭謝焉

晉卞壼明帝時為御史中丞。以褒貶為己任。欲軌正督世。不肯苟同時好。阮孚每謂之曰。卿常無閑泰。常如含瓦石。不亦勞乎。壼曰。諸君以道德恢弘。風流相尚。執鄙吝者。非壼而誰。時貴遊子弟多慕王澄謝鯤為達。壼厲色於朝曰。悖禮傷教。罪莫斯甚。中朝傾覆。實由於此。欲奏推之。王導庾亮不從。乃止。然而聞者莫不折節

後魏東平王建扶。性耿介。有氣節。宣武即位。累遷給事黃門侍郎。時茹皓始有寵。百寮微憚之。帝曾於山陵還。詔建扶陪乘。命皓登車。皓將上。建扶諫。帝令推下之。當時壯其忠謇

高恭之為御史中尉。時莊帝姊壽陽公主行

犯清路。執赤棒卒呵之不止。恭之令卒棒破其車。公主深以為恨。泣以訴帝。帝謂之曰。高中尉清直之人。彼所行者公事。豈可以私恨責之也。帝深致慰焉

隋韋雲起高祖時為符璽直長。兵部尚書柳述尚蘭陵公主。怙寵使氣。自楊素之屬皆下之。帝嘗問雲起外間不便事。述時侍側。雲起曰。柳述驕豪。未嘗經事。兵機要重。非其所堪。臣恐物議以為陛下官不擇賢。專私所愛。斯亦

不便之大者高祖甚然之顧謂述曰雲起之言汝藥石也可師友之

劉行本仕隋為太子左庶子時唐令則亦為左庶子太子勇昵狎之每令以絃歌教内人行本責之曰庶子當匡太子以正道何有嬖昵房帷之間哉令則甚慚而不能止左衛率長史夏侯福亦為太子所昵嘗於閤内與太子戲福大笑聲聞于外行本時在閤下聞之待其出數之曰殿下寬容賜汝顏色汝何物

小人敢為褻慢因付執法者治之數日太子為福致請乃得釋太子嘗得良馬令福乘而觀之太子甚悅因欲行本復乘之行本不從正色而進曰至尊置臣於庶子之位者欲令輔導殿下以正道非為殿下作弄臣也太子慚而止及太子廢行本已卒文帝曰使劉行本在勇當不及於此

唐柳範為侍御史奏彈吳王恪好田獵損居人田苗太宗因謂侍臣曰權萬紀事我兒不能輔正其罪合死範進曰房玄齡事陛下猶不能諫止田獵豈可獨罪萬紀乎

劉仁軌太宗時為陳倉尉時部人折衝都尉魯寧豪縱犯法縣莫敢屈仁軌約不再犯而寧暴横自如仁軌搒殺之州以聞帝曰尉而殺吾折衝可乎召詰讓仁軌對曰寧辱臣臣故殺之帝以為剛正

韋思謙高宗時為御史大夫性謇諤顏色莊重不可犯見王公未嘗屈禮或以為譏荅曰

耳目官故當特立鵰鶚鷹鸇豈衆禽之偶柰何屈以狎之

王義方高宗朝為侍御史以彈李義府貶萊州司户參軍將行義府謂之曰王學士得御史是義府所舉今日豈無愧乎對曰義方為公不為私昔孔子為魯司寇七日而誅少正卯於兩觀之下今義方任御史旬有六日不能除姦臣於雙闕之前實以為媿

宋璟武后時為御史中丞有人為飛書告張

易之兄弟謀反。許州人楊元嗣告昌宗嘗名術士李弘泰占相。弘泰亦言昌宗有天子相。武后命司刑卿崔承慶及璟鞫之。承慶言昌宗款稱弘泰語已奏聞。準法首原。璟奏昌宗為飛書所逼。不得已自首。且謀反大逆。無容首免。武后溫言解之。璟聲色愈厲。曰臣知言出禍隨。然義激於心。雖死不恨。武后不悅。楊再思遽宣勑命出。璟曰。聖主在此。不煩宰相擅宣勑命。武后乃可其奏。遣昌宗詣臺。璟廷

立而按之。事未畢。武后特勑赦之。璟歎曰。不先擊小子腦裂。負此恨矣。武后使昌宗詣璟謝。璟拒不見。玄宗時為黃門監。王毛仲以嚴察幹力有寵。百官附之輻輳。毛仲嫁女。帝問何須。毛仲頓首謝曰。臣萬事已備。但未得客。帝曰。知卿所不能致者一人耳。必宋璟也。朕為汝名客。明日詔宰相與諸達官詣之。日中璟乃至。先執酒西向拜謝。飲不盡觴。遽稱腹痛而歸

尹思貞睿宗時名授將作大匠。僕射竇懷貞護作金仙玉真觀。廣調夫匠。思貞數有損節。懷貞讓之。思貞曰。公輔臣也。不能宣贊王化而土木是興。以媚上害下。又聽小人譖以廷辱士。今不可事公矣。乃拂衣去。帝知之。特詔令視事。

顏真卿。代宗時為尚書右丞。帝自陝還。真卿請先謁陵廟而即宮。宰相元載以為迂。真卿怒曰。用舍在公。言者何罪。然朝廷事豈堪公

再破壞邪。載銜之。

張濬。僖宗時為諫議大夫。時王敬武在平盧軍最強。累召不肯應。濬往說之。而敬武已臣賊。不迎使者。濬責之曰。公為天子守藩。今使者齎詔至。不北面俯伏。而敢侮慢。公乃未識君臣大分。何以長吏民哉。敬武愕眙愧謝。

宋。姚坦為益王府翊善。坦性木強。王嘗於府中為假山。費數百萬。既成置宴召諸臣觀之。坦獨俛首。王強使視之。曰但見血山耳。王驚問

故坦曰在田舍時見州縣催租捕人父子兄弟送縣鞭笞流血被體此假山皆民租稅爲之非血山而何是時太宗亦爲假山聞而毀之

寇準太宗時爲尚書虞部郎中樞密院直學士天旱帝延近臣問時政得失準對曰洪範天人之際應若影響大旱之證蓋刑有所不平也帝怒問準所以不平狀曰願名二府至臣即言之有詔召二府入準曰頃者祖吉王淮皆侮法受賂吉贓少乃伏誅淮以參政沔之弟盜主守財至千萬止杖仍復其官非不平而何帝因切責沔而知準爲可用矣

包拯仁宗時名知開封府遷右司郎中拯立朝剛毅貴戚權臣爲之斂手聞者皆憚之人以包拯笑比黃河清童稚婦女亦知其名呼曰包待制京師爲之語曰關節不到有閻羅包老

韓絳神宗時爲權三司使發市易官罪而同列佑之欲弗責方劾賈人免行錢孫永議有異而同列欲論永罔上故不實上書人鄭俠激切下獄而執政馮京嘗賙俠同列欲以黨俠爲重坐絳辯帝前不得直數求罷帝爲逐市易官稍寬二臣者而他相至欲復留故賈人劉佐任市易絳因言不可論帝前未決絳再拜曰臣言不用辱相位請從此辭帝愕曰茲小事何必爾絳奏曰小事弗伸況大事乎帝爲罷佐遣使持手札諭絳使就位乃起後數月固稱疾拜觀文殿大學士禮部尚書知許州

劉摯神宗時爲御史與中丞楊繪言助役有十害王安石使曾布作十難以詰之仍詰二人向背好惡之情果何所在繪惶恐請曰臣愚不知助役之利乃爾當伏妄言之罪摯奮曰爲人臣豈可壓於權勢使人主不知利害之實即復條對布所難者以伸前議且曰臣所向者陛下所背者權臣所好者忠直所惡

著邪姦臣今獲罪譴逐固自其分但助役終
為天下患害願陛下勿忘臣言也
李周神宗時通判施州司馬光將薦為御史
欲使來見周曰司馬公之賢吾固願見但聞
薦而往所謂呈身御史也卒不往帝詔近臣
舉士孫固以周聞帝名對謂曰知卿不游權
門識今執政乎對曰不識也識司馬光乎曰
不識也訪禦邊之術曰四邊手足耳若腹中
國以勤遠畧致百姓窮困驟為盜賊懼成腹

心之憂帝頷之翌日語固曰李周樸忠之士
也
梁燾哲宗時拜尚書左丞以與同列議夏國
地界不能合遂丐去帝遣近臣問所以去意
且令察訪人才燾曰信任不篤言不見聽而
詢問人才非臣所敢當也使者再至乃言人
才可大任者陛下自知之但須識別邪正公
天下之善惡圖任舊人不牽左右好惡之言
以移聖意天下幸甚

部伯溫為西京教授紹聖初章惇為相惇嘗
事伯溫父雍欲用伯溫伯溫不往會法當赴
吏部銓程頤謂伯溫曰吾危子之行也伯溫
曰豈不欲見先公於地下耶至則先就部擬
官而後見宰相惇論及康節之學曰嗟乎吾
於先生不能卒業也伯溫曰先君先天之學
論天地萬物未有不盡者其信也則人之仇
怨反覆者可忘矣時惇方興黨獄故以是動
之惇悚然猶薦之於朝而伯溫願補郡縣吏

惇不悅遂得監永興軍鑄錢監時元祐諸賢
方南遷士鮮訪之者伯溫見范祖禹於咸平
見范純仁於潁昌或為之恐不顧也
晏敦復高宗時為左司諫兼權給事中時秦
檜方主和力贊屈己之說然患外議未敢行
勾龍如淵說檜請擇人為臺官使擊去異論
則事遂矣於是如淵施庭臣莫將皆擢要地
人皆駭愕敦復上疏言前日如淵以附會和
議得中丞今施庭臣又以此躋橫榻莫將又

以此擢右史夫如淵庭臣庸人莫將則姦人也陛下柰何與此輩斷國論乎乞加斥逐杜群枉門檜使所親諭敦復曰公能屈從兩地旦夕可至敦復曰吾終不為自計誤國家況吾薑桂之性老而愈辣請勿復言檜卒不能屈

潘良貴高宗時除考功郎遷左司宰相呂頤浩從容謂良貴曰旦夕相引入兩省良貴正色對曰親老方欲乞外兩省官非良貴可為

也退語人曰宰相進退一世人才以為賢耶自當擢用何可握手密語先示私恩若士大夫受其牢籠又何以立朝即日乞補外以直龍圖閣知嚴州

顔師魯孝宗時為監察御史遇事盡言無所阿撓有自外府得内殿宣引且將補御史闕負師魯亟奏昔宋璟名自廣州道中不與楊思勗交一談李鄘恥為吐突承璀所薦堅辭相位不拜士大夫未論其才立身之節當以璟鄘為法今其人朋邪偽迹人所切齒縱朝廷乏材寧少此輩乎臣雖不肖羞與為伍命乃寢

呂祖泰婺州處士寧宗時將降詔貶周必大為少保祖泰聞之而憤乃詣登聞鼓院上書論韓侂胄有無君之心請誅之以防禍亂故大臣在者獨周必大可用宜以代之書出中外大駭有旨配欽州既至府廷尹曰誰教汝共為章祖泰笑曰公何問之愚也吾固知必

死而可受教於人且與人議之乎尹曰汝病風喪心邪祖泰曰以吾觀之若今之附韓氏得美官者乃病風喪心耳祖泰既貶未幾侂胄誅詔祖泰特補上州文學

楊萬里寧宗朝以崇文閣待制致仕韓侂胄用事欲網羅四方知名士相羽翼嘗築南園屬萬里為之記許以掖垣萬里曰官可棄記不可作也侂胄恚改命他人

陳文龍咸淳五年廷對第一丞相賈似道愛

其文雅禮重之由鎮東軍節度判官數年拜監察御史皆出似道力先是似道所置臺諫皆闒茸臺中相承凡有建白皆呈稿至文龍獨不呈稿已忤似道范文虎總師無功似道芘之以知安慶又除趙溍知建康黃萬石知臨安文龍言文虎失襄陽今反見擢用是當罰而賞也溍乳臭小子何以任大閫之寄萬石政事怠荒以為京尹何以能治請皆罷之似道大怒黜文龍知撫州

金程震宣宗興定初名拜監察御史時皇子荊王為宰相家僮輩席勢侵民震以法劾之奏曰荊王以陛下之子任天下之重不能上贊君父同濟艱難顧乃恃權廢禮侵漁細民名為和市其實脅取陛下不能正家而欲正天下難矣於是上責荊王出內府銀以償物直杖大奴尤不法者數人

元耶律楚材太宗時為中書令有二道士爭長互立黨與其一誣其仇之黨二人為逃軍結中貴及通事楊惟忠執而虐殺之楚材按收惟忠中貴復訴楚材違制帝怒繫楚材既而自悔命釋之楚材不肯解縛進曰臣備位公輔國政所屬陛下初令繫臣以有罪也當明示百官罪在不赦今釋臣是無罪也豈宜輕易反覆如戲小兒國有大事何以行焉衆皆失色帝曰朕雖為帝寧無過舉耶乃溫言以慰之

廉希憲世祖至元初拜中書平章政事每奏帝前論事激切無少回惜帝曰卿昔事朕王府多所容受今為天子臣乃爾木強耶希憲對曰王府事輕天下事重一或面從天下將受其害臣非不自愛也

徹里燕只吉台氏至元間擢任利用監時桑哥為相引用黨與鉤考天下錢粮行省乘風督責尤峻主無所償則責及親戚或逮繫隣黨械禁榜掠民不勝其苦自裁及死獄者以百數中外騷動廷臣顧忌皆莫敢言徹里乃

於世祖前具陳桑哥姦貪誤國害民狀詞語激烈帝怒謂其毀詆大臣失禮體命左右批其頰徹里辯愈力且曰臣與桑哥無讎所以力數其罪而不顧其身者正為國家計爾茍畏聖怒而不復言則姦臣何由除民患何由息且使陛下有拒諫之名臣竊懼焉於是帝大悟即命帥羽林三百人往籍其家得珍寶如內藏之半桑哥既誅諸枉繫者始得釋

星吉順帝至正初移湖廣行省平章政事湖廣地連江北威順王歲嘗出獵又起廣樂園多萃名倡巨賈以網大利民病之有司莫敢言星吉至責王曰王帝室之懿古之所謂伯父叔父者也今德音不聞而騁獵宣淫賈怨於下恐非所以自貽多福也王謝之悉罷其所為

張翥至正中為翰林學士承旨孛羅帖木兒以兵犯闕逼帝削奪擴廓帖木兒官爵且發兵討之命翥草詔毅然不從左右或勸之翥曰吾臂可斷筆不能操也帝知其意不可奪乃命他學士為之

五倫書卷之三十一

五倫書卷之三十二

臣道

善行上

諫諍

夏五子者太康之弟也太康尸位以逸豫滅厥德五子述大禹之戒作歌以諷之曰皇祖有訓民可近不可下民惟邦本本固邦寧予視天下愚夫愚婦一能勝予一人三失怨豈在明不見是圖予臨兆民凜乎若朽索之馭六馬為人上者奈何不敬

關龍逢桀之臣也桀為酒池糟丘龍逢諫曰為人君身行禮義愛民節財故國安而身壽也今君用財若恐不能盡用人若恐不能死不革天禍必降而誅必至矣君其革之立而不去朝桀因囚拘之○桀觀炮烙於瑤臺謂龍逢曰樂乎龍逢曰樂桀曰觀刑何無惻怛之心龍逢曰天下苦之而君以為樂臣君之股肱何不悅乎桀曰聽子諫諫得我改之諫不得我刑之龍逢曰臣觀君冠危石也臣觀君履春冰也未有冠危石而不壓蹈春冰而不陷桀笑曰是日亡則與俱亡子知我之亡而不知自亡乎子就炮烙之刑吾觀子龍逢遂赴火而死

殷箕子紂之親戚紂始為象箸箕子歎曰彼為象箸必為玉桮為玉桮必思遠方珍怪之物輿馬宮室之漸自此始不可振也紂為淫佚箕子諫不聽人或曰可以去矣箕子曰為人

臣諫不聽而去是彰君之惡而自說於民吾不忍為也乃被髮佯狂而為奴

王子比干紂之親戚見箕子諫不聽而為奴則曰君有過而不以死爭則百姓何辜乃直言諫紂紂怒曰吾聞聖人之心有七竅信有諸乎乃殺比干刳視其心武王由是伐紂

周芮良夫因厲王好利近榮夷公良夫諫曰榮公好專利而不知大難夫利百物之所生也天地之所載也而或有專之其害多矣天地

百物皆將取焉何可專也所怒甚多而不備大難以是教王王其能久乎夫王人者將導利而布之上下者也使神人百物無不得其極猶日怵惕懼怨之來也故頌曰思文后稷克配彼天立我烝民莫匪爾極大雅曰陳錫載周是不布利而懼難乎故能載周以至于今今王學專利其可乎匹夫專利猶謂之盜王而行之其歸鮮矣王不聽卒以榮公為卿士諸侯不享王流于彘

列國衛史鰌為大夫事靈公數諫靈公請用蘧伯玉退彌子瑕不聽及病謂其子曰我即死置屍北堂於我足矣吾既不能進蘧伯玉而退彌子瑕是不能正君也生不能正君死不當成禮既死公往弔見喪在北堂問其故其子具父言以對公瘖然失位曰夫子生則欲進賢而退不肖死且不懈又以屍諫可謂忠矣於是乃召伯玉以為卿退子瑕徙喪正堂成禮而後反

魯臧僖伯為大夫隱公將如棠觀魚僖伯諫曰凡物不足以講大事其材不足以備器用則君不舉焉君將納民於軌物者也故講事以度軌量謂之軌取材以章物采謂之物不軌不物謂之亂政亂政亟行所以敗也故春蒐夏苗秋獮冬狩皆於農隙以講事也三年而治兵入而振旅歸而飲至以數軍實昭文章明貴賤辨等列順少長習威儀也鳥獸之肉不登於俎皮革齒牙骨角毛羽不登於器

則公不射古之制也若夫山林川澤之實器用之資皁隸之事官司之守非公所及也公曰吾將略地焉遂往陳魚而觀之僖伯稱疾不從

齊晏嬰相景公公有馬其圉人殺之公怒援戈自擊之嬰曰此不知其罪而死臣請為君數之令知其罪而殺之公曰諾嬰舉戈臨之曰汝為吾君養馬而殺之而罪當死汝使吾君以馬之故殺圉人而罪又當死汝使吾君

以馬故殺人聞於四隣諸侯汝罪又當死公曰夫子釋之勿傷吾仁也

顏蠋齊臣也景公遊於海上而樂之六月不歸令左右曰敢有先言歸者致死不赦蠋趨進諫曰君樂治海上六月不歸彼儻有治國者君且安得樂此也景公援戟將斫之蠋趨進撫衣待之曰君奚不斫也昔者桀殺關龍逢紂殺王子比干君之賢非此二主也臣之才非此二子也君奚不斫以臣參此二人者

不亦可乎景公說遂歸

漢樊噲高帝時封舞陽侯帝有疾惡見人詔戶者毋得入羣臣十餘日噲排闥直入大臣隨之帝獨枕一宦者臥噲等流涕曰始陛下與臣等起豐沛定天下何其壯也今天下已定又何憊也且獨不見趙高之事乎帝笑而起

叔孫通為太傅高帝欲立趙王廢太子通進諫曰昔晉獻公以驪姬故廢立太子晉國亂者數十年秦不早定扶蘇終使滅祀今太子仁孝陛下必欲廢嫡立庶臣願先伏誅以頸血汙地帝曰公罷吾戲耳通曰太子天下本本一搖天下振動奈何以天下戲乎

張釋之為謁者僕射從文帝登虎圈帝問上林尉禽獸簿十餘問尉左右視不能對虎圈嗇夫從旁代尉對甚悉帝曰吏不當如此耶尉亡賴詔釋之拜嗇夫為上林令釋之前曰陛下以絳侯周勃何如人帝曰長者復問東陽侯張相如何如人帝復曰長者釋之曰此

兩人言事曾不能出口豈效此嗇夫喋喋利口捷給哉陛下以嗇夫口辯而超遷之臣恐天下爭口辯亡其實帝曰善迺止不拜嗇夫

袁盎為中郎將文帝嘗從霸陵欲西馳下峻阪盎攬轡帝曰將軍怯耶盎曰千金之子不垂堂百金之子不騎衡聖主不乘危不僥幸今陛下騁六飛馳不測山有如馬驚車敗陛下縱自輕奈高廟太后何帝乃止

郅都為中郎將嘗從景帝入上林賈姬在廁

野彘入厠。帝欲自持兵救姬。都伏帝前曰。亡一姬復一姬進。天下所少寧姬等耶。陛下縱自輕。奈宗廟太后何。帝還。彘亦不傷姬。太后聞之。賜都金百斤。帝亦賜金百斤。由是重都

東方朔事武帝。有殺上林鹿者。帝大怒。下有司殺之。群臣皆相阿曰。殺人主鹿。大不敬。當死。東方朔時在傍曰。是人罪當死者三。使陛下以鹿之故殺人。一當死。使天下聞之。皆以陛下重鹿賤人。二當死。匈奴即有急。推鹿觸

之。三當死也。帝嘿然。遂釋其罪

司馬相如嘗從武帝至長楊獵。帝方好自擊熊彘馳獸。相如諫曰。臣聞物有同類而殊能者。故力稱烏獲。捷言慶忌。勇期賁育。臣之愚以為人誠有之。獸亦宜然。今陛下好陵阻險射猛獸。卒然遇軼材之獸。駭不存之地。犯屬車之清塵。是胡越起於轂下。而羌夷接軫也。帝善之

魏相為丞相時。後將軍趙充國等議欲因匈奴衰弱。出兵擊其右地。相上書諫曰。臣聞之。救亂誅暴。謂之義兵。兵義者王。敵加於己。不得已而起者。謂之應兵。兵應者勝。爭恨小故。不忍憤怒者。謂之忿兵。兵忿者敗。利人土地寶貨者。謂之貪兵。兵貪者破。恃國家之大。矜人民之衆。欲見威於敵者。謂之驕兵。兵驕者滅。此五者非但人事。乃天道也。匈奴未有犯於邊境。今聞諸將軍欲興兵入其地。臣愚不知此兵何名也。今郡國守相多不實選。風俗

尤薄。水旱不時。案今年計子弟殺父兄妻殺夫者凡二百二十二人。臣愚以為此非小變也。左右不憂。乃欲報纖介之忿於遠夷。殆陛下與列侯及有識者詳議乃可。帝從相言而止

薛廣德為御史大夫。直言諫爭。始拜旬日。元帝幸甘泉。郊泰畤。禮畢。因留射獵。上書諫曰。竊見關東困極。人民流離。陛下日撞亡秦之鍾。聽鄭衛之樂。臣誠悼之。今士卒暴露。從官

勞倦。願陛下亟返宮。思與百姓同憂樂。天下幸甚。帝即日還。其秋酎祭宗廟。帝出便門欲御樓船。廣德當乘輿車免冠頓首曰。宜從橋。詔曰。大夫冠。廣德曰。陛下不聽臣。臣自刎。以血汙車輪。陛下不得入廟矣。帝不悅。光祿大夫張猛進曰。臣聞主聖臣直。乘船危。就橋安。帝曰。曉人不當如是耶。乃從橋

谷永為大司農。成帝好微行不止。永諫曰。陛下棄萬乘之至尊。樂家人之賤事。厭高美之

尊號。好匹夫之卑業。使供衛之臣執干戈守空宮。使公卿百僚不知陛下所在。忽有變。將柰社稷何。帝斂容而止

朱雲。成帝時為槐里令。安昌侯張禹以帝師位特進。依違任事。甚尊重。雲上書求見。公卿在前。雲曰。今朝廷大臣上不能匡主。下無以益民。皆尸位素飡。孔子所謂鄙夫不可與事君者也。臣願賜上方斬馬劍。斷佞臣一人頭以厲其餘。帝問誰也。對曰。安昌侯張禹。帝大

怒曰。小臣居下訕上。廷辱師傅。罪死不赦。御史將雲下。雲攀殿檻。檻折。雲呼曰。臣得下從龍逢比干遊於地下足矣。未知聖朝何如耳。御史將雲去。左將軍辛慶忌叩頭流血爭之。帝意乃解。及當治檻。帝曰勿易。因而葺之。以旌直臣

毋將隆。哀帝時為執金吾。侍中董賢方貴。帝使中黃門發武庫兵。前後十輩。送賢及乳母王阿舍。將隆奏曰。武庫兵器。天下公用。國家

武備。繕治造作。皆度大司農錢。大司農錢自乘輿不以給共養。共養勞賜。一出少府。蓋不以本臧給末用。不以民力供浮費。別公私。示正路也。今賢等便僻弄臣。私恩微妾。而以天下公用給其私門。契國威器共其家備。非所以示四方也。孔子曰。奚取於三家之堂。臣請收還武庫

鄭崇。哀帝時為尚書僕射。帝欲封祖母傅太后從弟商。崇諫曰。孝成皇帝封親舅五侯。天

為赤黃晝昬日中有黑氣今祖母從昆弟二人已侯孔鄉侯皇后父為高武侯以三公封尚有因緣今無故欲復封商壞亂制度逆天人心非傅氏之福也後傅太后終以專恣貶號傅氏皆免官爵歸故郡

鮑宣事哀帝為諫大夫見董賢貴倖上書諫曰侍中駙馬都尉董賢本無葭莩之親但以令色諛言自進賞賜亡度并合三第尚以為小復壞暴室使天子使者將作治第行夜吏卒皆得賞賜上冢有會輒大官為供海內貢獻當養一君今乃盡之賢家豈天意與民意邪天不可久負厚之如此反所以害之也誠欲哀賢宜為謝過天地解讎海內免遣就國收乘輿器物還之縣官如此可以終其性命不則海內之所仇未有得久安者也帝嘉納宣言

張皓為司空順帝時清河趙騰上言災變譏刺朝政章下有司收騰繫考所引黨輩八十

餘人皆以誹謗當伏重法皓上疏諫曰臣聞堯舜立敢諫之鼓三王樹誹謗之木春秋採善書惡聖主不罪芻蕘騰等雖干上犯法所言本欲盡忠正諫如當誅戮天下杜口塞諫爭之源非所以昭德示後也帝乃悟減騰等罪

三國魏辛毗為侍中時文帝欲徙士卒家十萬戶實河南時蝗旱民饑群臣以為不可而帝意甚盛皆莫敢言毗曰陛下欲徙士卒家其計安出帝曰卿謂我徙之非耶吾不與卿議毗曰陛下置臣謀議之官安得不與之議耶帝怒不荅起入內毗隨引其裾帝遂奮衣而還良久乃出曰卿持我何太急耶毗曰今徙既失民心又無以食必將為寇也帝遂徙其半

晉傅玄為諫官武帝即位承魏末士風頹敝玄上疏曰臣聞先王之御天下教化隆於上清議行於下近者魏武好法術而天下貴刑名

魏文慕通達而天下賤守節而後綱維不攝
放誕盈朝遂使天下無復清議陛下龍興受
禪弘堯舜之化惟未舉清遠有禮之臣以敦
風節未退虛鄙之士以懲不恪臣是以猶敢
有言帝嘉納之
南宋何尚之文帝擢爲尚書右僕射時帝行幸
還多侵夕尚之表諫曰萬乘宜重尊不可輕
此聖心所鑒豈假臣啓輿駕比出還多冒夜
群情傾懼實有未寧清道而動帝王成則古

今深戒安不忘危若值汲黯辛毗必將犯顔
切諫臣等碌碌每存順默耳伏願少采愚誠
思垂省察以慰四海之望優詔納之
後魏張白澤文帝時爲雍州刺史太和初懷州
民依祁三十餘人首作亂將殺刺史文明皇
后欲盡誅一城之民白澤諫曰臣聞上天愛
物之生明王重民之命故殺一人而取天下
仁者不爲且書云父子兄弟罪不相及今羣
凶肆虐輒裂誅盡合城無辜柰何極辟不誣

一室而況一州或有忠焉或有仁者若淫刑
濫及殺忠與仁斯乃西伯所以歎息於九侯
孔子所以迴輪於河上伏惟聖德昭明殷鑒
水鏡止迅烈之怒抑雷霆之威則普天知幸
矣昔厲防民口卒滅宗姬文聽輿頌終摧強
楚願不以人廢言留神省察從之
崔挺爲光州刺史時孝文以犯罪配邊者多
有逃越遂立重制一人犯罪逋亡合門充役
挺上書以爲周書父子罪不相及天下善人

少惡人多以一人犯罪延及合門司馬牛受
桓魋之罰柳下惠嬰盜跖之誅豈不哀哉辭
甚雅切帝嘉納之
唐魏徵貞觀中拜特進知門下省事時文德皇
后既葬昭陵太宗即苑中作層觀以望之引
徵同升徵熟視曰臣昏眊不能見帝指視之
徵曰此昭陵耶帝曰然徵曰臣以爲陛下望
獻陵若昭陵臣固見之帝泣爲毀觀○帝嘗
從容問徵曰比政治若何徵見久承平帝意

有所忽因對曰陛下貞觀之初導人使諫三年以後見諫者悅而從之比一二年勉強受諫而終不平也帝驚曰公何物驗之對曰陛下初即位論元律師死孫伏伽諫以為法不當死陛下賜以蘭陵公主園直百萬或曰賞太厚答曰朕即位未有諫者所以賞之此導人使諫也後柳雄妄訴隋資有司劾其偽將論死戴胄奏罪當徒執之四五然後赦之謂胄曰第守法如此不謂濫罰此悅而從諫也

近皇甫德參上書言脩洛陽宮勞人收地租厚斂俗尚高髻宮中所化陛下恚曰是子使國家不役一人不收一租宮人無髮乃稱其意臣言人臣上書言不激切不能起人主意激切即近訕謗于時陛下雖從臣言賞帛罷之意終不平此難於受諫也帝悟曰非公無能道此者人苦不自覺耳

房玄齡為司空時太宗欲討高麗群臣莫敢諫玄齡上疏曰邊夷醜種不足待以仁義責以常禮古者以禽魚畜之且陛下每決死罪必三覆五奏重人命也今士無一罪驅之行陣之間委之鋒鏑之下使肝腦塗地老父孤子寡妻慈母望櫬車抱枯骨摧心掩泣其所以變動陰陽傷害和氣實天下之痛也臣願下沛然之詔許高麗自新即臣死骨不朽帝得疏謂高陽公主曰是已危惙尚能憂吾國家事乎時玄齡病篤帝故有此言

褚遂良為諫議大夫以太宗欲伐高麗進諫

曰陛下兵機神算人莫能知昔隋末亂離克平寇難及北狄侵邊西蕃失禮陛下欲命將擊之羣臣莫不苦諫唯陛下明畧獨斷卒並誅夷今聞陛下將伐高麗意皆熒惑然陛下神武英聲不比周隋之主兵若渡遼事須克捷萬一不勝無以威示遠方必更發怒再動兵衆若至於此安危難測帝征高麗果不利

劉仁軌太宗時為櫟陽丞貞觀十四年帝欲幸同州校獵仁軌上疏曰四時蒐狩前王常

典事有沿革未必因循今年甘雨應時秋稼甚盛盡力收穫月半猶未畢功貧家無力禾下始擬種麥直㨂尋常科喚田家已有所妨今既祗供頓事兼之脩理橋道縱大簡畧動費一二萬工百姓收斂實爲狼狽臣願陛下少留萬乘之尊垂聽一介之說退延旬日收刈總了則人盡閒暇家得康寧鑾輿徐動公私交泰帝降璽書勞之

袁利貞高宗時爲太常博士永隆二年正月

以太子初立獻食勑於宣政殿會百官及命婦利貞上疏曰伏以恩旨宣政殿上兼設命婦坐位九部伎及散樂並從宣政殿門入臣以前殿正寢非命婦宴會之處象闕路門非倡優進御之所望請命婦會於別殿九部伎從東西門入散樂一色伏望停省若於三殿別所自可備極恩私微臣忝預禮司不敢不奏輕陳狂瞽頒垂省察帝從之至會日羣臣樂飲帝使中書侍郎薛元超賜利貞百段錦綵

李善感爲監察御史裏行高宗既封泰山欲遍封五嶽善感諫曰數年以來菽粟不稔餓殍相望四夷交侵兵車歲駕陛下宜恭默思道以禳災譴乃更廣營宮室勞役不休天下莫不失望帝是其言自褚遂良韓瑗之死中外以言爲諱幾二十年及善感始諫天下皆喜謂之鳳鳴朝陽

韓朝宗睿宗時爲左拾遺景雲中令諸惡少

作乞寒胡戲朝宗上疏諫曰臣聞之傳曰昔辛有過伊川見被髮於野者曰不及百年此其爲戎乎其禮先亡矣後秦晉遷陸渾之戎于伊川以其中國之人習戎狄之事一言以貫百代可知竊惟今之乞寒濫觴胡俗臣近聽物議咸言非古伏願陛下三思籌其所以又道路籍籍咸云皇太子微服親觀此戲且元良國本蒼生是賴輕此馳驟能無塹蹶況匈奴密發亦何可限或卒然奔波掩襲無備

避近驚擾則憂在不測白龍魚服取困豫且深可畏也況天象變見疫癘相仍厭兵助陰是謂無益帝稱善

張九齡爲中書令玄宗以武惠妃之譖將廢太子瑛九齡奏曰陛下纂嗣鴻業將三十年太子已下常不離深宮日受聖訓今天下之人皆慶陛下享國日久子孫蕃育不聞有過陛下柰何以一日之間廢棄三子且太子國本難於動搖昔晉獻公惑寵嬖之言太子申

生憂死國乃大亂漢武威加六合受江充巫蠱之事禍及太子遂至城中流血晉惠帝有賢子爲太子容賈后之譖以至喪亡隋文帝取寵婦之言廢太子勇而立晉王廣遂失天下由此而論之不可不慎今太子既長無過二王又賢臣待罪左右敢不詳悉帝默然事且寢

顔真卿事代宗時宰相元載多引私黨畏羣臣論奏乃紿帝曰羣臣奏事多挾讒毀請每論事皆先白長官長官以白宰相詳可否以聞真卿上疏曰諸司長官皆得專達於天子郎官御史陛下腹心耳目之臣也故出使天下事無細大得失皆俾訪察還以聞此古明四目達四聰也今陛下欲自屏耳目使不聰明則天下何望焉陛下省察其言虛誣則讒人也宜誅殛之其言不誣則正人也宜獎勵之帝詔可

陸贄爲翰林學士德宗時有獻瓜果者帝嘉

其意欲授以試官贄曰爵位天下公器不可輕也帝曰試官虛名且已與宰相議矣卿其無嫌贄奏信賞必罰霸王之資也輕爵褻刑衰亂之漸也非功而獲爵則輕非罪而肆刑則褻今獻瓜果則授之彼忘軀命者有以相謂矣曰吾之軀命乃同瓜果人何勸哉田夫野人必欲得其歡心厚賜之可也

陽城爲諫議大夫德宗時陸贄罷相會旱裴延齡奏贄失勢怨望言天旱民流度支多欠

諸軍芻糧動搖衆心於是貶贄爲忠州別駕帝怒猶未解中外惴恐以爲罪且不測無敢救者城即陽諫官守延英門上疏論延齡姦佞贄無罪帝大怒欲斬之太子爲營救乃解時朝夕相延齡城曰脫有以延齡爲相當取白麻壞之慟哭於庭乃盡數延齡過惡以聞

宋趙普爲相嘗有武臣立功當遷者太祖素嫌惡其人不與普堅以爲請帝怒曰朕固不爲遷官將若何普曰刑以懲惡賞以酬功古今

之通道也且刑賞者天下之刑賞非陛下之刑賞豈得以喜怒專之帝怒甚起普亦隨之帝入宮普立於宮門久之不去帝悟乃可其奏

王旦爲宰相真宗時禁中火災馳入對曰臣備位宰府天災如此臣當罷免繼上表待罪帝乃降詔罪己許中外上封事言朝政得失後有大臣言非天災乃榮王宮失於火禁請置獄出其狀當斬決者數百人旦持以歸翌日乞獨對曰初火災陛下降詔罪己臣上表待罪今反歸咎於人何以示信且火雖有跡寧知非天譴耶果欲行法頒罪臣以明無狀帝欣然聽納減死者數百輩

孫奭知河陽時永興軍言朱能得天書真宗自拜迎入宮奭上疏切諫以爲天且無言安得有書天下皆知能所爲惟陛下一人不知耳乞斬能以謝天下頃之能果敗

尹洙仁宗時通判秦州西夏叛命洙上言命

令者人主所以取信於下也今朝廷降一命令民間相與竊語以爲不久當更既而信然此命令數更之弊也爵賞陛下所持之柄也近時外戚内臣以及士人或因緣以求恩澤從中而下謂之内降此恩寵過濫之弊也賜予者國家所以勸功也比年以來嬪御伶官太醫之屬賜予過厚此賜予不節之弊也臣願陛下先正於内以正於外然後忠謀漸進紀綱漸舉國用漸足士心漸奮邊境之患庶

乎息矣。帝嘉納之
傅堯俞英宗時為右司諫同知諫院。帝初躬庶政猶謙讓任大臣堯俞言大臣之言非是陛下偶以為然而行之可也。審其非從而徇之。則人主之柄安在。願君臣之際是是非非毋相面從總覽衆議無所適莫則威柄歸陛下矣。嘗因論事帝曰卿何不言蔡襄對曰若襄有罪陛下何不自正典刑。安用臣言帝曰。欲使臺諫以公議出之對曰若付之公議臣但見襄辦山陵事有功。不見其罪臣身為諫官。使臣受旨言事。臣不敢也

司馬光既拜相。言高居簡不宜在左右。括宗曰祔廟畢自當去。光曰。閨閤小臣。何與山陵先後彼知當去而置肘腋尤非宜舜去四凶不為不忠。仁宗貶丁謂不為不孝居簡狡猾膽大不惟離間君臣恐令陛下母子兄弟夫婦皆不寧也及崇政登對又言臣與居簡勢不兩留乞罷除外任帝曰今日已令出外矣

陳道輔高宗時擢左司諫。言中興之治在得天得人。以孝感天以誠得民帝善其深得諫臣體。賜五品服。令尚書省寫圖進入以便觀覽

胡銓高宗時為編脩官。宰臣秦檜決策與金人講和。王倫使金與金使偕來。銓抗疏以為陛下一屈膝則祖宗廟社盡污夷狄祖宗之赤子盡為左衽朝廷宰執皆為陪臣異時豺狼無厭安知其不加我以無禮如劉豫哉三尺童子無知指犬豕而使之拜則怫然怒堂堂天朝相率而拜犬豕曾無童稚之羞耶。王倫誘致北使以詔諭江南為名。是欲臣妾我也。執政孫近附會秦檜。肉食鄙夫萬口一辭牢不可破臣義不與檜等共戴天乞斬倫檜近三人頭竿之藁街。然後羈其使責以無禮。徐興問罪之師。則三軍之士不戰而氣自倍不然臣有蹈東海而死耳。寧能處小朝廷求活耶

彭龜年光宗時除起居舍人嘗奏臣所居之官以記注人君言動為職車駕不過重華問壽皇安如此書者又數十矣恐非所以示後有旨幸玉津園龜年奏不奉三宮而獨出宴遊非禮也又言陛下誤以臣充嘉王府講讀官正欲臣等教以君臣父子之道臣聞有身教有言教陛下以身教臣以言教者也言豈若身之切哉

楊宏中補國子生寧宗時韓佗胄竊弄國柄引將作監李沐為右正言首論罷右相趙汝愚中丞何澹御史胡紘章繼上竄汝愚永州國子祭酒李祥博士楊簡連疏捄爭俱被斥宏中與林仲麟徐範張衜蔣傅周端朝五人上書曰自古國家禍亂之由初非一道惟小人中傷君子其禍尤慘頃精加宸慮特奮睿斷念汝愚之忠勤察祥簡之非黨灼李沐之回邪明示好惡甄別淑慝竄沐以謝天下還祥簡以收士心佗胄怒送太平編管天下號為六君子云

元王磐為宰相世祖欲伐日本師行有期磐入諫曰日本小夷海道險遠勝之則不武不勝則損威臣以為勿伐便帝震怒謂非所宜言此在吾國法言者不赦汝豈有他心而然耶磐對曰臣赤心為國故敢以言苟有他心何為從叛亂之地冒萬死而來歸乎今臣年已八十況無子嗣他心欲何為哉明日帝遣侍臣以温言慰撫之

董士選為御史中丞成宗用師臣劉深言出師征八百媳婦國遠冒煙瘴士卒死者十七八驅民轉粟餉軍死者亦數十萬中外騷然廷臣無敢諫者士選率同列言之奏事殿中畢同列皆起士選乃獨言劉深出師以有用之民而取無用之地就令當取亦必遣使諭之諭之不從然後聚粮選兵視時而動豈得輕用一人安言而致百萬生靈於死地帝色變士選猶明辯不止侍從皆為之戰慄帝曰

事已成卿勿復言士選曰以言受罪臣之所當他日以不言罪臣臣死何益帝麾之起未數月帝聞師敗績慨然曰董士選之言驗矣吾愧之因賜上尊以旌直言為罷兵誅深

阿沙不花武宗嘗御五花殿丞相搭思不花三寳奴等侍阿沙不花見帝容色日悴乃進曰八珎之味不知御萬金之身不知愛惟麴蘗是好姬嬪是耽是猶兩斧伐孤樹未有不顛仆者帝喜曰非卿孰為朕言因命進酒又

頓首曰臣方欲陛下節飲而反勸之是臣之言不信於陛下也臣不敢奉詔左右皆賀帝得直臣遂拜右相

彈劾

漢東方朔武帝時為中郎帝姑館陶公主近幸董偃入見帝置酒宣室是時朔陛戟殿下辟戟而前曰偃有斬罪三安得入乎上曰何謂也朔曰偃以人臣私侍公主其罪一也敗男女之化而亂婚姻之禮傷王制二也陛下富於春秋方積思於六經留神於王事馳騖於唐虞折節於三代偃不遵經勸學反以靡麗為右奢侈為務盡狗馬之樂極耳目之欲行邪枉之道徑淫辟之路乃國家之大賊也帝默然不應久之乃曰善賜朔黄金三十斤

王尊成帝時為司隷校尉時石顯等以罪免歸故郡死尊劾奏丞相匡衡御史大夫張譚知顯等專權擅勢大作威福為海内患害不以時白奏行罰而阿諛曲從附下罔上懐邪

迷國無大臣輔政之義於是衡慚懼免冠謝罪上丞相侯印綬

鮑永光武時為司隷校尉帝叔父趙王良尊戚貴重永以事劾良大不敬朝廷肅然莫不戒慎乃辟扶風鮑恢為都官從事恢亦抗直不避彊禦帝曰貴戚且斂手以避二鮑其見憚如此

張陵桓帝朝為尚書歲首朝賀大將軍梁冀帶劍入省陵呵叱令出勑羽林虎賁奪冀劒

冀跪謝。陵不應。即劾奏冀請廷尉論罪詔以一歲俸贖之百僚肅然

晉傅咸武帝時為尚書左丞。時司隸荀愷從兄喪自表赴哀詔許之而未下。愷乃造楊駿。咸因奏曰死喪之戚兄弟孔懷同堂亡歿方在信宿聖恩矜憫聽使聞喪。詔未下而便造楊駿。急諂媚之敬無友于之情宜加顯貶以隆風教雖有詔不問。駿甚憚之

卞壼懷帝時拜尚書令。切直不畏強禦。王導稱疾不朝而私送車騎將軍郗鑒壼奏導虧法從私。無大臣之節。御史中丞鍾雅阿撓王典。不加準繩。並請免官事雖不行舉朝震肅

傅玄為司隸校尉天性峻急每有奏劾或值日暮捧白簡。整簪帶竦踊不寐坐而待旦於是貴游懾伏臺閣生風

隋郎茂為尚書左丞。工部尚書宇文愷右翊衛大將軍于仲文競河東銀窟茂奏劾愷爵位已隆祿賜優厚拔葵去織寂爾無聞求利下交。曾無愧色。仲文大將宿衛近臣趨侍階庭朝夕聞道虞芮之風抑而不慕分銖之利知而必爭。何以貽範庶僚。示人軌物愷與仲文竟坐罷

唐韋思謙高宗時為監察御史嘗曰御史出使不能動搖山岳。震懾州縣。為不任職。中書令褚遂良市地不如直。思謙劾之。罷為同州刺史。及復相。出思謙清水令。或吊之。答曰吾狷直。觸機輒發。暇恤身乎。丈夫當敢言地須要明目張膽以報天子。焉能碌碌保妻子耶

王義方高宗時擢侍御史會李義府屬大理丞畢正義枉法出囚婦淳于氏將納為妾。事覺逼正義縊死以滅口。無敢白其姦。義方上言天子置公卿大夫士。欲水火相濟鹽梅相成。不得獨是獨非也。今陛下撫萬邦而有之。蠻區夷落。罪無逃罰。況輦轂下姦臣肆虐乎。殺人滅口。此生殺之柄不自主出。而下移佞臣履霜堅冰彌不可長請下有司雜治正義

死狀。即具法冠對仗叱義府下。跪讀所言。人皆憚之。

狄仁傑為侍御史。左司郎中王本立怙寵自肆。仁傑劾奏其惡。武后有詔原之。仁傑曰。朝廷借乏賢。如本立者不尠。陛下惜有罪虧成法。柰何。臣願先斥為羣臣戒。本立抵罪。繇是朝廷肅然。

李勉肅宗在靈武擢為監察御史。時武臣崛興無法度。大將管崇嗣背闕坐。笑語諠縱。勉劾其不恭。帝歎曰。吾有李勉。朝廷始尊。

顔真卿為御史大夫。時廣平王俶總兵二十萬平長安。辭日當闕不敢乘。趨出陛桓乃乘。王府都虞候管崇嗣先王而騎。真卿劾之。肅宗還其奏。慰荅曰。朕子每出。諄諄教戒。故不敢失。崇嗣老而躄。卿姑容之。百官肅然。

溫造穆宗時授侍御史。彈擊無所回畏。夏州節度使李祐拜大金吾。違詔進馬。造即劾之。祐曰。吾夜入蔡州擒吳元濟。未嘗心動。今日膽落於溫御史矣。

歸融文宗開成初拜御史中丞。時湖南觀察使盧周仁以南方屢火取羨錢億萬進京師。融劾奏天下一家。中外之財。皆陛下府庫。周仁陳小利。假異端。公違詔書。徇私希恩。恐海內效之。因緣漁利。生人受弊。罪始周仁。請重責還所進。帝乃詔置其錢於河陰院。以虞水旱。

宋唐介仁宗時殿中侍御史。張堯佐驟除宣徽節度景靈羣牧四使。介與包拯吳奎等力爭之。又請中丞王舉正留百官班廷論。奪其二使。無何。復除宣徽使知河陽。介謂同列曰。是欲與宣徽而假河陽為名耳。不可但已也。同列依違。介獨抗言之。帝謂曰。除擬本出中書。介遂劾宰相文彥博守蜀日造間金奇錦緣內侍通宮掖以得執政。今顯用堯佐益自固結。請罷之而相富弼。又言諫官吳奎表裏觀望。語甚切直。帝怒。却其奏不視。且言將遠竄

介徐讀畢曰臣忠憤所激鼎鑊不避何辭於
譴帝急名執政示之曰介論事是其職至謂
彥博由妃嬪致宰相此何言也時彥博在前
介責之曰彥博宜自省即有之不可隱彥博
拜謝不已帝怒益甚梁適叱介使下殿脩起
居注蔡襄趨進救之貶介春州別駕王舉正
以為太重帝旋悟明日取其疏入改置英州
而罷彥博相介由是直聲動天下
鞠詠仁宗時為監察御史錢惟演自亳州來

朝圖入相詠奏惟演憸險嘗與丁謂為婚姻
緣此大用後揣知謂姦狀已萌懼牽連得禍
因此力攻謂今若以為相必大失天下望帝
遣內侍持奏示之惟演猶顧望不行詠語諫
官劉隨曰若相惟演當取白麻廷毀之惟演
聞之乃亟去
趙抃仁宗朝為殿中侍御史彈劾不避權倖
聲稱凜然京師目為鐵面御史其言務欲朝
廷別白君子小人以謂小人雖小過當力遏

而絕之君子不幸詿誤當保全愛惜以成就
其德
司馬光知諫院英宗立遷都知任守忠等官
光爭論守忠大姦陛下為皇子非守忠意沮
壞大策離間百端賴先帝不聽及陛下嗣位
反覆交構國之大賊乞斬於都市以謝天下
於是罪守忠為節度副使安置蘄州天下快
之
張戩神宗熙寧初為監察御史裏行累章論

王安石亂法乞罷條例司及追還常平使者
劾曾公亮陳升之趙抃依違不能救正韓絳
左右徇從與為死黨李定以邪諂竊臺諫且
安石擅國輔以絳之詭隨臺臣又用定輩繼
續而來芽蘖漸盛呂惠卿刻薄辯給假經術
以文姦言豈宜勸講君側書數十上又詣中
書爭之安石舉扇掩面而笑戩曰戩之狂直
宜為公笑然天下之笑公者不少矣趙抃從
旁解之戩曰公亦不得為無罪抃有愧色

劉摯神宗朝爲監察御史裏行即奏論亳州獄起小人意在傾富弼以市進今弼已得罪願少寛之又言程昉開漳河調發猝迫人不堪命趙子幾擅升畿縣等使納役錢縣民日數千人遮訴宰相京師喧然何以示四方張靚王廷老擅增兩浙役錢督賦嚴急人情嗟怨此皆欲以羨餘希賞願行顯責明朝廷本無聚斂之意帝面賜褒賞

王岩叟爲監察御史哲宗即位蔡確爲裕陵復土使還朝以定策自居岩叟奏陛下之立以子繼父百王不易之典太皇太后先定於中而確敢貪天自伐章惇詭賊狠戾罔上蔽明不忠之罪蓋與確等近黨前爭役法詞氣不遜無事上之禮帝是其言二人相繼退黜

蘇轍哲宗元祐初爲右司諫宣仁后臨朝用司馬光呂公著欲革弊事而舊相蔡確韓縝樞密使章惇皆在位窺伺得失轍皆論去之呂惠卿始諂事王安石倡行虐政以害天下及勢均力敵則傾陷安石甚於仇讎世尤惡之至是自知不免乞宮觀以避貶竄轍具疏其姦轍之論事切直多類此

劉安世哲宗朝擢爲右正言時蔡確雖貶尚與章惇等創造語言恐脅貴近安世復言蔡確章惇與黃履邢恕四人在元豐末號爲死黨惇確執政倡之於內履爲中丞與其寮屬和之於外恕立其間往來傳送天下之事在其掌握聖上嗣位實太后聖慮深遠爲宗廟

社稷無窮之計彼四人者乃敢貪天之功以爲己力伏望明詔執政正四凶之罪布告天下蔡確近已貶竄而章惇黃履邢恕欲乞並逐之遠方終身不齒由是三人亦皆得罪

李安民爲監察御史論蔡京姦足以惑衆辯足以飾非巧足以移奪人主之視聽力足以顛倒天下之是非內結權貴外連朝士在廷之臣京黨過半陛下何不早覺悟而逐去之待其羽翼成就則悔無及矣是時京之姦始

萌人多未測而安民之言前後皆驗
陳俊卿高宗時為殿中侍御史言人主以兼聽為美必本至公人臣以不欺為忠必達大體御下之道恩威並施抑驕將作士氣則綱紀正而號令行矣遂劾韓仲通本以獄事附秦檜寃陷無辜檜黨盡逐而仲通獨全劉寶總戎京口恣肆掊剋且拒命不分戍於是二人遂抵罪
馬伸高宗時擢殿中侍御史初奏孫覿謝克

家趣操不正在靖康間與王時雍王及之等七人結為死黨乃負國之賊宜加遠竄又言黄潛善汪伯彥入相以來處事未嘗愜當物情遂使女真日強盜賊日盛國本日蹙威權日削宜速罷潛善伯彥政柄別選賢者共國大事疏入以伸言不實責濮州監酒稅天下惜之
杜莘老為侍御史嘗歎曰臺諫當論天下第一事若有所畏姑言其次是欺其心不敢其君者也及任言責極言無隱取衆所指目者悉擊去之內侍劉炎莞禁中市易犬為姦利莘老疏聞即斥監嘉州稅淮南運副王秬居官簠簋不飾莘老劾罷之幸璧王繼先怙寵干法富浮公室屋擬禁庭未有敢摇之者莘老疏數其十罪竄置繼先福州子孫勒停天下稱快

五倫書卷之三十二

五倫書卷之三十三

上

商伯夷武王伐紂。伯夷與弟叔齊扣馬陳君臣之義以諫。左右欲兵之。太公曰。義人也。扶而去之。及武王平殷。夷齊義不食周粟。去隱于首陽山。採薇而食。遂餓而死

列國晉荀息為獻公之子奚齊傅。公疾召之曰。

以是藐諸孤辱在大夫。其若之何。對曰。臣竭其股肱之力。加之以忠貞。其濟。君之靈也。不濟則以死繼之。公曰。何謂忠貞。對曰。公家之利。知無不為。忠也。送往事居。耦居無猜。貞也。公卒。里克將殺奚齊。告荀息曰。三怨將作。秦晉輔之。子將何如。息曰。將死之。里克曰。無益也。荀息曰。吾與先君言矣。不可以貳。能欲復言而愛身乎。雖無益也。將焉辟之。及里克殺奚齊。荀息立其母弟公子卓以葬。里克殺卓子。荀息死之

齊杞梁華舟。時莊公伐莒。為車五乘之賓。而杞梁華舟獨不與焉。故歸而不食。其母曰。汝生而無義。死而無名。則雖非五乘。孰不汝笑也。汝生而有義。死而有名。則五乘之賓盡汝下也。趣食乃行。杞梁華舟同車侍於莊公而行。至莒。莒人逆之。杞梁華舟下鬬。獲甲首三百。莊公止之曰。子止。與子同齊國。杞梁華舟曰。君為五乘之賓。而梁舟不與焉。是少吾勇

也。臨敵涉難。止我以利。是汙吾行也。深入多殺者。臣之事也。齊國之利。非吾所知也。遂進鬬壞軍陷陣。三軍弗敢當。至莒城下。莒人以炭置地。二人立有間。不能入。隰侯重為右。曰。吾聞古之士犯患涉難者。其去遂於物也。來吾踰子。隰侯重伏楯伏炭。二子乘而入。顧而哭之。華舟後息。杞梁曰。汝無勇乎。何哭之久也。華舟曰。吾豈無勇哉。是其勇與我同也。而先吾死。是以哀之。莒人曰。子毋死。與子同莒

國。梁舟曰。去國歸敵。非忠臣也。去長受賜。非正行也。且雞鳴而期。日中而忘之。非信也。深入多殺者。臣之事也。莒國之利。非吾所知也。遂進鬬。殺二十七人而死

邢蒯聵使晋而反。崔杼弑莊公。其僕曰。杼弑公。將奚如。蒯聵曰。驅之。將入死而報君。僕曰。君之無道也。四隣諸侯莫不聞也。以夫子而死之。不亦難乎。蒯聵曰。善。能言也。然亦晚矣。子早言我。我能諫之。諫之不聽。我能去。今既

不諫。又不去。吾聞食其祿者死其事。吾既食亂君之祿矣。安得治君而死之。遂驅車入死。僕曰。人有亂君。人猶死之。我有治長。可無死乎。乃結轡自刎於車上

王蠋居齊之畫邑。燕昭王使樂毅伐齊。毅之初入齊也。聞蠋賢。令於軍曰。環畫三十里毋入。以蠋之故也。使人謂蠋曰。齊人多高子之義。吾以子為將。封子萬家。蠋因謝燕人。燕人曰。子不聽。吾引三軍而屠畫邑。蠋曰。忠臣不事二君。貞女不更二夫。齊王不聽吾言。故退而耕於野。國既破亡。吾不能存。今有劫之以為將。是助桀為暴也。與其生而無義。固不如烹。遂懸其頸於樹枝。自奮絶脰而死。齊亡大夫聞之曰。蠋布衣。義猶不背齊向燕。況在位而食祿者乎。乃相聚如莒。求諸公子立為襄王

楚屈原。楚之同姓大夫。秦欲吞滅諸侯。屈原為懷王東使於齊。以結強黨。秦患之。使張儀

貨楚貴臣上官大夫靳尚之屬。內賂夫人鄭袖。共譖屈原。遂放於外。儀使楚絶齊。許謝地六百里。王信之。及絶齊而欺以六里。王大怒。舉兵伐秦。大敗。因得儀而囚焉。上官大夫之屬共言王。王歸之。時王悔不用原之策。以至於此。故復用原。原大為王言儀之罪。王使人追之不及。後秦嫁女于楚。與王懽。為藍田之會。原以為秦不可信。願勿會。羣臣皆以為可會。王遂會。果見拘囚。客死於秦。為天下笑。王

子頃襄王知羣臣諂誤王不察其罪反聽羣讒之口復放原原於是不忍見乎闇主亂俗以是為非以清為濁遂自投汨羅而死

晉豫讓嘗事智伯及趙襄子殺智伯漆其頭以為飲器讓欲為之報讎乃變姓名為刑人挾匕首入襄子宮中塗廁襄子入廁心動左右執讓欲殺之襄子曰智伯死無後此人欲為報讎義士也吾謹避之讓又漆身為癩吞炭為啞行乞於市其妻不識其友識之泣曰

以子之才臣事趙孟必得近幸子乃為所欲為顧不易邪何乃自苦如此讓曰委質為臣又求殺之是二心也吾所以為此者將以愧天下後世為人臣而懷二心者後又伏於橋下欲殺襄子襄子殺之

漢紀信為將軍項羽嘗圍高祖于滎陽漢軍乏食信乃說漢王曰事急矣請為王誑楚王可間出於是漢王夜出女子東門二千餘人被甲楚軍四面擊之信乃乘黃屋車傅左纛曰城中食盡漢王降楚楚軍皆呼萬歲之城東觀漢王得與數十騎從西門出走成皐項王見紀信問漢王安在信曰漢王已出矣項王燒殺信

臧洪為東郡太守時曹操圍張超於雍丘洪從袁紹請兵將赴其難紹不聽超城遂陷洪由是怨紹不與通紹興兵圍之歷年不下乃增兵急攻洪殺愛妾以食兵將兵將流涕莫有離叛城陷生執洪紹問洪何相負若是今

日服未洪據地瞋目曰諸袁事漢四世五公可謂受恩今王室微弱無扶翼之意欲因際會希冀非望惜洪力弱不能為天下推刃報仇何可服乎紹命殺之洪邑人陳容在座見洪當死起謂紹曰將軍舉大事而先誅忠義豈合天意紹慙使人牽出曰汝臧洪儔空復爾為容顧曰夫仁義豈有常所蹈之則君子背之則小人今日寧與臧洪同日死不與將軍同日生遂見殺在紹座者莫不歎息

嚴顔為巴郡太守益州牧劉璋將也璋遣顔守江州張飛與諸葛亮等泝流而上分定郡縣至江州生獲顔飛呵顔曰大軍至何以不降而敢拒戰顔曰卿等無狀侵奪我州但有斷頭將軍無降將軍也飛怒令左右牽出斫頭顔色不變曰斫頭便斫頭何為怒耶

三國蜀傅彤從先主與吳兵戰義陽敗北彤斷後拒戰兵盡吳將語彤令降彤罵曰吳狗豈有漢將軍降者遂戰死子忩為關羽都督亦

臨危授命識者嘉其奕世忠義

魏范粲咸熙中為大宰中郎司馬炎廢魏主芳為陳留王而代之為帝也粲素服拜送魏主哀動左右遂稱疾陽狂不言寢所乘車足不履地子孫有婚宦大事輒密諮焉合者則色無變不合則眠寢不安子喬等侍疾家庭足不出邑里晉書詔以二千石祿養病加賜帛百疋喬辭不敢受粲不言凡三十六年年八十四終於所寢之車

晉嵇紹惠帝時為侍中時朝廷有北征之役紹以天子蒙塵承詔詣行在所值王師敗績於蕩陰百官及侍衛莫不散潰唯紹以身捍衛兵交御輦飛箭雨集紹被害於帝側血濺御服帝深哀歎之及事定左右欲浣衣帝曰此嵇侍中血勿去

周顗為尚書左僕射太興初王敦構逆護軍長史郝嘏等勸顗避之顗曰吾備位大臣朝廷喪敗寧可復草間求活外投胡越邪俄而

與戴若思俱被收路經太廟顗大言曰天地先帝之靈賊臣王敦傾覆社稷枉殺忠臣陵虐天下神祇有靈當速殺敦無令縱毒以傾王室語未終收者以戟傷其口血流至踵顗色不變容止自若罵不絕口遂被害

卞壼成帝時蘇峻反詔以壼都督大桁東諸軍討之與峻大戰於陵西為峻所破還節詣闕謝罪峻復進攻青溪壼與諸軍距擊六軍敗績壼時發背創猶未合力疾而戰率厲散

衆及左右吏數百人攻賊。麾下苦戰。遂死之。二子盻盰見父歿。相隨赴賊。同時見害。盻母裴氏撫二子尸哭曰。父爲忠臣。汝爲孝子。夫何恨乎。其後盜發壺墓。尸僵。鬓髮蒼白。面如生。兩手悉拳。爪甲穿達手背。安帝詔給錢十萬以修塋兆

隋馮慈明。大業中拜尚書兵曹郎。後攝江都郡丞事。李密逼東都。詔慈明擊密。至鄢陵爲賊黨崔樞所執。密延慈明坐。勞苦之。謂曰。隋祚

已盡。吾躬率義兵。所向無敵。東都計日將下。今欲率四方之衆。問罪江都。卿以爲何如。慈明荅曰。慈明直道事人。有死而已。不義之言。非所敢對。密不悅。冀其後改。厚加禮焉。慈明潛使人奉表江都。及致書東都留守。論賊形勢。密知其狀。又義而釋之。出至營門。賊帥翟讓怒曰。爾爲使人。爲我所執。魏公相待至厚。曾無感戴。寧有畏乎。慈明勃然曰。天子使我來。正欲除爾輩。不圖爲賊黨所獲。我豈從汝求活耶。須殺便殺。何須罵。於是亂刀斬之

唐張善相。高祖時爲伊州總管。王世充攻之。遣使三輩請救。朝廷未暇。會粮盡衆餓死。善相謂僚屬曰。吾爲唐臣。當効命。君等無膺死。斬吾首以下賊可也。衆泣不肯。曰。與公同死。愈於獨生。城陷被執。罵賊見殺。帝歎曰。我負善相。善相不負我。乃封其子爲襄城郡公

顔杲卿。開元中爲營田判官。假常山太守。時安祿山反。杲卿與從弟平原太守真卿同起

兵討賊。以功拜衛尉卿兼御史中丞。後敗。賊以杲卿至洛陽。祿山怒曰。吾擢爾太守。何所負而反。杲卿瞋目罵曰。汝營州牧羊羯奴耳。竊荷恩寵。天子負汝何事。而乃反乎。我世唐臣。守忠義。恨不斬汝以謝上。乃從爾反邪。祿山不勝忿。縛之天津橋柱。節解以肉噉之。詈不絶口。賊鈎斷其舌。曰。復能詈否。杲卿含胡而絶。其宗子近屬皆被害。乾元初贈太子太保。謚曰忠節

張巡。初為真源令。時安禄山反。巡起兵討賊。後守睢陽。賊將尹子琦攻之。城中食盡。議棄城東走。巡與太守許遠謀曰。睢陽乃江淮保障。若棄之去。賊必乘勝長驅。是無江淮也。不如堅守以待之。始與士卒同食茶紙。既盡食馬。馬盡羅雀掘鼠。既盡。巡出愛妾殺以食士。遠亦殺其奴。然後括城中婦人食之。既盡。繼以男子老弱。人知必死。莫有叛者。所餘纔四百人。既而賊登城。將士病不能戰。巡西向再

拜曰。臣力竭矣。不能全城。生既無以報陛下。死當為厲鬼以殺賊。城遂陷。巡遠俱被執。子琦謂巡曰。聞公督戰大呼。輒眥裂血面嚼齒皆碎。何至是。荅曰。吾欲氣吞逆賊。顧力屈耳。子琦怒。以刀抉其口。齒存者三四。巡罵曰。我為君父死。爾附賊。乃犬彘也。子琦以巡不屈。遂并巡部將南霽雲雷萬春等三十六人皆殺之。生致許遠於洛陽。不屈。禄山亦殺之。

張興。為饒陽裨將。安禄山攻饒。興開張禍福。譬曉敵人。而嬰城彌年。衆心遂固。及滄趙陷。史思明引衆傅城。興擐甲持陌刀重五十斤乘城。賊將入。興一舉刀輒數人死。賊皆氣懾。城破。思明縛之馬前。好謂曰。將軍壯士。能屈節當受高爵。興曰。昔嚴顏一巴郡將。猶不降張飛。我大郡將。安能委身逆虜。今日幸得死。然願以一言為誠。思明曰。云何。興曰。天子遇禄山如父子。今乃反。大丈夫不能為國掃除。反為其下。何哉。思明曰。將軍不覩天道耶。吾

向起兵二十萬。直趣洛陽。天下大定。以偏師叩函谷。守將面縛。唐亡固矣。興曰。桀紂秦隋窮人力。舉四海與為怨。故商周漢唐因得代之。而有神器。皇帝無違德。禄山非數帝賢。是苟延歲月。終即禽耳。思明怒。鋸解之。且死罵曰。吾能裒殭死兵敗賊衆。軍中凜然為改容。

段秀實。德宗時為司農卿。朱泚反。秀實陰結將軍劉海賓姚令言何明禮。欲圖泚。會源休教泚僞迎天子。遣將韓旻領鋭師三千疾馳

奉天秀實以為宗社危不容喘乃遣人倒用司農印追其兵還謂海賓曰旻之来吾等無遺類我當直搏殺賊不然則死翌日泚召秀實計事源休姚令言李忠臣皆在坐秀實戎服與休並語至僭位勃然起執休腕奪其象笏唾泚面大罵曰狂賊可磔萬段我肯從汝反耶泚舉臂捍笏中額流血匍匐走賊衆未敢動而海賓等無至者秀實大呼曰我不同反胡不殺我遂遇害帝聞為之垂涕

顔真卿累官至太子太師時李希烈反陷汝州朝廷遣真卿諭之一日希烈大會其黨適朱滔王武俊田悦李納使者皆在坐謂希烈曰聞太師名德久矣公欲建大號而太師至求宰相孰先太師者真卿叱曰若等聞顔常山否吾兄也祿山反首舉義師後雖被執詬賊不絕于口吾年且八十官至太師吾守吾節死而後已豈受若等脅耶諸賊失色希烈乃拘真卿守以甲士數劫之以威不屈遂拘送蔡州真卿度必死乃作遺表墓誌祭文指寢室西壁下曰此吾殯所也後王師復振賊慮變遣其黨至真卿所積薪于庭曰不能屈節當焚死真卿起赴火其黨遽止之已而希烈又使閹奴等害真卿曰有詔真卿再拜奴曰且賜卿死真卿曰老臣無狀罪當死然使人何日長安来奴曰從大梁来真卿罵曰乃逆賊耳遂縊殺之聞者皆泣下

劉迺德宗朝拜兵部侍郎朱泚之亂帝幸奉天迺臥病私第泚遣人召之固稱篤復遣偽相蔣鎮慰誘迺佯瘖不荅炙無完膚鎮再至知不可脅乃太息曰我嘗忝曹郎不能死寧以自辱羶腥復欲汙賢哲乎遂止迺聞車駕如梁州自投於床搏膺呼天不食而卒帝聞其忠贈禮部尚書謚貞惠

孫揆昭宗時討李克用揆為昭義軍節度使以本道兵會戰克用伏兵刀黃嶺執揆厚禮而將用之謂揆曰公輩當從容廟堂何為自

履行陣也。揆大罵不詘。克用怒。使以鋸解之。鋸齒不行。揆謂曰。死狗奴。鋸人當束之以板。汝輩安知。行刑者如其言。罵聲不輟至死。帝憐之。贈左僕射

五代梁王彥章。累官至宣義節度使。驍勇有力。善用鎗。軍中號為王鐵鎗。平生不知書。其語質。常語人曰。人死留名。豹死留皮。及唐兵攻兖州。末帝召彥章守捉東路。彥章兵少戰敗。退保中都。又力戰傷重。馬踣被擒。莊宗見之

曰。爾善戰者。何不守兖州。而守中都。中都無壁壘。何以自固。彥章對曰。大事已去。非人力可為。莊宗愛其驍勇。欲全活之。使人慰諭彥章。謝曰。臣與陛下血戰十餘年。今兵敗力窮。不死何待。且臣受梁恩。非死不能報。豈有朝事梁而暮事晉。生何面目見天下之人乎。又遣明宗往諭之。彥章病創臥不能起。仰顧明宗。呼其小字曰。汝非邈佶烈乎。我豈苟活者。遂見殺

五倫書卷之三十三

五倫書卷之三十四

宋秦傳序淳化間充夔峽巡檢使李順之亂賊傳夔城傳序督士卒晝夜拒戰危蹙日甚長吏皆奔竄傳序謂士卒曰吾為監軍盡死節以守城吾之職也安可苟免城中乏食傳序出囊橐服玩盡市酒肉犒士而勉慰之衆皆

感泣力戰城壞傳序赴火死其子奭遡峽求父屍竟溺死人以其父子死忠孝太宗嗟惻久之錄其次子煦為殿直賜其家錢十萬

康保裔真宗時為高陽關都部署契丹兵大入諸將與戰于河間保裔選精銳赴之會暮約詰朝合戰遲明契丹圍之數重左右勸易甲馳突以出保裔曰臨難毋苟免遂決戰二日殺傷甚衆蹴踐塵深二尺兵盡矢絕援不至遂沒焉時車駕駐大名聞之震悼廢朝二日贈侍中官其子

蘇緘以皇城使知邕州蠻人入寇陷欽廉破邕四砦緘閲州兵得二千八百人召僚吏與郡人之材者授以方畧且諭固守以遲外援賊知外援不至或教賊囊土傅城者頃刻高數丈蟻附而登城遂陷緘戰愈厲而力不敵乃曰吾義不死賊手亟還州治殺其家三十六人縱火而死其後交人謀寇桂州行數舍其衆見大兵從北来呼蘇城隍領兵来報怨

懼而引歸邕人為之立祠元祐中賜額懷忠

董元亨通判貝州王則據城叛賊黨十餘人持刃劫元亨曰大王遣我来索軍資庫鑰元亨據案叱之曰大王誰也妖賊乃敢弄兵乎我有死耳鑰不可得也賊將郝用繼至索愈急曰庫帑今日大王所有也可不上鑰乎元亨厲聲罵之遂遇害事聞仁宗曰守法之臣也贈太常少卿

趙師旦仁宗時知康州儂智高東下師旦使

人覘之。還報曰。諸州守皆棄城走。師旦曰。汝亦欲吾走耶。乃大索得諜者三人斬以徇。而賊已薄城。師旦止有兵三百。開門迎戰。殺數十人。會暮賊稍却。師旦使其妻負州印并其子以匿。明日賊大至。師旦與監押馬貴部衆固守。賊攻城急。左右請少避。師旦曰。戰死與戮死何如。衆皆曰。願為國家死。至城破。無一人逃者。矢盡。與貴還堂坐。智高麾兵鼓譟爭入脅之。師旦大罵曰。餓獠。朝廷負若何事。乃

敢反耶。天子發一校兵。汝無遺類矣。遂與貴俱受害。贈光祿少卿。州人立廟祀之。同時有王從政者以閤門祗候與智高戰于太平場。被執。罵賊不已。以沸湯沃之。終不屈。死贈信州刺史。俱錄其子孫

詹良臣。徽宗時為縉雲尉。方臘反。有盜霍成富者用臘年號。剽掠縉雲。良臣曰。捕盜尉職也。縱不勝。敢愛死乎。率弓兵數十人出禦。為所執。賊誘使降。良臣曰。汝輩不知求生。顧欲降我耶。昔年李順反於蜀。王倫反於淮。王則反於貝。身首橫分。妻子無少長皆誅。旦暮官軍至。汝肉飼狗鼠矣。賊怒臠其肉使自啖之。良臣吐且罵。至死不絕聲。見者流涕。帝聞之贈通直郎。官其子孫

鞠嗣復。徽宗時知歙州休寧縣。方臘黨破縣。欲逼使降。嗣復罵曰。自古妖賊豈有長久者。爾當去逆從順。因我而歸朝。官爵尚可得。何為脅我使降。嗣復知不免。屢言何不速殺我。

賊曰。明府宰邑有善政。我不忍殺。乃委之而去

歐陽珣。知杭州鹽官縣。罷。起授南安錄。靖康初如京師。朝議割河北絳磁深三鎮地與金人講和。珣率其友九人上書。極言祖宗之地。尺寸不可以與人。且虜志不在地。當與力戰。戰敗而失其地。他日取之直。不戰而與其地。他日取之曲。時宰怒。迺以珣為將作監丞。奉使割深州。珣至城下慟哭。謂城上人曰。朝廷

爲姦臣所誤至此。吾已辦一死來矣。汝等宜
勉爲忠義報國。金人怒。執送燕焚死之
李若水。累官至吏部侍郎。金人粘罕邀欽宗
出郊。逼帝易服。若水忿怒抱持大哭。詆金人
爲狗輩。金人曳出擊之。敗面氣結仆地。因絶
不食。虜或勸勉之曰。事無可爲者。公昨雖有
言。國相無怨心。今日順從。明日富貴矣。若水
曰。天無二日。若水寧有二主哉。粘罕令擁之
出。反顧罵益甚。監軍者撾破其唇。噀血罵愈
切。至以刃裂頸斷舌而死
陳東。太學生。建中靖國初。上書論蔡京壞亂
於前。梁師成陰謀於後。李彥結怨於西北。朱
勔結怨於東南。王黼童貫又結怨於遼金。剏
開邊隙。宜誅六賊。傳首四方。以謝天下。言極
憤切。高宗即位。又言乞留相李綱。而速罷黃
潛善汪伯彥。不報。會布衣歐陽澈亦上書言
事甚切直。極詆用事大臣。潛善以語激怒高
宗。言不亟誅。將復鼓衆書。獨下潛善所府尹

孟庾召東議。東請食而行。食已如廁。吏有難
色。東笑曰。我陳東也。畏死即不敢言。已言肯
逃死乎。頃之具冠帶出。別同列。邸舍乃與澈
同斬於市。時人莫不流涕。後帝感悟。並追贈
承事郎
徐徽言。靖康中知晉寧軍。金人再犯京師。制
司檄徽言守河西。同知樞密院事聶昌出河
東。爲金人所刼。以便宜割河西三州與之。軍
民大恐。徽言曰。此使人矯詔耳。設有詔猶當
執奏。況無耶。遂率兵取三州。又陰結汾晉土
豪數十萬。約收全晉故地。爲克復中原之計。
而金人攻之不已。徽言遂置妻子室中。積薪
自焚。仗劒坐堂上。語將士曰。我天子守土臣。
義不見蟣敵手。因拔佩刀自擬。左右號救持
之。金兵奄至。挾之去。猶憚其威名。金將婁宿
使其所親說令具冠載見。徽言斥曰。朝章覲
君父禮。以入穹廬可乎。婁宿就見徽言。語曰
二帝北去。爾其爲誰守此。徽言曰。吾爲建炎

天子守。婁宿曰。我兵已南。中原事未可知。何自苦為。徽言怒曰。吾恨不屍汝輩歸見天子。將以死報太祖太宗地下。庸知其他。婁宿又出金制謂曰。能小屈當使汝世帥延安。徽言罵曰。吾荷國恩。死正吾所。此膝詎可為汝輩屈耶。當親刃我。不可使餘人見加。婁宿舉戟向之。覩其懼伏。徽言披衽迎刃。意象自若。金人飲以酒。即持杯擲婁宿曰。我尚飲汝酒乎。慢罵不已。金人知不可屈。遂射殺之。事聞。高

宗撫几震悼。顧宰輔曰。徐徽言報國死封疆臨難不屈。忠貫日月。過於顏真卿段秀實遠矣。不有以寵之。何以勸忠。昭示來世。乃贈晉州觀察使。謚忠壯

趙令宬宋宗室也。建炎中以直龍圖閣知黄州。金人犯黄。令宬先以內艱去。受詔起復在道。郡卒得金人木笴鑿箭。浮江告急。令宬疾趨夜半入城。金人力攻。翼日城陷。金人欲降之。大罵不屈。酌以酒。揮之不肯飲。衣以戰袍。曰。我豈當服。金人曰。趙使君何堅執耶。曰。但當拜祖宗。豈能拜犬彘。金人怒。鞭之流血被面。罵不絕口而死。事聞。贈徽猷閣待制。謚愍忠。州人乞立廟。從之。時都監王遠。判官吳源。巡檢劉卓。皆以不屈死

宗澤為東京留守。時徽欽北行。高宗南狩。澤前後請帝還京二十餘奏。每為黄潛善汪伯彥所抑。憂憤成疾。疽發于背。諸將入問疾。澤矍然曰。吾以二帝蒙塵。憤憤至此。汝等能殲

敵。則我死無恨。衆皆流涕曰。敢不盡力。諸將出。澤歎曰。出師未捷身先死。長使英雄淚滿襟。無一語及家事。但連呼過河者三而卒

岳飛自少負氣節。好讀左氏春秋。孫吳兵法。建炎中累官至統制制置使。加太尉檢校少保。初從留守宗澤戰開德曹州皆有功。澤大奇之。曰。爾勇智才畧。古良將不能過。澤卒。杜充代之。充棄京師之建康。飛說之曰。中原地尺寸不可棄。一舉足。此地非我有。況社稷宗

廟在京師。陵寢在河南、非他地比。充不聽、金人入寇。飛泣諫請充視師、充閉門不出、虜由馬家渡度江。充遣飛與之戰、既暮士卒乏食、諸將欲潰、飛厲衆曰。我輩荷國厚恩當以忠義報國。今日有死無二。有輒出者斬、詞色慷慨。士皆感泣。奮戰。擒金將王權、復引兵平江淮諸路、賊皆望風先遁、高宗手書精忠岳飛四大字製旗賜之。是時兀术粘罕屢入寇、諸將莫有能禦之者、飛皆破走之。自燕以南、金

人號令不行、兀术欲簽軍以抗飛、河北無一人從者、金帥烏陵思謀素號桀黠、亦不能制其下。但諭之無輕動、俟岳家軍來即降。金統制王鎮、統領崔慶、將官李覬、崔虎、華旺等、皆率所部降。禁衛龍虎大王下忔查千戶高勇之屬、皆密受飛旗。自北來降。金將軍薛常欲以五萬衆內附。飛大喜、語其下曰。直抵黃龍府、與諸君痛飲爾。方指日渡河。而秦檜欲畫淮以北棄之。一日奉十二金字牌令班師。飛

憤惋泣下。東向再拜曰。十年之力廢於一旦。時和議既決。檜患飛異己、故召還。兀术又遺檜書以必殺飛始可和。檜亦以飛不死終梗和。遣使捕飛誣以罪、飛裂裳以背示中丞何鑄。有盡忠報國四字深入膚理。鑄明其無辜、檜付飛獄即報死。飛死時年三十九。洪皓在金國、蠟書馳奏以為金人所畏者惟飛。諸酋聞飛死。酌酒相賀。時中丞汪澈宣撫荊襄、故部曲合辭訟之。哭聲雷震。孝宗時始詔復飛

官、以禮改葬、賜錢百萬、求其後官之、建廟於鄂、號忠烈、淳熙六年謚武穆

楊邦乂、高宗朝通判建康府。留守杜充酷而無謀。士心不附。金人至江上、充率麾下降之。金帥完顏宗弼既入城。李棁、陳邦光率官屬迎拜。惟邦乂不屈膝、以血大書衣裾曰、寧作趙氏鬼。不作他邦臣。宗弼不能屈。遣人說邦乂許以舊官。邦乂以首觸柱礎流血曰、世豈有不畏死而可以利動者乎、速殺我。翼日宗

弼等與梲邦光宴堂上。立邦乂于庭。邦乂叱梲邦光曰。天子以若扞城。敵至不能抗。更與共宴樂。尚有面目見我乎。有劉團練者以幅紙書死活二字示邦乂曰。若無多言。欲死趣書死字。邦乂奮筆書死字。金人相顧動色。未敢害也。已而宗弼再引邦乂。邦乂不勝憤。遙望大罵曰。若女直而圖中原。天寧久假汝。行磔汝萬段。安得汚我。宗弼大怒殺之。剖取其心。事聞。贈直祕閣。官爲歛葬。即其地建廟。謚

忠襄。官其四子。

向子韶。知淮寧府。金人犯淮寧。弟三將岳景綬欲棄城率軍民走行在。子韶不從。景綬迎敵而死。金人晝夜攻城。子韶親擐甲冑冒矢石。城陷。子韶率軍民巷戰。力屈被執。金人坐城上欲降之。左右欲令屈膝。子韶直立不動。戟手責罵。金人殺之。闔門被害。事聞。贈通議大夫。謚忠毅。

李彥仙。知陝州。彥仙蒐軍實。增陴濬隍。益爲戰守備。盡取家屬以來。曰。吾以家殉國。與城俱亡。聞者感服。建炎四年。金婁宿率叛將折可求衆號十萬來攻。分其軍爲十。以正月旦爲始。日輪一軍攻城。城中食盡。彥仙煑豆以啖其下。而取汁自飲。日與金人戰。將士未嘗解甲。婁宿奇彥仙才。嘗啗以河南兵馬元帥。彥仙斬其使。至是使人呼曰。即降畀前秩。彥仙曰。吾寧爲宋鬼。安用汝富貴爲。金人乃益兵攻城。城陷。彥仙率衆巷戰。矢集身如蝟。左

臂中刃不斷。戰愈力。金人以重賞募人生致之。彥仙易敝衣走渡河。曰。吾不甘以身受敵人之刃。既而聞金人縱兵屠掠。曰。金人所以甘心此城。以我堅守不下故也。我何面目復生乎。遂投河死。

趙卯發。通判池州。元兵渡江。池守王起宗棄官去。卯發攝州事。繕壁聚粮爲守禦計。都統張林屢諷之降。卯發忿氣填膺。瞠目視林不能言。有問以禔身之道者。卯發曰。忠義所以

褆身也。此外非臣子所得言。時林巳陰降。歸而陽助卯發為守。卯發知不可。訣其妻雍氏曰。城將破。吾守臣不當去。汝先出走。雍氏曰。君為命官。我為命婦。君為忠臣。我獨不能為忠臣婦乎。卯發曰。此豈婦人女子之所能也。雍曰。吾請先君死。卯發笑止之。元兵薄池。卯發晨起書几上曰。君不可叛。城不可降。夫妻同死。節義成雙。遂與雍盛服同縊死

江萬里。咸淳間授知潭州湖南安撫使。加特

進。元兵渡江。萬里嘗隱草野間。為遊騎所執。萬里大詬欲自戕。既而脫歸。先是萬里聞襄樊失守。迺鑿池芝山後圃。扁其亭曰止水。人莫諭其意。及聞警。執門人陳偉器手曰。大勢不可支。余雖不在位。當與國為存亡。及元兵破饒州城。軍士執萬里弟萬頃。索金銀不得。支解之。萬里竟赴止水死。左右及其子鎬相繼投沼中。積尸如疊。翼日萬里尸獨浮出水上。徙者草斂之。事聞贈太傅益國公。後加贈太師。謚文忠

李芾。知潭州兼湖南安撫使。元兵入潭圍城。芾慷慨登陴。與諸將分地而守。城圍益急。諸將泣請曰。吾屬為國死可也。如民何。芾罵曰。國家平時所以厚養汝者。為今日也。汝第死守。有復言者吾戮汝。元兵登城蟻附而上。芾與僚佐會飲。夜傳令。猶書盡忠字為號。飲達旦。諸賓佐出。參議楊震赴園池死。芾坐熊湘閣。召帳下沈忠。遺之金曰。吾力竭。分當死。吾

家人亦不可辱於俘。汝盡殺之而後殺我。忠伏地叩頭辭。芾固命之。忠泣而諾。取酒飲其家人盡醉。乃徧刃之。芾亦引頸受刃。忠悉火焚其居。還家殺其妻子。復至火所大慟。亦自刎。幕屬茶陵顏應焱。安仁陳億孫皆死。潭民聞之。多舉家自盡。城無虛井。縊林木者相望。

李庭芝。以失襄陽罷居京口。元兵圍揚州。起庭芝制置兩淮。德祐元年春。賈似道兵潰蕪湖。沿江諸郡或降或遁。無一人能守者。庭芝

率所部郡縣城守阿术使者持詔来召降庭芝開壁納使者斬之焚詔陴上城中粮盡庭芝猶括民間粟以給兵粟盡令官人出粟粟又盡令将校出粟雜牛皮麹蘖以給之兵有烹子而食者猶日出苦戰七月阿术請赦庭芝焚詔之罪使之降有詔從之亦不納是月益王遣使以少保左丞相召庭芝庭芝以朱煥守揚與姜才将兵七千人東入海至泰州阿术将兵追圍之煥既以城降驅庭芝将士

妻子至泰州城下裨将孫貴胡惟孝等開門降庭芝聞變赴蓮池水淺不得死執至揚州朱煥請曰揚自用兵以来積骸滿野皆庭芝與才所為不殺之何俟於是斬之死之日揚州之民皆泣下

陳文龍丞相俊卿之後也累官至參知政事益王稱制於福州文龍為閩廣宣撫使北軍入廣建寧泉福皆降文龍遂發民兵自守城中兵不滿千北軍来攻不克使其姻家持書招降文龍焚其書斬其使有風其納欵者文龍曰諸君特畏死耳未知此生能不死乎會通判曹澄孫開門降執文龍與其家人至軍中欲降之不屈左右凌挫之文龍指其腹曰此皆節義文章也可相逼耶繫至杭州不食而死其母繫福州尼寺中病甚左右視之泣下曰與吾兒同死又何恨也亦死之

陸秀夫德祐二年以禮部侍郎使元講和不就而反益王昰廣王昺走温州秀夫與蘇劉

義從之使人召陳宜中張世傑等皆至相與立益王于福州進端明殿學士簽書樞密院事時君臣播越海濵庶事踈畧每時節朝會秀夫儼然正笏立如治朝或時在行中淒然泣下以朝衣拭淚衣盡濕左右無不悲動者王以驚疾殂羣臣皆欲散去秀夫曰度宗一子尚在将焉置之古人有以一旅一成中興者今百官有司皆具士卒數萬天若未欲絕宋豈不可國耶乃與衆共立廣王昺以秀夫

為左丞相。與世傑共秉政。時世傑駐兵崖山。秀夫外籌軍旅。內調工役。凡有所述作。又盡出其手。雖匆遽流離中。猶日進大學章句以勸講。祥興二年二月。崖山破。秀夫走廣王舟。而世傑劉義各斷維去。秀夫度不可脫。乃仗劒驅妻子入海。即負王赴海死

文天祥咸淳十年知贛州。德祐初。江上報急。詔天下勤王。天祥捧詔涕泣。發郡中豪傑。并結溪洞蠻至萬人。事聞。以江西提刑安撫使

召入衛。拜右丞相兼知樞密院事。辭不拜。時元兵駐高亭山。奉命出使軍前。辭氣慷慨。議論不屈。伯顏留之北行。至鎮江。得間逸去。間關由溫入福。景炎帝拜為右丞相。力辭。開督南劒。進至汀州。將兵復興國吉水諸縣。祥興元年。加少保信國公。進屯潮陽。元大帥張弘範破之。被執。天祥吞腦子不死。見弘範。左右命之拜。不拜。弘範以客禮見之。弘範曰。國亡丞相忠孝盡矣。能以事宋之心事我朝。將不

失為丞相也。天祥泫然流涕曰。國亡不能救。為人臣者死有餘罪。況敢逃其死而貳其心乎。弘範義之。遣使送天祥至燕京。留燕三年。坐卧一小樓。足不履地。世祖遣南官王積翁諭旨欲用之。知天祥終不從。一日召入諭之曰。汝今何願。對曰。天祥受宋恩為宰相。安可事二姓。一死足矣。左右贊從其請。可之。而復悔。使人止之。則天祥死矣。死時從容謂吏卒曰。吾事畢矣。南鄉再拜。遂死。其衣帶中有贊

曰。孔曰成仁。孟云取義。惟其義盡。是以仁至。讀聖賢書。所學何事。而今而後。庶幾無愧

元李黼至正中為江州路總管。紅巾賊陷蘄黃。銳意南攻。黼以九江為江東西喉襟。治城壕。修器械。募丁壯。分守要害。上攻守之策於行省。請兵屯江北。以扼寇衝。不報。黼曰。吾不知死所矣。乃椎牛饗士。激忠義以作其氣。紀綱粗立。賊已渡江。陷武昌。破瑞昌。江西大震。守臣多遁。黼孤立而氣愈奮。賊游兵至境。屢敗

之行省上黼功拜江西叅政而賊勢更熾黼守孤城提孱旅斬馘持傷無日不戰中外援絕賊薄城焚其西門黼射之賊轉攻東門黼往救而賊已入與之巷戰知力不敵揮劍叱賊曰殺我毋殺百姓遂與從子秉昭俱罵賊死郡民聞之哭聲震天事聞贈行省左丞追封隴西郡公謚忠文立廟賜額曰崇烈官其子

余闕為淮南行省右丞守安慶時賊兵來攻

四面蟻集外無一甲之援西門勢尤急闕身當之徒步提戈為士卒先士卒號哭止之揮戈愈力仍分麾下將督三門之兵自以孤軍血戰斬首無筭而闕亦被十餘創日中城陷城中火起闕知不可為引刀自剄墮清水塘中妻耶律卜氏及子女皆赴井死事聞追封豳國公謚忠宣

福壽為淮南行臺平章政事遷江南行臺御史大夫至正十六年三月

大明兵圍集慶福壽數督兵出戰閉諸城門獨開東門以通出入而城中勢不復支城遂破百司皆奔潰壽乃獨據胡床坐鳳凰臺下指麾左右或勸之去叱之曰吾為國家重臣城存則生城破則死尚安往哉俄而亂兵四集壽遂遇害事聞贈金紫光祿大夫江浙行省左丞相上柱國追封衛國公謚忠肅

國朝花雲為樞密院判守太平府庚子夏五月陳友諒率舟師攻太平雲拒戰三日不得入

乃引巨舟泊城西南士卒緣舟尾攀堞而登城遂陷雲被縛急怒罵曰賊奴爾縛吾吾主必滅爾斮爾為鱠也遂奮躍大呼而起縛皆絕奪守者刀連斮五六人賊怒縛雲于檣叢射之雲至死罵不絕口

孫炎從

太祖皇帝征伐以功為處州總制初入處州時城外七里即賊營桀黠之徒不奉約束炎措置有方境內皆服既而李祐之叛炎被執幽

空室中。賊卒環守之。脅炎降。炎不屈。賊以炙鴈斗酒饋炎。炎不受。大罵曰。今日乃為鼠輩所困。然我死。死為主。爾反覆賊。死狗且不食守卒怒。拔刀叱炎解衣。炎曰。此紫綺裘。乃主賜我者。當服以死。賊遂害之。後追封丹陽縣男。塑像祠之

胡大海。長身鐵面。智力過人。少從
太祖於滁陽。常宿衛帳下。以功授樞密院判官。
王師進攻婺州。陞大海僉樞密院事。攻下諸

暨州。又平處州。拔信州。及下婺州。時以婺為浙東大藩。乃授大海江南分省參知政事。守之。既而苗軍元帥蔣英劉震等謀亂。欲復其城。大海被害
太祖聞而悼之。命有司塑像。配享晉卞壼廟。大海嘗自誦曰。我本武人。不讀書。然吾行軍。惟知有三事而已。不殺人。不虜人婦女。不焚毀人廬舍。故其軍一出。遠近之人皆附之。先是大海嘗夜出。人見其兩目熀熀有光。若燈。及

卒。後敵兵有犯境。軍中或夢大海若生時。或夜覩火光滿野。洶洶若人馬聲。師出輒大捷。人以大海為神云。贈光祿大夫浙東等處行中書省平章政事柱國。追封越國公。加贈開國輔運推誠宣力武臣光祿大夫同知大都督府事。謚武莊。封勳如故

牟魯。為莒州同知。洪武三年。青州孫古朴等聚衆作亂。自號黃巾賊。襲莒州。執魯。欲降之。魯叱曰。國家混一天下。民皆安業。汝輩何為

自取夷戮。即悔過自新。猶可轉禍為福。不然官軍至。汝等寧有遺種乎。我為守土臣。有死而已。所可惜者良民也。賊未敢加害。擁至城南鄒家莊。魯大罵。賊遂殺之。事聞。命厚卹其家

朱顯忠。授濠梁衛指揮僉事。洪武四年。從潁川侯傅友德克文州。遂留守之。未幾。偽夏平章丁世真誘合番寇數萬來攻。顯忠戰却之。偽夏趙元帥復與世真合兵攻城。城中食且

盡外援不至部下皆曰與其陷死地孰若出城求生路乎顯忠厲聲曰為將守城城存與存城亡與亡豈有求活将軍耶詰旦世真攻圍益急顯忠悉出兵東門拒戰世真復攻西門日且暮顯忠被傷裹瘡決戰力不支城破為亂兵所殺事聞遣使祭之厚卹其家

五倫書卷之三十四

五倫書卷之三十五

[illegible]體

漢陳平文帝時為左丞相周勃為右丞相帝嘗問勃曰天下一歲決獄幾何勃謝不知又問天下一歲錢穀出入幾何勃又謝不知惶愧汗出沾背於是帝以問平平曰有主者帝曰主者為誰平曰陛下即問決獄責廷尉錢穀

責治粟内史帝曰君所主者何事也平謝曰陛下不知其駑下使待罪宰相宰相者上佐天子理陰陽順四時下遂萬物之宜外鎮撫四夷諸侯内親附百姓使卿大夫各得任其職焉帝乃稱善

丙吉為丞相常出逢闘死者横道吉不問又逢人逐牛牛喘吐舌止駐使騎吏問逐牛行幾里吏怪之吉曰人闘殺傷長安令京兆尹所當禁吾備位宰相不親小事方春少陽用

事未可以熱恐牛近行用暑故喘此時氣失節三公典調陰陽職所憂也時人以為知大體

唐張說與張嘉貞玄宗時同相初廣州都督裴伷先下獄帝與宰相議其罪嘉貞請杖之說曰刑不上大夫為其近君且所以養廉恥也蓋士可殺不可辱臣鄉巡北邊聞姜皎杖於朝堂皎官登三品亦有微功柰何以皁隸待之事往不可返豈宜復蹈前失帝深然之嘉

貞不悅退謂說曰何論事之深也說曰宰相時來則為之若大臣皆可笞辱行及吾輩矣此言非為伷先乃為天下君子也嘉貞無以應

李愬既執送吳元濟裴度建彰義軍節擁降卒萬餘人入蔡李愬具櫜鞬候馬首度將避之愬曰此方不識上下等威之分久矣請公因以示之度以宰相禮受愬謁衆聳觀焉明日愬以師還文成柵度乃視節度使觀察及

刺史事蔡人大悅

宋張士遜出為江西轉運使辭王旦於政事堂且求教旦從容曰朝廷榷利至矣士遜起謝後迭更是職思旦之言未嘗求錐刀之利識者曰此運使最識大體

范鎮仁宗時知諫院嘗論陳執中無學術非宰相器及執中嬖妾笞殺婢御史中丞孫抃等劾奏欲逐去之鎮言今陰陽不和財匱民困盜賊滋熾獄犴充斥執中當任其咎閨門

之私非所以責宰相識者韙之

胡宿為樞密副使時朝議在官七十而不致仕有司以時按籍舉行宿以為養廉恥厚風俗宜有漸而欲一切以吏議從事殆非所以優老勸功之意當少緩其事使人得自言而全其美節也

王珪為翰林學士仁宗立英宗為皇子令中書召學士草詔珪當直召至中書諭之珪曰此大事也必須面奉聖旨於是求對明日面

稟得旨。乃草詔。群議以珪真得學士體

呂居簡。仁宗時為東京轉運使。寔簡罷政。拜晏殊章得象相。又以諫官歐陽脩。余靖上疏罷夏竦樞密使。其他陞拜不一。是時石介為國子監直講。獻慶曆聖德頌。褒貶甚峻。於夏竦尤極詆斥。未幾黨議起。介在指名。遂罷監事。通判濮州。歸徂徠山病卒。於是竦言於帝曰。介實不死。北走胡矣。尋有旨編管介之子於江淮。又出中使與京東部刺史發介棺以

驗虛實。居簡謂中使曰。若發棺空而介果北走。則雖孥戮不足以為酷。萬一介屍在。未嘗叛去。即是朝廷無故剖人塚墓。何以示後世耶。中使曰。誠如君言。然則如之何以應中旨。居簡曰。介之死。有棺殮之人。及內外親族會葬門生。無慮百數。至於舉柩窆棺。必用凶肆之人。今皆檄召至此。劾問之。苟無異說。皆令具軍令狀以保任之。足以應詔也。中使大以為然。遂自介親屬門人并凶肆棺殮舁柩之人合數百狀。皆結罪保證。中使持以入奏。帝亦悟竦之譖。有旨放介妻子還鄉。而世以居簡為長者

韓琦為相。曾公亮為亞相。趙槩。歐陽脩為參政。凡事該政令則曰問集賢。該典故則曰問東廳。該文學則曰問西廳。至於大事則自決之矣。人以為得宰相體。琦辭位。授陝西安撫使。判永興軍。時二府方奏事殿上。議邊事未決。曾公亮等奏曰。韓琦朝辭在門外。乞與同

議。帝亟召之。琦奏曰。臣前日備員政府。自當參議。今日藩臣也。惟奉行朝廷命令耳。決不敢預聞。後呂惠卿除知延州。乃自請乞與二府同議邊事。坐黜貶。帝因諭輔臣曰。昔韓琦初往陝西。召至此。與二府議事。再三辭不肯預。始知老臣自識體也

文彥博。神宗時為樞密使。陳升之拜相。以彥博宗臣。詔升之位其下。彥博言國朝樞密使無位宰相上者。獨曹利用嘗在王曾張知白

上卒以取禍敗臣叅文臣祖知義理不敢紊
亂朝著帝從之
蘇軾通判杭州時高麗入貢使者發幣於官
吏書稱甲子軾卻之曰高麗於本朝稱臣而
不稟正朔吾安敢受使者亟易書稱熈寧然
後受之時以為得體
許將哲宗時為尚書左丞中書侍郎章惇為
相與蔡卞同肆羅織貶謫元祐諸臣奏發司
馬光墓帝以問將對曰發人之墓非盛德事

方黨禍作或舉漢唐誅戮故事帝復問將對
曰二代固有之但祖宗以來未之有本朝治
道所以遠過漢唐者以未嘗輒戮大臣也帝
皆納之
王縉高宗時為監察御史擢侍御史遷左司
諫時在言路知無不言每謂人才實難多事
之際宜為朝廷愛惜以故不專彈擊而惟論
安危利害大計與所以啓悟君心者帝嘗稱
其中正不阿得諫臣體他日言事者有不稱

帝曰王縉論事可思
元伯顏為中書右丞相世祖崩伯顏總百官以
聽兵馬司請晨夕鳴鐘以防變故伯顏呵之
曰汝將為賊耶其一如平日適有盜內府銀
者宰執以其幸赦而盜欲誅之伯顏曰何時
無盜今以誰命而誅之人皆服其有識
阿魯渾薩理守司徒集賢院使領太史院事
初裕宗即世世祖欲立皇太子以問阿魯渾
薩理即以成宗為對且言成宗仁孝恭儉宜

立於是大計乃決成宗及母裕聖皇后皆莫
之知也數召阿魯渾薩理不往成宗撫軍北
邊世祖遣阿魯渾薩理奉皇太子寶授之乃
一至其邸及即位語阿魯渾薩理曰朕在潛
邸誰不願事朕者惟卿雖召不至今乃知卿
真得大臣體自是召對不名賜坐視諸王侯
不忽木成宗時為平章政事嘗帝前論事吐
辭洪暢引義正大時有奴告主者主被誅詔
即以其主所居官與之不忽木奏言若此必

大壞天下風俗。使人情愈薄。無復上下之分矣。帝悟。爲追廢前命

張珪。仁宗時拜中書平章政事。請減煩冗還有司以清政務。得專脩宰相之職。帝從之。著爲令。教坊使曹咬住拜禮部尚書。珪曰。以伶人爲宗伯。何以示後世。力諫止之

政治

周箕子至朝鮮。教以禮義田蠶。制八條之教。相殺者以當時償殺。相傷者以穀償。相盜者男

五倫書卷三十五　八

沒入爲其家奴。女子爲婢。欲自贖者人五十萬。其婦人貞信。無門戶之閉而人不爲盜

太公東就國於齊。闢草萊而居焉。脩道術。尊賢知。賞有功。其地負海潟鹵少五穀。而人民寡。乃勸女工。極技巧。通工商之業。便魚鹽之利。民多歸之。故齊冠帶衣履海岱之間。斂袂而服焉

列國楚孫叔敖爲相。莊王以爲幣輕。百姓不便。皆去其業。市令言之相曰。市亂。民莫安其處。相曰。如此幾何頃乎。市令曰。三月頃。相曰罷。吾今令之復矣。乃言之王曰。前日更幣以爲輕。市令曰民莫安其處。臣請遂復如故。王許之。下令三日而市復如故

魯宓子賤治單父。鳴琴身不下堂而單父治。巫馬期亦治單父。以星出。以星入。日夜不處。以身先之。而單父亦治。巫馬期問其故於子賤。子賤曰。我之謂任人。子之謂任力。任力者固勞。任人者固佚。人曰宓子賤則君子矣。佚四肢。全耳目。平心氣而百官治。任其數而已

五倫書卷三十五　九

矣。巫馬期則不然。弊性事情。勞煩教治。雖治猶未至也

衛子路治蒲三年。孔子過之。入其境曰。善哉由乎。恭敬以信矣。入其邑曰。善哉由乎。忠信以寬矣。至其庭曰。善哉由乎。明察以斷矣。子貢執轡而問曰。夫子未見由之政。而三稱其善。可得聞乎。孔子曰。吾入其境。田疇盡易。草萊甚辟。溝洫深治。此其恭敬以信。故其民盡

力也。入其邑。墻屋完固。樹木甚茂。此其忠信以寬。故其民不偷也。至其庭。庭甚清閒。諸下用命。此其明察以斷。故其政不擾也。以此觀之。雖三稱其善。庸盡其美乎

漢曹參初為齊相。盡召長老諸先生。問所以安集百姓。而齊故諸儒以百數。言人人殊。參未知所定。聞膠西有蓋公。善治黃老。使人厚幣請之。既見蓋公。為言治道貴清靜而民自定。推此類具言之。參於是避正堂。舍蓋公焉。相

齊九年。齊國安集。稱賢相

黃霸為潁川太守。選擇良吏。分部宣布詔令。令民咸知上意。使郵亭鄉官皆畜雞豚。以贍鰥寡貧窮者。然後為教置父老師帥伍長。頒行之於民間。勸以為善防姦之意。及務耕桑節用殖財。種樹畜養。去食穀馬。初若煩碎。然霸精力能推行之。鰥寡孤獨有死無以葬者。鄉部書言。霸具為區處。某所大木可為棺。某亭猪子可以祭。吏往皆如其言。不知所出。咸稱神明

趙廣漢為京兆尹。善為鉤距以得事情。閭里銖兩之姦皆知之。長安少年數人會窮里空舍。謀欲劫人。坐語未訖。廣漢使吏捕治具服。富人蘇回為郎。二人劫之。有頃。廣漢將吏到其家。自立庭下。使曉賊曰。京兆尹趙君謝兩卿。無得殺質。（二人劫蘇回為質）此宿衛臣也。二人驚愕。即開戶出。下堂就捕。廣漢奏請長安游徼獄吏秩六百石。其後百石吏皆差自重。不敢

枉法妄繫留人。京兆政清。吏民稱之

龔遂。宣帝以為渤海太守。問遂曰。渤海廢亂。朕甚憂之。君往何以息其盜賊。遂曰。海瀕遐遠。不霑聖化。其民困於飢寒而吏莫恤。今欲使臣勝之耶。將安之也。帝曰。選用賢良。固欲安之也。遂曰。臣聞治亂民猶治亂繩。不可急也。唯緩之。然後可治。願丞相御史且無拘臣以文法。得一切便宜從事。帝許焉。乘傳至郡界。移書屬縣。罷逐捕吏。諸持田器者皆為良

民吏毋得問持兵者乃為賊盜賊聞遂教令即時解散民有帶持刀劒者使賣劒買牛賣刀買犢曰何為帶牛佩犢勞來循行獄訟止息渤海大治

宋均為九江太守郡多虎暴數為民患常募設檻穽而猶多傷害均到下記屬縣謂江淮之有猛獸猶北土之有雞豚今為民害咎在殘吏而勞動張捕非憂恤之本也其務退姦貪思進忠善可一去檻穽除削課制其後虎

相與東渡江

陳寵為廣漢太守西川豪右并兼吏多奸貪訴訟日百數寵到顯用良吏王渙鐔顯等以為腹心訟者日減郡中清肅先是洛縣城南每陰雨常有哭聲聞於府中積數十年寵聞而疑其故使吏案行還言世乘亂時此下多死亡者而骸骨不得葬寵愴然矜歎即勑縣盡收斂葬之自是哭聲遂絕

衛颯為桂陽太守民居深山不出田租去郡遠者或且千里吏事往來輒發民乘船名曰傳役每一吏出傜及數家百姓苦之颯乃鑿山通道五百餘里列亭傳置郵驛於是役省勞息姦吏杜絕流民稍還漸成聚邑使輸租賦又慮其不知禮節修庠序之教設婚姻之禮民從其化邦俗以厚視事十年郡內清理

郭伋為并州牧素結恩德所過問民疾苦行部到西河美稷有兒童數百各騎竹馬迎拜伋問曰兒曹何自遠來對曰聞使君到喜故

迎諸兒復送到郭外問使君何日當還伋曰別駕從事計日告之行部還入美稷界先期一日伋念負諸兒童遂止于野亭須期乃入

劉昆舉孝廉除江陵令時縣有火災昆輒向火叩頭火尋滅遷弘農太守虎皆負子渡河徵為光祿勳詔問行何德政而致是耶對曰偶然耳左右皆笑其質訥光武曰此長者之言命書諸策

王渙為洛陽令有善政及病卒百姓市道莫

不咨嗟男女老壯皆相與賻斂致奠醊以千數滨喪西歸道經弘農人庶皆設槃案於路吏問其故咸言平常持米到洛為卒司所鈔恒亡其半自王君在事不見侵枉故來報恩其政化懷物如此人思其德又為立祠於安陽亭西每食輒絃歌而薦

龐參為漢陽太守郡人任棠者有奇節隱居教授參到候之棠不與言但以薤一本水一盂置戶內抱孫伏於戶下參曰水者欲吾

清也拔薤者欲吾擊強宗也抱兒當戶者欲吾開門恤孤也嘆息而還參在職果能抑強助弱以惠政得民

岑熙為魏郡太守招聘隱逸與參政事無為而化與人歌之曰我有枳棘岑君伐之我有蟊賊岑君遏之狗吠不驚足下生氂含哺鼓腹焉知凶災我喜我生獨丁斯時美哉岑君於戲休茲

賈琮為交阯刺史初交阯屯兵叛執刺史及合浦太守靈帝勅三府精選能吏有司舉琮為刺史琮到部訊其反狀咸言賦斂過重百姓空單京師遙遠告冤無所民不聊生故聚為盜賊琮即移書告示使安其資業招撫荒散蠲復徭役誅斬渠帥為大害者簡選良吏使試守諸縣歲間蕩定百姓以安巷路為之歌曰賈父來晚使我先反今見清平吏不敢飯在事三年為十三州最

三國魏杜畿為河東太守是時天下郡縣皆殘

破河東最先定畿治之崇寬惠與民無為民嘗辭訟有相告者畿親為陳大義遣令歸諦思之若意有所不盡更求詣府鄉邑父老自相責曰有守如此柰何不從其教自是辭訟衰止

唐張巡為真源令土多豪猾大吏華南金樹威恣肆巡下車以法誅之餘黨莫不改行遷善巡為政簡約民甚宜之邑中語曰南金口明府手

盧鈞為嶺南節度使時蕃獠與華人錯居相婚嫁多占田營第舍吏或撓之則相挺為亂鈞下令蕃華不得通婚禁名田產閩部肅壹遂無敢犯自貞元後衣冠得罪流放嶺表者因物故或子姓窮弱不能自還為營棺槥還葬有疾若喪則給醫藥殯斂孤兒稚女為之婚嫁凡數百家南方服其德不懲而化又除采金稅蕃華為立生祠刻石頌德

崔鄲為號鄂二州觀察使鄲治號以寬經月

不咎一人及治鄂則嚴法峻誅一不貸或問其故鄲曰陝土瘠而民勞吾撫之不暇猶恐其擾鄂土沃民剽雜以夷俗非用威莫能治政所以貴知變也聞者服焉

殷侑拜義昌軍節度使時痍荒之餘骸骨蔽野墟里生荊棘侑單身之官安足麤淡與下共勞苦以仁惠為治歲中流戶皆繦屬而還遂為營田丐耕牛三萬詔度支賜帛四萬匹以佐其市初州兵三萬仰稟度支所賜至是戶口滋饒倉儲盈腐上下便安以勞加檢校吏部尚書

韓愈為潮州刺史既視事詢吏民疾苦皆曰郡湫水有鱷魚卵而化其長數丈食民畜產將盡居數日愈往視之令判官秦濟炮一豚一羊投之湫水并為文告鱷魚約其盡三日率醜類南徙于海三日不能至五日五日不能至七日七日不能是終不肯徙刺史則選材伎壯夫操勁弩毒矢與鱷魚從事是夕有

暴風雷起湫中數日湫水盡涸徙於舊湫之西六十里自是潮無鱷魚之患

宋劉敞初知揚州後徙鄆州鄆比易守政不治市邑擾敝公行敞決獄訟明賞罰境內肅然客行壽張道中遺一囊錢人莫敢取以告里長里長為守視客還取得之又有暮遺物市中者旦往訪之故在

曾公亮知鄭州先是郡多寇攘公亮至悉竄他境路不拾遺民外戶不閉至號為曾開門

嘗有使客亡囊中物移文求盜公亮諭以境內無盜必從者也索之果然

張詠初自蜀還詔以諫議大夫牛冕代詠聞之曰冕非撫御才其能綏輯乎踰年神衛大校王均亂逐冕據益州後雖討平之而民尚未寧真宗以詠前治蜀威惠在人復以詠爲樞密直學士遷刑部侍郎知益州事蜀民聞之皆鼓舞相慶如赤子久失父母而復來鞠我也詠至凡一令之下人情無不慰愜蜀復大治

范仲淹在永興時夏人初叛命天下苦於兵而自陝以西尤甚吏緣侵漁調發督迫至民破產不能足往往自經投水以死仲淹語其人曰吾不能免汝然可使汝不勞爾乃爲之區處計較量物有無貴賤道里遠近寬其期會使以次輸送由是物不踊貴車牛芻秣宿食來往如平時而吏束手無所施民比他州費省十六七至於繕治城郭器械民皆不知

程迥爲進賢縣令臨民以莊政寬而明令簡而信綏强撫弱導以恩義積年仇訟一語解去猾吏姦民皆以感激久而悛悔欺詐以革暇則賓禮賢士從容盡歡進其子弟之秀者與之均禮陳說詩書質疑問難無間蚤暮勢位不得以交私祠廟非祀典不謁隱德潛善無間幽明皆表而出之以勵風俗或周其窮阨俾全節行聽決獄訟期於明允凡上官所未悉者必再三抗辯不爲苟止

陳堯佐通判潮州有鱷魚食人不可近堯佐命捕得鳴鼓于市以文告而戮之鱷魚屛息潮人德之及爲開封尹先是每歲正月夜放燈則悉籍惡少年禁錮之至是堯佐召諭之曰昔尹以惡人待汝汝安得爲善吾以善人待汝汝忍爲惡耶因盡縱之凡五夜無一人犯法者

薛奎知開封以嚴爲治肅清京師民相戒曰是不可犯也及居蜀則以惠愛稱蜀人喜亂

而易搖。公鎮以無事。又能破姦發伏。無一不中。蜀人愛且畏之。以比張詠云

趙抃。知虔州。虔素難治。抃御之嚴而不苛。戒諸縣令。使人自為治。令皆喜爭盡力。獄以屢空。嶺外仕者死多無以為歸。抃造舟百艘。移告諸郡曰。仕宦之家有不能歸者皆於我乎出。於是至者相繼。悉授以舟。并給其道里費

段少連為兩浙轉運副使。舊使者所至郡縣索簿書不暇殫閱。往往委之吏胥。吏胥持以

五倫書卷三十五　二十

為貨。少連命縣上簿書悉緘識。遇事間指取一二自閱。摘其非是者按之。餘不及閱者全緘識以還。由是吏不能為姦。而州縣簿書莫敢不治。部吏有過。召詰曰。聞子所為若此。有之乎。有當告我。我容汝自新。苟以為無。吾不使善人被謗。即為汝辯明。吏不敢欺。皆以實對。少連得其情。諄諄戒飭使去。秀州獄死無罪人。時少連在杭。吏畏恐。聚謀偽為死者服罪款。未及緘屬。少連已挐舟入城。訊獄。吏具服請罪。人以為神明

蘇頌。知江寧縣。每有發斂。府移追擾。吏係縲於道。頌至則曰。此令職也。府何與焉。每因治訴。旁問鄰里丁產多寡。悉得其詳。一日召鄉老更定戶籍。民有自占不實者。必曰汝家尚有某丁產。何不自言。相顧而驚。無敢隱者。一縣以為神明

曾鞏。知齊州。其治以疾姦急盜為本。曰為人害者不去。則吾民不寧。曲堤周氏擁貲雄里

五倫書卷三十五　二十一

中。子高橫縱。賊良民。汙婦女。服器上僭。力能動權豪。州縣吏莫敢詰。鞏取寘於法。章丘人聚黨村落間。號霸王社。椎剽奪囚。無不如志。鞏配三十一人。又屬民為保伍。使譏察其居人。行旅出入。經宿皆有籍記。有盜則鳴鼓相援。又設方畧。明賞購。急追捕。且開人自言。故盜發輒得。有葛友者名在捕中。一日自出首。鞏飲食冠裳之。假以騎從。輦所購金帛隨之。夸視四境。盜聞多出自首。鞏外視章顯。實欲

擒貳其徒使之不能復合自是外戶不閉

張逸知鄧城縣有能名後徙青神縣貧不自給王嗣宗假俸半年使辦裝既至縣愈加廉謹愛民如子興學校敎生徒後邑人陳希亮楊異相繼登科縣東南有松栢灘春夏暴漲多覆舟逸禱于江神不踰月灘為徙五里所至皆有美政

趙鼎知紹興府唯以柬吏恤民為務每言不柬吏雖善政不能行盖除害然後可以興利

吏民初或憚其嚴已而皆安其政既去久而彌思之

陸九淵知荆門軍民有訴者無旦暮皆得造于庭復令其自持狀以追為立期皆如約而至即為酌情決之多所勸釋其有涉人倫者使自毀其狀以厚風俗唯不可訓者始寘之法其境内官吏之廉貪民俗之習尚善惡皆素知之有訴人殺其子者九淵曰不至是及追究其子果無恙有訴竊取而不知其人九淵取二人姓名捕之訊之伏辜盡得所竊物還訴者且宥其罪使自新

真德秀以寶謨閣待制湖南安撫使知潭州以廉仁公勤四字勵寮屬以周敦頤胡安國朱熹張栻學術源流勉其士羅摧酤除斛面米申免和糴以甦其民民艱食極力賑贍之復立惠民倉五萬石使歲出糶又易穀九萬五千石分十二縣置社倉以徧及鄉落立慈幼倉及義阡惠政畢舉月試諸軍射捐其回

易之利及官田租凡營中病者死未葬者孕者嫁娶者贍給有差改知泉州迎者塞路深山百歲老人亦扶杖出城相見歡聲動地諸邑二稅嘗預借至六七年者德秀入境首禁之所屬有累月不解一錢者或咎寬恤太驟德秀謂民困如此寧身任其苦決訟自卯至酉或勸嗇精怡神德秀言郡敝無力惠民僅政平訟理當勉而已

魏了翁知漢州以善俗為治蠲積逋二十餘

萬除科抑賣酒之弊嚴戶婚交訏之禁復爲
文以厚倫止訟其民敬奉其敎改知眉州尊
禮耆耈簡拔俊秀朔望詣學親爲講解行鄉
飲禮增貢士貧利民之事知無不爲後遷轉
運判官戢吏奸詢民瘼舉刺不避權右風采
肅然知瀘州瀘控制邊地二千餘里而武備
不修城郭不治了翁奏葺其城樓雉堞增置
器械申嚴軍律興學校蠲宿負復社倉剏義
塚建養濟院居數月百廢具修

蕭振知成都府父老驩呼屬道振一切以寬
爲治或問其故振曰承縱弛革之當嚴繼苛
刻匪寬則民力瘁矣振兩爲蜀守威行惠孚
死之日民老稚相聚哭而哀之
元廉希憲至元初拜中書平章政事希憲在中
書振舉綱維綜核名實汰逐冗濫裁抑僥倖
興利除害事無不便當時翕然稱治世祖嘗
諭希憲曰吏廢法而貪民失業而逃工不給
用財不贍費先朝患此久矣自卿等爲相朕

無此憂
楊景行爲撫州路總管府推官金溪縣民陶
甲厚積而兇險嘗屢誣陷其縣長吏罷去之
官吏畏其人不敢詰治陶遂暴橫於一郡景
行至以法痛繩之徙五百里外金溪豪僧雲
住發人冢墓取財物事覺官吏受賄緩其獄
景行急按之僧以賄動之不聽乃賂當道者
以危語撼之一不顧卒治之如法由是豪猾
屏迹良民獲安

歐陽玄任蕪湖縣尹縣多疑獄久不決玄察
其情皆爲平反豪右不法玄痛繩之貢賦徵
發及時民樂趨事敎化大行飛蝗獨不入境
改武岡縣尹時赤水太清諸獠聚衆相攻殺
官曹相顧失色計無從出玄即日單騎從二
人徑抵其地諭之至則死傷滿野戰鬭未已
獠人熟玄名棄兵仗羅拜馬首曰我曹非不
畏法緣訴某事於縣縣官不爲直反以繇役
橫歛掊剋之情有弗堪乃發憤就死耳不意

煩我清廉官自来。玄踰以禍福。歸為理其訟。獠人遂安

范德機為海南海北道廉訪司照磨。巡歷遐僻。不憚風波瘴癘。所至興學教民。雪理冤滯。持身廉正。居官不可干以私。疏食飲水。泊如也。吳澂以道學自任。少許可。嘗曰若德機可謂特立獨行之士矣。及卒為文志其墓。擬以東漢君子云

盧琦為永春縣尹。始至賑饑饉。止橫斂。均賦役。減口鹽。蠲包銀榷鈔之無徵者。訟息民安。乃新學宮。延師儒課子弟。月書季考。文風翕然。鄰邑仙游盜發。琦適在邑境。盜遙見之。迎拜曰。此永春大夫也。為大夫百姓者何幸之大乎。吾邑長以暴毒驅我。故至此耳。琦因立馬諭以禍福。衆皆投刃槊請縛其酋以自新琦許之。酋至。琦械送帥府。自是威惠行於境外

五倫書卷之三十五

五倫書卷之三十六

周召公奭治西方。甚得兆民和。嘗巡行南國。有棠樹。決政事於其下。自侯伯至庶人各得其所。無失職者。召公卒。民思之不忍伐樹。作甘棠之詩

列國鄭子產為政於鄭。都鄙有章。上下有服。田有封洫。廬井有伍。大人之忠儉者從而與之。泰侈者因而斃之。一年。豎子不戲狎。班白不提挈。童子不犂畔。二年。市不豫賈。三年。門不夜閉。道不拾遺。四年。田器不歸。五年。士無尺籍。喪期不令而治。其始輿人誦之曰。取我衣冠而褚之。取我田疇而伍之。孰殺子產。吾其與之。既而誦之曰。我有子弟。子產誨之。我有田疇。子產殖之。子產而死。誰其嗣之。治鄭二十六年而死。丁壯號哭。老人兒啼。曰子產去

我死乎民将安歸
漢文翁為蜀郡守仁愛好教化見蜀地僻陋有蠻夷風文翁欲誘進之乃選郡縣小吏開敏有材者親自飭厲遣詣京師受業博士數歳皆成就還歸文翁以為右職又脩起學宫於成都市中招下縣子弟為學官弟子為除更繇高者以補郡縣吏次為孝弟力田吏民榮之數年爭欲為學官弟子富人至出錢以求之繇是大化蜀郡學者比齊魯焉

韓延壽為潁川太守潁川多豪强難治延壽欲教以禮讓恐百姓不從乃歴召郡中長老為鄉里所信向者數十人設酒具食親與相對接以禮意人人問以謠俗民所疾苦為陳和睦親愛銷除怨咎之路長老皆以為便因與議定嫁娶喪祭儀品略依古禮不得過法又令文學校官諸生皮弁執俎豆為吏民行喪嫁娶禮百姓遵用其教數年潁川大治後入守左馮翊行縣至高陵民有昆弟相與訟田延壽大傷之曰幸得備位為郡表率不能宣明教化至令民有骨肉爭訟既傷風化重使賢長吏嗇夫三老孝弟受其恥咎在馮翊當先退是日移病不聽事因入卧傳舍閉閤思過令丞嗇夫三老亦皆自繫待罪於是訟者宗族傳相責讓兩昆弟深自悔皆自髡肉袒謝願以田相移終死不敢復爭延壽大喜乃起聽事勞謝令丞以下郡中翕然莫不傳相飭厲不敢犯延壽恩信周徧二十四縣莫

復敢以詞訟自言者
馮立以父任為郎遷五原太守徙西河上郡立在職公廉治行略與兄野王相似而多知有恩貸好為條教吏人嘉美野王立相代為太守人歌之曰大馮君小馮君兄弟繼踵相因循聰明賢智恩惠民政如魯衛德化均周公康叔猶二君後遷東海土下濕病痹天子聞之徙太原吏治五郡所居有迹
任延為武威太守首除暴害吏民累息即遣

立學官自掾吏子孫皆令詣學受業復其徭役章句既通悉顯拔榮進之郡遂有儒雅之士

秦彭遷山陽太守以禮訓人不任刑罰崇好儒雅敦明庠序每春秋享射輒修升降揖讓之儀乃為人設四誡以定父母夫婦兄弟長幼之禮有遵奉教化者擢為鄉三老常以八月致酒肉以勸勉之吏有過咎罷遣而已不加恥辱百姓懷愛莫有欺侮

張霸為會稽太守表用郡人處士顧奉公孫松等奉為潁川太守松為司隸校尉並有名稱其餘有業行者皆見擢用郡中爭厲志節習經者以千數道路但聞誦聲霸始到越賊未解郡界不寧乃移書開購明用信賞賊遂束手歸附不煩士卒之力

魯恭為中牟令專以德化不任刑罰時郡國螟傷稼不入中牟界河南尹袁安使仁恕掾肥親往廉之恭隨行阡陌桒下有雉過止其傍傍有童兒親曰何不捕之兒言雉方將雛親瞿然而起曰所以來者欲察君之政迹耳今蝗不犯境此一異也化及鳥獸此二異也童子有仁心此三異也還府以狀白安安美其治以厲屬縣邑人許伯等爭田累守令不能決恭為平理曲直皆退而自責輟耕相讓亭長從人借牛而不肯還之牛主訟於恭恭召亭長勑令歸牛者再三猶不從恭歎曰是教化不行也欲解印綬去掾吏涕泣共留之

亭長乃慚悔還牛詣獄受罪恭貫不問

吳祐遷膠東相政唯仁簡以身率物民有相爭訴者輒閉閤自責然後科行所訟以道譬之或身到閭里重相和解自是爭隙省息吏民不欺

童恢為不其令吏有犯違禁法輒隨方曉示若吏稱其職人行善事者皆賜酒殽以勸勵之耕織種牧皆有條章一境清靜牢獄連年無囚比縣流人歸化徙居二萬餘戶人嘗為

虎所害。乃設檻捕之。生獲二虎。恢聞而出呪虎曰。天生萬物。惟人為貴。虎狼當食六畜。而殘暴於人。王法殺人者死。傷人則論法。汝若是殺人者。當垂頭服罪。自知非者。當號呼稱寃。一虎低頭閉目。狀如震懼。即時殺之。其一視恢鳴吼踊躍自奮。遂令放釋

劉寵。除東平陵令。是時民俗奢泰。寵到官恭儉。訓民以禮。視事數年。以母病去官歸。百姓攀留。車不得前。乃止停。輕服潛遁。後為會稽

太守。除煩苛。禁非法。郡中大治。徵為司空。有五六老叟自若邪山谷間出。人齎百錢送寵曰。山谷鄙生。未嘗識郡朝。他守時。吏發求民間。至夜不絕。或狗吠竟夕。民不得安。自明府下車以來。狗不夜吠。民不見吏。年老遭值聖明。今聞當見棄去。故自扶奉送。寵曰。吾政何能及公言邪。勤苦父老。為人選一大錢受之

欒巴。為桂陽太守。以郡處南垂。不閑典訓。為吏人定婚姻喪紀之禮。立學校以奬進之。雖幹吏卑末。皆令習讀程試。隨能陞授

許荊。為桂陽太守。郡濱南州。風俗脆薄。不識學義。荊為設喪紀婚姻制度。使知禮禁。嘗行春到耒陽。有蔣均者兄弟爭財。互相言訟。荊對之嘆曰。吾荷國重任。而敎化不行。咎在太守。顧使吏上書陳狀。乞詣廷尉。均兄弟感悔。各求受罪。父老稱歌之

三國魏。令狐邵為弘農太守。舉善而教。恕以待人。時郡無知經者。乃歷問諸吏。有欲遠行就

師。輒假遣令往學經。粗明。乃還。因設文學。教化大行

徐邈。為涼州刺史。率以仁義。立學明訓。禁厚葬。斷淫祀。進善黜惡。風化大行。百姓歸心焉。

晉鄭袤。為濟陰太守。下車旌表孝悌。禮敬賢能。興立庠序。開誘後進。及在廣平。以德化為先。善作條教。郡中愛之。徵拜侍中。百姓戀慕涕泣路隅

南宋蔡興宗。為會稽太守。三吳舊有鄉射禮。久

不復僭。興宗行之。禮儀甚整。而教化勃興
齊蘇瓊為南清河太守。有百姓乙普明。兄弟爭
田。積年不斷。各相援據。乃至百人。瓊召普明
兄弟諭之曰。天下難得者兄弟。易求者田地。
假令得田地失兄弟心如何。因而下淚。諸證
人莫不灑泣。普明兄弟叩頭乞外更思。分異
十年。遂還同住
後魏韋彧為豫州刺史。彧以蠻俗荒梗。不識禮
儀。乃大立學舍。選諸郡生徒於州總教。又於

城北置崇武館以習武。境內清肅
後周薛慎為湖州刺史。州界既雜蠻夷。常以劫
掠為務。慎集諸豪帥。具宣朝旨。仍令首領每
月一參。每見必殷勤勸戒。乃賜酒食。一年之
間。翕然從化。諸蠻乃相謂曰。今日始知刺史
真民之父母也。莫不欣悅
隋于義遷武安太守。專崇德教。不尚威刑。有郡
民張善安。王叔兒爭財相訟。義曰。太守德薄
不勝任之所致。非其罪也。於是取財倍與二

人。諭而遣去。善安等各懷恥愧。移貫他州。於
是風教大洽
辛公義為牟州刺史。下車先至獄中。因露坐
牢側。親自驗問。決斷咸盡。方還大廳。受領新
訟。皆不立文案。或訊問應須禁者。公義即宿
廳事。終不還閤。人或諫之曰。此事有程。使君
何自苦也。答曰。刺史無德可以導人。令百姓
係於囹圄。豈有禁人在獄而心自安乎。罪人
聞之。咸自款服。或有爭訟。父老遽相曉曰。此

蓋小事。何忍勤勞使君。訟者多兩讓而止
梁彥光為相州刺史。時人情險詖。妄起風謠
彥光欲革其弊。乃用秩俸招致山東大儒。每
鄉立學。非聖哲之書不得教授。常以季秋召
集。親臨策試。有勤學異等聰明有聞者。升堂
設饌。其餘並坐廊下。有爭訟惰業無成者。坐
之庭中。設以草具。及大成當舉行賓貢之禮。
祖送郊外。資以財物。於是人皆勸勵。風俗大
改。有滏陽人焦通。酣酒事親禮闕。為弟所訟。

彦光弗之罪。将至州學孔子廟。使觀韓伯瑜毋杖不痛哀毋力弱對毋悲泣之像。通遂感悟。彦光訓諭而遣之。改過勵行。卒為善士

唐高士廉為益州大都督府長史。蜀土俗薄。畏鬼而惡疾。父毋病危殆。不躬扶持。杖頭掛食遥以哺之。兄弟異財。罕通假借。士廉随方勸誘。有不悛者。親率官吏詣門勸諭。由是邑里翕然。多為孝弟。兼命儒生講論墳典。勉勵後進。教化復興

常袞為福建觀察使。設立鄉校。使學者作為文章。親加講導。與為客主。均禮觀游宴饗與焉。由是風俗一變。歲得貢士甚盛。後袞卒。閩人以袞配享于學宫

李棲筠為浙西觀察使。時師旅之後。講誦僅絶。乃大開學館。招延秀異。表大儒河南褚冲吴郡何員為學者師。身自執經質問疑義。由是遠邇趨風。鼓篋升堂者至數百人。教化大行。俗若鄒魯。

曹華為沂州刺史。人俗頑驁。不知禮教。華令将吏曰。鄒魯儒者之鄉。不宜忽於禮義。乃躬禮儒士。習俎豆之容。春秋釋奠於孔子廟。立學講經。儒冠四集。出家財贍給。俾成名入仕。往者如歸焉

宋陳襄為仙居令。仙居為縣僻陋。民不知教。襄於正歲因耆老來賀。作勸學一篇曰。為吾民者。父義。毋慈。兄友。弟恭。子孝。夫婦有恩。男女有別。子弟有學。鄉閭有禮。貧窮患難親戚相

救。婚姻死喪隣保相助。無墮農業。無作盗賊無學賭博。無好争訟。無以惡凌善。無以富吞貧。行者讓路。耕者讓畔。斑白者不負戴於道路。則為禮義之俗矣。使門人管師復讀於庭。且諭之曰。吾秩满即去。爾有子弟亟遣就學於是耆老相與感泣嘆嗟。翕然從之。每過社稷孔子廟。必下而趨。邑人自是有所矜式。學者興起

程顥令晋城。民以事至邑者。必告之以孝弟

忠信度鄉村遠近為保伍使力役相助患難相恤孤煢殘疾者責之親黨使無失所行旅出其途者疾病皆有所養諸鄉皆有校暇時親至召父老與之語兒童讀書為正其句讀教者不善則為易置俗始甚野不知為學乃擇子弟之秀者聚而教之鄉民為社會為立科條旌別善惡使有勸有恥在縣三歲民愛之如父母

朱熹知漳州以習俗未知禮樂古喪葬嫁娶

之儀揭以示之命父老解說以教子弟土俗崇信釋氏男女聚僧廬為傳經會女不嫁者為庵舍以居熹悉禁止之

元廉希憲行省荊南大興學選教官置經籍旦日親詣講舍以厲諸生西南溪洞及思播田楊二氏重慶制置趙定應俱越境請降事聞世祖曰先朝非用兵不可得地今希憲能令數千里外越境納土其治化可見也以病召還民號泣遮道留之不得相與畫像建祠

呂思誠為景州蓚縣尹邑民李氏持酒來見愬其弟匿羊思誠叱之退王青兄弟四人友愛甚篤思誠至其家取酒勸酬歡同骨肉李之兄弟相謂曰我等終不敢見尹矣各具酒肉相切責悔前過析居三十年復還同爨鎮民張復叔母孀居且瞽丐食以活恐思誠聞之即日迎養

國朝蔡楫永樂中舉孝廉為嘉興縣知縣縣多亾賴楫於縣廳置善惡二牌民有善志之有

過惡弗率教令亦志之由是民感愧皆趨善而去惡擢監察御史陞浙江僉事其卒也人多思之

正俗

列國魏西門豹為鄴令會長老問民之所疾苦長老曰苦為河伯娶婦豹問其故對曰鄴三老廷掾常歲斂百姓錢數百萬用其二三十萬為娶婦與祝巫共分其餘錢當其時巫行視小家女好者云當為河伯婦既聘取洗沐

之。為治新衣。如嫁女床席。令女居河上。浮之河中。行數十里乃沒。俗云即不為河伯娶婦。水來漂沒溺其人民。豹曰。至為河伯娶婦時。幸來告我。至其時。豹往會之河上。呼河伯婦來。曰。是女子不好。煩大巫嫗為入報河伯得更求好女。後日送之。即使抱大巫嫗投之河中。有頃。曰。巫嫗何久也。弟子趣之。復以弟子一人投河中。凡投三弟子。豹曰。巫嫗皆女子也。不能白事。煩三老為入白之。復投三老河中。觀者皆驚恐。豹顧曰。巫嫗三老不來還。柰之何。欲復使廷掾與豪長者一人入趣之。皆叩頭血流地。豹曰。且留待之。須臾罷歸。鄴吏民從是以後不敢復言為河伯娶婦矣

漢任延建武中為九真太守。駱越之民無嫁娶禮法。延乃移書屬縣。各使男年二十至五十女年十五至四十。皆以年齒相配。其貧無禮聘。令長吏以下各省俸祿以賑之。同時娶者二千餘人。是歲風雨順節。穀稼豐衍。其產子

者始知種姓。咸曰。使我有是子者任君也。多名子為任。吏民生為立祠

第五倫建武中拜會稽太守。會稽俗多淫祀好卜筮。民常以牛祭神。百姓財產以之困匱。且云自食牛肉而不以薦祠者。發病且死。先為牛鳴。前後郡將莫敢禁。倫到官。移書屬縣。曉告百姓。其巫祝有依託鬼神詐怖愚民。皆按論之。有妄屠牛者。吏輒行罰。民初頗恐懼。以呪詛妄言。倫按之愈急。後遂斷絕。百姓以安

賈彪延熹中補新息長。小民困貧。多不養子。彪嚴為其制。與殺人同罪。城南有盜劫害人者。北有婦人殺子者。彪出案發。而掾吏欲引南。彪怒曰。賊寇害人。此則常理。母子相殘。逆天違道。遂驅車北行。案驗其罪。城南賊聞之。亦面縛自首。數年間人養子千數。僉曰賈父生男名賈子。生女名賈女

周舉遷并州刺史。太原一郡舊俗以介子推

焚骸有龍忌之禁至其亡月咸言神靈不樂舉火由是士民每冬中輒一月寒食莫敢煙爨老少不堪歲多死者舉既到州乃作弔書置子推之廟言盛冬去火殘損民命非賢者之意以宣示愚民使還溫食於是衆惑稍解風俗頗革

張奐為武威太守其俗多妖忌二月五日產子及與父母同日生者悉殺之奐示以義方嚴加賞罰風俗遂改

欒巴為豫章太守郡多山川鬼怪小人常破貲產以禱巴乃悉毀房祀剪除姦巫妖異自消百姓安之

晉王濬在巴郡兵民苦役生男多不舉濬乃嚴其殺子之防而厚卹之所育者數千人

南齊顧憲之為衡陽內史土俗山民有病輒云先世為禍皆開塚剖棺水洗枯骨名為除祟憲之曉諭為陳生死之別事不相由風俗遂改

劉懷真為冀州刺史於堯廟見有蘇峻像懷真謂主簿崔祖思曰堯聖人也而與雜神同列欲去之何如祖思曰蘇峻今日四凶之五也遂除之

後魏封回為安州刺史山民愿朴父子賓旅同寢一室回下車勸令別處其俗遂改

清河王勱為楚州刺史城北有伍子胥廟其俗敬鬼祈禱者必以牛酒至破產業勱歎曰子胥賢者豈宜損百姓乃告諭所部自此遂

止

隋辛公義為岷州刺史岷俗畏疫一人病闔家避之病者多死公義命皆輿至廳事暑月廳廊皆滿公義設榻晝夜處其間以俸祿具醫藥身自省問病者既愈乃召其親戚諭之曰死生有命豈得相染若能相染吾死久矣皆慚謝而去其後人有病者爭就使君其家親戚固留養之始相慈愛風俗遂變

唐狄仁傑為冬官侍郎持節江南巡撫使吳楚

俗多淫祠仁傑一皆禁止之止留夏禹吳太
伯季札伍員四祠而已
于頔為蘇州刺史吳俗事鬼頔惡淫祀廢生
業悉撤去其廟宇惟存吳太伯伍子胥數廟
焉
柳宗元為柳州刺史土俗以男女質錢過期
則沒入宗元革其鄉法其已沒者仍出私錢
贖之歸其父母
羅珦為廬州刺史民俗病者舍醫藥禱淫祠

珦下令止之捐已俸給藥濟貧者民皆德之
又脩學勸士務崇其本三年政化大洽
李暠守太原舊俗僧徒以習禪為業及死不
斂俱輿屍送近郊以飼鳥獸如是積年土人
號其地為黄坑坑側有餓犬千數食死人肉
因侵害幼弱遠近苦之前後官吏不能禁止
暠到官申明禮害期不再犯仍發兵捕殺羣
犬其風遂革
李德裕為浙西觀察使南方信禨祥雖父母

疾癘子棄不敢養德裕擇長老可語者諭以
慈孝大倫患難相收不可棄之義使歸相曉
勑違約者寘以法由是惡俗大變亳州浮屠
詭言水可愈疾號曰聖水轉相流聞南方之
人率十戶僦一人使往汲既行若飲病者不
敢近葷血危老之人率多死而水斗三十千
取者益他汲轉鬻於道互相欺訹德裕嚴勒
津邏捕絕之且言昔吳有聖水宋齊有聖火
皆本妖祥古人所禁請下觀察使令狐楚填

塞以絕妄源朝廷從之
周知裕為安州留後淮土風惡病者父母有
疾不親省視甚者避於他室或時問訊即以
食物揭於長竿委之而去知裕惡之召其頑
狠者訶詰教導俾知父子骨肉之恩由是弊
俗頓革
宋韓琦知并州河東俗雜羌夷用火葬琦為買
田封表刻石著令使得葬於其中人遂以焚
屍為恥

程珦。知龔州。時宜獠區希範既誅。鄉人忽傳其神降。言當為我南海立祠。於是迎其神以往。至龔。珦使詰之曰。比過潯。潯守以為妖。投祠具江中。逆流而上。守懼。乃更致禮。今欲相試。乃使復投之。順流去。其妄乃息。又知漢州。嘗宴客開元僧舍。酒方行。人讙言佛光現。觀者相騰踐不可禁。珦安坐不動。頃之遂定

程顥為鄠縣簿。南山僧舍有石佛。歲傳其首放光。遠近男女聚觀。晝夜雜處。有司莫敢禁

止。顥戒寺僧曰。俟光復現。必先白吾。不能往。當取其首就觀之。自是不復有光矣。及調上元縣。茅山有龍池。其龍如蜥蜴而五色。自昔嚴奉以為神物。乃捕而脯之。使人不惑。見人持竿道傍以黏飛鳥。取其竿折之。禁使勿為。自是鄉民子弟不敢畜禽鳥。不嚴而令行

虞允文。知太平州。舊制民舉子必納添丁錢。歲額百萬。小民貧無錢輸官。生子多不舉。丁口衰絕。允文惻然憐之。為措置蘆荻稅錢一色。對補百姓添丁錢百萬。民皆感之。生子並舉。丁口日增

陳道輔高宗時為吏部員外郎。疏言今日之禍。實由公卿大夫無氣節忠義。不能維持天下國家。平時既無忠言直道。緩急詎肯伏節死義。豈非王安石學術壞之耶。議者尚謂安石政事雖不善。學術尚可取。臣謂安石學術之不善。尤甚於政事。政事害人才。學術害人心。三經字說。詆誣聖人。破碎大道。非一端也。

春秋正名分。定褒貶。俾亂臣賊子懼。安石使學者不治春秋。史漢載成敗安危存亡理亂為聖君賢相忠臣義士之龜鑑。安石使學者不讀史漢。王莽之篡。揚雄不能死。又仕之。更為劇秦美新之文。安石乃曰。雄之仕。合於孔子無可無不可之義。五季之亂。馮道事四姓八君。安石乃曰。道在五代時最善避難以存身。使公卿大夫皆師安石之言。宜其無氣節忠義也。詔授左司諫

危稹知漳州。漳俗視不葬親為常。往往棲寄
僧刹。稹命營高燥地為義塚三。約期責之葬
其無主名。若有主名而力弗給者官為葬之。
民俗丕變

俞仲寬宰劒之順昌時閩俗生子多者至三
四子。則率皆不舉。為其貲產不足以贍也。若
女則不待三。往往溺之。建劒尤甚。仲寬乃作
戒殺子文。召諸鄉父老為人信服者列坐廡
下。以俸置酵醴親酌飲之。出其文使歸勸其

鄉人無得殺子。歲月間活者以千計。故生子
多以俞為小字。轉運判官曹輔上其事。朝廷
嘉之。就改仲寬一官。仍令再任。復為立法推
行一路。仲寬因被差他郡還邑有小兒數百
迎之於郊云

胡潁理宗朝為廣東經略安撫使。潮州僧寺
有大蛇能驚動人。前後仕於潮者皆信奉之。
潁至廣聞其事。檄潮州令僧舁蛇至。至則其
大如柱而黑色。載以闌檻。潁令之曰。爾有神
靈當三日見變怪。過三日。則汝無神矣。既及
期蠢然猶衆蛇耳。遂殺之。毀其寺并罪僧

元呂思誠為蒲縣尹。值天旱道士持青蛇曰盧
師谷小青。謂龍也。禱之即雨。思誠以其惑人。
殺蛇逐道士。雨亦隨至。遂有年。縣多淫祠。刑
牲以祭者無虛日。思誠悉命毀之。唯存江都
相董仲舒祠

國朝高原侃洪武初為監察御史。言京師人民
循習元氏舊俗。凡有喪葬設宴會親友作樂

娛尸。惟較酒殽厚薄。無哀戚之情。流俗之壞
至此。甚非所以為治。且京師者天下之本。萬
民之所取則。一事非禮。則海內之人轉相視
傚。弊可勝言。況送終禮之大者。不可不謹。乞
禁止以厚風化。
太祖皇帝是其言。乃詔禮官定官民喪服之制

五倫書卷之三十六

五倫書卷之三十七

列國齊晏子飲景公酒。令器必新。家老曰財不足請斂於民晏子曰。止。夫樂者上下同之故天子與天下諸侯與境内自大夫以下各與其僚無有獨樂。今上樂其樂下傷其費是獨樂者也。不可

田單為相。過淄有老人涉淄而寒。單見其寒也。解裘而衣之。襄王乃賜單牛酒。召單而揖於庭勞之。令求百姓之飢寒者收穀之。乃使人聽於閭里。聞大夫相與語曰單之愛人乃王之教澤也

漢陳臨為蒼梧太守。多善政民有遺腹子為其父報怨。捕繫獄。臨乃傷其無子。令其妻入獄。遂產一男。人歌之曰。蒼梧陳君恩廣大令死罪囚有後代

曹褒為射聲校尉。親行營舍。見無後不能葬者百餘棺。褒愴然為買地以葬。復設祭祀。遷將作大匠。時有疾疫。褒巡行病徒。為致醫藥。多蒙濟活。及為河内太守大旱穀貴褒省職退姦。澍雨數降。其秋大熟。百姓給足

劉寬為南陽太守。歷典三郡。溫仁多恕。雖在倉卒未嘗疾言遽色。常以為齊之以刑民免而無恥。吏人有過。用蒲鞭罰之。示辱而已。終不加苦事有功善。推之自下。災異或見。引躬克責。拯救寒困。如恐不及。民悅之如父母

劉虞為幽州牧。舊幽部應接荒外。資費甚廣歲割青冀賦調二億以給足之。時委輸不至而虞務存寬政勸督農植。開上谷胡市之利通漁陽鹽鐵之饒。民悅年登。青徐士庶避黃巾之難歸虞者百餘萬口。為安立生業。流民皆忘其遷徙

唐田仁會累遷郢州刺史。以善政聞。時屬亢旱。仁會自曝祈禱。竟獲甘澤。其歲大熟。百姓歌

之曰。父母育我田使君。精誠為人上天聞旱
田致雨山出雲倉廩既實禮義申但願常在
不患貧
陽城為道州刺史在州以家人法待吏人宜
罰者罰之宜賞者賞之一不以簿書介意道
州土地產民多矮每年常配鄉户貢其男號
為矮奴城不平其以良為賤又憫其編甿歲
有離異之苦乃抗疏論而免之遂停其貢民
賴之無不感泣

王仲舒為江西觀察使初江西榷酒利多他
州十八。民私釀歲抵死不絕穀數斛乃易斗
酒仲舒罷酤錢九十萬吏坐失官息錢五十
萬悉產不能償仲舒焚簿書脫械不問水旱
民賦不入仲舒歎曰我當減燕樂他用可乎
為出錢二千萬代之有為佛老法興浮屠祠
屋者皆驅出境
崔鄲為虢州觀察使先是上供財乏則奪吏
俸助輸歲率八十萬鄲曰吏不能贍私安暇

恤民吾不能獨治安得自封邸以府常費代
之又詔賦粟輸大倉者歲數萬石。民困於輸
則又輦而致之河鄲乃旁流為大敖受粟寘
而注諸艚民遂悅忘運輸之勞
李德裕太和間為西川節度使舊制歲運內
粟贍黎嶲州起嘉眉道陽山江而達大度河
乃分餉諸戍常以盛夏至地苦瘴毒役夫多
死德裕命轉邛雅粟以十月為漕始先夏而
至以佐陽山之運饋者不涉炎月由是遠民

乃安
李憲為衛州刺史以治行徙絳州河中兵本
仰食于絳而汾可輸河渭歲租與糴常數十
萬石舊敖保山險固民之輸者十牛不勝一
車憲濱汾相地治新倉當費二百萬請留垣
縣粟糴河南以錢還糴絳粟既免負載勞又
權其贏以完新倉由是絳人賴利
宋王濟為龍溪主簿時調福建輸鶴翎為箭羽
鶴非常有之物有司督責尤急一羽至直數

百錢民甚苦之濟諭民取鵝翎代輸仍驛奏其事詔可其請仍令旁郡悉如濟所陳縣有陂塘數百頃先爲里豪輸課而專其利濟悉取之引水以溉民田自是無亢旱之患

李允則知潭州兼管幹湖南路巡檢甲兵公事初馬氏暴斂州人出絹謂之地稅絹又屋每間輸絹三尺謂之屋稅絹又牛歲輸米四斛牛死猶輸謂之枯骨稅允則一切除之又民輸茶初以九斤爲大斤後益至三十五斤

允則請以十三斤爲定制會湖南歲飢欲發官廩先振之而後奏轉運使以爲不可允則曰須報踰月則饑者無及矣明年又饑復欲先振之轉運使又執不可允則乃願以家貲爲質由是全活者數萬人

張士遜爲射洪縣令以旱禱雨白崖山陸史君祠尋大雨士遜立廷中須雨足乃去後知邵武縣歲旱禱歐陽太守廟廟去城過一舍士遜撤蓋雨霑足始歸在射洪時轉運使檄移士遜治郪民遮馬首不得去因聽還射洪安撫使至梓州問屬吏能否知州張雍曰射洪令第一也

陳堯叟爲廣南西路轉運使嶺南風俗病者必禱神不服藥堯叟有集驗方刻石桂州驛舍人頗賴之又以地氣蒸暑爲植柳鑿井每三十二里必置亭舍什器人免暍死

陳堯佐爲河東轉運使以地寒而民貧奏除石炭稅減官冶鐵課歲數十萬以便民曰轉

運征利之官也利有本末下有餘則上足吾豈爲俗吏哉

范仲淹拜參知政事邊陲有警自請行邊遂以爲河東陝西宣撫使賜黃金百兩悉分遺邊將麟州新罹大寇言者多請棄之仲淹爲脩故砦招還流亡三千戶蠲其稅罷榷酤予民又奏免府州商稅河外遂安

曾公亮在相位謂政事以仁民爲先故其志尤急於去民所疾苦而補助其窮乏奏罷弛

茶禁歸之於民籍户絶田收其租爲廣惠倉以廩食窮獨其卹民多類此

程顥主江寧上元縣簿當水運之衝舟卒病者留之爲營以處歲不下數百人至者輒死顥察其由蓋既留然後請於府給券乃得食比有司文移具則困於飢已數日矣顥乃白漕司給米貯營中至者輒與之食自是生全者太半常云一命之士苟存心於愛物於人必有所濟

李之純神宗時爲成都路轉運使成都歲發官米六千石損直與民言者謂惠民損上詔下其議之純曰蜀郡人恃此爲生百年奈何一旦奪之事遂已秩滿復留數歲始還朝神宗勞之曰遐方不欲數易大吏使劒外安靖年穀屢豐以彰朝廷綏遠之意汝知之乎以爲右司郎中

熊克知紹興府諸暨縣越帥課賦頗急諸邑率督趣以應克曰吾寧獲罪不忍困吾民他日府遣幕僚閱視有亡時方不雨克對之泣曰此催租時耶部使者芮煇行縣至其境謂克曰曩知子文墨而已今乃見古循吏爲表薦之

趙崇憲知江州郡民苦和糴崇憲疏于朝蠲之且轉糴旁郡數別廩儲之以備歲儉瑞昌民負茶引錢新舊累積爲緡十七萬有奇皆困不能償死則以責其子孫猶弗貸會新券行視舊價幾倍蓰崇憲嘆曰負茶之民愈困

矣亟請以新券一償舊券二從之蓋受賜者千餘家

元嚴實行尚書省事從木華黎之弟帶孫取彰德既下帶孫怒其反覆驅老幼數萬欲屠之實曰此國家舊民吾兵力不能及爲所脅從果何罪耶帶孫從之繼破濮州復欲屠之實言百姓未嘗敵我豈可與執兵刃者同戮不若留之以供芻秣濮人免者又數萬實行兵每約束諸將毋妄有殺掠賴以全活者衆

耶律楚材從太宗南征。將涉河，詔逃難之民來降者免死。或曰：此輩急則降，緩則走，徒以資敵，不可宥。楚材請製旗數百，以給降民，使歸田里，全活甚衆。舊制，凡攻城邑，敵以矢石相加者，即為拒命，既克必殺之。汴梁將下，大將速不台遣使來言：金人抗拒持久，師多死傷，下之日宜屠之。楚材馳入奏曰：將士暴露數十年，所欲者土地人民耳。得地無民，將焉用之？帝猶豫未决。楚材曰：奇巧之工，厚藏之

五倫書卷三十七　九

家，皆萃於此。若盡殺之，將無所獲。帝然之，詔罪止完顏氏，餘皆勿問。時避兵居汴者得百四十七萬人。

廉希憲，元初既下江陵，命希憲行省荆南。下令凡俘獲之人，敢殺者以故殺平民論。為軍士所虜，病而棄之，許人收養，病愈，故主不得復有。立契券質賣妻子者，重其罪，仍沒其直。闕吏嘗得江陵人私書，不敢發，上之樞密。發之世祖前，其中有曰：歸附之初，人不聊生，自廉相出鎮荆南，豈惟人漸德化，昆蟲草木咸被澤矣。帝以希憲不嗜殺人，故能爾也。

立智理威，大德初以參知政事為湖南宣慰使，繼改荆湖。荆湖多弊政，而公田為甚。立智理威問民所不便凡十數事，上於朝，而言公田尤切。朝議遣使理之。會有詔凡官無公田者，始隨俸給之，民力少蘇。再遷四川行省參知政事。蜀人飢，親勸賑之，所活甚衆。有死無葬者，則以己錢買地使葬。且修寬政以撫其

五倫書卷三十七　十

民，部內以治。

國朝馮榮知華亭縣。初，上海民錢鶴皋作亂，大將軍徐達遣驍騎衛指揮葛俊等討平之。俊怒華亭人從亂，欲屠其城。榮初不屈於鶴皋，為賊縛置獄中，至是始出，即爭於俊曰：反者錢鶴皋耳，餘皆良民，縱有從者，皆由迫脅。將軍必欲加兵，榮請先死。有邑無民，何以為治？俊從之，民賴以安。

撫字

漢朱邑少時為舒桐鄉嗇夫廉平不苛以愛利為行未嘗笞辱人存問耆老鰥寡遇之有恩所部吏民愛敬焉遷北海太守以治行第一入為大司農病且死屬其子曰我故為桐鄉吏其民愛我必葬我桐鄉後世子孫奉嘗我不如桐鄉民及死其子葬之桐鄉西郭外民果為邑起塚立祠歲時祠祭不絕

召信臣為南陽太守視民如子好為民興利躬勸耕稼出入阡陌稀有安居禁止奢靡務

於儉約按其不法以視好惡其化大行戶口增倍吏民親愛之號曰召父荊州刺史奏信臣為百姓興利郡以殷富賜黃金四十斤遷河南太守治行常為第一

卓茂為密縣令勞心諄諄視人如子舉善而教口無惡言吏人親愛而不忍欺茂初到縣有所廢置吏人笑之鄰城嗤其不能數年教化大行道不拾遺平帝時天下大蝗河南皆被其災獨不入密界太守自出按行見乃服

焉後遷京部丞密人老少皆涕泣隨送

侯霸為臨淮太守治有能名及王莽之敗霸保固自守卒全一郡更始元年遣使徵霸百姓老弱相攜號哭遮使者車或當道而臥皆曰乞侯君復留民乃誡乳婦勿得舉子侯君當去必不能全使者慮霸就徵臨淮必亂不敢授璽書而具以狀聞

杜詩為南陽太守性節儉治政清平興利除害百姓便之又脩治陂池廣拓土地郡內比

室殷足時人方於召信臣南陽為之語曰前有召父後有杜母

張堪為漁陽太守於狐奴開稻田八千餘頃勸民耕種以致殷富民歌之曰桑無附枝麥穟兩岐張堪為政樂不可支

廉范為蜀郡太守成都民物豐盛邑宇逼側舊制禁民夜作以防火災范乃毀削先令但嚴使儲水而已百姓以為便歌之曰廉叔度來何暮不禁火民安作昔無襦今五袴

馬稜為廣陵太守。時穀貴民飢。奏罷鹽官以利百姓。賑貧羸薄賦稅。興復陂湖。溉田二萬餘頃。吏民刻石頌之

晉王宏為汲郡太守。撫百姓如家。耕桑樹藝屋宇阡陌莫不躬自教示。曲盡事宜。郡有殊績武帝下詔稱之

隋公孫景茂為道州刺史。好單騎巡人家。閱視百姓產業。有修理者。於都會時褒揚稱述。如有過惡。隨即訓導而不彰顯。由是人行義讓

有無均通。男子相助耕耘。婦人相助紡績。皆如一家之務

唐薛獻為定州刺史。朝京師。太宗詔朝集使刺史以上升殿。親問之曰。卿等在州。何以撫教獻對曰。老者國家所養。臣每存恤之。少者國家所使。臣每勸誡之。田疇荒廢。漸加墾闢。禮義既行。產業咸振。此皆稟之聖化。非臣之力。帝曰。如公所奏。足稱循良。清淨為政。朕所望於公等也

袁滋為華州刺史。政清簡。流民至者給地居之。名其里曰義合。然專以慈惠為本。未嘗設條教。民愛向之。有犯令。時時法外縱舍。得盜賊或哀其窮。出財為償所亡。後召為左金吾衛大將軍。以楊於陵代之。滋行。耆老遮道不得去。於陵諭曰。吾不敢易袁公政。人皆羅拜乃得去。莫不流涕

宋薛奎為蜀以惠愛得名。民有老嫗告其子不孝者。子訴貧不能養。奎取俸錢與之曰。用此

為生。以養母。子遂相慈孝

王質權知荊州府。民有訟婚者。訴曰。貧無貲故後期。問其用幾何。以俸錢與之。使婚。或盜竊人衣者。曰。迫於飢寒而為之。質為之哀憐取衣衣之。遣去。王安石比質為子產

張載為雲巖令。政事以敦本善俗為先。每月吉。具酒食召鄉人高年者會縣庭。親為勸酬使人知養老事長之義。因問民疾苦。告所以訓誡子弟之意

陳槖紹興間除江西運判。以母年高乞歸養。詔槖善撫字。移知台州。台有五邑。嘗攝其三。民懷惠愛。越境懽迎。不數月稱治。母喪。邦人巷哭。相率走行在所者千餘人。請起槖。詔槖清謹不擾。治狀著聞。其勑所在州賜錢三萬。槖力辭。高宗謂近臣曰。陳槖有古循吏風

張栻。知靜江府。簡州兵汰冗補闕。籍諸州黥卒伉健者為效用。日習月按。申嚴保伍法。諭溪峒酋豪弭怨睦鄰。毋相殺戮。於是羣蠻帖

服。朝廷買馬橫山。歲久弊滋。邊氓告病而馬不時至。栻究其利病六十餘條奏革之。諸蠻感悅

黄榦知安慶府。金人破光山。安慶去光山不遠。民情震恐。乃請城安慶以備戰守。治府事理民訟。接賓客。閱士卒。會僚佐講究邊防利病。城成。會上元日張燈。士民扶老攜幼往來不絕。有老嫗百歲。二子輿之。諸孫從至府致謝。榦禮之。命具酒炙。且勞以金帛。嫗曰。老婦之來。為一郡生靈謝耳。太守之賜。非所冀也。不受而去

黄震通判廣德軍。軍有社倉。歲課民納息。民困。至有自經者。震為買田六百畝。以其租代納息。約非凶年不貸。而貸者不取息。知撫州州飢。單車疾馳。中道約富民耆老集城中。至則大書閉糴者籍。強糴者斬。揭於市。然不抑米價。而價日損。親煮粥食餓者。復朱熹祠。制社稷祭器。復風雷祀。舊有慈幼局。為貧而棄

子者設。久而名存實亡。震乃損益其法。凡當娩而貧者。里胥請于官。贍之。棄者許人收養。官給粟。所收家。全活者衆。論役法。惟覈民產業。不使下戶受抑於上戶。大興水利。廢陂壞堰及為豪右所奪者。悉皆復之。決滯獄。清民訟。赫然如神明。其善政多類此

勸農

漢趙過。武帝時為搜粟都尉。教民為代田。一畮三甽。歲易其處。故曰代田。每耨輒附根。根深

能耐音風旱其耕耘器皆有便巧用力少而得穀多民皆便之

龔遂爲渤海太守齊俗奢侈好末技不田作迺躬率以儉約勸民務農桑令口種一樹楡百本薤五十本葱一畦韭家二母彘五母雞春夏不得不趨田畝秋冬課收斂益畜果實菱芡郡中皆有畜積吏民富實

任延光武時爲九真太守九真俗以射獵爲業不知農耕民常告糴交阯延乃令鑄作田器教之耕墾田疇歲歲開廣百姓充給

秦彭章帝時遷山陽太守興起稻田數千頃每於農月親度頃畝分別肥瘠差爲三品各立文簿藏之郡縣於是姦吏跼蹐無所容詐彭乃上言宜令天下齊同其利詔以其所立條式班下州郡

三國魏顏斐爲京兆太守京兆從馬超破後民人多不專於農殖斐到官乃令屬縣整阡陌樹桑果是時民多無牛車斐課民以閒月取車材教匠作車又課民無牛者令畜猪狗賣以買牛始民以爲煩一二年間家有牛車吏不煩民民不求吏

晉陶侃都督荆雍益梁州諸軍事所至勸農耕稼嘗出遊見人持一把未熟稻侃問用此何爲人云行道所見聊取之耳侃大怒曰汝既不佃而戲賊人稻執而鞭之由是百姓勤於農殖家給人足

後魏元淑孝文時爲河東太守河東俗多商賈

罕事農桑人有年三十不識耒耜者淑下車勸課躬往教示二年間家給人足爲之謠曰泰州河東杼軸代春元公至止田疇始理

唐張儉高祖時遷朔州刺史大教民營田歲收穀數十萬斛遇水旱勸百姓相賑贍免飢殍州以完安

宋張詠爲崇陽令民以茶爲業詠曰茶利之厚官將榷之命拔茶而植桑後榷茶他縣皆失業而崇陽之桑已成爲絹歲百萬匹

范純仁知襄城。民素不事蠶織，鮮肯植桑。純仁患之，因民有罪而情輕者，使植桑於家，多寡隨其罪之輕重。後按其所植榮茂與除罪。自此人得其利，懷之不忘。

高賦知唐州。州田經百年曠不耕，前守趙尚寬菑墾不遺力，而榛莽者尚多。賦繼其後，益募兩河流民，計口給田使耕作。比去，田稅、戶口倍以增益。璽書褒諭，宣布治狀以勸天下。

元姜彧知濱州。時行營軍士多占民田為牧地，

壞民禾稼桑棗。彧至，分畫疆界，鉏其強猾不法者，課民種桑，歲餘新桑徧野，人名為太守桑。

國朝陳脩，洪武三年為濟南府知府，上言：北方郡縣近城之地多荒蕪，宜召鄉民無田者墾闢，戶率十五畝，又給地二畝與之種蔬，有餘力者不限頃畝，皆免三年租稅。其馬驛巡檢司急遞鋪應役者，各於本處開墾，無牛者官給之。守禦軍屯遠者，亦移近城。若王國所在，近城存留五里以備練兵牧馬，餘處悉令開耕。

太祖皇帝從之。

平賦

漢貢禹，元帝時為御史大夫，上書言：古民亡賦算口錢，起武帝征伐四夷，重賦於民，民產子三歲則出口錢，故民重困，至於生子輒殺，甚可悲痛。宜令兒七歲去齒乃出口錢，年二十乃算。帝下其議，令民產子七歲乃出口錢，自

此始。

唐崔戎，憲宗時為諫議大夫。雲南蠻亂成都，詔戎持節劒南為宣撫使，奏罷稅外薑芋錢，當賦錢者三之一，以準繒布，優其估以與民。綏招流亡，公私便之。

宋王永，太宗時為右補闕。吳越納土，受命往均兩浙雜稅。先是兩浙田稅畝三斗，永悉令畝出一斗。使還，責以擅減稅額，永對曰：畝稅一斗，天下之通法。兩浙既為王民，豈當復循偽國

之法。帝從其說。凡畝稅一斗者自永始。遂著
爲式
劉摯歷冀州南宮令。民賦甚重。輸絹匹折稅
錢五百。綿兩折錢三十。民多破產。摯條請裁
以中價。轉運使怒將劾之。摯固請曰獨一州
六邑被此苦。決非法意。遂告於朝。三司使包
拯奏從其議。自是絹爲錢千三百。綿七十有
六。民歡呼至泣下。曰劉長官活我。是時摯與
信都令李沖清河令黃莘皆以治行聞。人稱

爲河朔三令
鄭升卿知徽州。乾道六年。奏州自五代時陶
雅守郡。妄增民賦至今二百餘年。比鄰境諸
縣之稅獨重數倍。而雜錢之稅科折尤重。請
賜蠲免。乃詔徽州額外耗科錢及絹並蠲之
朱熹知南康軍。淳熙七年上封事言今民間
二稅之入。朝廷盡取以供軍。州縣無復贏餘
於是別立名色巧取。今民貧賦重。惟有覈兵
籍。廣屯田。練民兵。可以漸省列屯坐食之兵。

稍損州縣供軍之數。使州縣之力浸紓。窮困
之民得保生業。於是詔監司太守察所部催
科不擾者薦之。擾害民者劾之

五倫書卷之三十七

五倫書卷之三十八

臣道 善行 決獄

漢于公爲縣獄吏決曹掾決獄平法未嘗有所寃東海有孝婦無子少寡養其姑甚謹其姑欲嫁之終不肯其姑告鄰人曰孝婦養我甚謹哀其無子守寡日久我老累丁壯柰何其後母自經死母女告孝婦殺其母吏捕孝婦

毒治孝婦自誣服具獄以上府于公以爲養姑十年以孝聞此不殺姑也太守不聽數爭不能得於是于公辭疾去吏太守竟殺孝婦郡中枯旱三年

丙吉宣帝時陳留有一老人年八十餘家富無子祇一女已適人其妻卒翁又取一妻復生一子後翁死其妻育其子數年前妻女欲奪其財物乃誣後母所生非我父之子也郡縣不能斷聞於臺省吉爲廷尉乃曰吾聞老人之子不耐寒日中無影時八月中取同歲小兒均服單衣唯老人之子畏寒變色又令與諸兒立於日中唯老人之子無影遂奪其財物歸後母之男前女服誣母之罪

黃霸爲潁川太守郡中有富家兄弟同居弟婦懷姙其長姒亦懷姙胎傷匿之弟婦生男長婦輒取以爲己子論爭三年訴於霸霸使人抱兒於庭中乃使娣姒競取之既而俱至姒持之甚猛弟婦恐有傷而情甚悽慘霸乃

叱長姒曰汝貪家財欲得此子寧慮有所傷乎此事審矣姒伏罪

孔光爲廷尉時定陵淳于長坐大逆誅長少妻乃始等六人皆以長事未發覺時棄去或更嫁及長事發丞相翟方進等議乃始等於法無以解論光以爲夫婦之道有義則合無義則離乃始或嫁義已絕而欲以爲妻論殺之名不正不當坐有詔以光議定罪

何武爲沛郡太守有富家翁貲二十餘萬有

一男纔二歲失其母別無親屬一女不賢翁病因思恐爭其財遂呼族人為遺書悉以財屬女但遺一劒云兒年十五以此付之其後亦不與兒兒詣郡訴於武因録女及婿省其手書顧謂掾吏曰女既強梁婿復貪鄙翁畏賊害其兒又計小兒正得此財不能全護故且付女與婿內實寄之耳夫劒者所以決斷限年十五者度其子智力足以自居女婿必不還其劒當聞州縣或能明證得以伸理此凡庸何思慮深遠如是哉悉奪其財與兒曰弊女惡婿溫飽十年亦已幸矣聞者歎服

薛宣為臨淮太守有一人持縑入市值雨以縑披覆後一人至求庇蔭因授與縑一頭雨霽當別互爭縑共訴於宣前宣乃呼騎吏斷縑各與其半使追聽之後人曰太守之賜其絹主乃稱冤不已宣知其狀詰之伏罪

郭躬明帝時為郡史辟公府有兄弟共殺人者帝以兄不訓弟故報兄重而減弟死中常侍孫章宣詔誤言兩報重尚書奏章矯制罪當腰斬帝復召躬問之躬對章應罰金帝曰章矯詔殺人何謂罰金躬曰法令有故誤章傳命之謬於事為誤其文輕帝曰章與囚同縣疑其故也躬曰君子不逆詐君王法天刑不可以委曲生意帝曰善遷躬廷尉正

袁安永平中為楚郡太守時楚王英以謀逆辭所連繫者數千人安到郡不入府先案獄理其無明驗者條上出之府丞掾吏皆叩頭

爭以為阿附反虜法與同罪不可安曰如有不合太守自當坐之不以相及也遂分別具奏明帝感悟即報許得出者四百餘家

三國魏胡質為常山太守遷任東莞士盧顯為人所殺質曰此士無讎而有少妻所以死乎悉見其比居年少書吏李若見問而色動遂窮詰情狀即自首

高柔遷廷尉護軍營士竇禮近出不還營以為亡表言逐捕沒其妻盈及男女為官奴婢

盈連至州府稱寃自訟乃詣廷尉柔問曰汝何以知夫不亡盈垂泣對曰夫少單特養一老嫗為母又哀兒女撫視不離非是輕狡不顧室家者也柔重問曰汝夫不與人怨讎乎對曰夫良善與人無讎又曰汝夫不與人交錢財乎對曰嘗出錢與同營士焦子文久求不得時子文適坐小事繫獄柔乃見子文問所坐言次曰汝頗曾舉人錢否子文曰自以單貧初不敢舉人物也柔察子文色動遂曰

汝昔舉竇禮錢何言不舉耶子文怪事露應對不次柔曰汝已殺禮宜早服子文於是叩頭具首殺禮本末埋藏之所柔便遣吏卒承子文辭往掘即得屍詔書復盈母子為平民抵子文罪

晉陸雲為浚儀縣令人有見殺者主名不立雲錄其妻無所問十許日遣出密令人隨後謂曰其去不出十里當有男子候之與語便縛來既而果然問之俱服云與此妻通共殺其夫聞妻得出欲與語憚近縣故遠相要候於是一縣稱其神明

曹攄為臨淄令時縣有寡婦養姑甚謹姑以其年少勸令改適婦守節不移姑愍之密自殺親黨告婦殺姑官為考鞫寡婦不勝苦楚乃自誣獄當決值攄到攄知其寃更加辯究具得情實時稱其明

後魏司馬悅為豫州刺史時有汝南上蔡董毛奴者齎錢五千死於道路郡縣疑張堤為劫

又於堤家得錢五千堤懼掠自誣言殺之至州悅疑其不實引毛奴兄靈之謂曰殺人取錢當有所遺靈之曰一刀鞘悅取視之曰此非里巷所為也乃召州内刀匠示之屬有郭門者前曰此刀鞘門手所作去歲賣與郭人董及祖悅收及祖詰之及祖欵引靈之又於及祖身上得毛奴所著皂襦及祖乃伏法

唐崔仁師貞觀初遷殿中侍御史時青州有男子謀逆有司捕支黨纍係填獄詔仁師按覆

始至悉去囚械為具食飲湯瀋以情訊之坐止魁惡十餘人它悉原縱大理少卿孫伏伽謂曰原雪者衆誰肯讓死就決而事變柰何仁師曰治獄主仁恕豈有知枉不申為身謀哉使吾以一介易十囚命固吾願也及勑使覆訊諸囚咸叩頭曰崔公仁恕無枉者舉無異辭由是知名

蔣常貞觀中為御史衛州板橋店主張逖妻歸寧魏州王衛楊正等三人投店宿五更早

發夜有人取王衛刀殺逖其刀却內鞘中正等不之覺也至明店人起正等挾刀血甚狼籍因禁正等考訊自誣服太宗疑之遣常覆推至則總追店人年十五以上者詐為人數不足且放散之唯留一老嫗年八十餘日晚放出令典獄密覘之曰嫗出當有人與其語者即記姓名勿漏泄果有一人即記之明日復爾其人又問嫗云使人作何推問如是者三日並是此人因總集男女三百餘人就中獲與老嫗語者餘並放散問之具伏云與逖妻奸殺逖具實奏之太宗賜常綵帛二百匹遷侍御史

李嶠高宗時為給事中會來俊臣構狄仁傑李嗣真裴宣禮等獄將抵死敕嶠與大理少卿張德裕侍御史劉憲覆驗德裕等內知其寃不敢異嶠曰知其枉不申是謂見義不為者卒列其枉狀

唐臨高宗時持節按獄交州出寃繫三千人

遷大理卿帝嘗錄囚臨占對無不盡帝喜曰為國之要在用法刻則人殘寬則失有罪惟是折中以稱朕意他日復訊餘司斷者輒紛訴不服獨臨所訊無一言帝問故答曰唐卿斷囚不寃所以絕意帝歎曰為獄者固當若是乃自述其考曰形如死灰心若鐵石云

顏真卿玄宗時再遷監察御史使河隴時五原有寃獄久不決天且旱真卿辯獄而雨郡人呼御史雨

崔碣為河南尹邑有大賈王可久轉貨江湖閒值龐勛亂盡亡其貲不得歸妻詣卜者楊乾夫咨存亡乾夫內悅其色且利其富既占陽驚曰乃夫殆不還矣即陰以百金謝媒者誘聘之妻乃嫁乾夫遂為富人及徐州平可久困甚丐衣食歸閭里往見妻乾夫大怒詣逐之妻詣吏自言乾夫厚納賄可久反得罪再訴復坐誣可久恨歎遂失明碣至可久陳寃碣得其情即勅吏掩乾夫并前獄吏下獄

悉發賕姦一日殺之以妻還可久時淫潦獄決而霽

宋向敏中判西京有僧暮過村舍求宿主人不許求寢於門外車箱中許之是夜有盜入其家擕一婦人幷囊衣踰墻而出僧不寐適見之自念不為主人所納而強求宿明日必以此事疑我而執詣縣矣因亡去夜走荒草中忽墜眢音鴛井而踰墻婦人已為人所殺屍在井血汙僧衣主人蹤跡捕獲送官不堪掠治遂自誣服獄成皆以為然敏中獨疑之詰問數四僧乃言其故於是密遣吏訪其賊食於村店中有嫗聞其自府中來問曰僧某獄如何吏紿曰已笞死於市矣嫗歎息曰今若獲賊如何吏曰府已誤此獄雖獲賊不敢問也嫗曰然則言之無害彼婦人乃此村某甲所殺也吏問其人何在嫗指示其舍吏往獲捕幷得其贓僧始得釋

錢若水為同州推官有富民家小女奴逃亡

奴父母訟於州命錄事鞫之錄事嘗貸錢於富民不獲乃劾富民父子數人共殺女奴棄屍水中遂失其屍富民不勝榜楚自誣服州官審覆無反異若水獨疑之留其獄數日不決錄事詣若水詬之曰若受富民錢欲出其死罪耶若水笑謝曰今數人當死豈可不少留熟觀其獄詞耶留之旬日知州屢趣之不能得上下皆怪之若水一旦詣州屏人言曰若水所以留其獄者密使人訪求女奴今得

之矣。知州驚曰。安在。若水因密使人送女奴於知州所。知州乃垂簾引女奴父母問曰。汝見汝女識之乎。曰。安有不識也。因從簾中推出示之。父母泣曰。是也。乃引富民父子悉破械縱之。其人號泣曰。微使君。某滅族矣。知州曰。推官之賜也

韓億知洋州時。土豪李甲者兄死。迫嫁其嫂。因誣其子為異姓。以專其貲。嫂愬訴于官。甲輒賂吏使掠服之。積十餘年其訴不已。億視

舊牘。但未曾引乳醫為證。一日盡召其黨。以乳醫示之。衆乃無辭。其寃遂白

劉沆知衡州日。有大姓尹氏欲買鄰人田。莫能得。鄰人老而子幼。乃偽為券。及鄰人死。即逐其子。訟二十年不能直。沆至。入訴。尹氏出積歲所收戶鈔為驗。沆詰之曰。若田百頃。戶鈔豈特收此乎。始為券時。嘗問鄰乎。其人固多在。可取為證。尹氏不能對。遂伏罪

錢惟濟知絳州日。民有條桑者。盜強奪之不能得。乃自斫其右臂。誣以殺人。官司莫能辯。惟濟引問。面給以食。而盜以左手舉匕箸。因語之曰。他人行刃。則上重下輕。今下重上輕。正用左手傷右臂也。誣者乃服

陳襄調浦城主簿。攝令事。民有失物者。賊曹捕偷兒至。襄語之曰。某廟鐘能辯盜。犯者捫之輒有聲。餘則否。乃遣吏先引以行。自率同列詣鐘所祭禱。陰塗以墨。而以帷蔽之。命羣盜往捫。少焉呼出。獨一人手無所汚。扣之乃

為盜。蓋畏鐘有聲。故不敢觸。遂服罪

王罕知潭州。有狂婦數訴事。出言無章。却之則勃罵。前守每叱逐之。罕獨引至前。委曲徐問。久稍可曉。本為人妻。無子。夫死。妾有子。遂逐婦而據家資。屢訴不得直。因憤恚發狂。罕為治妾而反其資。婦良愈。郡人傳為神明。監司上治狀。勑書襃諭罕。賜絹三百

劉敞知揚州。天長縣鞫王甲殺人。既具獄。敞見而察其寃。甲畏吏不敢自直。敞以委戶曹

杻誘誘不能有所平反而傳致益牢將論囚歎曰冤也親按問之甲知能爲巳直乃敢告盖殺人者富人陳氏也相傳以爲神明

程琳知開封府會禁中失火延兩宮宦者治獄得縫人火斗巳誣伏而下府命琳具案獄琳立辯其非禁中不得入乃命工圖火所經盖後宮人多而居隘其烓竈近版壁歲久燥而焚曰此豈一日火哉乃建言此殆天災也不宜以罪人仁宗爲緩其獄卒無死者琳在

府決事神速一歲中獄常空者四五

呂陶調銅梁令民龎氏姊妹三人冒隱幼弟田弟壯愬官不得直貧至傭奴於人及是又愬陶一問三人服罪弟泣拜願以田半作佛事以報陶曉之曰三姊皆汝同氣方汝幼時適爲汝主之爾不然亦爲他人所欺與其捐半供佛曷若遺姊復爲兄弟顧不美乎弟又拜聽命

歐陽曄知鄂州桂陽民有爭舟而相毆至死者獄久不決曄自臨其獄出囚坐庭中去其桎梏而飲食之食訖悉勞而還于獄獨留一人于庭留者色動四顧曄曰殺人者汝也囚不知所以然曄曰吾視食者皆以右手持匕而汝獨以左今死者傷在右肋此汝殺之明也囚即涕泣曰我殺也不敢以累他人

周敦頤爲分寧主簿有獄久不決敦頤至一訊立辯邑人驚曰老吏不如也部使者薦之調南安軍司理參軍有囚法不當死轉運使

王逵欲深治之逵酷悍吏也衆莫與爭敦頤獨與之辯不聽乃委手版歸將棄官去曰如此尚可仕乎殺人以媚人吾不爲也逵悟囚得免

王安禮神宗時知開封府事時邏者連得匿名書告人不軌所涉百餘家帝付安禮曰亟治之安禮驗所指略同最後一書加三人有薛姓者安禮喜曰吾得之矣呼問薛曰若豈有素不快者耶曰有持筆来售者拒之鞅鞅

去。其意似見街。即命捕訊。果其所為也。即梟其首于市。不逮一人。京師謂為神明

朱壽昌。知閬州。州大姓雍子良屢殺人。挾財與勢得不死。至是又殺人。而賂其里民出就吏獄具。壽昌覺其姦。引囚詰之曰。吾聞子良與汝錢十萬。許納汝女為婦。且增汝子。故汝代其命。有之乎。囚色動。則又擿之曰。汝且死。書券抑汝女為婢。指錢為雇直。又不增汝子。將奈何。囚悟。泣涕覆面曰。囚幾誤死。以實對立取子良正諸法。郡稱為神。蜀人傳頌之

程顥為鄠縣主簿。鄠令以年少未之知。民有借其兄宅以居者。發地中得藏錢。兄子訴曰。父所藏也。令以無證佐難決。顥曰。此易辯耳。問兄子曰。爾父藏幾何時矣。曰。四十年矣。曰。借宅居幾何時。曰。二十年矣。取錢視之。謂借宅者曰。今官所鑄錢不五六年即徧天下。此錢皆前數十年所鑄。何也。其人遂服。令大奇之。及為澤州晋城令。富民張氏子父死未幾。有老父至門曰。我汝父也。來就汝居。且陳其由。張氏子驚疑。相與詣縣請辯。老父曰。業醫遠出。妻生子貧不能養。以與張氏。某年月日某人抱去。某人見之。顥曰。歲久矣。汝何說之詳也。老父曰。書于藥法冊後。歸而知之。使以其冊進。乃曰。某年月日某人抱兒與三翁。顥問張氏子年幾。曰三十六。又問爾父年幾。曰七十六。謂老父曰。是子之生。其父纔年四十。人已謂之翁乎。老人驚駭服罪

張洽嘉定元年改袁州司理參軍。有大囚訊之則服。尋復變異。且力能動搖官吏。累年不決。而逮繫者甚衆。洽以白提點刑獄殺之。有盜黠甚。辭不能折。會獄有兄弟爭財者。洽諭之曰。訟于官。秖為胥吏之地。且冒法以求勝。孰與各守分以全手足之愛乎。辭氣懇切。訟者感悟。盜聞之自伏

唐震知信州時。有民傭童牧牛。童逸而牧舍火。童之父訟傭者殺其子投火中。民不勝掠

自誣服。震視牘疑之，密物色得童于傍郡，以詰其父，對如初。震出其子示之，獄遂直。

元布魯海牙，太宗時拜燕南諸路廉訪使。未幾，授斷事官，使職如故。有民誤毆人死，吏論以重法。其子號泣請代死。布魯海牙戒吏使擒于市，懼則殺之。既而不懼，乃曰：誤毆人死，情有可宥，子而能孝，義無可誅。遂併釋之，使出銀以資葬埋，且呼死者家諭之，其人悅從。

李德輝，世祖時為右三部尚書。嘗錄囚山西

河東，行至懷仁。民有魏氏發得木偶，持告其妻挾左道為厭勝，謀不利於己。移數獄，詞皆具。德輝察其冤，知其有愛妾，疑妾所為，將構陷其妻也。召妾鞫之，不移時而服，遂杖其夫而論妾以死。

田滋為浙西廉訪使。有縣尹張彧者被誣以贓，獄成，滋審之，但俛首泣而不語。滋以為疑。明日，齋沐詣城隍祠禱曰：張彧坐事有冤狀，願神相滋明其誣。守廟道士進曰：曩有王成等五人同持誓狀到祠焚禱，火未盡而去，燼中得其遺藁，今藏於壁間，豈其人耶。視之果然。明日詣憲司，詰成等不服，因出所得火中誓狀示之，皆驚愕伏罪，張彧得釋。

王約，大德間遷禮部尚書。京民王氏仕江南而歿，有遺腹子，其女育之。年十六，乃訴其姊匿貲若干，有司責之急。約視其牘曰：無父之子，育之成人，且不絕王氏祀，姊之恩居多。誠利其貲，寧育之至今日耶。改前議而斥之。

汪澤民，同知岳州事。州民李氏以貲雄，其弟死，妻誓不它適。兄利其財，嗾族人誣婦以奸事，獄成。而澤民至，察知其枉，為直之。及為平江路總管府推官，有僧淨廣與他僧有憾，久絕往來。一日邀廣飲，廣弟子急欲得師財，且苦其捶楚，潛往他僧所殺之。明日訴官，他僧不勝考掠，乃誣服。三經審錄，詞無異，結按待報。澤民取行兇刀視之，刀上有鐵工姓名，召工問之，乃其弟子刀也。一訊吐實，即械之而

出他僧人驚以為神

鄧文原僉江南浙西道肅政廉訪司事吳興民夜歸巡邏者執之繫亭下其人遁去有追及之者刺其脇仆地明旦家人得之以歸比死其兄問殺汝者何人曰白帽青衣長身者也其兄愬於官有司問直初更者曰張福兒執之使服焉械繫三年文原錄之曰福兒身不滿六尺未見其長也刃傷右脇而福兒素用右手傷宜在左何右傷也鞫之果得真殺

人者遂釋福兒桐廬人戴汝惟家被盜有司得盜獄成送郡夜有焚戴氏廬者而不知汝惟所之文原曰此必有故也乃得其妻葉氏與其弟謀殺汝惟狀而於水涯樹下得屍與漬血斧俱在焉人以為神及移江東道徽州民謝蘭家僮汪姓者死蘭姪回賂汪族人誣蘭殺之蘭誣服文原錄之得其情釋蘭而坐回時久旱獄決乃雨

貢師泰為紹興路推官山陰白洋港有大船飄近岸史甲二十人適取鹵海濱見其無主因取其篙櫓而船中有二死人有徐一者怪其無物而有死人以為史等所劫首官史既誣服師泰審詢之則里中沈丁載物抵杭而回漁者張網海中因盜網中魚為漁者所殺冤皆白又有游徼徐裕以巡鹽為名肆暴村落間一日遇諸暨商奪其所齎錢撲殺之投尸於水走告縣曰我獲私鹽犯人畏罪赴水死矣官驗視以有傷疑之遂以疑獄釋師泰

追詢覆按之具得裕所以殺人狀又餘姚孫國賓獲姚甲造僞鈔受賕而釋之執高乙魯丙赴有司誣以同造僞鈔高嘗為姚行用寶非自造而魯與孫有隙故并連之師泰疑高等覆造不合以孫詰之辭屈而情見即釋魯而加高以本罪姚遂瘐死孫亦就法

五倫書卷之三十八

五倫書卷之三十九

臣道

善行

備荒

列國衛子路為蒲令。備水災。與民春脩溝瀆。為人煩苦。故予人一簞食一壺漿。孔子聞之。使子貢復之。子路忿然不悅。往見孔子曰。由也以暴雨將至。恐有水災。故與人脩溝瀆以備之。而民多匱食。故予人簞食壺漿。夫子使賜

止之。何也。夫子止由之行仁也。夫子以仁教而禁其行仁也。由也不受。孔子曰。爾以民為餓。何不告於君發倉廩以給食之。而以爾私饋之。是汝不明君之惠。見汝之德義也。速已則可矣。否則爾之受罪不久矣。子路心服而退也

魏李悝為文侯臣。作平糴法。必謹視歲上中下熟。大熟則上之人糴三而舍一。中熟則糴二。下熟則糴一。使民適足。價平則止。小飢則發小熟之所藏。中飢則發中熟之所藏。上飢則發上熟之所藏。雖遇飢饉水旱。糴不至貴而民自足。國以富強

漢耿壽昌為大司農中丞。以比年豐稔。穀石五錢。奏言歲豐穀賤。農人少利。故事歲漕關東穀四百萬斛。用卒六萬人。宜糴三輔弘農河東上黨太原郡穀。供京師。可省漕卒過半。又令邊郡皆築倉。以穀賤增其價而糴以利農。穀貴減價而糶以利民。名曰常平倉。民便之

隋長孫平為度支尚書。見天下州縣多罹水旱。百姓不給。奏令民間每秋家出粟麥一石以下。貧富為差。儲之當社。委社司撿校以備凶年。名曰義倉。自是州里豐衍。民多賴焉。

唐戴冑貞觀初為尚書左丞。建義倉之策。太宗從之。其制自王公以下。爰及衆庶。計所墾田畝稅二升。其粟麥秔稻之屬各依土產。所在立倉貯之。年穀不登。百姓飢饉則開倉賑給。

宋張詠知益州。以其地素狹。游手者衆。稍遇水

旱則民必艱食時斗米直錢三十六乃按諸邑田稅如其價歲折米六萬斗至春籍城中細民計口給券俾輸元估糴之詠奏為定制其後雖時有災饉米甚貴而益民無餒色者

范純仁知襄邑縣時旱久不雨純仁籍境內賈舟諭之曰民將無食爾等唯以所販五穀貯之佛寺候食闕時吾為糴之衆賈從命所蓄十數萬斛至春諸縣皆飢獨境內民不知也

吳遵路知通州明道末天下蝗旱乘民未飢募富者得錢幾萬貫遣人航海糴米於蘇秀使物價不增又使民採薪芻官為收買以直糴官米至冬大雪又以元價易薪芻與民又建茅屋百間以處流移出俸錢置薦席鹽蔬日與飯參俵有疾者給藥以治之其願歸者具舟續食還之本土是歲諸郡率轉死惟通民安堵不知歲凶

曾鞏為越州通判歲饑度常平不足仰以賑給而田居野處之人不能皆至城郭至者羣聚有疾癘之虞前期諭屬縣召富人使自實粟數總得十五萬石視常平價稍增以予民民得從便受粟不出田里而食有餘粟價為平又出錢易粟五萬貸民為種糧使隨歲賦入官農事賴以不乏

朱熹主崇安縣簿縣立社倉一所請官米六百石以為本而排年取息二分斂散以時各有明法或遇小歉即蠲其息之半大飢即盡蠲之本則如故其後本米還官之餘息米猶計三千餘石遂定為久計更不收息每石量收耗米三升人皆便之

救災

虞伯禹為司空舜命禹治洪水禹乃乘四載勞身焦思居外十三年過家門不敢入開九州通九道陂九澤度九山當是時益掌火烈山澤而焚之鳥獸之害人者消稷教民稼穡樹藝五穀然後烝民乃粒萬邦作乂

列國。宋樂喜爲司城。宋災。使伯氏司里。火所未至。徹小屋。塗大屋。陳畚挶。具綆缶。備水器。量輕重。蓄水潦。積土塗。巡丈城。繕守備。表火道。使華臣具正徒。令隧正納郊保。奔火所。使華閱討右官。官庀其司。向戌討左。亦如之。使樂遄庀刑器。亦如之。使皇鄖命校正出馬。工正出車。備甲兵。庀武守。使西鉏吾庀府守。令司宮巷伯儆宮。二師令四鄉正敬享祝宗。用馬于四墉。祀盤庚于西門之外。

鄭子產爲大夫。鄭火。子產辭晉公子公孫于東門。使司寇出新客。禁舊客勿出於宮。使子寬子上巡群屛攝至于太宮。使公孫登徙大龜。使祝史徙主祏于周廟。告于先君。使府人庫人各儆其事。商成公儆司宮。出舊宮人。寘諸火所不及。司馬司寇列居火道。行火所焮。城下之人伍列登城。明日使野司寇各保其徵。郊人助祝史除於國北。禳火于玄冥回祿。祈于四墉。書焚室而寬其征。與之材。三日哭。國不市。使行人告于諸侯。

漢汲黯爲謁者。河内失火。燒千餘家。武帝使黯往視之。還報曰。家人失火。屋比延燒。不足憂。臣過河内。河内貧人傷水旱萬餘家。或父子相食。臣謹以便宜持節發河内倉粟以振貧民。請歸伏矯制辠。帝賢而釋之。

王尊爲徐州刺史。遷東郡太守。河水盛溢。泛浸瓠子金堤。老弱奔走。恐水大決爲患。尊躬率吏民祀水神河伯。使巫策祝。請以身填金

堤。因止宿廬居堤上。吏民數千萬人爭叩頭救止。尊終不肯去。及水盛堤壞。吏民皆奔走。唯一主簿泣在尊傍。立不動。而水波稍却迴環。不爲災。吏民壯尊之勇節。奏上其狀。朝廷嘉之。增秩中二千石。賜黃金二十斤。

黄香爲魏郡太守。志存憂濟。時被水年饑。乃分俸祿及所得賞賜班贍貧者。於是豐富之家各出義穀。助官稟貸荒民。獲以全

隋張須陁爲齊郡丞。屬歲飢。穀米湧貴。須陁將

開倉賑給。官屬咸曰。待詔勅。不可擅與。須陁曰。百姓有倒懸之急。如待報至。當委溝壑矣。吾若以此獲罪。死無所恨。乃先開倉而後上狀

唐裴耀卿為宣州刺史。時大水。河防壞。諸州不敢擅興役。耀卿曰。非至公也。乃躬護作役。未訖。有詔徙官。耀卿懼功不成。弗即宣。而撫巡飭厲。愈急。隄成。發詔而去。州人為立碑頌之

姚崇遷紫微令。山東蝗。崇遣御史督州縣捕而瘞之。議者以為蝗多。除不可盡。崇曰。河南北之人流亡殆盡。豈可坐視。借使除之不盡猶勝養以成災。玄宗從之。盧懷慎以為殺蝗太多。恐傷和氣。崇曰。昔楚莊呑蛭而愈疾。孫叔敖殺蛇而致福。柰何不忍於蝗而忍人之飢死乎。若使殺蝗有禍。崇請當之。其後山東蝗復大起。復命捕之。倪若水謂蝗乃天災。非人力所及。宜脩德以禳之。劉聰時嘗捕埋之。為害益甚。拒不從命。崇牒若水曰。劉聰偽主。德不勝妖。今日聖朝妖不勝德。古之良守。蝗不入境。若其脩德可免。彼豈無德致然。因勅使者察捕蝗者勤惰以聞。由是不至大饑

張延賞為淮南節度使。歲旱。民他徙。吏禁之。延賞曰。食者人恃以活。拘此而斃。不如適彼而生。乃具舟遣之。又敕吏為脩室廬。已逋債。而歸者更增於舊

宋張詠知杭州。時歲饑。民冒禁販鹽。捕獲者數百人。詠悉寬其罰。官屬執言不可。詠曰。錢唐

千萬家。餓殍如此。若鹽禁益嚴。則聚而為盜。患益甚矣。俟秋成。敢爾。當痛繩之。境內卒以無擾

富弼知青州。兼京東路安撫使。河朔大水。民流就食。弼勸所部民出粟。益以官廩。得公私廬舍十餘萬區。散處其人以便薪水。官吏自前資待缺寄居者。皆賦以祿。使即民所聚。選老弱病瘠者廩之。仍書其勞。約他日為奏請受賞。率五日輒遣人持酒肉飯糗慰藉。出於

至誠。人人為盡力。山林陂澤之利可資以生者聽流民擅取。死者為大冢葬之。目曰叢冢。明年麥大熟。民各以遠近受糧歸。凡活五十餘萬人。募為兵者萬計。仁宗聞之。遣使褒勞。拜禮部侍郎。弼曰。此守臣職也。辭不受。前此救災者皆聚民城郭中為粥食之。蒸為疾疫。反相蹈藉。或待哺數日不得粥而仆。名為救之。而實殺之。自弼立法簡便周盡。天下傳以為式

韓琦。仁宗時益利路飢。以琦為體量安撫使。琦至。蠲減稅。以募人入粟。招募壯者等第刺以為廂禁軍。一人充軍。數口之家得以全活。檄劍門關民流移而欲東者勿禁。簡州粥食為甚。明道中以災傷嘗勸誘納粟。後糶錢十六萬餘。歸於常平。琦曰。是錢乃賑濟之餘。非官緡也。發庫盡以給四等以下戶。逐貪殘不職吏。罷冗役七百六十人。為饘粥活飢人一百九十餘萬。蜀人曰。使者之來。更生我也。復知揚州。徙定州。兼安撫使。賑活飢民數百萬。璽書褒激。鄰道視以為準

陳堯佐。知壽州。遭歲大饑。自出米為糜以食餓者。吏民以故皆爭出米。活數萬人。堯佐曰。吾豈以是私惠耶。蓋以令率人。不若身先而使之從也。後為兩浙轉運副使。錢塘江籍石為堤。堤再歲輒壞。堯佐令下薪實土。堤乃堅久。移并州。每汾水暴漲。州民輒憂擾。為築堤植柳萬本。作柳溪。民賴其利

蘇耆。充陝西轉運使。景祐中洛陽大旱。穀貴。百姓飢殍。京東轉運司無以為賑。洛陽留守移書求耆粟二十萬斛。遂移文陝府如數與之。仍奏於朝。時同職誚耆曰。陝西沿邊之地屯軍甚多。若有餘止可移之以實邊郡。柰何移之別路。耆曰。天災流行。春秋有恤鄰之義。生民皆繫於君。無內外之別。柰何知其垂亡而不以奇羸賑恤耶。苟有饋運。耆當自謀。必不以此相累。朝廷聞而嘉之

范仲淹領浙西。吳中饑。殍殣枕路。仲淹發粟及募民存餉。為術甚備。吳人喜競渡。好為佛事。仲淹縱民競渡。太守日出宴于湖上。自春至夏居民空巷出遊。又召諸佛寺主者諭之曰。饑歲工價至賤。可以大興土木之役。於是諸寺工作鼎興。又新敖倉吏舍。日役千夫。監司奏劾杭州不恤荒政。嬉遊不節。及公私興造。傷耗民力。仲淹乃自條敘所以宴遊及興造。皆欲發有餘之財。以惠貧者。貿易飲食。工

技服力之人。仰食於公私者。日無慮數萬人。荒政之施。莫此為大。是歲兩浙惟杭州晏然。民不流徙。皆仲淹之惠也

程顥。主江寧上元簿。攝邑事。盛夏塘堤大決。法當言之府。府禀於漕。然後計工調役。非月餘不能興作。顥曰。如是。苗槁矣。民將何食。救民獲罪。所不辭也。遂發民塞之。歲則大熟

范純仁。知慶州。餓殍滿路。官無穀以賑恤。純仁欲發常平封樁粟麥。濟之州郡。皆欲俟奏請得旨而後散。純仁曰。人七日不食即死。何可待報。諸公但勿預。吾寧獨坐罪。時一路荐飢。耕牛殺盡。五穀絕種。官儲有限。方懼未有以繼。會秋蓬生藪野。而結實如粟可食。所收狼戾。民食之餘。純仁令官糴。所收尚不貲。又於鄰路市耕牛。敷種。計戶口分貸。蕃漢人戶。兼以人力墾耕布種。甚廣。遂大有年

趙抃。熙寧中知越州。兩浙旱蝗。米價湧貴。餓死者十五六。諸州皆榜衢路。立賞禁人增米

價。抃獨榜衢路。令有米者任增價糶之。於是諸州米商輻輳。詣越。米價更賤。民無飢者。抃治民所至有聲

蘇軾。知徐州。河決曹村。泛于梁山泊。溢于南清河。城南兩山環繞。呂梁百步拒之。匯于城下。漲不時泄。城將敗。富民爭出避水。軾曰。富民若出。民心動搖。吾誰與守。吾在是。水決不能敗城。驅使復入。軾履屨杖策。親入武衛營呼其卒長謂之曰。河將害城。事急矣。雖禁軍

宜為我盡力。卒長呼曰。太守猶不避塗潦吾
儕小人效命之秋也。執梃入火伍中。率其徒
短衣徒跣持畚鍤以出築長堤于南首起戲
馬臺尾屬於城堤成。水至堤下。害不及城。民
心乃安。然雨日夜不止。河勢益暴。城不沉者
三版。軾廬於城上。過家不入。使官吏分堵而
守。卒完城以聞。從知杭州。歲適大旱。飢疫並
作。軾請于朝。免本路上供米三分之一。故米
不翔貴。明年方春。即減價糶常平米。民遂免

大旱之苦。又作饘粥藥劑遣吏挾醫分坊以
治病。活者甚衆。軾曰。杭水陸之會。因疫病死
比他處常多。乃裒羨緡得三千。復發私槖得
黃金五十兩。因作病坊。稍畜錢糧以待之。秋復
大雨。湖水泛溢害稼。軾度來歲必飢。復請于
朝。免上供米半以備來歲出糶。朝廷皆從之。
由是吳越之民復免流散
滕元發。知鄆州。時淮南京東飢。元發慮流民
且至。將蒸為癘疫。先度城外廢營地。召諭富

室使出力為席屋。一夕成二千五百間。井竈
器用皆具。民至如歸。所全活五萬人
鄭驤。知溧陽縣。歲饑。民多逃亡。漕司按籍督
逋賦不少貸。驤患之。盡去其籍。使者欲繩以
法。驤曰。著令約二稅為定數。今不除則逋愈
多。民愈貧。賦愈不辦。使者不能屈。時議自建
康鑿漕渠貫大湖以通大江。將破數州民田。
調江浙二十五州丁夫。所費百萬計。朝廷遣
官視可否。驤條析利病。力止之。卒不困於民

洪皓。為秀州録事。州大水。田不没者十二。流
冗塞路。倉府空虛。無賑救策。會淛東綱運常
平米斛四萬過城下。皓遣吏鑠津柵。諭守使
截留。守嚛不肯。曰。此御筆所起也。罪死不赦
皓曰。民仰哺當至麥。今臘猶未盡。中道而止。
則如勿救。寧以一身易十萬人命。訖留之。居
亡何。廉訪使者王孝竭至郡。曰。平江衰繡許
飢者旁午。此獨亡有。何也。守具以對。孝竭曰。
違制抵罪。得為君脫之。且厚賞呼吏書奏。皓

曰免災幸矣安有所賞但食猶未足公能終惠復得二萬石乃可孝竭以聞米如請而得至麥秋民相攜以歸

真德秀為江東轉運副使江東旱蝗廣德太平為甚德秀與留守憲司分所部九郡大講荒政而自領廣德太平親至廣德與太守魏峴同以便宜發廩使教授林庠賑給竣事而還百姓數千人送之郊外指道旁叢塚泣曰此皆往歲餓死者微公我輩已相隨入此矣德秀慰而遣之

元張弘範初守大名歲大水漂沒廬舍租稅無從出弘範輒免之朝廷罪其專擅弘範請入見進曰臣以為朝廷儲小倉不若儲之大倉世祖曰何說也對曰今歲水潦不收而必責民輸倉庫雖實而民死亡殆盡明年租將安出曷若活其民使不致亡則歲有恒收非陛下大倉庫乎帝曰知體其勿問

劉秉直至正間任衛輝路總管時秋七月蟲蝝生秉直禱于八蜡祠蟲皆自死又歲大饑人相食死者過半秉直出俸米倡富民分粟餒者食之病者與藥死者與棺以葬天不雨禾且槁秉直詣城北太行之蒼峪神祠具詞祈祝有青蛇蜿蜒而出觀者異之辭神而還行及數里雷雨大至

國朝費震為漢中府知府多善政大軍平蜀之後陝西旱飢漢中尤甚鄉民多聚為盜莫能禁戢是時府倉儲糧十餘萬石震與僚屬謀

曰民飢如此豈可坐視其斃倉廩糧儲尚多吾欲發以貸民賑其飢荒俾秋熟還倉且易陳為新何如衆以為然即日發倉令民受粟且以狀奏聞自是攘竊之盜與鄰境之民多來歸者震皆令占宅自為保伍驗丁給之賴以活者甚衆因籍為民得數千家至秋大熟民悉以粟還倉後以事被逮至京太祖皇帝曰震良吏也釋之以為牧民者勸

理財

列國趙奢者趙之田部吏也收租稅而平原君家不肯出奢以法治之殺平原君用事者九人平原君怒將殺奢奢因說曰君於趙為貴公子今縱君家而不奉公則法削法削則國弱國弱則諸侯加兵諸侯加兵是無趙也君安得有此富乎以君之貴奉公如法則上下平上下平則國強國強則趙固而君為貴戚豈輕於天下耶平原君以為賢言之於王王用之治國賦國賦大平民富而府庫實

唐楊隆禮歷州刺史善檢督吏以嚴辦自名開元初為太府卿封弘農郡公時御府財物羡積如丘山隆禮性詳密出納雖尋尺皆自按省歲常省數百萬

劉晏代宗時為戶部侍郎領度支晏常以羡補乏人不加調而所入自如常以厚直募善走者置遞相望覘報四方物價不數日皆達食貨輕重之權悉在掌握國家獲利而天下無甚貴甚賤之憂晏以為辦集衆務在於得人故必擇通敏精悍廉勤之士用之其勾檢簿書出納錢穀事雖至細必委之士類吏惟書符牒不得輕出一言其屬官雖居數千里外奉教令如在目前無敢欺紿晏又以為戶口滋多則賦稅自廣故其理財常以養民為先諸道各置知院官每旬月具雨雪豐歉之狀以告豐則貴糴歉則賤糶或以穀易雜貨於豐處賣之知院官始見不稔之端先申至其月須若干蠲免其月須若干救助及期晏

不俟州縣申請即奏行之不待其困弊流殍然後賑之也晏又用榷鹽法充軍國之用於出鹽之鄉置官收鹽轉鬻於商人任其所之其去鹽鄉遠者轉官鹽於彼貯之或商絕鹽貴則減價鬻之謂之常平鹽官獲其利而民不乏鹽由是國用充足

韓滉判度支自兵興以來所在賦斂無度倉庫出入無法國用虛耗滉為人廉勤精於簿領作賦斂出入之法御下嚴明吏不敢欺倉

庫蓄積始完

宋陳恕爲鹽鐵使有心計釐去宿弊太宗深器之爲三司使將立茶法召茶商數十人俾各條利害恕閲之第爲三等語副使宋太初曰吾觀上等之說取利大深此可行於商賈而不可行於朝廷下等固滅裂無取唯中等之說公私皆濟吾裁損之可以經久於是始爲三法行之數年貨財流通公用足而民富實世言三司使之才以恕爲稱首

王堯臣仁宗時朝廷理趙元昊罷軍興而用益廣前爲三司使者皆加厚賦暴斂甚者借內藏率富人出錢下至菜果皆加稅而用不足堯臣始受命則曰今國與民皆弊矣在陛下任臣者何如由是帝一聽其所爲堯臣乃推見財利出入盈縮曰此本也彼末也計其緩急先後而去其蠹弊之有根穴者斥其妄計小利之害大體者然後一爲條目使就法度罷副使判官不可用者十五人更薦用才

且賢者期年民不加賦而用足明年以其餘償內藏所借百萬又明年以其餘而積於有司者數千萬

元耶律楚材太祖時有近臣別迭等言漢人無補於國可悉空其人以爲牧地耶律楚材曰陛下將南伐軍需宜有所資誠均定中原地稅商稅鹽酒鐵冶山澤之利歲可得銀五千兩帛八萬匹粟四十餘萬石足以供給何謂無補哉帝曰卿試爲朕行之乃奏立燕京等十路徵收課稅使凡長貳悉用士人如陳時可趙昉等皆寬厚長者極天下之選參佐皆用省部舊人帝至雲中十路咸進廩籍及金帛陳于廷中帝笑謂楚材曰汝不去朕左右而能使國用充足南國之臣復有如卿者乎對曰在彼者皆賢於臣臣不才故留燕爲陛下用帝嘉其謙賜之酒即日拜中書令事無巨細皆先白之

五倫書卷之三十九

五倫書卷之四十

臣道

善俗水利

虞伯禹作司空。時洪水為害。禹導弱水至于合黎。餘波入于流沙。導黑水至于三危。入于南海。導河積石至于龍門。南至于華陰。東至于底柱。又東至于孟津。東過洛汭。至于大伾。北過洚水。至于大陸。又北播為九河。同為逆河

入于海。嶓冢導漾。東流為漢。又東為滄浪之水。過三澨。至于大別。南入于江。東匯澤為彭蠡。東為北江。入于海。岷山導江。東別為沱。又東至于澧。過九江。至于東陵。東迤北會為匯。東為中江。入于海。導沇水東流為濟。入于河。溢為滎。東出于陶丘北。又東至于菏。又東北會于汶。又北東入于海。導淮自桐柏。東會于泗沂。東入于海。導渭自鳥鼠同穴。東會于灃。又東會于涇。又東過漆沮。入于河。導洛自熊耳。東北會于澗瀍。又東會于伊。又東北入于河。九州攸同。四隩既宅。九山刊旅。九川滌源。九澤既陂。四海會同

列國。魏西門豹。文侯時為鄴令。發民鑿十二渠引河水溉民田。田皆溉。當其時民治渠少煩苦不欲也。豹曰。民可以樂成。不可與慮始。今父老子弟雖患苦我。然百歲後期令父老子孫思我言。至今皆得水利。民以給足

魏史起。襄王時為鄴令。以鄴之田惡。由漳水

在其旁不知用也。遂引漳水溉鄴。以富魏之河內。民歌之曰。鄴有賢令兮為史公。決漳水兮灌鄴旁。終古舄鹵兮生稻粱

韓。鄭國為水工。說秦令鑿涇水自中山西抵瓠口。為渠並北山東注洛三百餘里。欲以溉田。渠就用注填閼之水。溉澤鹵之地四萬餘頃。收皆畝一鍾。於是關中為沃野。無凶年。秦以富彊。卒併諸侯。因命曰鄭國渠

秦李冰為蜀守。行部至湔山。見水為民患。乃作

三石人以止江水。作五石犀以厭水怪。鑿離堆山。分三十六江以灌溉。於是蜀郡號為陸海。人無水旱之憂

漢鄭當時為大司農。言於武帝曰。異時關東漕粟從渭上度六月而罷。而漕水道九百餘里。時有難處。引渭穿渠。起長安並南山下至河三百餘里。徑易漕度可令三月而罷。渠下民田萬餘頃。又可得以溉田。此損漕省卒。而益肥關中之地得穀。帝以為然。令齊人水工徐伯表悉發卒數萬人穿漕渠。三歲而通。以漕大便利

白公為趙中大夫。武帝時奏穿渠引涇水。首起谷口。尾入櫟陽注渭中。袤二百里。溉田四千五百餘頃。渠成因名曰白渠。民得其饒

召信臣為南陽太守。行視郡中水泉。開通溝洫。起水門堤閼凡數十處。以廣灌溉。歲歲增加。多至三萬頃。民得其利。畜積有餘。又為民作均水約束。刻石立於田畔。以防紛爭

鮑昱永平中拜汝南太守。郡多陂池。歲歲決壞。年費常三十餘萬。昱乃上作方梁石洫。水常饒足。溉田倍多。人以殷富

張禹元和中為下邳相。徐縣北界有蒲陽陂傍多良田而堙莫脩。禹為開水門通引灌溉遂成熟田數百頃。勸率吏民假與種糧。親自勉勞。遂大收穀實。鄰郡貧者歸之千餘戶。其居成市。後歲至墾千餘頃。民用溫給

鄧晨為汝南太守。郡有鴻郤陂巳廢。晨欲脩復之。聞許揚曉水脉。召與議之。揚頡以死劾力。晨大悅。署揚為郡水掾。使典其事。揚因高下形勢。起塘四百餘里。百姓得其便。累歲大稔。魚稻之利。流衍他郡

三國魏鄭渾為沛郡太守。郡界下濕。患水澇。百姓飢乏。渾於蕭相二縣界興陂遏。開稻田。郡人皆以為不便。渾曰。地勢洿下。宜灌溉。終有魚稻經久之利。此豐民之本也。遂躬率吏民立功。至冬皆成。比年大收。頃畝歲增。租入倍

常民賴其利號曰鄭陂
晉杜預為安西軍司鎮襄陽舊水道唯沔漢達江陵千數百里北無通路又巴丘湖沅湘之會表裏山河實為險固荆蠻之所恃也預乃開楊口起夏水達巴陵千餘里内瀉長江之險外通零桂之漕又脩召信臣遺迹激用滍淯諸水以浸原田萬餘頃分疆刊石使有定分公私同利衆庶賴之號曰杜父
南宋劉義欣為荆河刺史治壽陽時土境荒毁

百姓離散義欣隨宜緝理芍陂良田萬頃隄堰久壞夏秋常苦旱義欣遣人脩行脩理有舊漕引淠水入陂伐木開榛水得通徑由是豐稔
隋薛胄為兖州刺史城東沂泗二水合而南流汎濫大澤中胄積石堰之決令西注陂澤盡為良田又通轉運利盡淮海百姓賴之號為薛公豐兖渠
郭衍為行軍總管文帝徵為開漕渠大監部率水工鑿渠引渭水徑大興城北東至潼關漕運四百餘里關中賴之名曰富人渠
唐薛大鼎為滄州刺史州界舊有河久廢塞大鼎浚治屬之海商賈流行里民歌曰新河得通舟楫利直達滄海魚鹽至昔日徒行今騁駟美哉薛公德滂被又疏長蘆漳衡三河分泄夏潦水不為害民甚便之
姜師度為易州刺史治廄溝於薊門以限奚契丹循魏武帝故迹並海鑿平虜渠以通餉

路玄宗時進河中尹安邑鹽池涸廢師度大發卒泓引其流置鹽屯公私收利不貲徙同州刺史又泒洛灌朝邑河西二縣闕河以灌通靈陂收棄地二千頃為上田置十餘屯帝嘉其功下詔褒美
薛平為鄭滑節度使德宗時河溢瓠子東泛滑距城纔二里所平按求故道出黎陽西南因往請魏博節度使田弘正弘正許之乃籍民田所當者易以他地疏道二十里以釃水悍

還壖田七百頃於河南。自是滑人無患
宋洪遵知太平州。圩田壞民失業。遵鳩民築圩。曲盡其方。歲冬盛寒。遵躬履其間。載酒食親餉饁。恩意傾盡。人忘其勞。圩成民享其利。後知婺州奏金華田多沙。勢不受水。五日不雨則旱。故境內陂湖最宜早治。令耕者出力。田主出穀。凡為公私塘堰及湖。總之為八百三十七所。民賴之
趙昌言知天雄軍。大河貫府境。豪民峙芻茭

圖利。誘奸人潛穴隄防。歲仍決溢。昌言知之。一日隄吏告急。命徑取豪家芻積以給用。自是無敢為奸利者。澶州河決流入御河漲溢浸府城。昌言籍府兵負土增隄。數不及千。乃索禁卒佐役。皆偃蹇不進。昌言怒曰府城將墊。人民且溺。汝輩食厚祿。欲坐觀耶。敢不從命者斬。衆股栗赴役。不浹旬城完。太宗手詔褒諭之
張綸為江淮制置發運副使。疏五渠導太湖入于海。復租米六十萬。開長蘆西河以避覆舟之患。又築漕河隄二百里于高郵北。旁錮鉅石為十礎以泄橫流。泰州有捍海堰。延袤百五十里。久廢不治。歲患海濤冒民田。綸方議脩復。論者難之。以為濤患息而畜潦之患興矣。綸曰。濤之患十九。而潦之患十一。獲多而亡少。豈不可邪。表三請。願身自臨役。命兼權知泰州。卒成堰。復逋戶二千六百。州民利之。為立生祠

范仲淹監西溪倉。時以通泰海三州潮水皆至。城下土田斥鹵不可稼穡。建白於朝。請築捍海堤於三州之境。以衛民田。詔從之。以仲淹為興化令。專掌役事。既成。民享其利
趙尚寬知唐州。唐素沃壤。經五代亂。土曠人稀。賦不足以充役。尚寬乃按視圖記。得名信臣陂渠故迹。益發卒復疏三陂一渠。溉田萬餘頃。又教民自為支渠數十。轉相浸灌。而四方之民來者雲布。尚寬復請以荒田計口授

之。及貸民官錢買耕牛。比三年榛莽復為膏腴。增戶萬餘

陳襄。知常州。常州運渠横遏震澤。積水不得北入于江。為常蘇數邑民田之害者累世。襄以渠之丈尺對民田之步畝。分授以浚深廣有制。不踰月而成。遂削望亭古堰。而震澤積水乃克北流。民害以除。而田旱有溉。歲獲豐穰

陳堯佐。為河東轉運使。河決。壞滑州。堯佐躬

自暴露。晝夜督促。刱為木龍。以巨木駢齒浮水上下。殺其暴。堤成。又為長堤以護其外。滑人因號其堤為陳公堤

蔣之奇。遷淮東轉運副使。歲惡民流。之奇募使修水利以給食。如揚之天長三十六陂。宿之臨渙横斜三溝。用工至百萬。溉田九千頃。活民八萬四千。後又請鑿龜山左肘至洪澤為新河以避淮險。自是無覆溺之患

蘇軾。知杭州。杭本江海之地。水泉鹹苦。唐刺史李泌始引西湖水作六井。民足於水。及白居易復浚西湖水入運河。自河入田所溉至千頃。然湖水多葑。久廢開治。至是積二十五萬餘丈。而水無幾矣。運河失湖水之利。取給於江潮。潮獨多淤。河行闤闠中。三年一淘。為市井大患。而六井亦幾廢。軾始至浚二河。以茅山一河受江潮。以鹽橋一河受湖水。復造堰閘以為湖水畜洩之限。然後潮不入市。且以餘力復完六井。又取葑田積湖中為長堤

以通南北。募人種菱湖中。而收其利以備脩湖。杭人名其堤曰蘇公堤云

李璆。為四川安撫制置使。成都舊城多毀圮。璆至首命脩築。俄水大至。民賴以安。三江有堰。可以下溉眉田百萬頃。久廢弗脩。田萊以荒。璆率部刺史合力脩復。竟受其利。眉人感之。繪像祠于堰所

元烏古孫澤。世祖時為海北海南廉訪使。以雷州地近海。潮汐齧其東南陂塘。鹻鹵病焉。而

西北廣衍平衺。宜為陂塘。渟行視城陰曰三溪徙走海而不以灌溉。此史起所以溥西門豹也。乃教民浚故湖築大隄堨三溪瀦之。為斗門七。堤堨六。以制其羸耗。釃為渠二十有四以達其注輸。渠皆支別為牐。設守視者時其啓閉。計得良田數千頃。瀕海廣潟並為膏土

月赤察兒為宣徽使。至元二十八年。都水使者請鑿渠西導白浮諸水經都城中。東入潞

河。則江淮之舟既達廣濟渠。可直泊於都城之匯。世祖亟欲其成。又不欲役細民。勅四怯薛人及諸府人專其役。度其高深。畫地分賦之。刻日使畢工。月赤察兒率其屬著役者服操畚鍤。即所賦以倡。趨者雲集。依刻而成。賜名曰通惠河。公私便之。世祖語近臣曰。是渠非月赤察兒身率其衆。成不速也

徹里。至元間改江浙行省平章事。江浙稅糧甲天下。平江嘉興湖州三郡。當江浙什六七。而其地極下。水鍾為震澤。震澤之注由吳松江入海。歲久江淤塞。豪民利之。封土為田。水道不通。由是浸淫泛溢。敗諸郡禾稼。朝廷命行省疏導之。發卒數萬人。徹里董其役。凡四閱月畢工。民獲其利

屯田

漢鼂錯為太子家令。文帝時匈奴數為邊患。錯言陛下憂邊境。發卒治塞。然令遠方之卒守塞。一歲而更。不知胡人之能。不如選常居者

家室田作。且以備之。為之高城深塹。要害之處。調立城邑。毋下千家。先為室屋。具田器。乃募民之欲往者。賜爵。復其家。予冬夏衣。廩食能自給而止。如是。則邑里相救助。赴胡不避死。且使遠方無屯戍之事。塞下之民父子相保。無係虜之患。帝從其言。募民徙塞下

趙充國。以後將軍將兵擊先零叛羌楊玉。至金城。上言於宣帝曰。羌易以計破。難用兵碎。臣愚以為擊之不便。計度臨羌東至浩亹。羌

虜故田及公田民所未墾可二千頃以上臣
頟罷騎兵留步兵分屯要害處繕鄉亭浚溝
渠治湟陿以西道橋七十所令可至鮮水左
右田事出賦人二十畞至四月草生發郡騎
及屬國胡騎各千就草為田者遊兵以充入
金城郡益積蓄省大費因條不出兵留田便
宜十二事帝嘉納之詔罷兵留充國屯田湟
中明年羌斬楊玉以降
三國魏鄧艾為尚書郎欲廣田蓄穀於揚豫之

間上言令三隅已定事在淮南每大軍出征
運兵過半功費巨億陳蔡之間上下田良可
省許昌左右稻田并水東下令淮北屯二萬
人淮南三萬人且田且守益開河渠以增灌
溉通漕運計除衆費歲完五百萬斛六七年
間可積三千萬斛於淮上此則十萬之衆五
年食也以此乘吴無不克矣
南宋徐孝嗣明帝時為尚書令是時連年虜動
軍國虛乏孝嗣表立屯田畧曰緣淮諸鎮皆

取給京師費引既殷漕運艱澁聚糧待敵每
苦不周臣北訪故老淮南舊田及平原尤多
今邊備戍卒衆資餽運士多飢色臣欲使刺
史二千石躬自履行隨地墾闢郡縣主帥以
下悉分番附農至於徐兗青豫荊雍各當規
度多有所遺別立主曹專司其事歲終論其
殿最明其賞罰此功克舉弘益良多事奏見
納
唐竇靜擢并州大總管府長史高祖時突厥數

為邊患糧道不屬靜表請屯田太原以省餽
運帝從之歲收粟十萬斛詔檢校并州大總
管太宗即位授司農卿
婁師德天授初為左金吾將軍檢校豐州都
督率士屯田積穀數百萬兵以饒給無轉饟
和糴之費武后降書勞之
韓重華憲宗時為振武京西營田和糴水陸
轉運使初振武軍吏詣闕告飢帝以轉運使
不得其人故命重華為使重華至請募人為

十五屯屯置百三十人而種百頃令各就高
為堡東起振武轉而西過雲州界極於中受
降城出入河山之際六百餘里屯堡相望寇
來不能為暴人得肆耕其中可以罷漕輓之
費朝廷從其議秋果倍收歲省度支錢千三
百萬

宋何承矩累遷知滄州節度副使時契丹撓邊
承矩請於順安砦西開易河蒲口導水東注
于海東西三百餘里南北五七十里資其陂

澤築堤貯水為屯田以遏敵騎之奔軼俟期
歲間關南諸泊悉壅闐即播為稻田其緣邊
州軍臨塘水者止留城守軍士不煩發兵廣
戍收地利以實邊設險固以防塞春夏課農
秋冬習武休息民力以助國經將見彼弱我
強彼勞我逸此禦邊之要策也太宗嘉納之

韓琦知并州始潘美鎮河東患寇鈔令民悉
內徙而空塞下不耕於是忻代寧化火山之
北多廢壤琦以為此皆良田今棄不耕適足
以資敵將皆為所有矣遂請距北界十里為
禁地其南則募弓箭手居之墾田至九千六
百頃

范仲淹為戶部郎中兼知延州時延州諸砦
多為元昊所陷仲淹大興營田且聽民得互
市以通有無又以民遠輸勞苦請建鄜城為
軍以河中府同華州中下戶租稅就輸之春
夏徙兵就食可省糴什之三又脩承平永平
等砦稍招還流亡定堡鄣通斥候於是羌漢

相踵歸業

陳規高宗時守德安嘗條上營屯田事宜欲
倣古屯田之制合射士民兵分地耕墾軍士
所屯之田皆相險隘立堡砦寇至則保聚捍
禦無事則乘時田作射士皆分半以耕屯田
民戶所營之田水田畝賦粳米一斗陸田賦
麥豆各五升滿三年無逋輸給為永業流民
自歸者以田還之凡屯田事營田司兼行營
田事府縣官兼行皆不更置官吏詔嘉獎之

仍下其法於諸鎮

元。脱脱為丞相。用左丞烏古孫良楨右丞悟良哈台議屯田京畿。以二人兼大司農卿。而脱脱領大司農事。西至西山。東至遷民鎮。南至保定河間。北至檀順州。皆引水利。立法佃種。歲乃大稔

五倫書卷之四十

五倫書卷之四十一

臣道　義行　奉使上

周。王孫滿事定王。時楚子觀兵於周。王使滿勞楚軍。楚子問鼎之大小輕重。滿對曰。在德不在鼎。昔夏鑄鼎象物。以承天休。桀有昏德。鼎遷於商。載祀六百。商紂暴虐。鼎遷於周。天祚明德。有所厎止。成王定鼎郟鄏。卜世三十。卜年八百。天所命也。周德雖衰。天命未改。鼎之輕重。未可問也

列國。屈完為楚大夫。時齊桓公率諸侯之師伐楚。楚使完如師。師退次于召陵。公陳師。與屈完乘而觀之。公曰。豈不穀是為。先君之好是繼。與不穀同好如何。完對曰。君惠徼福於敝邑之社稷。辱收寡君。寡君之願也。公曰。以此衆戰。誰能禦之。以此攻城。何城不克。對曰。君若以德綏諸侯。誰敢不服。君若以力。楚國方

城以為城漢水以為池雖衆無所用之公遂與完盟于召陵

臧文仲仕魯因歲饑言於莊公曰夫為四鄰之援結諸侯之信重之以婚姻申之以盟誓固國之艱急是為鑄名器藏寶財固民之殄病是待今國病矣君盍以名器請糴於齊公遂使文仲以鬯圭與玉磬如齊告糴曰天災流行戾于弊邑饑饉荐降民羸幾卒大懼殄周公太公之命祀職貢業事之不共而獲戾

不腆先君之弊器敢告滯積以紓執事以救弊邑使能共職豈唯寡君與二三臣實受君賜其周公太公及百辟神祇實永饗而賴之齊人歸其玉而與之糴

展喜仕魯齊孝公伐魯北鄙僖公使喜犒齊師齊侯未入境展喜從之曰寡君聞君親舉玉趾將辱於弊邑使下臣犒執事齊侯曰魯人恐乎對曰小人恐矣君子則否齊侯曰室如懸磬野無青草何恃而不恐對曰恃先王之命昔周公太公股肱周室夾輔成王成王勞之而賜之盟曰世世子孫無相害也載在盟府太師職之桓公是以九合諸侯而謀其不協彌縫其闕而匡救其災昭舊職也及君即位諸侯之望曰其率桓之功我弊邑用不敢保聚曰豈其嗣世九年而棄命廢職其若先君何君必不然恃此以不恐齊侯乃還

西乞術自秦來聘魯且言將伐晉襄仲辭玉曰君不忘先君之好照臨魯國鎮撫其社稷

重之以大器寡君敢辭玉對曰不腆敝器不足辭也主人三辭賓荅曰寡君願徼福于周公魯公以事君不腆先君之敝器使下臣致諸執事以為瑞節要結好命所以藉寡君之命結二國之好是以敢致之襄仲曰不有君子其能國乎國無陋矣厚賄之

賓媚人仕齊齊晉戰于鞍齊師敗績齊侯使賓媚人賂以紀甗玉磬與地不可則聽客之所為賓媚人致賂晉人不可曰必以蕭同叔

子為質而使齊之封內盡東其畝對曰蕭同叔子非它寡君之母也若以匹敵則亦晉君之母也吾子布大命於諸侯而曰必質其母以為信其若王命何且是以不孝令也詩曰孝子不匱永錫爾類若以不孝令於諸侯其無乃非德類也乎先王疆理天下物土之宜而布其利故詩曰我疆我理南東其畝今吾子疆理諸侯而曰盡東其畝唯吾子戎車是利無顧土宜其無乃非先王之命也乎反先

王則不義何以為盟主其晉實有闕四王之王也樹德而濟同欲焉五伯之霸也勤而撫之以役王命今吾子求合諸侯以逞無疆之欲詩曰布政優優百祿是遒子實不優而棄百祿諸侯何害焉不然寡君之命使臣則有辭矣曰子以君師辱於敝邑不腆敝賦以犒從者畏君之威師徒撓敗吾子惠徼齊國之福不泯其社稷使繼舊好唯是先君之敝器土地不敢愛子又不許請收合餘燼背城借一敝邑之幸亦云從也況其不幸敢不唯命是聽魯衛諫曰齊疾我矣其死亡者皆親暱也子若不許讎我必甚則又何求子得其國寶我亦得地而紓於難其榮多矣齊晉亦唯天所授豈必晉晉人許之對曰羣臣帥賦輿以為魯衛請苟有以藉口而復於寡君君之惠也敢不唯命是聽

蹶由吳子之弟也時楚子伐吳以馹至於羅汭吳子使蹶由犒師楚人執之將以釁鼓王

使問焉曰卜來吉乎對曰吉寡君聞君將治兵於敝邑卜之以守龜曰余亟使使人犒師請行以觀王怒之疾徐而為之備尚克知之龜兆告吉曰克可知也君若驩焉好逆使臣滋敝邑休殆而忘其死亡無日矣今君奮然震電馮怒虐執使臣將以釁鼓則吳知所備矣敝邑雖羸若早脩完其可以息師難易有備可謂吉矣且吳社稷是卜豈為一人使臣獲釁軍鼓而敝邑知備以禦不虞其為吉孰

大馬國之守龜其何事不卜一臧一否其誰能常之城濮之兆其報在郯今此行也其庸有報志乃弗殺

晏嬰仕齊聘於魯上堂則趨授玉則跪子貢怪之問孔子子曰其有故也嬰至孔子問之對曰夫上堂之禮君行一臣行二今君行疾臣敢不趨君受幣也卑臣敢不跪孔子曰善禮中又有禮焉賜何足以識禮哉○嬰聘楚楚王知其賢智欲辱之使人縛一人從殿前

過佯問之此何罪也左右荅曰此齊人也今犯盜王謂嬰曰齊國善盜也嬰荅曰臣聞江南生橘江北為枳土地使其然也臣察此人在齊不為盜今來楚為盜亦土地使然也楚王大慙

王孫圉仕楚聘於晉定公饗之趙簡子鳴玉以相問於王孫圉曰楚之白珩猶在乎對曰然簡子曰其為寶也幾何矣曰未嘗為寶楚之所寶者曰觀射父能作訓辭以行事於諸侯使無以寡君為口實又有左史倚相能道訓典以敘百物以朝夕獻善于寡君使寡君無忘先王之業又能上下說于鬼神順道其欲惡使神無有怨痛于楚國又有藪曰雲連徒洲金木竹箭之所生也龜珠角齒皮革羽毛所以備賦以戒不虞者也所以共幣帛以賓享於諸侯者也若諸侯之好幣具而導之以訓辭有不虞之備而皇神相之寡君其可以免罪於諸侯而國民保焉此楚國之寶也

若夫白珩先王之翫也何寶焉圉聞國之寶六而已聖能議制百物以輔相國家則寶之玉足以庇廕嘉穀使無水旱之災則寶之龜足以憲臧否則寶之珠足以禦火災則寶之金足以禦兵亂則寶之山林藪澤足以備材用則寶之若夫譁囂之美楚雖蠻夷不能寶也

芊尹蓋仕陳陳侯使為上介從公孫貞子往弔吳之被楚兵貞子及良而卒蓋將以尸入

吴子使太宰嚭勞且辭曰。以水潦之不時。無乃廩然隕大夫之尸。以重寡君之憂。寡君敢辭。蓋對曰。寡君聞楚為不道。荐伐吴國。滅厥民人。寡君使蓋備使。弔君之下吏。無祿。使人逢天之慼。大命隕隊。絕世于良。廢日共積。一日遷次。今君命逆使人。曰無以尸造于門。是我寡君之命委于草莽也。且臣聞之曰。事死如事生。禮也。於是乎有朝聘而終以尸將事之禮。又有朝聘而遭喪之禮。若不以尸將命

是遭喪而還也。無乃不可乎。以禮防民。猶或踰之。今大夫曰死而棄之。是棄禮也。其何以為諸侯主。先民有言曰。無穢虐士。備使奉尸將命。苟我寡君之命達于君所。雖隕于深淵。則天命也。非君與涉人之過也。吴人內之

藺相如仕趙。時惠文王得楚和氏璧。秦昭王聞之。使人遺趙王書。願以十五城易璧。趙王與大將軍廉頗諸大臣謀。欲與璧。秦城恐不可得。徒見欺。欲勿與。即患秦兵之來。計未定。求人可使報秦者。繆賢以相如有智謀。宜可使。惠文王召相如問曰。秦王欲以十五城易寡人璧。可與否。相如曰。秦強趙弱。不可不許。王曰。取吾璧。不與我城。柰何。相如曰。秦以城求璧而趙不許。曲在趙。趙與璧而秦不與趙城。曲在秦。王曰。誰可使者。相如曰。王必無人。臣請奉璧往使。城入趙而璧留秦。城不入。臣請完璧歸趙。惠文王遂遣相如奉璧入秦。秦王大喜。無意償趙城。相如乃前曰。璧有瑕。請指示王。

王授相如。相如持璧卻立倚柱。怒髮上衝冠。因曰。布衣之交。尚不相欺。況大國乎。臣觀大王無意償趙城。故臣復取璧。大王必欲急臣。臣頭今與璧俱碎於柱矣。相如持璧睨柱欲擊。秦王恐其璧破。乃辭謝。相如謂秦王曰。和氏璧。天下所共傳寶也。大王宜齋戒五日。臣乃敢上璧。秦王許之。相如度秦決負約不償城。乃使人懷其璧從間道歸于趙。相如既得歸。王以為賢。使不辱於諸侯。乃拜為上大夫

趙倉唐仕魏爲舍人時文侯封太子擊於中山三年使不往來倉唐請使以問於是乃遣倉唐緤北犬奉晨鳧獻於文侯文侯悅曰擊愛我知吾所嗜召倉唐而見之曰子之君無恙乎倉唐曰臣來拜送書於庭文侯曰子之君長大孰與寡人倉唐曰君賜之外府之裘則能勝之賜斥帶則不更而造文侯曰子之君何業倉唐曰業詩文侯曰於詩何好倉唐曰好晨風黍離文侯自讀晨風曰如何如何

忘我實多文侯曰子之君以我忘之乎倉唐曰不敢時思耳文侯復讀黍離曰知我者謂我心憂不知我者謂我何求悠悠蒼天此何人哉文侯曰子之君怨乎倉唐曰不敢時思耳文侯於是遣倉唐賜太子衣一襲勑倉唐以雞鳴時至太子起拜受賜發篋視衣盡顛倒太子曰趣早駕君侯召擊也倉唐曰臣來時不受命太子曰君侯賜擊衣不以爲寒也欲召擊無誰與謀故勑子以雞鳴時至詩曰東方未明顛倒衣裳顛之倒之自公召之遂西至謁文侯大喜乃復太子擊

毛遂與平原君勝及門下士十九人至楚欲合從言其利害日出而言日中不決遂乃按劍歷階而上謂平原君曰從之利害兩言而決今日出而言日中不決何也楚王曰客何爲者也平原君曰是勝之舍人也王叱曰胡不下吾與爾君言汝何爲者遂按劍而前曰王所以叱臣者以楚國之衆也今十步之內

王不得恃楚國之衆也王之命懸於遂手且遂聞湯以七十里之地王天下文王以百里之壤而臣諸侯今楚地五千里持戟百萬此霸王之資也白起小豎子耳率數萬之衆興師以與楚戰一戰而舉鄢郢再戰而燒夷陵三戰而辱王之先人此百世之怨而趙之所羞合從爲楚非爲趙也吾君在前叱者何也王曰先生之言是也遂定從而還

淳于髡仕齊楚伐齊威王使髡之趙請兵賫

金百斤。車馬十駟。髡仰天大笑。王曰。笑有說乎。髡曰臣從東方來。見道旁有禳田者操一豚蹄酒一盂。祝曰。甌窶滿篝。汙邪滿車。五穀蕃熟。穰穰滿家。臣見其所持者狹。所欲者奢。故笑。於是王益黃金千鎰。白璧十雙。車馬百駟。髡辭而行。趙大發兵。楚人聞之。而去。髡又為齊獻鵠於楚。道失其鵠。髡揭空籠。往見楚王。曰。齊王使臣來獻鵠。過水上。臣不忍鵠之渴。出而飲之。水。乃飛去。吾欲死之。恐人議吾

王以鳥之故。令士自殺。吾欲買而代之。是不信而欺吾王也。欲奔赴他國。痛吾兩主使不通也。故來服罪。楚王曰。善。齊國有信士

漢陸賈以客從高祖。名有口辯。常使諸侯。及高祖定天下。南海尉佗平南越。因王之。高祖使賈賜佗印。賈至南越。佗魋結箕踞見賈。賈因說佗曰。足下中國人。親戚昆弟墳墓在真定。今反天性。棄冠帶。欲以區區之越與天子抗衡為敵國。禍且及身矣。且項羽為西楚霸王。諸侯皆屬。可謂至彊。漢王起巴蜀。誅項羽。天子聞汝王南越。欲移兵而誅王。憐百姓新勞苦。故且休。遣臣授王印。王宜郊迎北面稱臣。乃欲以新造未集之越屈彊于此。漢誠聞之。掘燒王先人冢。夷滅宗族。使一偏將將十萬眾臨越。則越人殺王降漢。如反掌耳。於是佗蹶然起謝曰。居蠻夷中久。殊失禮義。遂拜受印為王。稱臣以奉漢約。賈乃歸報。高祖大悅。拜賈為太中大夫

蘇武。天漢二年為中郎將。與其副張勝常惠等持節送匈奴使還。既至匈奴。單于將殺武等。使衛律召武等受辭。勝惠降。武謂惠等曰。屈節辱命。雖生何面目以歸漢。引佩刀自刺。衛律驚自抱持。不得死。單于壯其節。衛律說武曰。律前負漢歸匈奴。幸蒙大恩。賜號稱王。富貴如此。蘇君今日降。明日復然。武罵律曰。汝畔主背親。為降虜於夷狄。何以汝為見。律知武終不可脅。白單于。單于幽武置大窖中

絶不飲食天雨雪武卧齧雪與旃毛并咽之數日不死匈奴以為神乃徙武北海上無人處使牧羝曰羝乳乃得歸武至海上廪食不至掘野鼠去草實而食之杖漢節牧羊卧起操持節旄盡落單于復使李陵說武曰足下終不得歸漢汝之兄弟已死太夫人亦不幸婦年少已嫁矣兩女一男今復十餘年存亡不可知人生如朝露何久自苦如此武曰武父子亡功德皆漢天子所成就位列將爵通

侯兄弟親近今得殺身自效雖蒙斧鉞湯鑊誠甘樂之臣之事君猶子事父子為父死無所恨願勿復言其後昭帝即位匈奴與漢和親求武得歸武凡留匈奴十九歲元始六年至京拜典屬國秩中二千石賜錢二百萬田二頃宅一區

馮奉世宣帝元康元年以衛候使持節送大宛諸國客歸國會莎車王弟呼屠徵與旁國共攻殺王自立并殺漢使者畔漢揚言北道諸國已屬匈奴奉世計以為不亟擊之則莎車日強難制遂以節諭告諸國王因發其兵合萬五千人攻拔莎車城呼屠徵自殺傳其首詣長安諸國悉平威振西域奉世遂西至大宛大宛聞其斬莎車王敬之異於他使得其名馬而還帝甚悅以奉世為光祿大夫水衡都尉

陳湯元帝建昭三年為西域副校尉時郅支單于常殺漢使侵横諸國乃遣湯與甘延壽

使西域湯謂延壽曰郅支單于結怨諸夷屈辱漢使朝廷患之久矣若舉屯田吏士并發烏孫兵直抵城下千載之功可致也延壽然之因矯制發諸國兵胡漢四萬餘騎置官吏乃上疏自劾矯制之狀因分兵由葱嶺赤谷兩道鼓行而西去單于城三十里止而營單于恠之使人問之曰漢兵何以來湯曰單于亡國本屈意康居故來護單于耳單于不知意旨猶豫無備因夜進兵圍其城遲明拔之

斬郅支單于以歸

鄭衆永平初爲給事中時北匈奴遣使求和親明帝遣衆持節使匈奴衆至北庭虜欲令拜衆不爲屈單于大怒圍守閉之不與水火欲脅服衆衆拔刀自誓單于恐而止乃更發使隨衆還京師

班超永平中使西域爲將兵長史旣擊斬疏勒王忠遂通南道超乃發于寘諸國兵二萬五千人復擊莎車而龜茲王遣左將軍發溫

宿姑墨尉頭諸部合五萬人救之龜茲王自以萬騎於西界遮超溫宿王將八千騎於東界徼于寘超知二虜已出密召諸部勒兵雞鳴馳赴莎車營胡大驚亂奔走追斬五千餘級大獲其馬畜財物莎車遂降龜茲等國各散退自是威震西域超旣悉定西域諸國唯焉耆危須尉犂懷二心遂發龜茲鄯善等八國兵合七萬人討焉耆兵到尉犂焉耆國有葦橋之險乃絶橋不欲令漢軍入國超更從他道厲度及到焉耆去城三十里止營大澤中焉耆王廣尉犂王汎及北鞬支等三十人相率詣超超遂叱吏士收廣汎等於陳睦故城斬之傳首京師斬首五千餘級獲生口萬五千人馬畜牛羊三十餘萬頭更立元孟爲焉耆王超留焉耆半歲慰撫之於是西域五十餘國悉皆納質詣封超爲定遠侯邑千户

五倫書卷之四十一

五倫書卷之四十二

臣道

善行

奉使下

三國蜀鄧芝為尚書時後主初立丞相諸葛亮深慮吳王孫權聞先主殂恐有異計未知所如芝見亮曰今主上幼弱宜遣使重申吳好亮曰吾思之久矣未得其人今始得之芝問其人為誰亮曰即使君也乃遣芝脩好於權

權果狐疑不時見芝芝乃自表請見權曰臣今來亦欲為吳非但為蜀也權乃見之語芝曰孤誠願與蜀和親然恐蜀主幼弱國小勢偪為魏所乘以此猶豫耳芝對曰吳蜀二國四州之地大王命世之英諸葛亮亦一時之傑也蜀有重險之固吳有三江之阻合此二長共為唇齒進可兼併天下退可鼎足而立大王今若委質於魏魏必上望大王之入朝下求太子之內侍若不從命則奉辭伐叛蜀必順流見可而進如此則江南之地非復大王有也權默然良久曰君言是也遂自絕魏與蜀連和吳遣張溫報聘於蜀蜀令芝重往權謂芝曰若天下太平二主分治不亦樂乎芝對曰夫天無二日土無二王如并魏之後大王未深識天命君各茂其德臣各盡其忠将提枹鼓則戰爭方始耳權大笑曰君之誠款乃當爾耶

吳趙咨為中大夫使魏魏主丕問曰吳王何

等主也咨曰聰明仁智雄畧之主也問其狀曰納魯肅於凡品聰也拔呂蒙於行陣明也獲于禁而不害仁也取荆州而兵不血刃智也據有三州虎視四方雄也屈身於陛下畧也丕曰頗知學乎對曰王志存經畧博覽書史然不效書生尋章摘句而已丕曰吳可征否對曰大國有征伐之兵小國有備禦之固曰吳難魏乎對曰帶甲百萬江漢為池何難之有曰吳如大夫者幾人對曰聰明特達者

八九十人如臣之比車載斗量不可勝數丕壯其言

馮熙為中大夫使魏魏主丕問曰吳王若欲脩宿好宜當厲兵江關縣旌巴蜀而聞復遣使脩蜀好必有變故熙曰臣聞蜀使直以報問且以觀釁非有謀也又曰聞吳國比年灾旱人物彫損以大夫之明觀之何如熙對曰王體量聰明善於任使賦政施教每事必咨敬養賓旅親賢愛士賞不擇怨仇罰必加有

罪帶甲百萬穀帛如山稻田沃野民無飢歲所謂金城湯池彊富之國也以臣觀之輕重之分未可量也丕不悅以陳羣與熙同郡使羣誘之啗以重利熙不為屈送至摩陂欲困苦之後又召還未至熙懼見迫不從必危身辱命乃引刀自刺御者覺之不得死權聞之垂涕曰此與蘇武何異竟死於魏

紀陟孫皓拜為光祿大夫奉使於魏入境而問諱入國而問俗壽春將王布示之馬射既而問之曰吳之君子亦能斯乎陟曰此軍人騎士肄業所及士大夫君子未有為之者矣布大慙既至魏帝見之使儐問曰來時吳王何如陟對曰來時皇帝臨軒百僚陪位御膳無恙司馬昭饗之百僚畢會使儐者告曰某者安樂公也某者匈奴單于也陟曰西主失土為君王所禮位同三代莫不感義匈奴邊塞難致之國君王懷之親在坐席此誠威恩遠著又問吳之戍備幾何對曰自西陵以至

江都五千七百里又問曰道里甚遠難為堅固對曰疆雖遠而其險要必爭之地不過數四猶人雖有八尺之軀靡不受患其護風寒亦數處耳昭善之厚為之禮

唐蔣儼為右屯衛兵曹參軍太宗將伐高麗募為使者人皆憚行儼奮曰以天子雄武四夷畏威蕞爾之國敢圖王人有如不幸固吾死所也遂請行及至高麗為莫離支所囚以兵脅之儼不屈乃囚儼窟室中其後高麗平乃

得歸帝奇其節授朝散大夫
鄭元璹為鴻臚卿母喪免會突厥提精騎數十萬攻太原詔起元璹持節往勞既至虜以不信欲中國元璹隨語折讓無所屈徐乃數其背約突厥愧服因好謂頡利曰突厥得唐地無所用唐得突厥不可臣而使兩不為用而相攻伐何哉今掠財貨劫人口皆入所部可汗一不得豈若仆旗接好則金玉重幣一歸可汗且唐有天下約可汗為兄弟使馹銜篚於道令坐受其利不肯乃蔑德貽怨自取勞苦若何頡利遂引還太宗賜書曰知公口伐可汗如約遂使邊火息燧朕何惜金石賜於公哉
婁師德為監察御史時吐蕃盜邊劉審禮戰歿師德奉使收敗亡於洮河因使吐蕃其首領論贊婆等自赤嶺操牛酒迎勞師德諭國威信開陳利害虜為畏悅
漢中郡王李瑀唐宗室也肅宗即位回紇使

請昏以幼女寧國公主下嫁詔瑀攝御史大夫為冊命使至虜而可汗胡帽赭袍坐帳中儀衛光嚴引瑀立帳下問曰王天可汗何屬瑀曰從兄弟也於是引瑀入瑀不拜可汗曰見國君禮無不拜瑀曰天子顧可汗有功以愛女結婚好前此皆宗室子今公主乃帝女有德容萬里下降可汗天子壻當以禮見安可踞受詔邪可汗慙乃起奉詔拜受冊
蕭昕為國子祭酒大曆中持節冊回紇回紇恃功廷讓昕曰乃者中國亂非我無以平奈何市馬不時歸我直衆失色昕徐曰國家甚定寇難功雖絲毫不遺賞況鄰國乎僕固懷恩我之叛臣爾與連禍又引吐蕃暴我郊甸吐蕃敗北回紇悔懼叩額乞和非天子卹舊功則隻馬不得出塞下孰為失信者回紇大慙因厚禮昕遣使者約和
崔倫為右庶子使吐蕃虜背約留二歲執倫至涇州逼倫為書約城中降倫不從更因倫

邏娑城閲六歲終不屈乃許還及還代宗見
之爲感動嗚咽
殷侑爲太常博士轉虞部員外郎時回紇請
和親憲宗命宗正少卿李孝誠奉使以侑爲
副既至虜庭回紇驕倨見漢使盛陳兵甲與
其相不拜欲受漢使禮侑堅立不動宣命既
畢虜使責之云欲留使者行人皆惶怖獨侑
謂虜曰今可汗是漢家子婿坐受使臣禮是
可汗無禮非使臣無禮也虜憚其嚴正卒不

敢逼
宋盧懷忠爲内酒坊副使時朗州軍亂太祖將
討之遣懷忠使荆南因謂曰江陵人情去就
山川向背欲盡知之懷忠還奏曰高繼冲甲
兵雖多而控弦者不過三萬年穀雖登而民
苦於暴歛南邇長沙東距金陵西迫巴蜀北
奉朝廷觀其形勢蓋日不暇給矣帝召宰相
謂曰江陵四分五裂之國今出師假道荆渚
因而下之萬全策也乃以懷忠爲前軍步軍

都監遂平荆南以懷忠知江陵府
李若拙太宗時爲主客郎中直昭文館帝命
齎詔書充國信使以玉帶往賜交趾郡主黎
桓若拙既至桓出郊迎詞氣尚悖慢謂若拙
曰向者刼如洪鎮乃外境蠻賊也皇帝知此
非交州兵否若使交州果叛命則當首攻番
禺次擊閩越豈止如洪鎮而已若拙從容謂
桓曰上初聞寇如洪鎮雖未知其所自然以
足下自交州牙校授之節制固當盡忠以報

豈有他慮及見執送海賊事果明白大臣僉
議以爲朝廷比建節帥以寧海表今既蠻賊
爲寇害乃是交州力不能獨制矣請發勁卒
數萬會交兵以翦滅之使交廣無後患帝曰
未可輕舉慮交州不測朝旨或致驚駭不若
且委黎桓討擊之亦當漸至清謐今則不復
會兵也桓憮然避席曰海賊犯邊守臣之罪
也聖君容貸恩過父母未加誅責自今謹守
職約保永清於漲海因北向頓首謝

辛仲甫太平興國初以起居舍人奉使契丹遼主問党進何如人如進之比有幾仲甫曰國家名將輩出如進鷹犬材爾何足道哉遼主欲留之仲甫曰信以成命義不可留有死而已遼主終不能屈

韓億爲龍圖閣待制奉使契丹時副使者章獻皇后外姻也妄傳皇太后旨於契丹諭以南北歡好傳示子孫之意億初不知也契丹主問億曰皇太后即有旨大使何獨不言億對曰本朝每遣使皇太后必以此戒之非欲達於北朝也契丹主大喜曰此兩朝生靈之福也時謂副使既失辭而億更以爲恩意甚推美之

富弼仁宗時以樞密直學士使契丹契丹主以用兵爲言弼曰通好則歲幣盡歸於人主故人主專其利用兵則所亡士馬人主獨當之故人主任其禍契丹大悟他日又以得地爲言弼曰北朝以得地爲榮南朝必以失地

爲辱兄弟之國豈可使一榮一辱哉契丹主遂不言地唯請議婚弼曰婚姻易生嫌隙不若歲幣之利久乃約定歲幣而歸

劉敞擢知制誥奉使契丹素知虜山川道里虜人道自古北口回曲千餘里至柳河敞問契丹曰自松亭趨柳河甚直而近不數日可至中京何不道彼而道此蓋虜人故迂其路欲以國地險遠誇使者且謂莫習其山川不虞敞之問也相與驚顧羞媿即吐其實曰誠如公言

孔道輔仁宗時除右司諫龍圖閣待制奉使契丹宴使者優人以文宣王爲戲道輔艴然徑出契丹使主客者邀道輔還坐且令之謝道輔正色曰中國與北朝通好以禮文相接今俳優之徒慢侮先聖而不之禁北朝之過也道輔何謝契丹君臣默然又酌大巵謂曰方天寒飲此可以致和氣道輔曰不和固無害既還言者以爲生事且開爭端仁宗問其

故對曰契丹比為黑水所破勢甚蹙平時漢使至契丹輒為所侮若不較恐益慢中國帝然之

高遵裕為供備庫副使鎮戎軍駐泊都監夏人寇大順城諒祚中矢遁會英宗晏駕遣遵裕告哀抵宥州下營夏人遣王盥受命以吉服至遵裕切責之遂易服既而具食上宮語及大順城事盥曰剽掠輩爾遵裕曰若主寇邊扶傷而遁斯言非妄邪夏人以為辱亟遣

人代對終食不敢發口輒忿怒曰王人蔑視下國弊邑雖小控弦十數萬亦能躬執橐鞬與君周旋遵裕瞋目曰主上天縱神武毋肆狂獗以干誅夷時諒祚覘於屏間摇手使止神宗聞而嘉之擢知保寧軍

錢勰音協神宗授左司郎中奉使弔高麗帝曰高麗好文又重士大夫家世所以選卿無他也乃求呂端故事以行凡餽餼非故所有者皆弗納歸次紫燕島王遣二吏追餉金銀器

四千兩勰曰在館時既辭之矣今何為者吏泣曰王有命徒歸則死且左番已受勰曰左右番各有職吾惟例是視汝可死吾不可受竟却之

衛膚敏徽宗時為祕書郎假給事中賀金主生辰膚敏奏曰彼生辰後天寧節五日金人未聞入賀而反先之已失國體萬一金使不來為朝廷羞請至燕山俟之彼若不來則以幣置境上而已帝可其奏既至果然遂置幣

而返後復假給事中使金行及慶源府逢許亢宗使還言彼且大入勢不可住至燕報愈急衆懼不敢進膚敏叱曰吾將君命以行其可止乎既至知其兵已舉殊不為屈及還金人所答國書欲以押字代璽膚敏力爭曰押字豈所以交鄰國卒易以璽及授書欲令雙跪膚敏曰雙跪乃北朝禮安可令南朝人行之卒單跪而受乃被羈留半年至涿州新城與斡离不遇遣人約相見且曰有例膚敏笑

曰例謂趨伏羅拜此禮豈可用北朝止一君
耳皇子郎君雖貴人臣也一介之使雖賤亦
人臣也兩國之臣相見而用君臣之禮是北
朝一國而有二君也金人氣折聽長揖而入
既坐金人出誓書示之膺敏却不視曰使久
不聞朝廷事此書真偽不可知因論用兵事
又以語折之復為所留靖康初始還
崔縱仕確山主簿二帝北行高宗將遣使通
問廷臣以前使者相繼受縶莫肯往縱毅然
請行乃授右文殿脩撰試工部尚書以行比
至首以大義責金人請還二帝又三遺之書
金人恐從之窮荒縱不少屈久之金人許自
陳聽還縱以王事未畢不忍言又以官爵誘
之縱恚恨成疾竟握節以死
朱弁為通問副使使金至雲中見粘罕邀說
甚切粘罕不聽使就館守之以兵弁復與書
言用兵講和利害甚悉紹興二年金人遣宇
文虛中來言和議當遣一人詣元帥府受書

還虛中欲弁與正使王倫探策決去留弁曰
吾來固自分必死豈應今日覬倖先歸願正
使受書歸報天子成兩國之好蚤申四海之
養於兩宮則吾雖暴骨外國猶生之年也倫
將歸弁請曰古之使者有節以為信今無節
有印印亦信也願留印使弁得抱以死死不
腐矣倫解印以授弁弁卧起與俱金人迫弁
仕劉豫且訹之曰此南歸之漸弁曰豫汝國
賊吾嘗恨不食其肉又忍北面臣之金人怒
絕其餼遺以困之弁忍飢待盡誓不屈久之
復欲易其官弁曰吾官受之本朝有死而已
誓不易以辱吾君也且移書耶律紹文等曰
上國之威命朝至則夕死夕至則朝死又以
書與後使洪皓曰殺行人非細事吾曹遭之
命也當舍生以全義又召被掠士大夫語之
曰吾已得近郊地一旦畢命報國諸公幸瘞
我其處題其上曰有宋通問副使朱公之墓
衆皆泣下莫能仰視弁談笑自若曰此臣子

之常。諸君何悲也。金人知其終不可屈。遂不復強
洪皓奉使至金。留幾一年。虜遇使人禮益削。及至雲中大酋粘罕迫與副使官。皓曰萬里銜命。不得御兩宮以歸。大國度不足以有中原。當還本朝。乃違天以奉逆豫。豫可磔萬段。顧力不能。忍事之耶。今留亦死。不即豫亦死。偷生狗鼠間。甘鼎鑊不悔也。粘罕怒。命壯士擁以下。執劍夾承之。皓不為動。旁貴人唶曰。

此真忠臣也。粘罕怒少霽。遂流遞于冷山。雲中至冷山行兩月。距虜二千餘里。地苦寒。留虜十五年而歸
魏杞孝宗時遷宗正少卿。湯思退建和議。命杞為金通問使。帝面諭令遣使一正名。二退師。三減歲幣。四不發歸附人。杞條上十七事。且奏金若從約而金繒不具。豈不瘠國體。格事機乎。乃以禮物行。至燕見金主。具言天子神聖。才傑奮起。人人有敵愾意。北朝用兵能保必勝乎。和則兩國享其福。戰則將士蒙其利。昔人論之甚悉。金君臣環聽拱竦。館伴張恭愈以國書稱大宋。脅去大字。杞拒之。卒正敵國禮。損歲幣五萬。不發歸附人。比還。上慰藉甚渥
施師點。孝宗假翰林院學士知制誥兼侍讀使金。致命金廷。立班既定。朝議者以親王將至。命師點退位。師點屹立。相儀者請數四。師點正色曰。班立已定。尚欲何為。不肯少動。在

廷相顧駭愕。知其有守。不敢復請。乾道九年使還。有言其事于上者。帝嘉歎不已。及後金使賀正旦至闕。問館伴。師點今居何官。館伴宇文价於班列指師點以示之。金使恍然曰。一見正人。令人眼明
羅點。孝宗時為太常少卿兼脩注官。使金告光宗登寶位。會金有國喪。迫點易金帶。點曰。登位吉事也。必以吉服從事。有死而已。帶不可易。又詰點不當稱寶位。點曰。聖人大寶曰

位不加實字何以別至尊金人不能奪

元速哥蒙古怯烈氏為人外若質直內實沉勇而謀雅為太宗所知命使金因俾覘其虛實詔之曰即不還子孫無憂不富貴也速哥頓首曰臣死職耳奉陛下威命以行可無慮也帝悅賜所常御馬至河金人閉之舟中七日始登南岸又三旬乃達汴及見金主曰天子念爾土地日狹民力日疲故遣我致命爾能共脩歲幣通好不絕則轉禍為福矣謁者令

下拜速哥曰我大國使為爾屈乎金主壯之取金卮飲之酒曰歸語汝主必欲加兵敢率精銳以相周旋歲幣非所聞也速哥飲畢即懷金卮出速哥雖佯為不智而默識其地理阨塞城郭人民之強弱既復命備以虛實告且以金卮獻帝喜曰我得金於汝手中矣復以賜之

郝經世祖即位以翰林侍讀學士使宋告即位且定和議詔曰朕初即位庶事草創卿當遠行凡可輔朕者亟以聞經奏便宜十六事皆立政大要時宋相賈似道方以襄陽圍解有再造之功恐經至謀泄竟館經真州經乃上表宋主曰願附魯連之義排難解紛豈知唐儉之徒欵兵誤國又數上書宋主及宰執極陳戰和利害且請入見及歸國皆不報驛吏棘垣鑰戶晝夜守邏欲以動經經不屈經待下素嚴又久羈困下多怨者經諭曰嚮受命不進我之罪也一入宋境死生進退聽其

在彼我終不能屈身辱命汝等不幸宜忍以待之我觀宋祚將不久矣居七年從者怨鬪死者數人經獨與六人處別館前後十五年抗節不少屈先是至元十一年九月用蠟丸帛書一詩繫鴈足祝之北飛詩曰霜落風高縱所如歸期回首是春初上林天子援弓繳窮海纍臣有帛書明年三月虞人獲鴈於汴梁金明池及伯顏師師問宋執行人之罪似道懼始遣總管段佑送經還

張立道世祖時以功累遷臨安廣西道軍民
宣撫使先是安南主陳日烜拒使者不受命
遣將討之失利而還帝怒欲發兵丞相完澤
等言立道嘗使安南有功今復使往宜無不
奉命帝乃授立道禮部尚書佩三珠虎符賜
衣段金鞍弓矢以行至安南界謂郊者曰語
爾世子當出郭迎其世子日燇乃率其屬焚
香伏謁道左既抵府日燇拜跪聽詔如禮立
道傳上命數其罪為書曉之日燇曰比三世

辱公使公大國之卿小國之師也何以教我
立道曰昔鎮南王奉詞致討汝非能勝之也
由其不用嚮導率衆深入不見一人遲疑而
還曾未出險風雨驟至弓矢盡壞衆不戰而
自潰天子亦既知之汝所恃山海之險瘴癘
之惡耳且雲南與嶺南之人習俗同而技相
等今發而用之繼以北方之勁卒汝復能抗
哉汝戰不利不過遁入海中島夷乘釁必來
寇抄汝汝食少不能支必為彼虜汝為其臣

孰若為天子臣乎今海上諸夷歲貢於汝者
亦畏我大國爾恤也聖天子有德於汝甚厚
前年之師非上意邊將誑汝爾汝曾不悟不
能遣一介之使謝罪請命輒稱兵抗拒逐我
使人以怒我大國之師今楬且至矣惟世子
計之日燇拜且泣曰公之言良是也為我
計者皆不知出此前日之戰救死而已寧不
知懼天子使公來必能活我北面再拜誓死
不敢忘天子之德遂迎立道入出奇寶為賄

立道一無所受但要日燇入朝日燇曰貪生
畏死人之常情有詔貸以不死臣將何辭乃
先遣其臣阮代之何惟巖等隨立道上表謝
罪脩歲貢之禮如初

梁曾世祖命為吏部尚書再使安南朝臣薦
陳孚博學有氣節調翰林國史院編脩官攝
禮部郎中為曾副至安南世子陳日燇以憂
制不出郊遣陪臣來迎又不由陽明中門入
曾與孚回館致書詰日燇以不庭之罪日燇

遂出郊迎詔入自陽明門及講新朝尚右之禮往復三書宣布天子威德辭直氣壯皆孚筆也日熥所贈二人悉卻之

國朝趙秩奉使往日本泛海至折木崖入其境關者拒勿納秩以書達其王良懷乃延秩入秩諭以中國威德而詔旨有責讓其不臣中國語王曰吾國雖夷僻在扶桑未嘗不慕中國之化而通貢奉惟蒙古以戎狄涖華夏而小國視我而使其使趙姓者誅我以好語初

不知其覘國也既而使者所領水犀數十艘一時雷霆風波漂覆幾無遺類自是不與通者數十年今新天子帝華夏天使亦姓趙豈昔蒙古使者之雲仍乎亦將誅我以好語而襲我也命左右將刃之秩不為動徐曰今聖天子聖神文武明燭八表生于華夏而帝華夏非蒙古比我非蒙古使者後爾若悖逆不我信即先殺我則爾之禍亦不旋踵矣我朝之兵天兵也無不一當百我朝之戰艦雖蒙古戈船百不當其一況天命所在人孰能違豈以我朝之以禮懷爾者與蒙古之襲爾國者比邪於是其王氣沮下堂延秩禮遇有加遣其臣僧祖弃僧九人隨秩入貢奉表稱臣貢馬及方物

李思聰錢古訓俱為行人洪武二十九年緬國復遣使來訴百夷以兵侵其境土太祖皇帝遣思聰等齎詔往諭之思倫發聞詔恐懼俯伏謝罪願罷兵適其部酋刀幹孟叛

思聰等以朝廷威德諭其部衆叛者稍退思倫發欲倚使者以服其下強留思聰等又以象馬金寶為餽思聰等為書諭卻之謂中國不以象馬金玉為寶所寶者惟忠臣烈士強兵勇將孝子順孫宜送使者還朝不為侵擾斯可以明爾忠君之心思倫發大喜邀思聰等設燕為樂率其部衆送之境上思聰等還具奏其事且著百夷傳紀述其山川人物風俗道路之詳以進

太祖以其奉使不失職謂其才可用甚喜之各
賜衣一襲

五倫書卷之四十二

五倫書卷之四十三

將略上

列國
魯曹劌事莊公齊師伐魯公將戰劌乃入見問何以戰公曰衣食所安弗敢專也必以分人對曰小惠未徧民不從也公曰犧牲玉帛不敢加也必以信對曰小信未孚神不福也公曰小大之獄雖不能察必以情對曰忠之屬也可以一戰戰則請從公與之乘戰于長勺公將鼓之劌曰未可齊人三鼓曰可矣遂逐齊師既克公問其故對曰夫戰勇氣也一鼓作氣再而衰三而竭我盈彼竭故克之夫大國難測也懼有伏焉吾視其轍亂望其旗靡故逐之

吳孫武以兵法見吳王闔閭王曰子之書吾盡觀之可以小試勒兵乎對曰可王曰可試以婦人乎曰可於是出宮中美人得百八十

人武分為二隊以王之寵姬二人為隊長皆令持戟令曰汝知而心與左右手背乎婦人曰知武曰前則視心左視左手右視右手後即視背婦人曰諾約束既畢即三令五申之於是鼓之右婦人大笑武曰約束不明申令不熟將之罪也復三令五申而鼓之左婦人復大笑武曰約束不明申令不熟將之罪也既已明而不如法者吏士之罪也欲斬左右隊長王從臺上見且斬愛姬大駭趣使下令

曰寡人已知將軍能用兵矣寡人非此二姬食不甘味願勿斬也武曰臣已受命為將將在軍君命有所不受遂斬隊長二人以徇用其次為隊長於是復鼓之婦人左右前後跪起皆中規矩繩墨於是武使使報王曰兵既整齊王可試下觀之唯王所欲用之雖赴水火可也王曰將軍罷休就舍寡人不願下觀武曰王徒好其言不能用其實於是王知武能用兵卒以為將西破強楚入郢北威齊晉

齊田穰苴景公時晉伐阿鄄而燕侵河上齊師數敗晏嬰薦穰苴為將軍將兵扞燕晉之師穰苴曰願得君之寵臣國之所尊者以監軍乃可於是景公使莊賈往穰苴與賈約曰旦日日中會軍門穰苴先馳至軍立表下漏待賈賈素驕貴親戚送之留飲日中賈不至穰苴仆表決漏入行軍勒兵申明約束約束既定夕時賈至穰苴曰何後期為賈謝曰不佞大夫親戚送之故留穰苴曰將受命則忘

其家臨軍則忘其親援桴鼓則忘其身今敵國深侵士卒暴露於境君不安席百姓之命懸於君何謂相送乎召軍正問曰軍法後期者云何對曰當斬遂斬賈以徇三軍之士皆震慄燕晉之師聞之悉引而歸皆復所侵之地

孫臏威王時韓魏相攻齊將田忌率兵伐魏以救韓魏將龐涓聞之去韓而歸臏謂田忌曰彼三晉之兵素悍勇而輕齊齊號為怯善

戰者因其勢而利導之兵法百里而趨利者
蹶上將五十里而趨利者軍半至使齊軍入
魏地為十萬竈明日為五萬竈又明日為二
萬竈龐涓行三日大喜曰我故知齊卒怯入
吾地三日士卒亡者過半矣乃棄其步兵與
其輕銳倍日并行逐之臏度其行暮當至馬
陵道狹而旁多阻隘可伏兵乃斫大樹白而
書曰龐涓死此樹下令善射者萬弩夾道而
伏期曰暮見火舉而俱發涓果夜至斫木下

見白書以火燭之齊軍萬弩俱發魏軍大亂
涓自剄及魏伐趙趙請救齊使田忌為將臏
為師忌欲引兵之趙臏曰夫解雜亂紛糾者
不控引也捲拳同救鬬者不搏撠音戟挶持也批亢擣
虛形格勢禁則自為解矣今魏之輕兵銳卒
必竭於外老弱罷於內君不若引兵疾走大
梁據其街路衝其方虛彼必釋趙而自救是
我一舉解趙之圍而收弊於魏也忌從之魏
果去趙與忌戰于桂陵大破之

田單齊之疏族燕將樂毅以兵徇下齊七十
餘城惟莒及即墨二城未下單守即墨聞燕
昭王卒子惠王立單乃縱反間於燕曰齊王
已死城不拔者二耳毅與燕新王有隙畏誅
而不敢歸以伐齊為名實欲連兵南面王齊
齊人未附故且緩攻即墨燕王以為然使騎
劫代毅士卒由是憤惋不和單令城中人食
必祭其先祖中庭飛鳥翔舞下食燕人怪之
單又宣言當有神人為我師有一卒曰臣可

以為師單遂起引東鄉坐師事之每出入約
束必稱神師宣言曰吾惟懼燕軍劓所得齊
卒置之前行與我戰即墨敗矣燕人聞之如
其言城中見諸降者盡劓皆怒堅守單又縱
反間曰吾懼燕人掘我城外冢墓燕軍盡掘
冢墓燒死人即墨人從城上望見皆涕泣其
欲戰怒自十倍單知士卒可用乃身操版插
與士卒分功妻妾編於行伍盡散飲食饗士
令壯卒皆伏使老弱女子乘城約降於燕燕

軍皆喜單收民金得千鎰令即墨富豪遺燕將曰即墨即降願無掠吾族燕將許之由此遂懈單乃收城中得牛千餘為絳繒衣畫以五采龍文束兵刃於其角而灌脂束葦於尾燒其端鑿城數十穴夜縱牛壯士五千人隨其後牛尾熱怒奔燕軍炬火光明燕軍視之皆龍文所觸盡死傷五千人復銜枚疾擊而城中鼓譟從之老弱者皆擊銅器為聲聲動天地燕軍大敗於是七十餘城皆復為齊

趙趙奢為將時秦伐韓軍於閼與趙王名奢問之對曰道遠險狹譬猶兩鼠鬭於穴中將勇者勝趙王令奢救韓軍邯鄲三十里而令軍中曰有以軍事諫者死秦軍武安西鼓譟勒兵武安屋瓦盡震軍候有言急救武安奢立斬之堅壁留二十八日不行復益壘秦間來奢善食遣之間者去乃卷甲而趨之二日一夜令善射者去閼與五十里而軍壘成秦悉甲而來奢縱兵擊破之閼與圍解

魏吳起好用兵文侯以為將拔秦五城起為將與士卒同衣食卧不設席行不騎乘親裹贏糧與士卒分勞苦卒有病疽者起為吮之後為西河守以拒秦韓文侯卒武侯不能用遂之楚楚悼王聞其賢至則用之明法審令捐不急之官廢公族疏遠者以撫戰士破游說之言縱横者於是平百越并陳蔡郤三晉而伐秦楚遂稱强國

燕樂毅自魏至昭王以齊嘗破燕之故欲報

齊讎於是以毅為亞卿問以伐齊之事毅對曰齊地大人衆未易獨攻王必欲伐之莫若結趙及楚魏四國攻之齊可破也於是昭王以毅使趙別使連楚魏諸侯爭欲合縱以伐齊毅還報昭王以毅為上將軍毅并將四國之兵大敗齊兵於齊西諸侯兵歸毅獨將燕兵追擊至臨淄齊湣王走保莒毅入臨淄盡取其寶物輸之燕昭王大悅自至濟上賚軍封毅為昌國君毅復收齊兵徇齊城之未下

者留五歲下七十餘城
秦白起善用兵事昭王嘗以秦兵屢破韓趙魏楚之兵以功封為武安君秦復伐韓韓上黨降于趙秦使王齕攻上黨拔之上黨民走趙趙將廉頗軍長平以按據之齕攻趙趙軍數敗趙王怒乃以趙括代頗將秦聞括將迺陰使武安君為上將軍令軍中有敢泄武安君將者斬括出兵擊秦起佯敗退走張兩翼奇兵以伺之括逐勝至秦壁起出奇兵二萬

五千人絕其後又一軍絕趙壁間趙軍分為二糧道絕士卒不食四十六日括乃引銳卒親搏戰為秦軍所射死降其衆四十萬人
王翦少好兵始皇滅趙定三晉遂謀伐楚問李信曰伐楚度用幾何人信曰二十萬可問翦翦曰非六十萬不可始皇曰君老矣何怯也迺遣信將二十萬衆擊楚大為楚兵所敗始皇聞之大怒自如頻陽起翦曰寡人不用將軍計信果辱秦師將軍雖老獨忍棄寡人乎翦曰必不得已用臣非六十萬人不可始皇許之翦至楚楚悉國中兵拒之翦堅卧不出楚兵數挑戰翦唯休沐飲食撫循士卒親與同食久之問軍中戲乎對曰方投石超距於是翦曰士卒可用矣伺楚兵引而東翦舉兵追之令壯士奮擊大破楚軍殺其將項燕因乘勝定楚地虜其王負芻并平百越
漢韓信為大將時魏王豹叛信將兵擊魏豹盛兵蒲坂塞臨晉信乃益為疑兵陳船欲渡臨

晉而伏兵從夏陽以木罌渡軍襲安邑豹驚引兵迎信信遂虜豹信既定魏請兵於漢漢王遣張耳與信俱擊趙代既破代以兵數萬欲東下井陘擊趙成安君陳餘聚兵井陘口號稱二十萬廣武君李左車說餘欲出奇兵絕其輜重深溝高壘堅營勿與戰餘不聽信使人間視知其不用左車之計大喜乃敢引兵遂下未至井陘三十里止舍夜半傳發選輕騎二千人人持一赤幟從間道望趙軍誠

曰趙見我走必空壁逐我若疾入趙壁拔趙幟立漢赤幟令裨將傳飱曰今日破趙會食諸將佯應曰諾信乃使萬人先行出背水為陣趙軍望見大笑平旦信建大將旗鼓鼓行出井陘口趙開壁擊之大戰良久信耳佯棄旗鼓走水上軍趙果空壁爭漢旗鼓逐信耳信耳已入水上軍水上軍皆殊死戰信所出騎兵遂馳入趙空壁皆拔趙旗立漢赤幟趙軍不勝歸壁壁皆漢幟大驚遂亂漢兵夾擊

大破之斬陳餘禽趙王歇又收趙兵未發者擊齊既襲破歷下軍遂至臨淄齊王廣東走高密信追之楚使龍且將兵二十萬救齊齊王廣與且并軍與信夾濰水而陣信夜令人為萬餘囊盛沙壅水上流引軍半渡擊且佯敗還走且果喜曰固知信怯也遂追信渡水信使人決壅囊水大至且軍大半不得渡即急擊殺且齊王廣走

張良數以太公兵法說沛公沛公善之欲以兵二萬擊秦嶢關下軍良說曰秦兵尚強未可輕臣聞其將屠者子賈豎易動以利願沛公且留壁使人先行為五萬人具食益張旗幟諸山上為疑兵令酈食其持重寶啗秦將秦將果畔欲連和俱西襲咸陽沛公欲聽之良曰此獨其將欲畔耳恐士卒不從不從必危不如因其懈擊之沛公乃擊秦軍大破之沛公為漢王王巴蜀良因說漢王燒絕所過棧道示天下無還心以固項王意及從漢王東

擊楚敗而還漢王問曰吾欲捐關以東弃之誰可與共功者良曰九江王黥布與項王有隙彭越與齊王田榮反梁地此兩人可急使而漢將獨韓信可屬大事當一面即欲捐之捐之此三人則楚可破也六年封功臣良未嘗有戰鬬功帝曰運籌帷幄之中決勝千里之外子房功也乃封良為留侯

周亞夫景帝時吳楚等七國反拜亞夫為太尉將三十六將軍往擊之亞夫請於帝曰楚

兵剽悍難與爭鋒。願以梁委之。絕其糧道。乃可制也。帝許之。於是會兵滎陽。吳攻梁。梁請救。亞夫引兵走昌邑。堅壁以守。以便宜不往救。而使騎兵弓高侯等絕其糧道。吳兵乏食數挑戰。終不出。夜軍內驚。自相攻擊擾亂至于帳下。亞夫終卧不起。頃之復定。吳奔壁東南。亞夫令備西北。已而精兵果奔西北。不得入。吳兵既餓。迺引而去。亞夫出精兵追擊。大破之。吳王濞走。乘勝盡虜之。月餘越人斬吳

王首以告。凡相守三月。而吳楚皆平

李廣景帝時為上郡太守。匈奴大入上郡。使中貴人從廣勒習兵擊匈奴。中貴人將數十騎出獵。見匈奴三人。與戰。被射傷。中貴人騎且盡。中貴人走廣。廣曰。是必匈奴射鵰者也。廣乃從百騎馳往三人所。令騎左右翼。而廣身射彼三人者。殺其二人。生得一人。果射鵰者也。還見匈奴有數千騎。廣百騎皆大恐。馳走。廣曰。吾去大軍數十里。今若走。匈奴追射我立盡。今我留。匈奴必以我為大軍誘之。必不敢擊我。令諸騎前到匈奴陣二里所止。令曰皆下馬解鞍。虜果疑為誘。遂不敢擊。有白馬將出護其兵。廣與十餘騎奔射殺之。而復還解鞍。令士皆縱馬卧。會暮。虜終怪之。不擊。以為漢有伏軍於旁。欲夜取之。引兵去。詰朝廣乃歸其軍

鄧禹。光武以禹沈深有大度。授以西討之略。乃拜為前將軍。持節。中分麾下精兵二萬人

遣西入關。令自選偏裨以下與俱。遂破箕關圍安邑。斬更始大將軍樊參。更始將王匡成丹劉均等復合軍十餘萬。擊禹。禹軍不利。會日暮。諸將皆勸禹夜去。不聽。明日癸亥。匡等以六甲窮日不出。禹得更理兵勒衆。明旦匡悉軍攻禹。禹令軍中無得妄動。既至營下。因傳發諸將鼓而並進。大破之。遂定河東。時三輔連覆敗。赤眉所過殘賊。百姓聞禹乘勝獨剋。師行有紀。皆望風相攜負以迎軍。降者日

以千數禹所止輒停車駐節以勞來之父老童稚滿其車下莫不感悅諸將勸禹攻長安禹曰不然今吾衆雖多能戰者少前無可仰之積後無轉饋之資赤眉新拔長安財富充實鋒銳未可當也夫盜賊羣居無終日之計財穀雖多變故萬端寧能堅守者也吾且休兵北道以觀其弊乃可圖也已而赤眉西走扶風禹乃至長安大饗士卒諸將齋戒擇吉日脩禮謁祠高廟收十一帝神主遣使奉詣

洛陽因循行園陵為置吏士奉守焉

岑彭為征南大將軍與諸將會荊門伐蜀吳漢欲罷三郡棹卒彭不可上書言狀光武報之曰荊南之事一由征南公而已彭令軍中攻浮橋因飛炬焚之風怒火盛悉軍並進所向無前蜀兵大亂溺死者數千長驅入江關令軍中無得虜掠所過百姓奉牛酒迎勞

耿弇光武時拜大將軍命討張步步將費邑遣其弟守巨里弇進兵先脅巨里使多伐樹木揚言以填塞坑塹數日有降者言邑聞弇欲攻巨里謀來救之弇乃嚴令軍中趣脩攻具後三日當悉力攻巨里城陰緩生口令得亡歸歸者以弇期告邑邑至日果自將精兵三萬餘人來救之弇喜謂諸將曰吾所以脩攻具者欲誘致邑耳今來適其所求也即分三千人守巨里自引精兵乘高合戰大破之斬邑既而收首級以示巨里城中洶懼衆悉亡歸帝至勞弇曰昔韓信破歷下今將軍攻

祝阿功足相方而韓信襲已降將軍拔勍敵乃難於信也

耿恭明帝時為戊己校尉屯金蒲城恭至部移檄烏孫示漢威德大昆彌已下皆歡喜遣使獻名馬明年北單于攻車師恭遣兵救之匈奴既破殺後王而攻金蒲城恭乘城搏戰以毒藥傅矢傳語匈奴曰漢家箭神其中瘡者必有異因發強弩射之虜中矢者視瘡皆沸遂大驚會天暴風雨殺傷甚衆匈奴震怖

相謂曰漢兵神真可畏也遂解去
三國蜀諸葛亮伐魏出祁山以木牛運糧糧盡退軍與魏張郃交戰射殺郃亮悉大衆由斜谷出以流馬運糧據武功五丈原與司馬懿對守於渭南亮每患糧不繼使己志不伸乃分兵屯田為久駐之計兵民雜耕於渭濱而百姓安堵軍無私焉亮性長於巧思損益連弩木牛流馬皆出其意推演兵法作八陣圖咸得其要及亮卒軍退懿按行其營壘曰天

下奇才也
魏司馬懿征公孫淵濟遼水作長圍忽棄賊而向襄平諸將曰不攻賊而作圍非所以示衆也懿曰賊堅營高壘欲老吾兵也攻之正入其計古人云敵雖高壘不得不與我戰者攻其所必救也賊大衆在此巢窟虛矣我直指襄平必懷内懼懼而求戰破之必矣遂整陣而過賊果邀之懿曰所以不攻其營正欲致此不可失也乃縱兵逆擊大破之三戰皆捷
鍾會鄧艾伐蜀蜀將姜維守劍閣會攻維未能艾請從陰平由邪徑經漢德陽亭趣涪出劍閣西百里去成都三百餘里奇兵衝其腹心劍閣之守必還赴涪則會方軌而進劍閣之士不還則應涪之兵寡矣軍志有之曰攻其不備出其不意今掩其空虛破之必矣於是艾自陰平行無人之地七百餘里鑿山通道造作橋閣山高谷深至為艱險又糧運將

匱瀕於危殆艾以氈自裹推轉而下將士皆攀木緣崖魚貫而進先登至江油蜀守將馬邈降諸葛瞻自涪還綿竹列陣相拒大破之斬瞻及尚書張遵等進軍至成都蜀主劉禪詣軍門降
吳周瑜為前部督曹操既破荊州遂伐吳孫權集諸將佐議請迎之瑜獨不可曰請得精兵三萬人保為將軍破之權曰君言甚與孤合此天以君授孤也遂遣瑜及程普等與劉

備并力逆操遇于赤壁瑜部将黄盖曰今寇衆我寡難與持久操軍方連船艦首尾相接可燒而走也乃取蒙衝闘艦數十艘實以薪草膏油灌其中裹以帷幕上建牙旗先書報操詐云欲降又豫備走舸各繫大船後因引次俱前操軍吏士皆延頸觀望指言盖降盖與諸船同時發火時風盛火猛悉延燒岸上營落頃之煙焰漲天燒溺者甚衆操軍遂敗走

晋羊祜以尚書右僕射都督荆州諸軍事出鎮南夏開設庠序綏懐遠近甚得江漢之心與吴人開布大信降者欲去皆聽之減戍邏之卒以墾田八百餘頃其始至也軍無百日之糧及季年乃有十年之積祜在軍常輕裘緩帶身不被甲鈴閤之下侍衛十數人又引滍淯水以浸田萬餘頃開揚口通零桂之漕公私頼之及營武牢城東陽進據險要開建五城收膏腴之地奪吴人之資石城以西盡為晋有乃增脩德信懐柔初附慨然有吞吴之心每與吴人交兵尅日方戰不為掩襲將帥有欲進譎詐之策者輒飲以醇酒使不得言人有掠吴二兒為俘者祜遣送還其家後吴将夏詳邵顗等來降二兒之父亦率其家衆與俱吴将陳尚潘景來寇祜追斬之美其死節而厚加殯歛景尚子弟迎喪祜以禮遣還吴將鄧香掠夏口祜募生縛香既至宥之香感其恩率部曲而降祜出軍行吴境刈穀為

糧皆計所侵送絹償之每會衆江沔遊獵常止晋境若禽獸先為吴人所傷而為晋兵所得者皆封還之於是吴人翕然悦服稱為羊公而不名祜與陸抗相對使命交通抗稱祜之徳量雖樂毅諸葛孔明不能過也抗嘗病饋之藥抗服之不疑士多諫抗抗曰羊祜豈酖人者抗每告其戍曰彼専為徳我専為暴是不戰而自服也各保分界而已無求細利孫皓聞二境交和以詰抗抗曰一郡一邑不

可以無信義況大國乎臣不如此是祜專其
德也
杜預伐吳陳兵于江陵遣參軍樊顯襄陽太守周奇等率衆循江西上授以節度旬日之間累剋城邑皆如預策又遣牙門周旨伍巢等率奇兵八百汎舟夜渡以襲樂鄉多張旗幟起火於要害之處以奪敵心吳都督孫歆震恐歎曰北來諸軍乃飛渡江也旨巢等伏兵樂鄉城外歆遣軍出拒旨等發伏兵隨歆

軍而入遂虜歆進逼江陵攻剋之沅湘以南至于交廣皆望風歸命預仗節稱詔而綏撫之荆土肅然諸將會議欲俟來冬大舉預曰今兵威已振譬如破竹數節之後皆迎刃而解無復着手處也指授群帥徑進秣陵所過城邑莫不束手遂平吳而還
王濬為龍驤將軍監益梁諸軍事濬發成都率諸軍攻吳吳人於江磧要害處並以鐵鎖橫截之又作鐵錐長丈餘暗置江中以逆艦

濬乃作大筏數十方百餘步縛草為人被甲持杖令善水者以筏先行筏遇鐵錐錐輒著筏又作火炬長丈餘大數十圍灌以麻油在船前遇鎖然炬燒之須臾融液斷絕於是船無害濬既克西陵自武昌順流徑趣建業吳主遣游擊將軍張象帥舟師萬人禦之象衆望旗而降濬兵甲滿江旌旗蔽天威勢甚盛吳人大懼遣使奉書請降
祖逖為豫州刺史率衆伐陳川石季龍領兵

五萬來救逖設奇以擊之季龍大敗收兵略豫州徙陳川還襄國留桃豹等守陳川故城住西臺逖遣將韓潛等鎮東臺同一大城賊從南門出入放牧逖軍開東門相守四旬逖以布囊盛土如米狀使千餘人運上臺又令數人擔米偽為疲極而息於道賊果逐之皆棄擔而走賊既獲米謂逖士衆豊飽而胡戍飢久益懼無復固志
江逌穆帝時為諸議參軍從中軍將軍殷浩

北伐羌及丁零叛軍中震懼姚襄去浩十里結營以逼浩浩令逌擊之逌進兵至襄營謂將校曰今兵非不精而衆少於羌且其塹柵甚固難與校力吾當以計破之乃取數百雞以長繩連之繫火於足群雞駭散飛集襄營襄營火發因其亂隨而擊之襄遂敗

謝玄武帝時秦主符堅與陽平公符融率戍卒六十餘萬騎二十七萬入寇帝遣玄等帥衆八萬拒之時秦兵逼淝水而陳晉兵不得

渡玄遣使謂融曰君懸軍深入而置陳逼水此乃持久之計非欲速戰者也若移陳小却使晉兵得渡以決勝負不亦善乎秦諸將皆曰我衆彼寡不如遏之使不得上可以萬全堅曰但引兵少却使之半渡我以鐵騎蹙而殺之蔑不勝矣融以為然遂麾兵使却秦兵遂退不可復止玄等引兵渡水擊之秦兵遂潰玄等乘勝追擊至青岡秦兵大敗自相枕藉而死者蔽野塞川走者聞風聲鶴唳皆以為晉兵堅中流矢單騎走

五倫書卷之四十三

五倫書卷之四十四

南宋臧質遷南平内史。未之職。魏太武率衆數十萬向彭城。以質為輔國將軍北救。始至盱眙。太武已過淮。自廣陵北返。悉力攻盱眙。就質求酒。質封溲便與之。太武怒甚。築長圍一夜便合。質以書詆太武。太武大怒。乃作鐵床

於上施鐵鑱。破城得質。當坐之此上。質又與魏軍書。寫臺格購斬太武封萬戸侯。賜布絹各萬匹。魏以鉤車鉤垣樓城内。繫絙數百人叫呼引之。車不能退。質夜以木桶盛人縣出城外。截鉤獲之。明日又以衝車攻城。土堅密。每頹落下。不過數斗。魏軍乃肉薄登城。墜而復升。莫有退者。殺傷萬計。死者與城平。如此三旬。死者過半。太武乃解圍而歸。帝嘉質功。以為寧蠻校尉雍州刺史

檀道濟都督征討諸軍事。北伐魏。魏軍盛。遂克滑臺。道濟時與魏軍三十餘戰。多捷。軍至歷城。以資運竭乃還。人降魏者具說糧食已盡。於是士卒憂懼。莫有固志。道濟夜唱籌量沙。以餘米覆其上。及旦。魏軍謂資糧有餘。故不復追。以降者為妄。斬以徇。時道濟兵寡弱。乃命軍士悉甲。身衣白服。乘輿徐出外圍。魏軍懼有伏。不敢追。乃歸

陳吳明徹為侍中鎮前將軍。統衆十餘萬北伐。

齊遣王琳將兵拒守。明徹以琳初至。衆心未附。乘夜攻之。齊兵退據相國城及金城。明徹令軍中益脩攻具。又迮（阻格切迫也）肥水以灌城。城中苦濕。多腹疾。手足腫死。會齊遣大將軍皮景和將數十萬來援。去壽春三十里不進。諸軍咸曰。堅城未拔。大援在近。不審明公計將焉出。明徹曰。兵貴速。彼結營不進。自挫其鋒。於是躬擐甲冑。四面疾攻。一鼓而克。生擒琳等六人

後周韋孝寬以大都督守玉壁齊神武傾山東
之衆攻之連營數十里至城下乃於城南起
土山欲乘之以入當其山處城上先有兩高
樓孝寬更縛木接之令極高峻多積戰具以
禦之敵人以樓高不得入遂於城南鑿地道
又於城北起土山攻具晝夜不息孝寬掘長
塹截其地道仍簡戰士屯於塹上城外每穿
至塹戰士即擒殺之又於塹外積柴貯火敵
人有在地道內者便下柴燃火以皮排吹之

火氣一衝咸即灼爛城外又作攻車車之所
及莫不摧毀雖有排楯莫之能抗孝寬乃縫
布為幔隨其所向張之布懸於空中其車竟
不能壞城外又縛松麻於竿灌油加火規以
燒布并欲焚樓孝寬復作長鐵鉤利其鋒刃
火竿一來以鉤遙割之松麻俱落外又於城
四面穿地作二十一道分為四路於其中各
施梁柱作訖以油灌柱放火燒之柱折城並
崩壞孝寬又隨壞處豎木柵以扞之敵不得

入城賴以全

唐盛彥師高祖時為行軍總管與史萬寶鎮宜
陽李密叛謀出山南萬寶懼謂彥師曰密驍
賊擊之非計出萬全不可彥師笑曰請以數
千兵為公梟其首萬寶問計曰兵詭道也難
豫言即引衆踰洛水入熊耳山命士持滿夾
道伏短兵溪谷間令曰賊半度乃擊所部皆
笑曰賊趨洛州何為備此彥師曰密聲言入
洛其實走襄城就張善相我據其要必禽之

密果至彥師横擊首尾不相救遂斬密

趙郡王孝恭高祖時同李靖統巴蜀兵擊蕭
銑時峽江方漲諸將請俟水落靖曰兵貴神
速吾因江漲乘其不備必成擒矣孝恭乃帥
戰船二千餘艘東下拔其荊門宜都二鎮進
至夷陵入北江銑兵迎戰大敗靖乘勝直抵
江陵入其外郭銑援兵不至遂圍江陵銑問
策於岑文本文本勸銑降銑謂群臣曰天不
祚梁不可復支矣乃緦麻布幘詣軍門曰當

死者唯鍼耳額不殺掠。孝恭入城。禁止諸將秋毫無犯。南方州縣聞之皆望風欵附

李靖高祖時為嶺南撫慰大使檢校桂州都督。武德中討輔公祏。賊一軍舟師三萬頓于當塗。柵斷江口。又遣一軍二萬據當塗南路亦造柵自固。諸將曰。二軍皆強兵。請直指丹陽掩其巢穴。丹陽既破。二軍可不戰而破。靖曰。公祏精鋭雖在水陸二軍。然其自統之兵亦是勁勇。二軍城柵尚不可攻。公祏既保石

頭。豈應易拔。若我師至丹陽。留停旬日。進則石頭未平。退則歸路已絕。腹背受敵。恐非萬全之計。然此二軍皆是百戰餘賊。必不憚於野戰。今若攻其城柵。乃是出其不意。滅賊之機。唯在此舉。靖乃率諸將苦戰。破之。二軍潰走。靖率輕兵先至丹陽。公祏不敢戰。擁兵東走。並相次擒獲

蘇定方太宗時為右屯衛將軍。率兵討突厥賀魯。大雪平地三尺。軍中咸請停兵俟晴。定方曰。虜恃雪深。謂我不能進。必當憩息。追之可及。若緩以縱之。則漸遠難追。省日兼功。在此舉也。於是勒兵淩雪。晝夜兼進。去賀魯所居二百餘里。布陣長驅。往至金牙山。賀魯牙帳所。時賀魯集衆欲獵。定方縱兵擊之。破其牙帳。生擒數萬人。賀魯脱走投石國。令副將蕭嗣業追擒之

裴行儉為定襄道行軍大總管。先是都護蕭嗣業率兵討突厥阿史德。饋糧數為虜鈔。軍

餒死。及行儉率兵討之。曰。以謀制敵可也。因詐為糧車三百乘。車伏壯士五輩。齎刀弩以羸兵挽進。伏精兵踵其後。虜果掠車。羸兵走險。賊驅就水草。解鞍牧馬。方取糧車中。而壯士突出。伏兵且至。殺獲幾盡。自是糧車無敢近者

張巡為真源令。守雍丘。賊將令狐潮來攻城巡數敗之。城中矢盡。巡縛藁為人千餘。披以黑衣。夜縋城下。潮兵爭射之。得矢數十萬。其

後復夜縋人賊笑不設備乃以死士五百斫潮營潮軍大亂焚壘而遁追奔十餘里潮益兵圍之巡使郎將雷萬春於城上與潮語語未絕賊弩射之面中六矢不動潮疑其木人使諜問之乃大驚遥謂巡曰向見雷將軍方知足下軍令矣然其如天道何巡謂之曰君未識人倫焉知天道既出戰擒賊將十四人斬首百餘級賊乃遁後守睢陽城賊將尹子奇復徵兵數萬來攻巡乃備守具賊爲雲梯

勢如半虹置精卒二百於其上推之臨城欲令騰入巡預於城潛鑿三穴候梯將至一穴中出大木末置鐵鈎鈎之使不得退一穴中出木拄之使不得進一穴中出一木末置鐵籠盛火焚之賊又以鈎車鈎城上棚閣巡以大木置連鎖大鐶拔其鈎而截之賊造木驢攻城巡鎔金汁灌之賊又以土囊柴爲磴道欲登城巡潛以松明乾蒿投之使人順風持火焚之巡之所爲皆應機立辦賊伏其智不敢復攻

李光弼爲朔方節度使兵馬元帥與史思明戰於河陽思明有良馬千餘匹每日出於河南渚浴之循環不休光弼命索軍中牝馬得五百匹縶其駒而出之思明馬見之悉浮渡河盡驅入城思明怒泛火船欲燒浮橋光弼先貯百尺長竿以巨木承其根氈裹鐵叉置其首以迎火船而叉之船不得進須臾自焚盡思明欲絶光弼糧道光弼軍于野水渡以

備之既夕還河陽留裨將雍希顥守其柵曰賊將高暉李日越皆萬人敵也至勿與之戰降則與之俱來諸將莫諭其意既而思明果謂日越曰光弼長於憑城今出在野汝以鐵騎宵濟爲我取之不得則勿返日越將五百騎晨至柵下問曰司空在乎希顥曰夜去矣日越曰失光弼而得希顥吾死必矣遂與高暉俱請降已而思明復攻河陽光弼登城望曰賊兵多不整不足畏也不過日中保爲諸

君破之。乃命出戰。及期不決。令諸將曰。爾輩望吾旗而戰。吾颭(職琰切)旗緩。任爾擇利。吾急颭旗至地。則萬衆齊入。少退者斬。又以短刀置鞾中。曰。戰危事。吾國之三公。不可死賊手。萬一不利。諸軍死敵。我自剄。不令諸君獨死也。再戰。郝廷玉奔還。光弼命取其首。廷玉曰。馬中箭。非敢退也。易馬遣之。僕固懷恩小却。光弼又命取其首。懷恩更前決戰。光弼連颭其旗。諸將齊進。呼聲動天地。賊衆大潰。思明遁去

白孝德事李光弼為偏裨。史思明攻河陽。使其將劉龍仙挑戰。嫚罵光弼。光弼登城顧諸將曰。孰能取此賊。孝德請挺身取之。因問所須。對曰。願出五十騎為後繼。而大軍鼓譟以張吾氣足矣。光弼遣之。孝德挾二矛策馬絶河半濟。龍仙見。易之不為動。將至。若引避然。孝德振手止之。曰。侍中使致辭無他。與語頃之。瞋目曰。賊識我乎。我白孝德也。龍仙罵之。乃躍馬前持。城上因大譟。五十騎繼進。龍仙環隄走。追斬其首以還

郭子儀自河中節度使入朝。時僕固懷恩叛。誘吐蕃回紇入寇。詔子儀出鎮奉天。虜進逼奉天。諸將請擊之。子儀曰。客深入。利速戰。吾緩之。當自携貳。因下令敢言戰者斬。堅壁待之。賊果遁。後以衆三十萬復掠涇邠躪(音藺車踐也)鳳翔。入醴泉奉天。京師大震。代宗自將屯苑中。急召子儀屯涇陽。軍纔萬人。比到。虜圍已合。子儀乃使李國臣高昇等各當一面。身自率鎧騎二千出入陣中。回紇怪問為誰。報曰郭令公。回紇驚曰。令公存乎。懷恩言令公即世。故我從以來。公今存。彼欺我也。子儀使諭虜曰。昔回紇助復二京。我與若等休戚同之。今乃棄舊好。助叛臣。一何愚。回紇曰。本謂公亡。不然。何以至此。今誠存。可得見乎。子儀將出。左右諫。戎狄野心不可信。子儀曰。虜衆力不可敵。吾將示以至誠。乃從數騎出。傳呼

曰令公來虜皆持滿待子儀免冑見之曰諸君同艱難久矣何忽忘忠義而至是耶回紇舍兵下馬拜曰果吾父也子儀召與飲遺錦綵結懽誓好如初回紇請盡力謝過遂大破吐蕃殺獲萬計

李晟德宗時朱泚反據京師德宗幸梁州以晟爲神策行營節度使討朱泚晟拜哭受命是時李懷光與朱泚連兵聲勢甚盛晟以書遺懷光諭以禍福勸之立功補過懷光慙恧(女六切)晟以判官張彧攝四十餘人假之官以督渭北諸縣芻粟不旬日皆充羨乃決志收復京城召諸將問兵所從入皆請先取外城據坊市然後北攻宮闕晟曰坊市狹隘賊若伏兵格鬬非官軍之利令賊重兵皆聚苑中不若自苑北攻之潰其腹心賊必奔亡如此則宮闕不殘坊市無擾策之上者也諸將皆曰善遂牒尚可孤等刻期集城下晟移軍光泰門外方築壘泚兵大至晟縱兵擊之賊敗

走明日晟復出兵諸將請待西師至夾攻之晟曰賊數敗已破膽不乘勝取之使其成備非計也使兵馬使李演王佖將騎兵史萬頃將步兵直抵苑牆晟先開牆二百餘步賊柵斷之晟怒欲斬萬頃等萬頃率衆拔柵而入佖演繼之賊衆大潰諸軍分道並入凡戰十餘合賊不能支皆潰泚帥餘衆西走遣兵馬使田子奇以騎兵追之令諸軍曰晟賴將士之力克清宮禁長安士庶久陷賊庭若小有震驚非弔伐之意大將高明曜取賊妓尚可孤軍士取賊馬晟皆斬之軍中股栗又斬泚黨李希倩等於市表守節不屈者劉迺蔣沇等遣露布上行在帝覽之泣下曰天生李晟以爲社稷非爲朕也

馬燧德宗時爲河東節度使朝京師還鎭初田悅新有魏博歸欵朝廷燧言悅必反至是悅果圍邢州攻臨洺邢將李洪臨洺將張伾固守帝詔燧以步騎二萬往救之燧出壺口

移書抵悅悅以燧畏己大喜既次邯鄲悅使
至燧斬之悅使楊朝光據雙岡築東西二柵
以禦燧悅計曰朝光堅柵且萬人雖燧能攻
未可以數日下則吾已拔臨洺饗士以戰必
勝術也燧乃推大車焚朝光柵急擊大破之
斬朝光禽其將盧子昌等復進軍臨洺士皆
決死悅大敗斬首萬級邢圍亦解燧進屯鄴
悅遣將王光進以兵守漳之長橋燧於下流
以鐵鎖維車數百絕河載土囊遏水而後度

悅知燧食乏深壁不戰燧令士齎十日糧進
營倉口與悅夾洹而軍造三橋逾洹日挑戰
悅不出陰伏萬人將以掩燧燧令諸軍夜半
食先雞鳴時鳴鼓角潛師並洹趨魏州令曰
聞賊至止為陣留百騎持火須悅衆渡即焚
橋燧行十餘里悅率兵踰橋乘風縱火譟而
前燧令士無動募勇士五千人陣而待比悅
至火止燧縱兵擊之悅敗橋已焚衆赴水死
者不可勝計斬首萬級

李愬為唐鄧節度使討吳元濟謀襲蔡州遣
將馬少良將十餘騎巡邏遇元濟捉生虞候
丁士良與戰擒之士良元濟驍將也愬命釋
其縛仍署為捉生將士良言於愬曰吳秀琳
據文城柵為賊左臂有陳光洽為謀主光洽
勇而輕請為公擒之則秀琳降遂擒光洽以
歸秀琳果以柵降愬厚待之與謀取蔡秀琳
曰非得李祐不可祐有勇略令帥士卒刈麥
張柴村愬召廂虞候史用誠以三百騎伏林

中擒之以歸復釋祐待以客禮祐言於愬曰
蔡之精兵皆在洄曲守州城者特羸卒耳乘
虛直抵其城元濟成擒矣愬然之乃命祐及
李忠義帥突將三千人為前驅自將三千人
為中軍李進誠將三千人殿其後行六十里
夜至張柴村盡殺其戍卒據其柵留兵鎮之
以斷朗山救兵又分兵以斷洄曲及諸道橋
梁復夜引兵出諸將請所之愬曰入蔡州取
吳元濟諸將皆失色時大風雪行七十里至

懸瓠城。雪甚。城旁皆鵝鶩池。愬令擊之以亂軍聲。賊晏然無知者。祐忠義先登州城。壯士從之。殺守門卒。而留擊柝者。使擊柝如故。乃開門納衆。雞鳴雪止。愬入元濟外宅。或告元濟曰。官軍至矣。乃帥左右登牙城拒戰。時董重質擁精兵萬餘人。據洄曲。愬曰。元濟所望者重質耳。乃訪重質家。厚撫之。遣其子持書諭重質。重質降。愬攻牙城。燒其南門。門壞。執元濟檻送京師

五代梁王彥章。太祖時累官至行營先鋒馬軍使。為人驍勇有力。能跣足履棘行百步。持一鐵鎗。騎而馳突。奮疾如飛。他人莫能舉也。軍中號王鐵鎗。晉與梁為勍敵。獨彥章心常輕晉。謂人曰。李亞子鬬雞小兒耳。何足懼哉。至末帝時。彥章為北面行營副招討。而謀不見用。晉取鄆州。梁人大恐。宰相敬翔曰。事急矣。請將彥章。末帝乃召彥章為招討使。以段凝為副。末帝問破敵之期。彥章對曰。三日。左右皆笑。彥章受命而出。馳兩日至滑州。置酒大會。陰遣人具舟於楊村。命甲士六百皆持巨斧。載冶者具鞴炭。乘流而下。會飲酒半。佯起更衣。引精兵數千沿河趨德勝。先是晉以鐵鎖斷德勝口。築河南北兩城。至是彥章舟兵舉鎖燒斷之。因以巨斧斬浮橋。而彥章引兵急擊南城。浮橋斷。南城遂破。蓋三日云

宋潘美。太祖開寶三年為行營諸軍都部署。朗州團練使。征嶺南。進至韶州。南漢主劉鋹丑兩

切遣其臣王珪詣軍門求通好。美因諭以帝意。以為能戰則戰。不能戰勸之守。不能守則諭之降。不能降則死。不能死則亡。非此五者他不得受。鋹復遣其弟保興率衆拒戰。美率厲士卒倍道趨柵頭。距廣州百二十里。鋹兵十五萬依山谷堅壁以待。美因築壘休士。與諸將計曰。彼編竹為柵。若攻之以火。彼必潰亂。因以銳師夾攻之。萬全策也。遂遣士數千人。人持二炬。間道造其柵。及夜。萬炬俱發。會

天大風火勢甚烈鍰衆驚擾美揮兵急擊之鍰大敗斬獲數萬計長驅進克廣州擒鍰送京師

曹彬開寶七年進檢校太傅伐江南彬奉詔先赴荊南發戰艦潘美帥步兵繼進詔以彬為昇州西南路行營馬步軍戰櫂都部署分兵由荊南順流而東彬破峽口砦進克池州及當塗蕪湖二縣駐軍采石磯作浮梁跨大江以濟師大破李煜軍於白鷺洲師進次秦

淮水陸十餘萬陳於城下大破之俘斬數萬計金陵受圍彬緩師冀煜歸服使人諭之曰事勢如此所惜者一城生聚若能歸命策之上也城垂克彬忽稱疾不視事諸將來問疾彬曰余之疾非藥石所能愈惟須諸公克城之日不妄殺一人則自愈矣諸將許諾共焚香為誓明日稍愈又明日城陷煜與其臣百餘人詣軍門請罪彬慰安之請煜入宮治裝彬以數騎待宮門外左右密謂彬曰煜入或不測柰何彬笑曰煜素懦無斷既降必不能自引決煜之君臣卒賴保全而江南遂平

曹瑋知鎮戎軍虜入寇嘗出戰小捷虜兵引去瑋偵虜兵去已遠乃以所掠牛羊輜重緩驅而還頗失部伍其下憂之言於瑋曰牛羊無用徒縻軍不若棄之整衆而歸瑋不荅虜兵去數十里聞瑋利牛羊而師不整遽還襲之瑋愈緩行得地利處乃止以待之虜軍將至近使人請之曰蕃軍遠來必甚疲我不欲

乘人之怠請休憩士馬少選決戰虜方苦疲甚皆欣然嚴軍歇良久瑋又使人諭之曰歇定可相馳矣於是各鼓軍而進一戰大破虜師棄牛羊而還瑋謂其下曰吾知虜已疲故為貪利以誘之比其復來幾行百里矣若乘銳便戰猶有勝負遠行之人若小憩則足痺不能立人氣亦闌吾以此取之

种世衡知環州初趙元昊寇邊其將號野利王天都王者各統精兵于別都元昊倚以為

腹心世衡方城清澗謀有以去之有王嵩者本清澗僧察其堅朴誘令冠帶表授三班借職充經畧司指揮使凡居室騎從衣食之具悉出世衡嵩感恩既深世衡以奴畜之或掠治械繫數日嵩卒無怨望世衡知其可任謂之曰吾將以事使汝吾戒汝勿言其苦有甚於此者能卒不言否嵩泣對曰常誓以死報况掻楚乎世衡乃草遺野利書置衲衣間密縫之告嵩曰此非瀕死不得泄如泄之當以

負恩不能成吾事爲言并以畫龜一幅棗一節爲信俾遺野利嵩至野利所致世衡命出棗龜投之野利知見侮笑曰吾素奇种將軍令何兒女子見識度嵩有書索之嵩荅以無有野利不敢匿乃封其龜棗上元昊元昊召野利與嵩詰世衡書問所在嵩執前對掻楚極苦嵩終不易其言又數日召之仍以前問責之曰若不速言死矣嵩對如前乃命曳出誅之嵩大號曰始將軍遣嵩密遺野利王書

戒不得妄泄今不幸空死不了將軍事吾負將軍吾負將軍乃褫衲衣取書以進始命嵩就館優待以禮元昊於是疑野利陰遣愛將假爲野利使使世衡世衡知元昊所遣先遣屬官勞之後乃出見之使者傳野利語世衡慢罵元昊稱野利有心内附乃厚遺使者曰爲吾語若王速決無遲留也度使者至嵩即還而野利已報死矣世衡欲并間天都又爲置祭境上作文書於版以弔多述野利與天

都相結有意本朝悼其垂成而失其文襍紙幣伺有虜出急焚之以歸版字不可遽滅虜人得之以獻元昊天都以此亦得罪元昊既失二將遂定講和之策

五倫書卷之四十四

五倫書卷之四十五

宗澤為河北義兵都總管。金人破真定。引兵取慶源。渡河遣數千騎寇磁州。澤擐甲登城。令壯士以神臂弓射之。開門縱擊。斬首數百級。所獲羊馬金帛。悉以賞軍。及金人入寇京師。受圍。澤勤王。以孤軍進。屢擊敗之。金人復向開德。合兵夾擊。又敗之。進至衛南。先驅云前有敵營。澤揮衆直前與戰。敗之。轉戰而東。敵益生兵至。前後皆敵壘。澤下令曰。今日進退等死。不可不從死中求生。士卒知必死。無不一當百。斬首數千級。金人大敗。退卻數十餘里。澤計敵衆十倍於我。一戰而卻。勢必復來。乃暮徙其軍。金人夜至空營。大驚。自是憚澤。不敢復出兵。澤出其不意。遣兵過大河。襲擊。敗之

韓世忠以浙西制置使守鎮江。金人入寇。世忠與兀朮相持於黃天蕩。世忠以海艦進泊金山下。將戰。預命工鍛鐵相連為長綆。貫一大鈎。以授士之驍捷者。平旦。虜以舟譟而前。世忠分海舟為兩道出其背。每縋一綆。則曳一舟沉之。虜不得度。兀朮於世忠上流傍治城西南隅鑿渠。一夜渠成。次早出舟。遂得絕江遁去。世忠收軍還鎮江。初世忠意敵至必登金山廟。謂諸將曰。形勢無如金山龍王廟者。虜必登此覘我虛實。乃遣偏將將三百卒伏廟中。又遣三百卒伏江滸。戒之曰。聞江中鼓聲。岸兵先入廟。兵繼出。虜果有五騎趨龍王廟。廟中之伏先鼓而出。五騎振策以馳。僅得其二。有一人紅袍玉帶。既墜復跳馳而脫者。即兀朮也。既而戰江中數十合。俘獲甚衆。又獲兀朮之壻龍虎大王及舟千餘艘。四年。世忠復總兵駐揚州。以禦兀朮。時流星庚牌沓至。世忠乃上馬。令軍中曰。視吾鞭所嚮。於

是諸軍大集。行至大儀鎮。勒精兵為五陣。設伏二十餘處。戒聞鼓聲則起而擊之。虜兵趨江口。距大儀鎮五里。其將撻孛也等擁鐵騎過五陣之東。世忠傳小麾鳴鼓。伏者四起。旗色與虜旗襍出。虜軍亂。弓刀無所施。而我師迭進。背嵬軍各持長斧。上揕人胷。下揹馬足。虜全裝陷泥淖中。人馬俱斃。遂擒撻孛也等獻于行在。兀朮走還泗上

岳飛。建炎初。補武經郎。從王彥渡河至新鄉。時金兵盛。彥不敢進。飛獨引所部鏖戰。奪其纛而舞。諸軍爭奮。遂拔新鄉。兀朮趨建康。飛設伏牛頭山待之。夜令百人黑衣混金營中擾之。金兵驚。自相攻擊。兀朮奔淮西。遂復建康。既而兀朮與劉豫合兵圍廬州。飛張岳字旗與精忠旗。一戰而潰。解廬州圍。飛知豫結粘罕而兀朮惡之。可以間而動。會軍中得兀朮諜者。飛陽責之曰。汝非吾軍中人張斌耶。吾向遣汝至齊。約誘至四太子。汝往不復來。吾繼遣人問。齊已許我。今冬以會合寇江為名。致四太子于清河。汝所持書竟不至。何背我耶。諜冀緩死。即詭服。乃作蠟書言與豫同謀誅兀朮事。因謂諜曰。吾今貸汝。復遣至齊問舉兵期。諜歸。以書示兀朮。兀朮大驚。馳白其主。遂廢豫。初兀朮有勁軍。皆重鎧。貫以韋索。三人為聯。號拐子馬。軍莫能當。飛戒步卒以麻扎刀入陣。勿仰視。第斫馬足。拐子馬相連。一馬仆。二馬不能行。官軍奮擊。大破之。兀

朮慟曰。自海上起兵。皆以此勝。今已矣。飛自是累戰皆捷

吳玠。轉忠州防禦使。以兵保和尚原。積粟繕兵。列柵固守。或謂玠宜退屯漢中。扼蜀口以安人心。玠曰。我保此。敵決不敢越我而進。堅壁臨之。彼懼吾躡其後。是所以保蜀也。後金將沒立自鳳翔。烏魯折合自階成出散關。約日會和尚原。烏魯折合先期至。陳北山索戰。玠命諸將堅陣待之。更戰迭休。山谷路狹多

石馬不能行金人捨馬步戰移砦黄牛會大
風雹適去浚立方攻箭筈嶺玠復將兵擊敗
之於是兀朮會諸帥之兵十餘萬造浮梁跨
渭自寶雞結連珠營壘石為城夾澗與玠軍
相距進薄和尚原玠與弟璘選勁弩命諸將
分番迭射號駐隊矢連發不絶如雨注敵稍
却則以奇兵旁擊絶其糧道度其困且走設
伏以待之敵至伏發遂大亂玠縱兵夜擊之
兀朮中流矢僅以身免亟鬄（大計切 鬀同）其鬚髯

而遁
吴璘守蜀置疊陣法每戰以長槍居前坐不
得起次最强弓次最强弩跪膝以俟次神臂
弓約賊相搏至百步內則神臂先發七十步
强弓弁發次陣如之凡陣以拒馬為限鐵鉤
相連俟其傷則更代之遇更代則以鼓為節
騎兩翼以蔽於前陣成而騎退謂之疊陣璘
曰此古束伍令也得車戰餘意戰士心定則
能持滿敵雖鋭不能當也及與金帥胡盞遇

遂用之更休迭戰金兵大敗
劉錡充東京副留守金人入寇已至東京所
部軍纔四萬人兼程以進抵順昌錡召將佐
計事皆曰金兵不可敵請還江南錡曰此有
城可守奈何棄之敢言去者斬遂鑿舟沉之
分命將佐守諸門明斥堠募土人為間凡六
日金之游兵圍順昌錡豫於城下設伏擒敵
遣千餘人掩擊之殺虜頗衆俄而金兵三萬
薄城錡用破敵弓及神臂强弩射之發無不

中敵稍却以步兵要擊之溺河死者甚衆并
破其鐵騎數千敵退二里營夜募壯士五百
人斫之適遇雨電光四起見辮髮者輒殲之
金兵退復募百人往隨電燭處輒奮擊電止
則匿不動敵不能測終夕自戰積尸盈野兀
朮在汴聞之領兵不七日抵順昌錡會諸將
問策或欲全軍而歸錡曰賊鋒已剉雖衆寡
不侔然有進無退且敵營甚邇而兀朮又至
吾軍一動彼躡其後則前功俱廢使敵侵軼

兩淮震驚江浙則平生報國之忠反成誤國之罪於是衆皆思奮錡募得曹成等二人諭之曰遣汝作間第如我言敵必不汝殺令置汝綽路騎中汝遇敵則佯墜馬爲敵所得敵帥問我何如人則曰太平邊帥子喜聲妓朝廷以兩國講好使守東京圖逸樂耳二人如其諭兀术大喜治攻具翌日錡登城見兀术縛遣二人來縋而上之械係文書一卷錡懼惑衆立焚之兀术至城下錡遣耿訓約戰兀

术怒曰劉錡敢敵我耶訓曰太尉非但請戰且願獻浮橋五所濟師兀术曰諾明日錡果獻浮橋五所於潁河上遣人毒上流及草中敵渡軍以待衆請先擊其部將錡曰兀术兵精法當先擊兀术一破則餘無能爲矣時天暑敵人馬飢疲食水草者輒病適晨氣清涼錡按兵不動待未申間則遣數人接戰俄以數千人持銳斧徑入其陣亂斫士卒皆死鬬兀术大敗拔營北去

魏勝知海州兼山東路忠義軍都統金兵屢攻海州海州城西南枕孤山敵至登山瞰城中虛實立見勝築重城圍山於内寇至則先據之敵不敢近又嘗以巳意刱如意戰車數百砲車數十車上爲獸面木牌大槍數十垂氊幙軟牌每車用二人推轂可蔽五十人行則載輜重器甲止則爲營掛搭如城壘人馬不能近遇敵又可以禦箭鏃列陣則如意車在外以旗蔽陣弩車當陣門其上置牀子弩

矢大如鑿一矢能射數人發三矢可數百步砲車在陣中施火石砲亦二百步兩陣相近則陣間發弓弩箭砲近陣門則刀斧槍手突出交陣則出騎兵兩嚮掩擊得捷拔陣追襲少却則入陣間稍憩士卒不疲進退俱利伺便出擊慮有拒遏預爲解脫計以其制上于朝詔諸路遵其式皆造之

虞允文紹興三十一年金主亮南侵兵號百萬自渦口渡淮陳康伯贊高宗親征葉義問

督江淮軍允文叅謀軍事亮率大軍臨采石而以別兵爭瓜洲朝命李顯忠代王權允文至采石而顯忠未至允文謂坐待顯忠則誤國事立召諸將勉以忠義衆曰今既有主請死戰至江濱見江北已築高臺對植絳旗繡旗中建黃屋亮坐其上時敵兵四十萬馬倍之宋軍纔一萬八千允文乃命諸將列大陣不動分戈船為五其二並東西岸而行其一駐中流藏精兵待戰其二藏小港備不測部

分甫畢敵絶江而來直薄宋軍官軍海鰌船衝敵舟皆沉又命勁弩尾擊追射大敗之允文以敵必復來夜半部分諸將分海舟縋上流別遣兵截揚林口明日敵果至因夾擊復大戰焚其舟三萬乃遁去既而亮以詔來諭王權似有宿約允文曰此反間也乃復書言權因退師已寘典刑新將李顯忠領一戰以決雌雄亮得書遂焚龍鳳車斬梁漢臣趣瓜洲允文領兵至京口敵屯重兵滁河造三牐

儲水深數尺塞瓜洲時楊存中成閔邵宏淵諸軍皆聚京口不下二十萬海鰌船不滿百戈船半之允文謂遇風則使戰船無風則使戰艦命張深守滁河口以扼大江之衝以苗定駐下蜀為援亮至瓜洲允文與存中臨江按試命戰士踏車船中流上下凡三周金山回轉如飛敵相顧駭愕亮笑曰紙船耳亮憤怒召諸將約三日濟江否則盡殺之諸將恐遂弒亮退屯三十里遣使議和召允文入對

帝慰藉嘉歎謂陳俊卿曰允文公忠出天性朕之裴度也

汪立信咸淳間上言宜出內郡兵以實江淮備外侮筭今見兵可七十餘萬其間老弱柔脆僅二分耳選兵可五十餘萬沿江之守則不過七千里若距百里而屯屯置守將十屯為府府置總督其尤要害處則三倍其兵無事則泛舟長淮往來巡徼有事則東西齊奮戰守並用刁斗相聞饋餉不絕互相應援以

為聯絡之固。選宗室忠良及有幹用大臣以為統制。分東西二府以涖其事。如此則可為安邊禦敵之長策也。後元相伯顏入建康。或以其策獻之。伯顏歎息曰。此策行吾安得至此。求其家厚恤之。曰。此宋之忠臣也

元木華黎為將以忠勇稱。從伐金。進圍撫州。金兵四十萬陣野狐嶺北。木華黎曰。彼衆我寡。弗致死力戰未易破也。率敢死士策馬橫戈。大呼陷陣。麾諸軍並進。大敗金兵。追至澮河。

殭屍百里。遂自燕南畧定河北衛懷孟州。入濟南時金兵屯黃陵岡。號二十萬。遣步兵二萬襲濟南。木華黎以輕兵五百擊走之。遂會大軍薄黃陵岡。金兵陣河南岸。示以死戰。木華黎曰。此不可用長兵當以短兵取勝。命騎下馬引滿齊發。大敗之。殺溺死者甚衆

張弘範以行軍總管從討李璮於濟南。父柔戒之曰。汝圍城勿避險地。汝無怠心則兵必致死。弘範營城西。璮出軍突諸將營。獨不向弘範。弘範曰。我營險地。璮乃示弱於我。必以奇兵來襲。謂我弗悟也。遂築長壘內伏甲士而外為壕。開東門以待之。夜令士卒浚壕益深廣。璮不知也。明日果擁飛橋來攻。未及岸。軍陷壕中。得踰壕而上者突入壘門。遇伏皆死。降兩賊將。柔聞之曰。真吾子也

阿里海牙世祖時為參知政事。與元帥阿朮劉整取襄陽。既破樊城外郛。宋將呂文煥復閉內城拒守。阿里海牙以為襄陽之有樊城。

猶齒之有唇也。宜先攻樊城。樊城下。則襄陽可不攻而得。會有西域人亦思馬獻新礮法。因以其人為礮同砲攻樊。既破樊。移其攻具以向襄陽。一礮中其譙樓。聲如雷震。城中洶洶。整欲立碎其城。阿里海牙猶不欲攻。乃身至城下語文煥俾降。又折矢與之誓。文煥感而出降。先是襄樊兩城。漢水出其間。宋兵植木江中。聯以鐵鎖。中造浮梁以通援兵。樊恃此為固。至是阿朮以機鋸斷木。以斧斷鎖。焚其

橋襄兵不能援遂拔樊城樊城破襄陽勢孤援絶文煥遂降

伯顏拜中書左丞相與平章政事阿术等伐宋師次郢州諜知宋兵精鋭盡聚郢江東西兩城伯顏曰攻城下策也遂舍郢順流下至陽羅堡堡甚堅伯顏曰彼謂我必拔此堡方能渡江攻之徒勞耳俾阿术夜以鐵騎三千直趨上流四十里對青山磯而泊雪方大作阿术遥見南岸多露沙洲即率衆趨之宋將程鵬飛來拒大戰鵬飛敗走伯顏得報大喜令諸將急破陽羅堡宋軍大潰師次鄂州樊其戰艦三千艘伯顏帥大軍與阿术水陸東下次丁家洲宋臣賈似道都督諸路軍馬十三萬命孫虎臣爲前鋒夏貴以戰艦二千五百艘横亘江中似道將後軍伯顏時已命左右翼萬戶率騎兵夾江而進兩岸樹砲聲震百里宋軍陣動貴先遁似道倉皇失措遽鳴金收軍軍潰阿术挺身登舟突入敵陣伯顏命步騎左右掎之追殺百五十里溺死無筭似道走揚州貴走廬州虎臣走泰州阿术分兵圍揚州又樹栅以斷其糧道宋都統姜才領騎二萬攻栅阿术渡河擊之戰數合衆軍佯北才逐之遂奮而回擊才軍不能支已而宋將張世傑孫虎臣以舟師萬艘駐焦山東每十船爲一舫聯以鐵鎖以示必死阿术登石公山望之曰舳艫連接旌旗蔽江可燒而走也選善射者千人載巨艦分兩翼夾射阿术居中合勢進擊繼以火矢燒其蓬檣烟焰漲天宋兵既碇舟欲走不能爭赴水死追至圌（音垂山名）山獲黄白鷂船七百餘艘自是宋人不復能戰矣

贍思丁拜雲南行省平章政事率師往征蕭榮甸師次其城下三日不降諸將請攻之贍思丁不可遣使以理諭之蕭榮主越三日又不降諸將奮勇請進兵贍思丁又不可俄而將卒有乘城進攻者贍思丁大怒遽鳴金止

之召萬戶叱責之曰天子命我安撫雲南未嘗命以殺戮也無主將命而擅攻軍法當誅命左右縛之諸將叩首請俟城下之日從事雍槃主聞之曰平章寬仁如此吾拒命不祥乃舉國出降將卒亦釋不誅由是西南諸夷翕然欽服

李黼守九江雖孤立辭氣奮厲時黃梅縣主簿也先帖木兒願出擊賊黼大喜向天灑酒與之誓言始脫口賊游兵已至境急檄諸鄉落聚木石於險塞處遏賊歸路倉卒無號乃壘士卒面縱之出戰黼身先士卒大呼陷陣也先帖木兒繼進賊大敗逐北六十里鄉丁依險阻乘高下木石橫屍蔽路黼還謂左右曰賊不利陸必由水道以舟薄我乃以長木數千冒鐵錐於杪暗植沿岸水中逆刺賊舟謂之七星樁會西南風急賊舟數千果揚帆順流鼓譟而至舟遇樁不得動進退無措黼率將士奮擊發火翎箭射之焚溺死者無算賊皆散走

余闕僉淮西都元帥府事分兵守安慶時南北音問隔絕兵食俱乏寇至屢却之乃集有司與諸將議屯田戰守計環境築堡砦選精甲外扞而耕稼于中民得安集軍有餘力乃浚隍增埤隍外環以大防深塹三重南引江水注之環植木為柵城上四面起飛樓表裏完固羣盜環布四外闕居其中左提右挈屹為江淮一保障論功拜江淮行省參知政事

國朝俞通海為樞密院判以舟師畧太湖馬跡山降張士誠將鈕津等遂徑東洞庭山士誠將呂珍率兵暴至諸將倉卒欲退通海曰不可彼衆我寡退則情見彼益集其衆邀諸險以擊我我何以當之不如與之戰於是身先士卒矢石左右交下通海不為動徐令從者被己甲立戰船上督戰珍不得利乃去

傅友德吳元年為指揮時元將擴廓帖木兒遣左丞李二侵徐州兵駐陵子村友德率兵

二千餘汎舟至呂梁伺其出掠即舍舟登陸擊之李二遣裨將韓乙盛兵迎戰友德奮槊刺韓乙墜馬其兵敗去友德度李二必益兵来鬬趨還城開門出兵陳城外令士皆卧槍以待有頃李二果率衆至友德令鳴鼓我師奮起衝其前鋒李二衆大潰多溺死遂生擒李二及其將士二百七十餘人馬五百餘匹

徐達為大將軍統兵取偽吳張士誠破降諸城柵進營于姑蘇葑門分遣別將軍于婁胥

閶諸門又築長圍困之架木塔與城中浮屠等築臺三成名曰敵樓下瞰城中設火筒其上一發連中又設襄陽礮著物無不糜碎礮風著人皆死時姑蘇城堅難猝破無錫莫天祐與士誠為聲援其部將楊茂善游水天祐遣為偵邏卒獲茂送達達釋而勞之待以腹心於是屢遣茂游水往来因得其彼此所遣蠟丸書遍報故陰得士誠天祐虛實知城中困乏乃親督兵克葑門常遇春亦破閶門城

破執士誠送京師復進取中原所至望風降附師至元都駐齊化門元主與其后妃太子開建德門北走勒兵入城籍軍民府庫及板圖重器封宮殿門禁戢士卒無敢侵暴人民安業市肆不移人謂曹彬下江南伯顏入臨安不是過也復與遇春克太原初元主北奔命擴廓帖木兒復北平因是率兵出鴈門關將由保安州徑居庸關以攻北平達聞之謂諸將曰王保保率師遠出太原必虛北平孫

都督總六衛之師足以鎮禦我與爾等乘其不備直抵太原傾其巢穴則彼進不得戰退無所依此兵法所謂批亢擣虛也若彼還軍救太原則已為我牽制進退失利必成擒矣諸將皆曰善遂引兵徑進擴廓帖木兒至保安州聞之果還軍遇春謀於達曰我騎兵雖集而步兵未至未可與戰莫若遣精兵夜襲其營其衆可亂主將可縛也達然之會擴廓帖木兒部將豁鼻馬潛遣人約降且請為內

應達於是遣兵夜襲其軍擴廓帖木兒方然燭坐帳中使兩童子執書以侍衆覺變擾亂擴廓帖木兒倉猝不知所出亟納鞾未及竟跣一足踰帳後出乘騾馬從十八騎遁去追旦豁鼻馬遣其子來報達等勒兵進營于太原城西豁鼻馬以其將校降得兵四萬人馬四萬餘匹擴廓帖木兒奔大同遇春以兵追之遂走甘肅

馬雲爲遼東都指揮使洪武八年納哈出入

寇雲知其將至命蓋州衛指揮吳立張良佐房暠等嚴兵城守虜至堅壁勿與戰及納哈出至見城中備禦嚴不敢攻乃越蓋州城徑趨金州時金州城垣未完軍士寡少指揮韋富王勝等聞虜至督勵士卒分守諸城門選精鋭登城以禦之納哈出裨將乃剌吾自恃其驍勇率數百騎徑至城下挑戰城上發弩射之乃剌吾被傷悶絶遂獲之虜勢大沮富等復縱兵出擊納哈出不利慮援兵且至引兵退走以蓋州有備不敢經其城乃由城南十里外沿柞河遁歸都指揮葉旺策其將退先引兵移柞河自連雲島至窟駞塞十餘里緣河疊氷爲墻以水沃之經宿皆凝冱隱然如城蔵釘板於沙中設陷馬穽於平地伏兵以待之命老弱卷旗登兩山間戒以聞砲即竪旗雲於城中亦立一大旗令定遼前衛指揮周鵬及吳立等各嚴兵以俟四顧寂無人已而虜兵至旺等俟其過城南砲發伏兵四

起兩山旌旗蔽空鼓聲雷動矢石雨下納哈出倉皇北奔趨連雲島遇氷城馬不能前皆陷入穽中遂大潰雲於城中亦出兵追擊至將軍山畢栗河斬戮虜人馬及凍死者甚衆旺等復乘勝遂至猪兒峪獲其士馬無筭納哈出僅以身免

沐英洪武十四年爲右副將軍征雲南十二月師至曲靖先是梁王把匝剌瓦爾密聞王師下普定遣司徒平章達理麻將精兵十餘

萬屯曲靖以備我師英謂征南將軍傅友德曰彼不意我師深入若倍道疾趨出其不意破之必矣友德是之遂進師未至曲靖數里忽大霧四塞衝霧而行阻水而止則已臨白石江矣頃之霧霽達里麻見之大驚倉皇失措友德即欲濟師英曰我軍遠來形勢既露固利速戰然亟濟恐為所扼乃整師臨流勢若欲濟達里麻果擁精銳扼水上英於是別遣數千人從下流潛度出其後鳴金鼓樹旗

幟達里麻見之急撤衆以禦衆亂英乃拔劍督師濟江達里麻却數里而陳我師畢濟既陳友德麾兵進戰矢石齊發呼聲動天地戰數合英縱鐵騎擣其中堅敵衆披靡遂大敗生禽達里麻俘其衆萬計遂平曲靖封英西平侯洪武二十一年三月受詔討百夷思倫發時思倫發悉舉其衆號三十萬英謂衆曰百夷乃敢如是乃選驍騎三萬晝夜兼行凡十五日抵賊營與之對壘先出輕騎三百挑

之百夷以萬人驅象逆戰英督軍注矢連發矢中象左右膝及脇象仆地其首長亦中矢走追射殺之諸軍乘勝鼓譟而進賊衆遂却英復下令置火銃神機箭為三行列陣中俟象近則前行俱發不退則次行繼之又不退則三行繼之明旦英復令衆曰今深入賊境與之相持戰則生敗則死吾輩受主上深恩報德成功正在今日吾與若等約退衂者必斬於是將士皆奮勇欲戰賊悉衆結陣以待

象皆披甲背負戰樓若欄楯懸竹筒于兩旁置短槊其中以備擊刺陣既交群象衝突而前我軍擊之矢石俱發聲震山谷象皆股栗而奔騎士乘勝直擣其巢穴破之縱火焚其寨烟焰漲天還復以兵追擊之殺傷甚衆賊兵大敗俘萬餘人思倫發遁去英還師雲南所過城邑百姓爭持牛酒迎勞之

五倫書卷之四十五

五倫書卷之四十六

列國趙李牧為將常居代鴈門備匈奴以便宜置吏市租皆輸入幕府為士卒費日擊數牛饗士習騎射謹烽火多間諜厚遇戰士為約曰匈奴即入盜急入收保有敢捕虜者斬匈奴每入烽火謹輒入收保不敢戰如是數歲

亦不亡失然匈奴謂牧為怯趙王讓牧牧如故王怒使人代將歲餘匈奴每來出戰數不利復遣牧牧至如故約匈奴數來無所得終以為怯邊士日得賞賜而不用皆願一戰於是選車騎勒習戰大縱畜牧人眾滿野匈奴小入佯北不勝以數千人委之單于聞之大喜率眾來入牧多為奇陣張左右翼擊之大破殺匈奴十餘萬騎單于奔走十餘歲不敢近邊

漢郅都為人勇有氣景帝時拜鴈門太守匈奴素聞郅都節舉邊為引兵去竟都死不近鴈門匈奴至為偶人象都令騎馳射莫能中其見憚如此

李廣初為隴西北地鴈門雲中太守武帝即位入為未央衛尉而程不識時亦為長樂衛尉元光元年還將兵屯北邊廣與不識俱以將兵有名當時廣行無部伍行陣就善水草舍止人人自便不擊刁斗自衛幕府省約文

書然亦遠斥候未嘗遇害不識正部曲行伍營陣擊刁斗吏治軍簿至明軍不得休息亦未嘗遇害然匈奴畏廣之略士卒亦樂從廣而苦不識

郭伋光武時為漁陽太守時匈奴數抄郡界邊境苦之伋整勒士馬設攻守之略匈奴畏憚遠迹不敢復入塞民得安業

張堪拜漁陽太守匈奴嘗以萬騎入漁陽堪率數千騎奔擊大破之郡界以靜視事八年

匈奴不敢犯塞
祭肜拜遼東太守肜以匈奴鮮卑烏桓三虜
連和卒為邊害乃招鮮卑示以財利其大都
護偏何遣使奉獻肜慰納賞賜稍復親附其
異種滿離高句驪之屬皆款塞上獻貂裘好
馬帝輒倍賞賜其後偏何邑落諸豪並歸義
願自效肜曰審欲立功當歸擊匈奴斬送頭
首乃信耳偏何等即擊匈奴左伊秩訾部斬
首二千餘級持頭詣郡其後歲歲相攻輒送

首級受賞賜自是匈奴衰弱邊無寇警鮮卑
烏桓並入朝貢夷狄皆畏而愛之得其死力
西自武威東盡玄菟及樂浪胡夷皆來內附
肜在遼東日久衣無兼副明帝嘉其功又美
肜清約賞賜甚厚
廉范為雲中太守匈奴大入塞范自率士卒
拒之虜衆盛而范兵不敵會日暮令軍士各
交縛兩炬三頭爇火營中星列虜遥望火多
謂漢兵救至大驚待旦將退范乃令軍中蓐

食晨往赴之斬首數萬級虜自相轔藉死者
千餘人由此不敢復向雲中
虞詡辟太尉李脩府拜郎中安帝永初四年
羌胡反亂弁涼大將軍鄧騭以軍役方費事
不相贍欲棄涼州并力北邊乃會公卿集議
騭曰譬若衣敗壞一以相補猶有所完若不
如此將兩無所保議者咸同詡聞之乃說脩
曰竊聞公卿定策當棄涼州求之愚心未見
其便先帝開拓土宇劬勞後定而今憚小費

舉而棄之涼州既棄即以三輔為塞三輔為
塞則園陵單外此不可之甚者也議者喻以
補衣猶有所完詡恐其疽食浸淫而無限極
棄之非計脩曰吾意不及此微子之言幾敗
國事於是四府皆從詡議涼州卒得不棄
陳禪安帝時北匈奴入遼東拜禪遼東太守
匈奴憚其威强退還數百里禪不加兵但使
吏卒往曉慰之單于隨使詣郡禪於學行禮
為說道義以感化之單于懷服而去

种暠為涼州刺史。得百姓心。匈奴寇并涼二州。桓帝擢暠為度遼將軍。誠心懷撫。信賞分明。由是諸胡來服。邊兵晏然無警。及薨。并涼人咸為發哀。單于每入朝。望墓哭祭

李膺永壽中鮮卑寇雲中。桓帝以膺為度遼將軍。先是虜數攻鈔張掖酒泉雲中諸郡。百姓屢被其害。自膺到邊。皆望風懼服。先所掠男女悉送還塞下。自是之後。聲振遠域

張奐為安定屬國都尉。時南匈奴左薁於六切鞬臺耆且渠伯德等七千餘人寇美稷。東羌應之。奐進屯長城。招誘東羌。東羌諸豪相率與奐和親。共擊薁鞬等破之。伯德惶恐將其衆降。羌豪帥感奐恩德。獻馬二十匹。先零酋長又遺金鐻八枚。奐以酒酹地曰。使馬如羊。不以入廄。使金如粟。不以入懷。悉以還之。威化大行

裴潛為代郡太守。時烏丸王及其大人各稱單于專制郡事。前太守莫能治。曹操欲授潛

精兵討之。潛辭曰。代郡戶口殷衆。士馬萬數。單于自知放橫日久。內不自安。今將兵多。必懼而拒境。少則不見憚。宜以計謀圖之。不可以兵威迫也。遂單車之郡。單于驚喜。皆脫帽稽顙。悉還前後所掠婦女器械。潛案誅郡中大吏與單于為表裏者十餘人。北邊大震。百姓歸心。在郡三年。單于不復寇邊

後周宇文測。太祖之族子也。性沉密。累官金紫光祿大夫。行綏州事。每歲河冰合。突厥即來寇掠。測乃於要路數百處。並多積柴。仍遠斥候。知其動靜。後突厥從連谷入寇。去界數十里。測命積柴之處。一時縱火。突厥疑有大軍至。皆遁走。自相蹂踐。委棄雜畜及輜重不可勝數。測徐率所部收之。分給百姓。自是突厥不敢復至

唐李靖。太宗時突厥種部離畔。帝方圖進取。靖以兵部尚書為定襄道行軍總管。率勁騎三千繇馬邑趨惡陽嶺。頡利可汗大驚。曰兵不

傾國來請敢提孤軍至此靖縱諜者離其腹心夜襲定襄破之可汗脫身遁磧口帝曰李陵以步卒五千絕漠然卒降匈奴其功尚得書竹帛靖以騎三千蹀血虜庭遂取定襄古未有輩足澡吾渭水之恥矣

李勣拜光祿大夫并州大都督長史勣在州十六年令行禁止民夷懷服太宗曰隋煬帝勞百姓築長城以備突厥卒無所益朕惟置李勣於晉陽而邊塵不驚其為長城豈不壯

哉

郭元振為涼州都督初州境輪廣纔四百里虜來每逼城下元振始於南硤口置和戎城北磧置白亭軍制束要路遂拓境千五百里自是州無虜憂又遣甘州刺史李漢通闢屯田盡水陸之利稻收豐衍舊涼州粟斛售數千至是歲數登至匹縑易十斛支廥十年牛羊被野治涼五歲夷夏畏慕令行禁止道不舉遺河西諸郡置生祠揭碑頌德

張仁愿中宗時為御史大夫朔方軍與突厥以河為界時默啜悉兵西擊突騎施仁愿請乘虛取漠南地於河北築三受降城絕虜南寇路唐休璟以為兩漢以來皆北守河今築城虜腹中終為所有仁愿固請帝從之城成虜不敢犯

哥舒翰玄宗時為隴右節度副大使築神威軍青海上吐蕃攻破之更築於龍駒島有白龍見因號應龍城翰相其川原宜畜牧謫罪

人二千戍之由是吐蕃不敢近青海

高仙芝玄宗開元末為安西副都護都知兵馬使小勃律王為吐蕃所誘妻以女故西北二十餘國皆羈屬吐蕃天寶六載詔仙芝以步騎一萬出討仙芝分軍三道俱入約會連雲堡堡有兵千餘城南因山為柵兵九千守之城下據婆勒川會川漲不得渡仙芝殺牲祭川命士人齎三日糒集水涯士不甚信既涉旗不沾韉不濡兵已成列仙芝喜曰嚮吾

方涉賊擊我無遺類矣今既濟而陣天以賊賜我也遂登山挑戰日未中破之拔其城遂引師行三日過坦駒嶺峻絶下四十里行三日越胡來迎明日至阿弩越城遣將軍席元慶以精騎一千先往謂小勃律王曰不閵若城吾假道趨大勃律耳城中大酋領皆吐蕃腹心仙芝密令元慶曰若酋領逃者第出詔書呼之賜以繒綵至皆縛以待我元慶如言仙芝至悉斬之王及妻逃山穴仙芝招喻乃

出降因平其國急遣元慶斷娑夷橋其暮吐蕃至不克度仙芝虜小勃律王及妻而還於是拂菻坳稔大食諸胡七十二國皆震懾降附

馬燧代宗時為隴州刺史西山直吐蕃其上有通道虜常所出入者燧乃聚石種樹障之設二門為譙櫓八日而畢由是虜不能為暴大曆中遷河東節度留後進節度使太原承鮑防之敗兵甲寡弱燧乃悉召將吏募馬廝役得數千人悉補騎卒教戰數月皆為精騎造甲者必令長短三等稱其所衣以便進趨又造戰車冒以狻猊象列戟於後行則載兵甲止則為營陣或塞險阨以遏奔衝器械無不犀利居一年陳兵三萬開廣場以習戰陣教其進退威震北方

楊朝晟德宗時為邠寧節度使先是貞元九年吐蕃犯邊城鹽州發卒護境至是朝晟請城方渠以遏吐蕃路詔問須兵幾何報曰部

兵可辦帝問前日城鹽州興師七萬今何易邪對曰鹽州之役虜先知之今薄戎而城虜料王師不十萬勢難輕入若發部兵十日至塞下未三旬城畢積芻聚糧留卒守之寇至不可拔葉野翦夷虜且走此萬全計也若大發兵閱月乃至虜亦來來必戰戰則不暇城矣帝納其策師次方渠城畢吐蕃悉衆至度不能害乃引去

李元諒貞元中節度隴右治良原時良原隍

堞湮圮，蒭皆平林薦草。虜入寇，常牧馬休徒於此。元諒培高浚淵，身執勞苦，與士卒均。芟除榛莽，闢美田數十里，勸士墾藝，歲入粟菽數十萬斛，什具畢給。又築連弩臺，遠烽候，爲守備。虜至無所掠，戰又輒北，由是涇隴以安，西戎憚之。

崔從，長慶初繇尚書左丞領鄜坊節度。屬部多神策屯軍，數亂法，驕橫，吏不能制。從一繩以法，下皆重足畏之。党項互市羊馬，類先遺

帥守。從獨不取，而厚惠待之，羌不敢盜邊。

李德裕，文宗時爲鄭滑節度使，徙劍南西川。蜀自南詔入寇後，民失職無聊。德裕至，乃召習邊事者與之指畫商訂，凡虜之情僞盡知之。又料擇伏瘴舊獠與州兵之任戰者，請甲人於安定，弓人河中，弩人浙西，由是蜀之器械皆犀銳。率戶二百取一人，使習戰，貸勿事。緩則農，急則戰，謂之雄邊子弟。其精兵曰南燕保義、保惠、兩河募義、左右連弩，騎士曰飛

星、鷙擊、奇鋒、流電、霆聲、突騎，總十一軍。築杖義城以制大度、青溪關之阻，作禦侮城以控榮經犄角勢，作柔遠城以阨西山吐蕃。復邛崍關，徙嶲州治臺登，以奪蠻險。又奏罷兵羸疾老弱，立五尺五寸之度，簡去四千四百餘人。復簡募少壯者千人，所募北兵已得千五百人，與主兵參居，轉相訓習，日益精練。

張仲武，武宗時爲雄武軍使。時回鶻爲黠戛斯所破，烏介可汗託天德塞上。仲武遣其屬

吳仲舒入朝，請以本軍擊回鶻。丞相李德裕入白帝曰：仲武求自效，可用。乃擢兵馬留後，尋拜檢校工部尚書、蘭陵郡公。會回鶻特勒那頡啜擁赤心部七千帳逼漁陽，仲武率銳兵三萬破之，獲馬牛槖駝旗纛不可勝計。又嘗使裨將石公緒等厚結回鶻酋長監奚契丹二部，因執其諜者八百餘人殺之。回鶻欲入五原，掠保塞雜虜，先以宣門將軍四十七人詭好結歡。仲武賂其下，盡得所謀，因逗留

不遣使失師期。人馬多病死。由是不敢犯三原塞

畢誠爲翰林學士。党項擾河西。宣宗嘗召訪邊事。誠援質古今。條破羌狀甚悉。帝悅曰。吾將擇能帥者。孰謂頗牧在吾禁署。卿爲朕行乎。誠雅辭。即拜刑部侍郎邠寧節度河西供軍安撫使。誠到軍。遣使懷諭羌人。皆順向。時戍兵常苦調饟（式尚切）之。誠募士置屯田。歲收穀三十萬斛。以省度支經費。詔書嘉美。俄徙昭義。又還河東。尤近胡。復脩把頭七十烽。謹斥候。虜不敢入

五代唐趙德鈞爲幽州節度使。初契丹强寇抄盧龍諸州。幽州城門之外。虜騎充斥。每自涿州運糧入幽州。虜多伏兵於閻溝掠取之。及德鈞爲節度使。城閻溝而戍之。爲良鄉縣。糧道稍通。幽州東十里之外不敢樵牧。德鈞於州東五十里城潞縣而戍之。近州之民始得稼穡。又於州東北百餘里城三河縣。以通薊州運路。虜騎來爭。德鈞擊却之。城三河畢。邊人賴之

周張藏英。世宗顯德二年爲德州刺史。契丹自晉漢以來屢寇河北。輕騎深入。民困於殺掠。言事者稱深冀之間有胡盧河橫亘數百里。可浚之以限其奔突。帝詔節度使王彥超韓通將兵夫浚胡盧河。築城於李晏口。留兵戍之。帝召藏英問以備邊之策。藏英具陳地形要害。請列置戍兵。募邊人驍勇者。厚其廩給。自請將之。隨便宜討擊。帝皆從之。以藏英爲沿邊都指揮使。藏英到官數月。募得千餘人。彥超等行視役者。嘗爲契丹所圍。藏英引所募兵馳擊。大破之。自是契丹不敢涉胡盧河。河南之民始得休息

宋楊業善騎射。太平興國初。知代州兼三交駐泊兵馬都部署。會契丹入鴈門。業領麾下數百騎自西陘而出。由小徑至鴈門北口。南嚮背擊之。契丹大敗。由是契丹望見業旌旗即

引去以功遷雲州觀察使
張齊賢雍熙初知代州與部署潘美同領緣邊兵馬是時遼兵入寇薄城下齊賢約美以并師來會戰使回為遼人所得齊賢以師期既洩且虞美衆為遼所乘既而美使至云師得密詔不許出戰已還州矣于時遼兵塞川齊賢曰賊知美之來不知美之退乃夜發兵二百人持一幟負一束薪距城西南三十里列幟然火遼兵遥見火光中有旗幟意謂并

師至矣駭而北走齊賢先伏步卒二千於土墱都陵切砦掩擊大敗之斬獲甚衆
李延渥知瀛州景德初契丹大舉擾邊經胡盧河踰關南抵城下晝夜鼓譟四面夾攻旬日其勢益張唯擊鼓伐木之聲相聞驅夷人負板秉燭乘墉而上延渥率州兵強壯乘城發礧石巨木擊之皆纍纍而墜殺傷甚衆契丹主與其母鼓衆急攻延渥多方拒守益堅契丹遁去死者三萬餘人獲鎧甲兵矢數十

萬
曹瑋知鎮戎軍李繼遷虐用其國人瑋知其下多怨即移書諸部諭以朝廷恩信撫養無間以動諸羌由是康奴等族請内附繼遷畧西蕃還瑋邀擊于石門川俘獲甚衆以鎮戎軍據平地便於騎戰非中國之利請自隴山以東循古長城塹以為限又以弓箭手皆土人習障塞蹊隧曉羌語耐寒苦官未嘗與兵械資糧而每戰輒使先拒賊恐無以責死力

遂給以境内閑田春秋耕斂州為出兵護作而蠲其租知秦州唃廝囉使其舅賞樣丹與廝敦謀内寇瑋陰結廝敦解寶帶與之廝敦感激求自效間謂瑋曰吾父何所欲吾首猶可斷以獻瑋曰我知賞樣丹時至汝帳下汝能為我取其首乎廝敦愕然應之後十餘日果斷其首來廝敦因獻南市地南市者秦渭之阨也瑋城之表廝敦為順州刺史瑋為環慶路都總管安撫使蕃羌殺中國人得以羊

馬贖死如羌法。瑋謂如此非所以尊中國而愛吾人。奏請不許其贖。陝西歲取邊人為弓箭手。瑋以塞上廢地募人為之。若干畝出一卒。若干畝出一馬。至其種斂。為發州兵戍守。邊賴以實。所募皆為精兵。瑋募弓箭手使馳射校強弱。勝者予田二頃。再更秋。課市一馬。馬必勝甲。然後官籍之。則加田五十畝。至三百人以上。團為一指揮。擇要害處為築堡使自塹其地。為方田環之。立馬社。一馬死眾為

出錢市馬。開邊壕。率令深廣丈五尺。山險不可塹者。因其峭絕治之。使足以限虜。後皆為法。唃廝囉聞瑋姓名。即以手加額。在天雄契丹使過魏地。輒陰勒其從人無得高語疾驅。及至。多憚瑋不敢仰視。瑋在秦州。有士卒十餘人叛赴虜中。軍吏來告。瑋方與客圍棊。不應。吏亟言之。瑋怒叱之曰。吾固遣之去。汝再三顯言耶。虜聞之。亟歸告其將。盡殺之

韓琦自鄆徙鎮定州。定州久用戎將治兵無法度不可使。琦至即用兵律裁之。察其暴橫尤不可教者。捽首斬于金門外。士死敵則時賞其家。溫其孤兒。使繼衣廩。恩威既信。則倣古兵法。作方圓銳三陣。指授偏將。日月教習之。由是定兵精勁齊一。號為可用。歲大歉。為法賑之。活饑人七百萬。鄰城旁路。皆取其法。視中山隱然為雄鎮。聲動虜中

范仲淹。仁宗時為環慶路經畧安撫緣邊招討使。初趙元昊反。陰誘屬羌為助。而環慶酋

長六百餘人。約為鄉道。事尋露。仲淹以其反復不常。至部即奏行邊。以詔書犒諸羌。閱其人馬。為立條約。若讎已和斷。輒私報之。及傷人者。罰羊百馬二。已殺者斬。負債爭訟。告官為理。輒質縛平人者。罰羊五十馬一。賊馬入界。追集不赴。隨本族。每戶罰羊二。質其首領。賊大入。老幼入保本砦。官為給食。即不入砦。本家罰羊二。全族不至。質其首領。諸羌皆受命。自是始為漢用矣

种世衡初至清澗城逼近虜境守備單弱芻糧俱乏世衡以官錢貸商旅使通貨贏其利未幾倉廩皆實又教吏民習射雖僧道婦人亦習之以銀爲射的中者輒與之或爭徭役優重亦使之射射中者得優處或有過失亦使之射射中則釋之由是人人皆能射比數年清澗城遂成富強於延州諸寨中獨不求益兵運芻糧

孫覽知太原夏人據横山並河爲塞秦晉之

路皆塞覽謀取葭蘆戍阻險夏人聞之濟師與覽相持益久覽不爲動忽一日令具糗糧嚴器械已而賊果至覽奮擊大敗之遂城葭蘆

种諤神宗時知涇州徙鄜延副總管請舉兵伐夏帝壯之以爲經畧安撫副使諤即次境上帝以諤先期輕出使聽令於王中正時敵屯兵夏州諤率本路并畿内七將兵攻米脂三日未下夏兵八萬來援諤禦之無定川伏

兵發斷其首尾大破之降守將令介訛遇捷聞帝大喜群臣稱賀

張叔夜爲蘭州録事叅軍蘭本漢金城郡地爲極邊恃河爲固每歲河氷合必嚴兵以備士不釋甲者累月叔夜曰此非計也不求要地而守之而使敵至河則吾殆矣訪得地有大都者介五路間羌人入寇必先至此點集後議所向叔夜遂按其形勢畫攻取之策建爲西安州而守之自是蘭無羌患

馬堅咸淳中知邕州邕地接六詔安南傍通諸溪峒撫御少失宜往往召亂堅鎮撫諸蠻及治關隘皆有條理大理不敢越善闡安南不敢入永平諸峒皆上帳冊邊陲晏然

國朝劉江以中軍左都督總兵鎮遼東在軍常謹斥候先於金州衛金線島西北望海堝上築城堡立煙墩瞭望倭寇一日瞭者言東南海洋内王家山島夜舉火光江以寇聚其間亟遣馬步軍赴堝上小堡備之翌日倭船三

十一艘泊馬雄島寇衆登岸徑奔望海堝江
親督諸將伏兵堡外山下伺賊既圍堡舉砲
發伏馬步軍並進寇大敗奔入櫻桃園空堡
中官軍圍之自辰至酉生獲百三十人斬首
千餘級

五倫書卷之四十六

五倫書卷之四十七

臣道

善行

除寇

漢尹賞宣帝時為長安令時長安中姦猾浸多
閭里少年群輩殺吏報仇薄暮塵起剽掠行
者死傷横道賞乃部戶曹掾史與鄉吏亭長
里正雜舉長安中少年惡子無市籍商販作
務而鮮衣凶服被鎧扞持刀兵者悉籍記之

得數百人賞一朝會長安吏分行收捕皆劾
以為群盜內之獄中數日皆相枕藉死輿出
瘞寺門桓東揭著其姓名百日後乃令死者
家各自發取其屍數月盜賊走散各歸其處
不敢闚長安

嚴延年為涿郡太守涿大姓東西高氏二家
賓客多為盜賊發輒入高氏吏不敢追道路
張弓矢然後敢行延年至遣掾蠡吾趙繡按
高氏得其罪窮竟其姦誅殺各數十人郡中

震恐道不拾遺

張敞宣帝時長安市偷盜者多帝以敞為京兆尹敞問長安父老得偷盜酋長數人因貰其罪令致諸偷以自贖偷長曰今一旦召詣府恐諸偷驚散願一切受署敞皆以為吏遣歸休置酒小偷悉來賀且飲醉偷長以赭汙其衣裾吏坐里閭閱出有汙赭輒收縛之一日捕得數百人窮治所犯或一人百餘發盡行法罰由是桴鼓稀鳴偷盜屏息帝深嘉之

及為膠東相盜起敞曰願得一切比三輔尤異帝許之敞到膠東明設購賞開群盜令相捕斬除罪吏追捕有功上名尚書調補縣令者數十人由是盜賊解散傳相捕斬吏民翕然國中遂平

陳俊建武中太山盜起與張步連兵光武拜俊為太山守行大將軍事張步遣將擊俊戰於嬴下俊大破之遂定太山後徙琅琊太守齊地素聞俊名入界盜賊皆解散帝深嘉之

耿純為東郡太守盜賊清寧後從擊董憲道過東郡百姓數千隨車駕涕泣云願復得耿君光武謂公卿曰純年少被甲冑為軍吏耳乃能治郡見思若是乎及東郡盜起帝以純威信素著遣與大兵會擊之盜聞純至九千餘人悉詣純降復守東郡吏民忻悅

虞詡永初中朝歌賊甯季等數千人攻殺長吏州郡不能禁安帝以詡為朝歌長故舊皆吊之詡曰不遇盤根錯節何以別利器及到

官募求壯士得百餘人使入賊中誘令劫掠伏兵以待之殺賊數百人又潛遣能縫者傭作賊衣以采線縫其裾有出市里者吏輒禽之賊由是駭散咸稱神明

張綱順帝漢安元年廣陵賊張嬰寇亂揚徐間十餘年乃以綱為廣陵太守前太守率多求兵馬綱獨請單車之職既到徑詣嬰壘門嬰大驚遽走閉壘綱於門外罷遣吏兵獨留所親者十餘人以書諭嬰請與相見嬰見綱

至誠乃出拜謁綱延置上坐譬之曰前後二千石多肆貪暴故致公等懷憤相聚二千石信有罪矣然汝等為之者亦非義也今主上仁聖欲以文德服叛故遣太守來思以爵祿相榮不顧以刑罰相加今誠轉禍為福之時也嬰聞泣下曰荒裔愚民不能自通朝廷不堪侵枉遂復相聚偷生今聞明府言乃嬰等更生之辰也辭還營明日將所部萬餘人與妻子面縛歸降綱單車入嬰壘大會置酒為

樂散遣部衆任從所之親為卜居宅相田疇子弟欲為吏者皆引召之人情悅服南州晏然在郡一歲卒張嬰等五百餘人為之制服行喪送到犍為負土成墳而去

陳球桓帝時桂陽賊群聚寇鈔州郡不能禁太尉楊秉表球為零陵太守球到朞月間賊虜消散州兵有叛者復誘賊攻零陵郡中惶恐掾吏白遣家避難球怒曰太守分國虎符受任一邦豈顧妻孥而沮國威重乎乃悉集吏人老弱與共城守弦大木為弓羽矛為矢引機發之多所殺傷會救兵至遂共破賊衆帝賜錢五十萬拜其子為郎

度尚延熹中長沙零陵賊作亂轉入桂陽蒼梧南海交阯州郡不能討桓帝擢尚為荊州刺史尚進擊大破之桂陽宿賊渠帥卜陽潘鴻等畏尚威烈徙入山谷尚窮追數百里遂入南海破其三屯而陽鴻等黨衆猶盛尚欲擊之而士卒驕富莫有鬭志乃宣言卜陽潘鴻作賊十年習於攻守今兵寡少當須諸郡所發悉至乃并力攻之申令軍中恣聽射獵兵士喜悅大小皆相與從禽尚乃密使所親客潛焚其營獵者來還莫不涕泣尚人人慰勞之因曰卜陽等財寶富足諸卿但不并力耳所亡者少何足介意衆聞咸憤踴尚敕令秣馬蓐食明旦徑赴賊屯陽鴻等自以深固不復設備吏士乘銳遂大破陽鴻等州郡悉平

皇甫嵩靈帝時討黃巾賊張角嵩保長社賊來圍城嵩兵少乃召軍吏謂曰兵有奇變不在衆今賊依草結營易爲風火若因夜縱火必大驚亂吾出兵擊之其功可成其夕大風嵩乃約勒軍士皆束苣乘城使鋭士間出圍外縱火大呼城上舉燎應之嵩因而奔其陳賊驚亂奔走嵩進兵討之與角弟梁戰於廣宗其衆精勇嵩不能克明日乃閉營休士以觀其變知賊意稍懈乃勒兵雞鳴馳赴其陳

至晡時大破之又悉破其徒黨竟斬梁角先以病死乃剖棺戮屍傳首京師復與鉅鹿太守馮翊郭典攻角弟寶於下曲陽又斬之築京觀於城南即拜嵩爲左車騎將軍領冀州牧封槐里侯

朱儁與荊州刺史徐璆共討黃巾擊賊帥趙弘斬之賊餘帥韓忠據宛乞降司馬張超請聽之儁曰今海内一同唯黃巾造寇討之足以懲惡今若受之更開逆意縱敵長寇非良計也因急攻連戰不克儁登土山觀之顧謂超曰吾知之矣賊今外圍周固内營逼急乞降不受欲出不得故以死戰也不如徹圍并兵入城忠見圍解勢必自出則意散易破之道也既而解圍忠果出戰儁大破之忠等皆降

晉周訪爲揚烈將軍領軍屯潯陽與甘卓趙誘討華軼其部將丁乾與軼所統太守馮逸交通訪收乾斬之逸來攻訪訪率衆擊破之逸

遁保柴桑訪乘勝進討軼遣其黨王約傅札等萬餘人助逸大戰於湓口約等又敗訪與甘卓等會於彭澤與軼水軍將朱矩等戰又敗之軼將周廣燒城以應訪軼衆潰訪執軼斬之江州遂平

後魏賀拔岳爲武衛將軍時万俟醜奴作亂關中騷動岳率兵討之以輕騎八百北渡渭殺略其民以挑之醜奴大將尉遲菩薩果率步騎三萬至渭北岳以輕騎數十餘與菩薩隔

水交言往復數返時已逼暮於是召還兵衆於渭南傍水分精騎數十為一處隨地形便置之明日自將百餘騎隔水與賊相見岳漸前進先所置騎隨兵而集騎既漸增賊不復測其多少行二十許里至水淺可濟處岳便馳馬東出以示奔遁賊以輕騎追之岳東行十餘里依橫岡設伏待之賊以路險不得齊進前後繼至半度岡東岳乃回與賊戰身先士卒擊之賊退走岳號令所部賊下馬者皆

不聽殺賊顧見之便悉投馬俄而虜獲三千人馬亦無遺遂禽菩薩乃度渭北降步卒萬餘

唐崔義玄永徽中遷婺州刺史時睦州女子陳碩真舉兵反始碩真自言仙去與鄉鄰辭訣或告其詐已而捕得詔釋不問於是姻家章叔胤妄言碩真自天還化為男子能役使鬼物轉相熒惑自稱皇帝以叔胤為僕射破睦州攻歙分遣其黨圍婺州義玄發兵拒之其徒爭言碩真有神靈犯其兵輒滅宗司功參軍崔玄籍曰此乃妖人勢不持久義玄乃署玄籍為先鋒而自統衆繼之至下淮戍禽其諜者數十人有星墜賊營義玄曰賊必亡詰朝奮擊左右有以盾障者義玄曰刺史而有避邪誰肎死比去之由是衆皆奮力斬首數百級降其衆萬餘賊遂平

裴懷古長安三年為司封郎中時始安獠歐陽倩擁衆數萬攻陷州縣朝廷欲得良吏以

鎮之朱敬則稱懷古有文武才武后以為桂州都督仍充招慰討擊使懷古纔及嶺上飛書示以禍福倩等迎降且言為吏所侵逼故舉兵自救耳懷古輕騎赴之左右曰夷獠無信不可忽也懷古曰吾仗忠信可通神明而況人乎遂詣其營賊衆大喜歸所掠貨財諸洞酋長素持兩端者皆來款附嶺外悉定

高崇文討劉闢敗其衆于鹿頭關遂長驅直指成都克之闢奔吐蕃崇文使高霞寓追禽

之遂入成都屯於通衢市肆不驚秋毫無犯
檻闘送京師餘無所問一境皆平
劉潼為京兆少尹時山南西道節度使封敖
奏巴南妖賊言辭悖慢宣宗怒甚乃遣潼詣
果州招諭之潼至山中盜彎弓待之潼屏左
右直前曰我面受詔赦汝罪使汝復為平人
聞汝木弓射二百步今我去汝十步汝真欲
反者可射我賊皆投弓列拜請降
王式懿宗時劇賊仇甫亂明越宰相薦式為

觀察使往討之帝問方略對曰第假臣兵寇
不足平也於是詔益許滑淮南兵式發自光
福里第麾幟皆東靡獵獵有聲喜曰是謂得
天時矣聞賊用騎兵乃閲所部得吐蕃回鶻
還隸數百人發龍陂監牧馬給之集土團諸
兒為向導禽甫斬之明越遂寧
李克用為鴈門節度使僖宗時王仙芝起為
盜黃巢應之陷鄆沂濮掠宋汴南渡陷洪虔
饒信寇宣州入浙東趣廣南陷廣州出潭州

北渡向襄陽復引而南自采石渡江陷申州
入潁宋徐兗之境陷東都引而西入潼關長
安帝出奔巢僭號大齊朝廷召克用討賊遂
破賊於渭南引軍屯沙苑大戰于梁田陂賊
敗執俘數萬僵屍（疾移切）三十里復擊敗之于
渭橋三戰賊三北入自光泰門呼聲動天賊
夜奔追敗之于封丘克用悉軍窮躡晝夜奔
馳誅殺殆盡僅餘千人走保泰山未幾賊黨
斬巢以降

宋侯延廣太平興國初出護延州軍兼緣邊巡
檢時有叛卒劉渥嘯聚亡命寇耀州富平縣
延廣率兵數百自間道追之會渥於富平西
十五里渥衆已千餘人相持久之延廣怒甚
挺身與渥鬬大樹下斷渥右臂渥脫走乘勢
大破其衆渥創甚止谷中後數日為追兵所
獲關右遂平
石普為西川行營先鋒太宗時與韓守英馬
知節討斬叛賊李順遷西京作坊使欽州刺

史西川都提舉捉賊使順餘黨復寇卭蜀僞稱卭南王蜀民疑不自安多欲從盜者晉因馳入對面陳蜀亂由賦斂苛急農民失業宜少蠲減之使自為生則不討而自平矣帝許之晉即日還蜀揭榜諭之民皆悅服盜賊止息

楊允恭太宗時為廣連都巡檢使時寇賊有葉氏者衆五百餘往來海上允恭集水軍造輕舠襲斬之餘黨匿山谷允恭伐木開道藏

之賊每遇風濤多避止洲島間允恭領衆涉海捕之賊皆望風奔潰時緣江多賊命督江南水運因捕寇黨行及臨江軍擇驍卒挐輕舟俟下江賊所止夜發軍城三鼓遇賊百餘悉梟其首又趣通州境上躡海賊賊係衆舟張幕允恭兵刃所向多為幕所縈允恭乃遣善泅者以繩連鐵鈎散擲之壞其幕士卒爭進賊赴水死者大半禽數百人自是江路無剽掠之患

查道知果州時寇首何彥忠集其徒二百餘止西充之大木槽詔書招諭之未下咸請發兵殄之道曰彼愚人也以懼罪欲延命須臾爾其黨豈無詿誤邪遂微服單馬數僕不持尺刃直趨賊所初悉驚畏持滿外嚮道神色自若踞胡牀而坐諭以詔意或識之曰郡守也嘗聞其仁是寧害我者即相率投兵羅拜號呼請罪悉給券歸農驛奏璽書褒諭

狄青仕至樞密使仁宗時廣源州蠻儂智高

反命青為宣撫使擊之時智高還守邕州青懼崑崙關險阨為所據至賓州值上元節令大張燈約首夜燕將佐次夜燕從軍官三夜饗軍校首夜樂飲徹曉次夜二鼓時青忽稱疾暫起如內久之使人諭孫元規令暫主席行酒少服藥乃出數使勸勞座客至曉各未敢退忽有馳報者云是夜三鼓青已奪崑崙關矣既度喜曰賊不知守此無能為也青已近邕州賊方覺逆戰賊據坡上青急麾軍進

人入皆殊死戰。先是青巳縱番落馬二千出賊後。至是前後合擊。賊之摽牌軍為馬所衝突。皆不能駐。軍士又縱馬上鐵連枷擊之。遂皆披靡相枕藉死。賊大敗。智高焚城遁去

桑懌以右班殿直為永安巡檢。仁宗時京西有惡賊二十三人。樞密院召懌授以賊姓名使捕之。懌曰。盜畏吾名。決潰去。宜先示以怯至則閉柵。戒軍吏不得出。其下數請自效。不許。乃夜與數卒服盜服。迹盜所常行處。入民

家。老小皆走。獨一媼留。為治飲食。如事群盜懌歸閉柵三日。復自携饌就媼。而以餘遺媼。媼以為真盜。乃稍就與語。因及群盜。媼曰。彼聞桑殿直來。皆遁去。近知閉營不出。漸還矣。某在某處。某在某所。後三日又往。厚遺之。遂以實告曰。我桑殿直也。為我察盜之實的居處。切勿泄。後又三日往。媼為察之審矣。明旦部分軍士。悉禽獲之

宗澤知開封府。河東巨寇王善擁衆七十萬車萬乘。欲據京城。澤單騎馳至善營。泣謂之曰。朝廷當危難之時。使有如公一二輩。豈復有敵患乎。今日乃爾立功之秋。不可失也。善感泣曰。敢不效力。遂解甲降。時楊進號沒角牛兵三十萬。王再興李貴王大郎等各擁衆數萬。往來京西淮南河南北。侵掠為患。澤遣人諭以禍福。悉招降之

韓世忠為平寇左將軍。高宗入錢塘。詔世忠赴行在。適苗傅劉正彥反。世忠見張浚曰。今

日大事。世忠願與公身任之。舟師至秀州。稱病不行。造雲梯治器械。傅等始懼。師次臨平賊將苗翊馬柔吉負山阻河為陣。中流植鹿角梗行舟。世忠等舍舟力戰。軍少却。世忠復舍馬操戈而前。令將士曰。今日當以死報國。不被矢者皆斬。賊列神臂弩持滿以待。世忠瞋目大呼。挺刃突前。賊辟易。矢不及發。遂敗。傅正彥開湧金門以遁。走入甌閩。世忠自衢信追擊。至漁梁驛與賊遇。世忠步走挺戈而

前賊望見咋曰此韓將軍也皆驚潰遂禽正彥及翊遂行在傳亡走建陽追禽之皆伏誅○方臘反世忠討之窮追至睦州清溪峒賊深據巖屋爲三窟諸將繼至莫知所入世忠潛行溪谷問野婦得徑即挺身仗戈直前度險數里擣其穴格殺數十人禽臘以出○建安范汝爲反以世忠爲福建江西荊湖宣撫副使世忠曰建居閩嶺上流賊沿流而下七郡皆血肉矣亟領步卒三萬水陸並進次劍

潭賊焚橋世忠策馬先渡師遂濟賊盡塞險路拒王師世忠命諸軍偃旗仆鼓徑抵鳳凰山瞰城邑設雲梯火樓連日夜併攻賊震怖五日城破汝爲竄身自焚

岳飛爲神武副軍都統制紹興二年賊曹成擁衆十萬據道賀二州命飛討之飛將兵入賀州境得成諜者縛之帳下飛出帳調兵食吏曰糧盡矣奈何飛陽曰姑反茶陵已而顧諜者若失意狀頓足而入陰令逸之諜歸告成成大喜期翌日來追飛命士蓐食潛趨遶嶺未明已至太平場破其砦賊大潰成走據北藏嶺置砦連控隘道親以衆十餘萬守蓬頭嶺飛部才八千一鼓登嶺破其衆成奔連州其黨潰散飛與諸將分道進兵追成成走時韓世忠爲宣撫平閩寇旋師豫章招成降之○四年命飛捕楊幺先遣使招諭之幺黨黃佐來降飛縱之入湖中以招其黨會召張浚還防秋飛袖小圖示浚浚欲俟來年議之

飛曰已有定畫都督能少留不八日可破賊浚許之飛遂以兵如鼎州黃佐果招楊欽來降飛喜乃復遣歸湖中兩日欽說余端劉詵等降飛詭罵欽曰賊不盡降何來也杖之復令入湖是夜掩賊營降其衆數萬幺負固不服方浮舟湖中以輪激水其行如飛旁置撞竿官舟迎之輒碎飛伐君山木爲巨筏塞諸港汊又以腐木亂草浮上流而下擇水淺處遣善罵者挑之且行且罵賊怒來追飛急擊

之賊奔港中爲筏所拒官軍乘筏以革蔽矢
石舉巨木撞其舟盡壞乃投水牛皐禽斬之
飛入賊壘餘黨驚曰何神也俱降果八日而
賊平浚歎曰岳侯神筭也初賊恃其險曰欲
犯我者除是飛來至是人以其言爲讖
李芾爲湖南安撫司幕官時盜起永州招之
歲餘不能下芾與叅議官鄧坰提千三百人
禽賊魁蔣時選父子以歸餘黨遂平又知德
清縣有妖人爲亂民蜂起附之聞芾來討之

衆立散以浙東提刑知溫州州瀕海多盜芾
至盜息遂移浙西群盜穴太湖中芾跡得其
出沒按捕之盜皆駭散
元董文炳爲山東路宣撫使李璮反濟南文炳
會諸軍圍之賊勢日蹙文炳曰窮寇可以計
禽乃抵城下呼璮將田都帥者曰反者璮耳
餘來即吾人毋自取死也田縋城降田璮之
愛將既降衆遂亂禽璮以獻
完者都以材武從軍授昭勇大將軍遷管軍

萬戶時劇賊陳吊眼衆數萬刼掠汀漳諸路
命完者都往討之加鎮國上將軍福建等處
征蠻都元帥率兵五千以往時黃華亦聚黨
三萬人擾建寧完者都先引兵壓其境華驚
懼納欵完者都以爲副元帥凡征蠻之事一
以問之慮其姦詐因大獵以耀武適有一鵰
翔空完者都仰射之應弦而落遂大獵所獲
山積華大悅服乃聞于朝請與之俱討賊朝
廷從之制授華征蠻副元帥與完者都同署

華遂爲前驅至賊所破其五寨追陳吊眼至
千壁嶺禽之斬首漳州市餘黨悉平
國朝陶安知饒州府時信州盜蕭明率兵圍城
安召父老告之曰國家乘天運除禍亂今逆
賊扇餘黨驅烏合之衆徒貽民害爾不足畏
也我糧實城堅素有其備但能固守不過數
日援兵至破賊必矣衆皆諾安與千戶宋炳
親率吏民分城拒守選勇健爲游兵晝夜巡
捍而請救兵於江西行省安登城諭賊曰爾

衆吾民也反爲賊用得無失計乎衆曰使皆
如太守與總制豈有今日若破城必不相害
安命射之矢下如雨賊不敢逼越三日江西
行省遣千戶陳明來援遂大敗之明適去擒
僞招討都海萬戶袁勝斬之饒州遂安
祝挺知上海縣錢鶴皐作亂時其黨執之欲
脅至鶴皐所挺曰爾輩吾編氓吾爲爾邑長
安得以賊勢屈我吾不畏死也寇不敢迫挺
乃密遣人告諸巨姓里中長老曰逆順禍福

惟人自取若等宜速思之毋爲不義以取滅
亡聞者翕然而附其民顧正福等渡挺至黃
浦與主簿李從吉等會建義旗集民兵民皆
囓指血誓効順遂率其衆復邑治斬僞元帥
姚大章及金萬戶等于市餘黨悉平

五倫書卷之四十七

五倫書卷之四十八

臣道

善行

鎮靜

漢曹參高帝時爲齊相國惠帝召參入相參去
屬其後相曰以齊獄市爲寄愼勿擾也後相
曰治無大於此者乎參曰不然夫獄市者所
以幷容也今君擾之姦人安所容吾是以先
之

王商成帝時爲左將軍關內大雨四十餘日
京師民相驚言大水至犇走相蹂躪(吕振切)老
弱號呼長安中擾亂大將軍王鳳以爲太后
與上及後宮可御船令吏民上城避水羣臣
皆從鳳議商獨曰自古無道之國水猶不冒
城郭今何因當有大水一日暴至此必訛言
不宜令上城重驚百姓帝乃止有頃稍定問
之果訛言
吳漢光武時爲大司馬率將軍耿弇王常等

擊富平獲索二賊於平原賊率五萬餘人夜
攻漢營軍中驚亂漢堅卧不動有頃乃定

王霸封富波侯光武使霸將兵討周建於垂
惠蘇茂將五校兵四千餘人救建建衆既敗
霸亦歸營茂復聚衆挑戰霸堅卧不出方饗
士作倡樂茂雨射營中中霸前酒樽霸安坐
不動軍吏皆曰茂前日已破今易擊也霸曰
不然茂客兵遠來糧食不足故數挑戰以徼
一時之勝今閉營休士所謂不戰而屈人之
兵也茂果不得戰引還遁去餘衆以城降

張奐桓帝時為中郎將時休屠各及朔方烏
桓並同反叛燒度遼將軍門引屯赤坑煙火
相望兵衆大恐各欲亡去奐安坐帷中與弟
子講論若無事軍士稍安乃潛誘烏桓陰與
和通使之斬屠各渠帥襲破其衆諸胡悉降

三國蜀費禕事後主為大將軍録尚書事延熙
七年魏軍次于興勢假禕節率衆往禦之光
禄大夫來敏至禕所求共圍棊于時羽檄交

馳人馬擐甲嚴駕已訖禕與敏留意對戲色
無厭倦敏曰向聊試君爾君信可人必能辦
賊者也禕至敵遂退封成鄉侯

魏張遼為盪寇將軍時荊州未定遣遼屯長
社臨發軍中有謀反者夜驚亂起火一軍盡
擾遼謂左右曰勿動是不一營盡反必有造
變者欲以動亂人耳乃令軍中其不反者安
坐遼將親兵數十人中陣而立有頃定即得
首謀者殺之

田豫為汝南太守加殄夷將軍吳人來寇豫
往拒之賊既退諸軍夜驚云賊復來豫卧不
起令衆敢動者斬有頃竟無賊

晉謝安為吏部尚書中護軍簡文帝崩桓溫入
赴山陵止新亭大陳兵衛將移晉室呼安及
王坦之欲於坐害之坦之甚懼問計於安安
神色不變曰晉祚存亡在此一行既見溫坦
之流汗沾衣倒執手板安從容就席坐定謂
溫曰安聞諸侯有道守在四隣明公何須壁

後置人邪。溫笑曰。正自不能不爾。遂笑語移日。及符堅入寇。衆號百萬次于淝水。謝玄入問計。安無懼色。方與玄游涉。至夜乃還。指受將帥各當其任。後玄破堅。驛書至。安方對客圍棊看書畢。置牀上。了無喜色。客問書何言。徐荅云小兒輩遂已破賊。其鎮靜如此

唐李石文宗時同平章事。中人自邊還走馬入金光門。道路妄言兵且至京師。讙走塵起。百官或襪而騎。宰相鄭覃將出。石曰。事未可知。

宜坐須其定。宰相走則亂矣。閭里羣無賴望南闕陰持兵俟變。金吾大將軍陳君賞率衆立望仙門中。使趣闔門。君賞不從。日入乃止。是時微石鎮靜。君賞有謀幾亂

五代唐李嗣昭守潞州。嘗享諸將登城。張樂為梁軍矢中其足。嗣昭密拔之。坐客不之覺。酣飲如故。以安士心

宋李及為樞密直學士。曹瑋在秦州久。累章求代。真宗問王旦誰可代者。旦薦及。帝即以知秦州。衆議皆謂及雖謹厚有行檢。非守邊之才。楊億以衆言告旦。旦不荅。及至秦州。會有屯駐禁軍白晝掣婦人銀釵於市。吏執以聞。及方坐觀書。召之使前。略加詰問。其人服罪。及不復下吏。亟命斬之。復觀書如故。將吏皆驚服。億見旦曰。初用及。外議皆恐及不勝其任。今及材器如此。信公知人也。旦笑曰。以禁軍戍邊。白晝為盜於市。主將斬之。事之常也。烏足以為異政乎。旦之用及者。其意非為此

也。瑋知秦州。羌人讋服。瑋處之已盡其宜。使他人往。必矜其聰明。多所變置。且所以用及者。以及重厚。必能謹守瑋之規模。億由是益服旦之識度

張方平移鎮西蜀。時西南夷有邛部川首領者。妄言蠻賊儂智高在南詔。欲來寇蜀。蜀守大驚。調兵築城。民大驚擾。朝廷以陝西步騎戍蜀。兵仗絡繹於道。詔趣方平行。方平言南詔去蜀二千里。智高安能寇我。我此必妄也

臣當以靜鎮之道遇戍卒兵仗輒遣還入境下令邛部川曰寇來吾自當之妄言者斬悉歸所調兵罷築城之役會上元觀燈城門皆通夕不閉人心稍安已而得邛部川之人始為此謀者斬之梟首境上西南夷大震蜀人乃安

張知白仁宗時以工部尚書同中書門下平章事契丹聲言欲獵幽州朝廷患之帝以問二府衆曰積粟練師以備不虞知白曰不然

契丹脩好未遠今其舉者以上初政試觀朝廷耳豈可自生釁耶若終以為疑莫若因今河決發兵以防河為名彼亦未虞也未幾契丹果罷去

呂夷簡在相位仁宗服藥久不視朝一日康復思見執政促召二府夷簡聞命移刻方赴召中使數輩促同列亦賛夷簡速行夷簡愈緩鑾既見帝曰久疾方平喜與卿等相見而遲遲其來何也夷簡曰陛下不豫中外頗憂一旦聞急召近臣臣若奔馳以進慮人心驚動耳帝以為得輔臣之體

王曾拜門下侍郎兼戶部尚書昭文館大學士天聖四年夏大雨傳言汴河決水且大至都人恐欲東奔帝問曾曾曰河決奏未至第民間妖言爾不足慮也已而果然

文彥博為相時仁宗感風眩之疾彥博等留宿殿廡知開封府王素夜叩宮門求見執政白事彥博曰此際宮門何可夜開詰旦素入

白有禁卒告都虞候欲為變者當收捕按治彥博曰如此則張皇驚衆乃召殿前都指揮使許懷德問曰都虞候某甲者何如人懷德曰在軍職中最為謹良彥博曰可保乎曰可保彥博曰然則此卒有怨於彼誣之耳當亟誅之以靖衆衆以為然彥博乃請平章事劉沆判狀尾斬於軍門及帝疾愈沆譖彥博於帝曰陛下違豫時彥博擅斬告反者彥博以沆判呈帝帝意乃解先是富弼用朝士李仲

昌築自澶州商胡河穿六漯渠入橫隴故道北京留守賈昌朝素惡弼陰結武繼隆令司天官二人俟兩宮聚處於大慶殿廷執狀抗言國家不當穿河於北方致上體不安彥博知其意有所在未有以制也後數日二人又上言請皇后同聽政亦繼隆所教也史志聰等以其狀白執政彥博視而懷之不以示同列既而召二人詰之曰汝今日有所言乎對曰然彥博曰天文變異汝職所當言也何得

輒預國家大事汝罪當族二人懼色變彥博曰觀汝直狂愚耳未欲治汝自今無得復爾二人退彥博乃以狀示同列同列皆憤怒曰何不斬之彥博曰斬之則事彰灼於中宮不安衆皆曰善

胡宿天資謹靜為樞密副使當大任尤顧惜大體而羣臣方建利害多更張庶事以革弊宿獨厭之曰變法古人所難不務守祖宗成法而徒紛紛無益於治也

吴育知蔡州時京師有告妖人千數聚確山者詔遣中使往召捕者十人至則以巡檢兵往索之育謂曰使者欲得妖人還報耶請留勿往此特鄉民依浮圖法相聚爾可走一介召之則立至今以兵往人心驚疑奈何中使以為然頃之召十人者果至械送闕下皆以無罪得釋而告者遂伏辜

王素太尉旦季子也英宗治平中知渭州嘗宴堂上邊民傳寇至且入城諸將曰使姦人

亦從而入將必為內應合拒勿內素曰若拒之東去關中必搖吾在此敵必不敢犯我此當有姦言乃下令敢稱寇至者斬有頃候騎從西來人傳果妄諸將皆服其明

蘇頌英宗時為度支判官送契丹使次恩州驛夜火左右請與虜使出避州兵叩門欲入救頌不為動閉門堅卧如常徐使守衛卒撲滅之是夕州人譁言虜有變救兵亦欲乘間生事至聞京師使還帝問頌所以處之稱善

良久益知頌可用

韓琦在相位時英宗即位已數日而疾暴作大呼左右皆反走大臣輩駭愕癡立莫知所措琦直趨至前抱入簾曰誰惱官家內人驚散琦呼之徐徐方來遂擁帝以授之曰皆須用心照管官家再三慰安以出仍戒當時見者曰今日事唯某人見某人見外人未有知者處之若無事然歐陽永叔以語所親曰韓公遇事真不可及

曾公亮神宗朝拜司空兼侍中判永興軍先是慶卒叛既伏誅而餘黨越佚自陝以西皆儆備人情騷然公亮一鎮以靜次第奏罷之長安豪喜造飛語聲言營卒怨減削謀以上元夜結外兵為亂邦人大恐或勸毋出遊公亮心不為動曰此妄語也張燈縱觀與賓佐竟夕乃歸城中帖然

蘇軾知密州時有盜竊發安撫司遣三班使臣領悍卒來捕卒凶暴恣行至以禁物誣民入其家爭鬬殺人且畏罪驚潰將為亂民奔訴軾軾投其書不視曰必不至此散卒聞之少安徐使人招出戮之

趙鼎再相踰月未見所施朝士責之鼎曰今日之事如久病虛弱之人再有所傷元氣必耗惟當靜以鎮之若大作措置煥然一新此速死之術也昔張浚非不欲有為而其效如此亦足以為戒矣

恩信

漢倪寬武帝時由廷尉文學卒史累遷左內史勸農桑緩刑罰理獄訟卑體下士務在得人心擇用仁厚士推情與下不求名聲吏民大信愛之收租稅時裁闊狹與民相假貸以故租多不入後有軍發寬以負租課殿當免民聞皆恐失之大家牛車小家負儋輸租不絕課更以最積官至御史大夫

韓延壽為東郡太守接待下吏恩施甚厚而約誓明或欺負之者延壽痛自刻責豈其負

之何以至此吏聞者自傷悔其縣尉至自刺死及門下掾自剄人救不殊因瘖不能言延壽聞之對掾史涕泣遣吏醫治視厚復其家在東郡三歲令行禁止斷獄大減爲天下最入守左馮翊郡中翕然恩信周徧二十四縣吏民不忍欺紿

陳衆初辟州從事有劇賊淳于臨等數千人攻縣殺吏光武遣司空李通率師擊之州牧惶怖恐獲罪戾衆於是自請以恩信曉諭降

之乘單車駕白馬往到賊所以義告諭臨素服衆之名德即降服民立生祠曰白馬從事

鍾離意辟大司徒侯霸府掾送徒詣河內時冬寒徒病不能行路過弘農意輒移屬縣使作徒衣縣不得已與之上書言狀意亦具以聞光武得奏見霸曰君所使掾何乃仁於用心誠良吏也意遂於道解徒桎梏恣所欲過與剋期俱至無或違者

伏湛尚信義拜大司徒時賊徐異卿等萬餘人據富平連攻之不下唯云願降司徒伏公帝知湛爲青徐所信向遣到平原異卿等即日歸降

鄧訓章帝元和三年拜張掖太守時護羌校尉張紆誘誅燒當種羌迷吾等由是諸羌大怨謀欲報怨朝廷憂之公卿舉訓代紆爲校尉諸羌激忿衆四萬餘人期氷合渡河攻訓先是小月氏胡分居塞內勝兵二三千騎皆勇健富强每與羌戰常以少制多雖首施兩

端漢亦時收其用又迷吾子迷唐別與武威種羌合兵萬騎來至塞下未敢攻訓先欲脅月氏胡訓擁衛稽故令不得戰議者咸以羌胡相攻不宜禁護訓曰不然張紆失信衆羌大動皆恩信不厚爾今因其迫急以德懷之庶能有用遂令開城及所居園門悉驅羣胡妻子納之嚴兵守衛羌掠無所得又不敢逼諸胡因即解去由是湟中諸胡皆言漢家常欲鬭我曹今鄧使君待我以恩信開門納我

妻子乃得父母咸歡喜叩頭曰唯使君所命訓遂撫養其中少年勇者數百人以為義從羌胡俗恥病死每病臨困輒以刃自刺訓聞有困疾者輒拘持縛束不與兵刃使醫藥療之愈者非一小大莫不感悅

三國蜀諸葛亮為丞相率師出祁山魏明帝自征蜀幸長安遣司馬懿督張郃諸軍雍涼勁卒三十餘萬潛軍密進窺向劍閣亮時在祁山旌旗利器守險要者十二更下者八萬恭佐咸以賊衆強盛非力不制宜權停下兵一月以并聲勢亮曰統武行師以大信為本得原失信古人所惜去者束裝以待期妻子鶴望而計日雖臨征難義所不廢皆催遣令去於是去者感悅願留與戰往者憤踴思致死命相謂曰諸葛公之恩死猶不報也臨戰之日莫不拔刃爭先以一當十殺張郃却司馬懿一戰大尅此信之由也

隋王伽高祖時為齊州行參軍送流囚李參等七十餘人詣京師行至滎陽謂曰汝輩自犯國刑身嬰縲紲固其職也重勞援卒豈不愧心參等辭謝伽乃悉脫其枷鎖停援卒與約曰某日當至京師如致前却吾當為汝受死遂舍之而去流人感悅如期而至一無離叛帝聞而驚異召見與語稱善久之於是悉召流人赦之因下詔曰使官盡王伽民皆李參刑措其何遠哉乃擢伽為雍令

唐呂元膺德宗時為蘄州刺史嘗錄囚或白父母在明日歲旦不得省為恨因泣下元膺惻然悉釋械歸之而戒還期吏白不可答曰吾以信待人人豈我違囚果如期而至自是羣盜感愧悉避境去

柳公綽為太原尹北都留守河東節度觀察等使是歲北虜遣將軍李暢以馬萬疋來市託云入貢所經州府守帥假之以禮嚴其兵備留館則戒卒於外懼其襲奪太原故事出兵逆之暢及界上公綽使牙將祖孝恭單馬

勞問。待以脩好之意。暢感義出涕。徐驅道中。不安馳獵。至則闢牙門。令譯引謁宴以常禮。及市馬而還。不敢侵犯。陘北有沙陁部落自九姓六州皆畏避之。公綽至鎮。召其酋朱耶執宜直抵雲朔塞下。治廢柵十一。所募兵三千付之。令屯塞上以禦匈奴。沙陁感恩。悉力保障

宋范仲淹為環慶路經畧安撫招討使。待將吏必使畏法而愛已。所得賜賚皆以上意分賜

諸將使自為謝。諸蕃質子縱其出入。無一人逃者。蕃酋來見。召之卧內。屏人徹衛與語不疑

种世衡知環州。蕃部有牛家族奴訛者素屈強。未嘗出見州官。及聞世衡至。乃來郊迎。世衡與約明日當至其帳慰勞部落。是夕雪深三尺。左右曰。奴訛凶詐難信。且道險不可行。世衡曰。吾方以信結諸胡。可失期邪。遂冒雪而往。既至。奴訛大驚曰。前此未嘗有官至吾部者。公乃不我疑耶。遂率部落羅拜。皆感激心服

國朝胡大海僉樞密院。張士誠將呂珍圍諸暨州。大海率兵救之。珍勢蹙。乃於馬上折矢求解兵。大海許之。都事王愷曰。彼猾賊難信。不如擊之。可大勝也。大海曰。彼若再來。吾有以待之。且吾許人言而背之。不信。縱其去而擊之。不武。遂引兵還

五倫書卷之四十八

五倫書卷之四十九

臣道

善行

正學

列國魯孔子定公時為中都宰一年四方皆則之相定公會齊侯于夾谷犂彌言於齊侯曰孔丘知禮而無勇若使萊人以兵刼魯侯必得志齊人鼓譟而起孔子謂齊侯曰兩君合好而裔夷之俘以兵亂之非齊君所以命諸

侯也裔不謀夏夷不亂華俘不干盟兵不偪好於神為不祥於德為愆義於人為失禮君必不然齊侯遽止之顧其臣曰夫人率其君與行古人之道二三子獨率我入夷狄之俗使寡人獲罪於魯侯乃歸鄆讙龜陰之田以謝過繼而為司寇攝行相事教化大行齊人懼歸女樂以沮之季桓子受女樂三日不朝孔子行應聘諸侯退而刪詩書定禮樂贊周易脩春秋明堯舜禹湯文武之道為萬世帝

王法

孟子受業子思之門人道既通游齊宣王問以齊桓晉文之事則曰仲尼之徒無道桓文之事者無以則王乎適梁惠王問何以利吾國則曰王何必曰利亦有仁義而已矣當是時秦用商君楚魏用孫子田忌天下方務合從連横以征伐為賢而孟子乃述唐虞三代之德是以所如不合退與萬章之徒序詩書述仲尼之意作七篇韓愈曰自孔子沒獨孟

軻氏之傳得其宗故求觀聖人之道必自孟子始

漢董仲舒少治春秋下帷講誦三年不窺園武帝即位仲舒以賢良對策首推春秋之義以明王道之要有曰彊勉學問則聞見博而智益明彊勉行道則德日起而大有功又曰道之大原出於天天不變道亦不變是以禹繼舜舜繼堯三聖相受而守一道且請興太學設庠序以教化為務諸不在六藝之科孔子

之術者皆絶其道。勿使並進。邪辟之説滅息。然後統紀可一。而法度可明。民知所從矣。其後武帝推明孔氏。抑黜百家。表章六經。設學校之官。州郡舉茂才孝廉。皆自仲舒發之

蔡邕。靈帝建寧中拜郎中。校書東觀。遷議郎。邕以經籍去聖久遠。文字多謬。俗儒穿鑿。疑誤後學。乃與堂谿典等奏求正定六經文字。帝許之。邕乃自書於碑。鐫刻立於太學門外。於是後儒晚學咸取正焉

三國。蜀諸葛亮受先主遺詔輔後主。再出師伐魏。首表勸後主開張聖聽。以光先帝遺德。恢弘志士之氣。親賢臣遠小人。復表以漢賊不兩立。王業不偏安。請鞠躬盡力以討賊。後儒比之伊訓説命云

唐韓愈通六經百家學。深採本原。卓然樹立。成一家言。憲宗時為刑部侍郎。嘗上佛骨表。其畧曰。佛本夷狄之人。與中國言語不通。衣服殊製。口不道先王之法言。身不服先王之法服。不知君臣之義。父子之情。乞以此骨付之水火。永絶根本。斷天下之疑。絶前代之惑。又作原道篇。推明聖人之道。其言有曰。堯以是傳之舜。舜以是傳之禹。禹以是傳之湯。湯以是傳之文武周公。文武周公以是傳之孔子。孔子以是傳之孟軻。軻之死。不得其傳焉。説者謂其文與孟軻相表裏。而左右六經云

宋周敦頤博學力行。仕至虞部郎中。自孟子沒。聖人之道不明。異端邪説競起。幾至大壞。千

有餘歲。至宋中葉而後敦頤出焉。得聖賢不傳之學。著太極圖。明天理之根源。究萬物之終始。其言有曰。聖人定之以仁義中正而主靜。立人極焉。君子脩之吉。小人悖之凶。又著通書四十篇。發明太極之藴。序者謂其言約而道大。文質而義精。得孔孟之本源。大有功於學者也

程顥與弟頤聞周敦頤論道。遂厭舉業。有求道之志。求諸六經而得之。即以興起斯文為

己任。神宗時權御史裏行。數召對。進說甚多。大要以正心窒慾求賢育才為先。所獻納必據經術。進王伯育賢等論。皆係教化之本。及王安石進用。顥見神宗陳君道以至誠仁愛為本。未嘗及功利。神宗疑其迂。遂以言不用。求補外。其學在於窮理盡性。正心脩身。辨異端。闢邪說。以明聖人之道。及歿。文彥博表其墓曰明道先生云

程頤之學本於誠。以大學論語孟子中庸為

標指。而達於六經。動止語默。一以聖人為師。哲宗時為崇政殿說書。當進講。經筵必宿齋預戒。潛思存誠。冀以感動上意。其說常於文義之外反覆推明。歸之人主。宰相文彥博呂公著等入侍。聞其講說。退輒相與歎曰真侍講也。一時文士多歸其門。頤亦以天下自任。論議襃貶無所顧避。遂與時忤而去。乃以廣著述淑來學為事。張載稱其兄弟得孔孟不傳之緒。學為諸儒之倡

司馬光七歲聞講春秋。大愛之。自是手不釋書。年十五無書不通。由進士歷官于朝。嘗誦孟子之言曰。責難於君謂之恭。陳善蔽邪謂之敬。吾君不能謂之賊。故召對之際。必切切於開陳善道。又患歷代史書大繁。學者不能究。況於人主。因進通志。遂受命綜括舊史。如左氏編年體。上起周威烈。下訖五代。志辯論其是非疑似為書以進。神宗重之。親為製序。賜名資治通鑑

張載少喜談兵。以書謁范仲淹。仲淹曰。儒者自有名教可樂。何事於兵。因勸讀中庸。猶未以為足。及與二程論道學之要。渙然自信。曰。吾道自足。何事旁求。於是盡棄異學。淳如也。西方學者皆宗之。熙寧中用薦被召。神宗問以治道。皆以漸復三代為對。授崇文校書。他日執政語之曰。新政之更。懼不能任。求助於子何如。載曰。若與人為善。孰敢不盡。若教玉人追琢。則人固有不能。所言多不合。晚居橫

渠嘗曰仁政必自經界始欲與學者議古法買田一方畫爲數井以推先王之遺法明當今之可行又著正蒙西銘諸書皆足以羽翼道學

邵雍於書無所不讀一日歎曰昔人尚友於古而吾獨未及四方於是踰河汾涉淮漢周流齊魯宋鄭之墟久之幡然來歸曰道在是矣遂不復出嘗從學李之才之才授以河圖洛書伏羲八卦六十四卦圖象雍由是探賾

索隱妙悟神契洞徹縕奥汪洋浩博多其所自得者程顥嘗與雍議論退而歎曰堯夫内聖外王之學也

胡安國入太學以朱長文靳裁之爲師强學力行以聖人爲標的自王安石廢春秋不列於學官安國謂先聖手所筆削之書乃使人主不得聞講說學士不得相傳習亂倫滅理用夷變夏殆由乎此故潛心是書二十餘年以爲天下事物無不備於此每歎曰此傳心要典也及爲侍講受詔纂脩春秋傳成高宗謂深得聖人之旨

朱熹自少厲志聖賢之學自其父韋齋聞河洛之學日誦大學中庸以用力於致知誠意之地熹已心知其說而力行之故其爲學也窮理以致其知反躬以踐其實而居敬者所以成始成終也謂致知不以敬則昏惑紛擾無以察義理之歸躬行不以敬則怠惰放肆無以致義理之實持敬之方莫先主一既爲

箴以自儆又筆之於書以爲小學大學皆本於此孝宗時除提點江西刑獄淳熙間召見有要之於路曰正心誠意之論上所厭聞可勿以言熹曰某平生所學惟此四字豈可隱默以欺君乎熹見浙東士習馳騖於外舍六經語孟而尊史遷舍窮理盡性而窮世變舍治心脩身而喜功利大爲學者心術之害語門人曰今海内學術之弊有兩說江西頓悟永康事功若不極力爭辯此道無由得明

真德秀理宗時累遷至禮部侍郎直學士院嘗入對言三綱五常為扶植宇宙之棟幹奠安生民之柱石又言人以一心而受衆攻未有不浸淫而蠹蝕者惟學可以明此心惟敬可以存此心惟親君子可以維持此心又以大學衍義進且陳祈天永命之說謂敬者德之聚儀狄之酒南威之色盤遊弋射之娛禽獸狗馬之玩有一于茲皆足以害敬帝皆嘉納初韓侂胄立偽學之名以錮善類當世大

儒之書皆顯禁以絕之迨德秀出獨慨然以斯文為己任於聖人之經講習而服行之黨禁既開而正學復明於天下後世者多德秀之力也立朝謇謇講論切至

元許衡嗜學如飢渴然貧無書嘗於日者家見書疏義因請寓宿手抄歸既又得易王輔嗣說時兵亂中衡夜思晝誦身體而力踐之言動必揆諸義而後發往來河洛間從柳城姚樞得伊洛程氏及新安朱氏書益大有得尋居蘇門與姚樞及竇默相講習凡經傳子史禮樂名物星曆兵刑食貨水利之類無所不講而慨然以道為己任嘗語人曰綱常不可一日而亡於天下苟在上者無以任之則在下者之任也故凡喪祭娶嫁必徵於禮以倡其鄉人至元二年議事中書省乃上疏有曰大學之道以脩身為本凡一言一動必求其然與其所當然不牽於愛不蔽於憎不因於喜不激於怒虛心端意熟思而審處之雖有

不中者蓋鮮矣又曰孟子曰我非堯舜之道不敢以陳於王前臣愚區區竊亦願學也書奏凡五帝嘉納之

廉希憲在中書時方尊禮國師世祖固命希憲受戒對曰臣受孔子戒矣世祖曰孔子亦有戒耶對曰為臣當忠為子當孝孔子之戒如是而已世祖乃罷遣之

高智耀太宗嘗訪求河西故家子孫之賢者衆以智耀對名見將用之遽辭歸憲宗即位

智耀入見言儒者所學堯舜禹湯文武之道自古有國家者用之則治不用則否養成其材將以資其用也宜蠲免徭役以教育之帝問儒家何如巫醫對曰儒以綱常治天下豈方技所得比帝曰善前此未有以是告朕者詔復海内儒士徭役無有所與

吴澄英宗時拜翰林學士先是有旨集善書者粉黄金為泥寫浮屠藏經用以追薦詔澄為序澄辭曰列聖之神上同日月何庸薦拔

且國初以來凡寫經追薦不知幾舉若未效是無佛法矣若已效是誣其祖矣撰為文辭不可以示後世事遂寢澄早以斯文自任於易春秋禮記各有纂言盡破傳註穿鑿以發其蘊條歸紀叙精白簡潔卓然成一家言作學基學統二篇使人知學之本與為學之序尤有得於邵子之學

勤勵

漢張安世少以父任為郎用善書給事尚書精力於職休沐未嘗出武帝幸河東嘗亡書三篋詔問莫能知惟安世識之具作其事後購求得書以相校無所遺失帝奇其才擢尚書令

吴漢性強力每從光武征伐帝未安恒側足而立諸將見戰陳不利或多惶懼失其常度漢意氣自若方整厲器械激揚士吏每當出師朝受詔夕即引道初無辦嚴之日故能常任職以功名終

三國蜀諸葛亮後主即位封武鄉侯領益州牧政事無巨細咸決於亮亮乃約官職脩法制嘗自校簿書夙興夜寐罰二十以上皆親決之

晉陶侃大興初都督荊雍益梁州諸軍事侃勤於吏職闈外多事千緒萬端罔有遺漏遠近書疏莫不手荅筆翰如流未嘗壅滯引接疎遠門無停客初為廣州刺史在州無事輒朝運百甓於齋外暮運於齋内人問其故荅曰

吾方致力中原過爾優逸恐不堪事故習勞耳又嘗語人曰大禹聖者乃惜寸陰至於衆人當惜分陰豈可逸遊荒醉生無益於時死無聞於後是自棄也諸衆佐或以談戲廢事者乃命取其酒器蒱博之具悉投之於江吏將則加鞭扑曰樗蒱者牧猪奴戲耳君子當正其衣冠攝其威儀何有亂頭養望自謂宏達耶

唐溫彥博自學知機務即杜絕賓客國之利害知無不言太宗嘉之及薨謂侍臣曰彥博以憂國之故勞精竭神我見其不逮已二年矣恨不縱其閒逸致夭生靈

李大亮太宗時拜左衛大將軍後兼太子右衛率俄兼工部尚書身居三職宿衛兩宮每當直必通宵假寐帝勞之曰當公宿直我便安卧

杜佑性勤而無倦雖位極將相手不釋卷質明視事接對賓客夜則燈下讀書孜孜不怠

與賓佐談論人憚其貴而服其博

宋曹彬拜樞密使彬在宥密常公服危坐如對君父接小吏亦以禮未嘗以名呼歸私第唯閑閤宴居不安通賓客五鼓纔動已待漏於禁門矣雖雪霜不易其操

韓琦鎮大名魏之牒訴甚劇而事無大小親視之雖在疾病不出亦許通聞請命而就決於卧內人或以其任勞事過多勉其畧於總劾委於佐屬而少自便安琦曰兩詞在官人之大事或生或死或予或奪至此一言而決吾何敢畧也况可以委人乎後守鄉郡簿書文檄檢察研覈莫不躬親左右或曰公位重年耆功名如此朝廷賜守鄉郡以養安幸無親小事琦曰已憚煩勞吏民當有受弊者且俸祿日萬錢不事事吾何安哉

呂公著為郡率五鼓起秉燭視案牘黎明出廳決民訟退就便坐宴居如齋賓僚至者毋拘時以故郡無留事而下情通凡典六郡以

爲常。後雖年高貴重不少替

司馬光。拜尚書僕射兼門下侍郎。自見言行計從欲以身徇社稷躬親庶務不舍晝夜賓客見其體羸。舉諸葛亮食少事煩爲戒光曰死生命也。爲之益力。病革不復自覺諄諄如夢中語然皆朝廷天下事也

元拜住仁宗即位。拜資善大夫太常禮儀院使加開府儀同三司太常事簡每退食必延儒士。諮訪古今禮樂刑政治亂得失盡日不倦

常曰。人之仕官。隨所職司事皆可習至於學問有本施於事業。此儒者之能事宰相之資也

篤行

列國魯宓子賤。孔子弟子既仕。孔子見而問之曰。自子仕。何得何亡。子賤曰。自吾之仕未有所亡而所得者三。始誦之文今履而行之是學日益明所得者一也奉祿雖少鬻之得及親戚。是以親戚益親。所得者二也公事雖急夜勤弔死視病是以朋友益親。所得者三也。孔子謂子賤曰。君子哉若人。君子哉若人。魯無君子者斯焉取斯

衛季羔爲士師。刖人之足。俄而衛有蒯聵之亂季羔逃之走郭門刖者守門焉謂季羔曰。彼有缺季羔曰。君子不踰又曰彼有竇季羔曰。君子不隧。又曰。於此有室季羔乃入焉。既而追者罷

漢董仲舒景帝時爲博士。進退容止。非禮不行。

學士皆師尊之後相江都膠西兩國輒事驕王正身以率下數上疏諫爭教令國中所居而治及去位歸居終不問家業以脩學著書爲事

嚴彭祖宣帝時爲太子太傅廉直不事權貴或說曰。天時不勝人事。君以不脩小意曲謹亡貴人左右之助經誼雖高不至宰相願少自勉强彭祖曰凡通經術固當脩行先王之道何可委曲從俗苟求富貴乎遂以太傅官

終
尹翁歸為東海太守郡中吏人賢不肖及姦邪盡知之東海大治以高第入守右扶風滿歲為真政雖任刑其在公卿之間清潔自守語不及私温良廉退不以行能驕人甚得名譽於朝廷
東平王蒼明帝詔問其處家何等最樂王對云為善最樂帝曰其言甚大稱是腰腹蒼美鬚髯腰帶圍八尺二寸故云

張湛矜嚴好禮動止有則居處幽室必自脩整雖遇妻子若嚴君焉及在鄉黨詳言正色三輔以為儀表初為左馮翊政化大行後告歸平陵望寺門而步主簿進曰明府位尊德重不宜自輕湛曰禮下公門式路馬孔子於鄉黨恂恂如也父母之國所宜盡禮何謂輕哉
許劭少峻名節為郡功曹太守徐璆甚敬之府中聞劭為吏莫不改操飾行同郡袁紹公族豪俠去濮陽令歸車徒甚盛將入郡界乃謝遣賓客曰吾輿服豈可使許子將見遂以單車歸家
晉陶侃鎮武昌殷浩庾翼為佐吏每飲酒有定限嘗歡有餘而限已竭勸更少進侃悽懷良久曰年少曾有酒失亡親見約故不敢踰
唐王義方性謇特舉明經詣京師客有徒步疲于道者自言父宦遠方病且革欲往省困不能前義方哀之解所乘馬以遺不告姓名而

去由是譽振一時不肯造請貴勢會補晉王府參軍直弘文館魏徵異之欲妻以夫人之姪辭不取俄而徵薨乃取之人問其然曰初不附宰相今感知己故也
宋杜衍推獎後進知名當世士多出其門居家見賓客必問時事聞有善喜若己出至有所不可憂見於色或夜不能寐如任其責者凡衍所以行之終身者有能履其一君子以為人所難而衍自謂不足以名後世遺戒子孫

無得記述
趙抃長厚淸脩人不見其喜慍平生不治貲業不畜聲伎嫁兄弟之女十數他孤女二十餘人施德惸貧蓋不可勝數日所爲事入夜必衣冠露香以告于天不可告者則不敢爲也

張戩初登進士第累遷御史裏行平生篤實寬裕儼然正色雖喜慍不見於容然與人居溫厚之意久而益親終日言未嘗及於利樂

道人之善而不及其惡樂進己之德而不事無益之言其淸不以能病人其和不以物奪志常雞鳴而起任道力行每若不及德大容物沛若有餘常自省過差必語人曰我知之矣公等察之後此不復爲矣

范純仁爲宰相平易寬簡不以聲色加人誼之所在則挺然不少屈自爲布衣至宰相廉儉如一所得奉賜皆以廣義莊前後任子恩多先疎族沒之日幼子五孫猶未官嘗曰吾平生所學得之忠恕二字一生用不盡以至立朝事君接待僚友親睦宗族未嘗須臾離也

元劉因才器超邁讀書不泥章句訓詁務明聖賢大學之道家居教授師道尊嚴弟子造其門者皆有成就嘗愛諸葛孔明靜以脩身之語表所居曰靜脩宰相以其學行薦于朝屢徵不起世祖歎曰古所謂不召之臣殆斯人之徒歟其見重當時若此

明敏

列國齊鄒忌以鼓瑟見宣王王善之拜以爲相而齊有稷下先生淳于髡之屬七十二人皆輕忌欲設辭難之乃相與見忌曰狐白之裘補之以敝羊皮何如忌曰請不敢雜賢以不肖髡等曰方內而員釭（音工車轂內鐵也）何如忌曰請謹門內不敢留賓客髡等曰三人共牧一羊羊不得食人不得息何如忌曰省負減吏使無擾民也髡等三稱忌三應之如響人美

其明敏也

三國蜀費禕代蔣琬為尚書令。于時衆務煩猥。禕識過人。每省讀書記。粗舉目暫視。究其意旨。其速數倍於人。終亦不忘。常以朝晡聽事。其間接賓客。飲食嬉戲。加之博奕。每盡人之歡。事後董允代禕為尚書令。旬日之中。事多停滯。允歎曰。人才力相懸若此。非吾所及

晉劉穆之為左僕射。內總朝政。外供軍旅。決斷如流。事無壅滯。目覽辭訟。手答箋書。耳行聽

受。口並酬應。不相參涉

唐姚崇玄宗時與盧懷慎同為相。崇嘗有子喪。謁告十餘日。政事委積。懷慎不能決。惶恐入謝於帝。帝曰。朕以天下事委姚崇。以卿坐鎮雅俗耳。崇既出。須臾裁決俱盡。懷慎自以才不及崇。每事推之

陸贄德宗朝為翰林學士。朱泚謀逆。從駕幸奉天。時天下叛亂。機務填委。徵發指蹤。千端萬緒。一日之內。詔書數百。贄揮翰起草。思如泉注。初若不經思慮。既成之後。莫不曲盡事情。中於機會。胥吏簡札不暇。同舍皆服其能。其於議論應對。明練理體。敷陳剖判。下筆如神。當時名流無不推挹

吳湊為京兆尹。初府中易湊。貴戚予不便。簿領每有疑獄。待其將出。則遮湊取決。幸倉卒得容欺。湊叩鞍一視。凡指摘盡中其弊。初無留意。由是衆皆畏服。湊精於裁遣如此

宋張齊賢真宗時為中書門下平章事。戚里時

有分財不均者。更相訟。又入宮自訴。齊賢曰。是非臺府能決。臣請自治。帝俞之。齊賢坐府中召訟者問曰。汝非以彼所分財多。汝所分少乎。曰然。命具款。乃召兩吏。令甲家入乙舍。乙家入甲舍。貨財無得動。分書則交易之。明日奏聞。帝大悅曰。朕固知非卿莫能定

錢勰音協神宗朝知開封府。老吏畏其敏。欲困以事。導人訴牒至七百。勰隨即剖決。簡不中理者。緘而識之。戒無復來。閱月聽訟。一人又

至。吁詰之曰。吾固戒汝矣。安得欺我。其人讞音闕逆言也曰無有。勰曰。汝前詐云云。吾識以其字。啟緘示之。信然。上下皆驚咤

楊霆知監利縣時。縣有疑獄歷年不決。霆未上。微服廉得其實。立決之。人稱神明。辟荊湖制置司幹官。呂文德爲帥。素慢侮士。常試以難事。霆倉卒立辦。皆合其意。一日謂霆曰。朝廷有密旨出師策應淮東。誰可者。即對曰。某將可。又曰。兵器糧草若何。即對曰。某營兵馬

某庫器甲。某處矢石。某處芻糧。口占授吏。頃刻案成。文德大驚曰。吾平生輕文人。以其不事事也。公材幹如此。何官不可爲。吾何敢不敬

元。王思誠至正初出僉河南山西道肅政廉訪司事。行部武鄉縣。監縣來迓。思誠私語吏屬曰。此必贓吏。未幾果有愬于道側者。問曰。得無訴監縣欲汝馬乎。其人曰然。監縣抵罪。吏屬問思誠先知之故。曰。弊衣乘駿馬。非詐而何。衆服其明

五倫書卷之四十九

五倫書卷之五十

周。周公從武王入殷。聞有長者。武王往見之。問殷所以亡。長者曰。王欲知之。則明日請以日中為期。武王與周公明日又要其期則不得也。武王怪之。周公曰。吾已知之矣。此君子也。恥不能諫其主。又以其惡告王。固不忍也。○

公事成王。有三苗貫桑而生同為一秀。大幾盈車。民得而上之成王。成王問周公此何也。周公曰。三苗同秀為一。意天下其和而為一乎。後三年越裳氏果重譯而朝

列國魯子貢仕魯。定公十五年春。邾隱公来朝。子貢觀焉。邾子執玉高其容仰。公受玉卑其容俯。子貢曰。以禮觀之。二君者皆有死亡焉。夫禮死生存亡之體也。將左右周旋進退俯仰於是乎取之。朝祀喪戎於是乎觀之。今正月相朝而皆不度。心已亡矣。嘉事不體。何以能久。高仰驕也。卑俯替也。驕近亂。替近疾。君為主。其先亡乎。既而果然

顔淵侍魯定公于臺。東野畢御馬于臺下。定公曰。善哉東野畢之御。顔淵曰。善則善矣。其馬將必佚。定公不悦。以告左右曰。吾聞之。君子不讒人。君子亦讒人乎。顔淵去。須臾馬敗聞矣。定公乃起趨駕請顔淵。淵至。定公曰。向寡人謂東野畢之御。子何以知其馬之將佚

也。顔淵曰。臣以政知之。昔者舜巧於使人。造父巧於使馬。舜不窮其民力。造父不盡其馬力。是以舜無佚民。造父無佚馬。今東野畢之御也。升馬執轡銜體正矣。步驟馳騁朝禮畢矣。歴險致遠。馬力殫矣。然而猶乃求馬無已。是以知其佚也。定公曰善。可以少進與。顔淵曰。鳥窮則啄。獸窮則攫。居縛反 人窮則詐。馬窮則佚。自古及今。有窮其下能無危者。未之有也。定公曰。善哉君子之智。寡人之過也

齊仲孫湫為大夫齊侯使湫省魯難仲孫歸曰不去慶父魯難未已公曰若之何而去之對曰難不已將自斃君其待之公曰魯可取乎對曰不可猶秉周禮周禮所以本也臣聞之國將亡本必先顛而後枝葉從之魯不棄周禮未可動也君其務寧魯難而親之親有禮因重固間攜貳覆昏亂霸王之器也

虞宮之奇以晉侯復假道於虞以伐虢言於虞公曰虢虞之表也虢亡虞必從之諺所謂

輔車相依脣亡齒寒者其虞虢之謂也虞公不聽厥後晉滅虢遂襲虞滅之

吳伍子胥事吳王夫差夫差聞齊景公死而大臣爭寵新君弱乃興師北伐齊子胥進曰越王勾踐食不重味衣不重采弔死問疾且欲有所用其眾此人不死必為吳患今越在腹心疾而王不先而務齊不亦謬乎吳王不聽遂北伐齊敗齊師於艾陵十一年復北伐齊越王勾踐率其眾以朝吳厚獻遺之吳王喜唯子胥懼曰是棄吳也夫越在腹心今得志於齊猶石田無所用吳王不聽使子胥於齊子胥屬其子於齊鮑氏還報吳王吳王聞之大怒賜子胥屬鏤（劍名）之劍以死子胥將死曰樹吾墓上以梓令可為器抉吾眼置之吳東門以觀越之滅吳也二十三年越果敗吳夫差遂自剄死

漢劉敬事高帝為郎中號奉春君韓王信反帝自往擊至晉陽聞信與匈奴欲擊漢帝大怒

使人覘匈奴匈奴匿其壯士肥牛馬徒見老弱羸畜使者十輩來皆言匈奴易擊帝使劉敬復往使匈奴還報曰兩國相擊此宜矜夸見所長今臣往徒見羸瘠老弱此必欲見短伏奇兵以爭利愚以為匈奴不可擊也是時漢兵踰句注三十餘萬已業行帝怒罵敬曰齊虜以口舌得官廼今妄言沮吾軍械繫敬廣武遂往至平城匈奴果出奇兵圍帝於白登七日然後得解帝至廣武赦敬曰吾不用

公言以困平城吾已斬先使十輩言易擊者矣迺封敬二千户號建信侯

周亞夫景帝時為丞相而趙禹為丞相史府中皆稱其廉平亞夫弗任曰極知禹無害然文深不可以居大府

魏相為茂陵令時御史大夫桑弘羊客詐稱御史止傳丞不以時謁客怒縛丞相疑其有姦遂收捕之按致其罪論棄客市茂陵大治後遷河南太守宣帝即位入為大司農遷御

史大夫四歲大將軍霍光薨相上言今光死子禹復為大將軍兄子山秉樞機光夫人顯及諸女皆通籍長信宮或夜詔門出入驕奢放縱恐寖不制宜有以損奪其權破散陰謀以全功臣之世帝善之皆從其議後霍氏果有反謀伏誅

陳湯成帝時為射聲校尉坐事奪爵為士伍後數歲西域都護段會宗為烏孫兵所圍驛騎上書願發城郭燉煌兵以自救丞相王商等議數日不決大將軍王鳳言湯多籌策習外國事可問帝召湯見宣室湯對曰臣以為此必無可憂也帝曰何以言之湯曰夫胡兵五而當漢兵一人兵法曰客倍而主人半然後敵今烏孫兵圍會宗者人衆不足以勝會宗唯陛下勿憂今會宗欲發城郭燉煌歷時乃至所謂報讎之兵非救急之用也帝曰奈何其解可必乎度何時湯知烏孫瓦合不能久攻故事不過數日詘指計其日曰不出五

日當有吉語聞居四日軍書到言烏孫兵已解矣其識多類此

鄧禹年十三受業長安時光武亦游學京師禹年雖幼而見光武知非常人遂相親附數年歸家及漢兵起更始立豪傑多薦舉禹禹不肯從及聞光武安集河北即杖策北渡追及於鄴光武見之甚歡因留宿閒語禹進說曰更始雖都關西今山東未安赤眉青犢之屬動以萬數三輔假號往往羣聚更始既未

有所挫而不自聽斷諸將皆庸人屈起志在財帛爭用威力朝夕自快而已非有忠良明智深慮遠圖欲尊主安民者也四方分崩離析形勢可見明公雖建藩輔之功猶恐無所成立於今之計莫如延攬英雄務悅民心立高祖之業救萬民之命天下不足定也光武大悅因令左右號禹曰鄧將軍常宿止於中與定計議光武即位拜禹為大司徒封高密侯

寇恂光武時為執金吾時隗囂將高峻擁兵萬人據高平第一城也畏誅堅守帝遣恂降之恂奉璽書至第一峻遣軍師皇甫文出謁辭理不屈恂怒將誅文諸將曰高峻精兵萬人率多彊弩西遮隴道連年不下今欲降之而反戮其使無乃不可乎恂不應遂斬之遣其副歸告峻曰軍師無禮已戮之矣欲降急降不欲固守峻惶恐即日開城門降諸將皆賀因曰敢問殺其使而降其城何也恂曰皇甫

文峻之腹心其所取計者也今來辭意不屈必無降心全之則文得其計殺之則峻亡其膽是以降爾諸將皆曰非所及也遂傳峻還洛陽

耿弇少好學父況為上谷太守弇年二十一奉父奏詣長安至宋子會王郎起兵邯鄲從吏曰子輿成帝正統捨此不歸遠行安之弇按劍曰子輿弊賊卒為降虜爾我至長安陳漁陽上谷兵馬歸發突騎以轔烏合之衆如摧枯折腐爾觀公等不識去就族滅不久也弇乃馳北上謁光武光武留署門下史與俱北至薊令功曹王霸募人擊王郎市人皆大笑舉手邪揄之霸慚懅居魚反而反光武將南歸弇曰今兵從南方來不可南行漁陽太守彭寵公邑人上谷太守即弇父也發此兩郡控弦萬騎邯鄲不足慮也光武官屬皆曰死尚南首奈何入囊中光武指弇曰是我北道主人也數召見加恩慰以為偏將軍遂率兵從

拔邯鄲

吳漢初為安樂令。會王郎起，北州擾惑。漢素聞光武長者，獨欲歸心。廼說太守彭寵曰：漁陽上谷突騎，天下所聞也。君何不合二郡精銳附劉公擊邯鄲，此一時之功也。寵以為然，而官屬皆欲附王郎，寵不能奪。漢乃辭出止外亭，念所以譎衆，未知所出。望見道中有一人似儒生者，漢使人召之，為具食，問以所聞。生因言劉公所過為郡縣所歸，邯鄲舉尊號

者實非劉氏。漢大喜，即詐為光武書，移檄漁陽，使生齎以詣寵，令具以所聞說之。漢復隨後入。寵甚然之。於是遣漢將兵與上谷諸將并軍而南，所至擊斬王郎將帥。及光武於廣阿，拜漢為偏將軍。既拔邯鄲，賜號建策侯。光武將發幽州兵，夜召鄧禹，問可使行者。禹曰：間數與吳漢言，其人勇鷙有智謀，諸將鮮能及者。即拜漢大將軍。及河北平，漢與諸將奉圖書上尊號。光武即位，拜為大司馬，封舞陽

侯

王霸從光武至下曲陽，聞王郎兵在後，從者皆恐。及至虖沱河，候吏還白河水流澌，無船，不可濟。光武令霸往視之。霸恐驚衆，還即詭曰：冰堅可度。官屬皆喜。光武笑曰：候吏果妄語也。遂前。比至河，冰亦合，乃令霸護度，未畢數騎而冰解。光武謂霸曰：安吾衆得濟免者，卿之力也。霸謝曰：此明公至德，神靈之祐，雖武王白魚之應，無以加此。光武謂官屬曰：王霸

權以濟事，殆天瑞也。以為軍正，爵關內侯。

馬援，光武時避地涼州，隗囂甚敬重之。是時公孫述稱帝於蜀，囂使援往觀之。援素與述同里閈相善，以為既至當握手歡如平生。而述盛陳陛衛以延援入，交拜禮畢，使出就館，更為援制都布單衣交讓冠，會百官於宗廟中，立舊交之位。述鸞旗旄騎，警蹕就車，磬折而入，禮饗官屬甚盛，欲授援以封侯大將軍位。賓客皆樂留。援曉之曰：天下雄雌未定，公

孫不吐哺走迎國士與圖成敗反脩飾邊幅如偶人形此子何足久稽天下士乎因辭歸謂囂曰子陽井底蛙耳而妄自尊大不如專意東方囂遂使援奉書洛陽援至引見於宣德殿光武迎笑謂援曰卿遨遊二帝間今見卿使人大慙援頓首辭謝因曰當今之世非獨君擇臣臣亦擇君臣與公孫述同縣少相善臣前至蜀述陛戟而後進臣臣今遠來陛下何知非刺客姦人而簡易若是邪帝復笑

曰卿非刺客顧說客邪援曰天下反覆盜名字者不可勝數今見陛下恢廓大度同符高祖乃知帝王自有真也帝甚壯之以爲待詔使大中大夫來歙持節送援西歸隴右隗囂與援共卧起問以東方流言及京師得失援說囂曰前到朝廷帝引見數十每接讌語自夕至旦才明勇畧非人敵也且開心見誠無所隱伏闊達多大節畧與高帝同經學博覽政事文辯前世無比囂曰卿謂何如高帝援

曰不如也高帝無可無不可今上好吏事動如節度又不喜飲酒囂意不懌曰如卿言反復勝邪然雅信援故遂遣長子恂入質援因將家屬隨恂歸洛陽會囂用王元計意更狐疑援數以書記責譬於囂囂怨援背己得書增怒其後遂發兵拒漢卒以敗滅

班超明帝時爲假司馬永平十六年遣都尉竇固伐匈奴固使超與從事郭恂俱使西域超行到鄯善鄯善王廣奉超禮敬甚備後忽

更疎懈超謂其官屬曰寧覺廣禮意薄乎官屬曰胡人不能常久無他故也超曰此必虜使來狐疑未知所從故也明者覩未萌況已著邪乃召侍胡詐之曰匈奴使來數日今安在乎侍胡惶恐曰到已三日去此三十里超乃閉侍胡悉會其吏士三十六人與共飲酒酣因激怒之曰卿曹與我俱在絕域今虜使到裁數日而王廣禮敬即廢如令鄯善收吾屬送匈奴骸骨長爲豺狼食矣爲之柰何官

屬皆曰今在危亡之地死生從司馬超曰不入虎穴不得虎子當今之計獨有因夜以火攻虜使彼不知我多少必大震怖可殄盡也滅此虜則鄯善破膽功成事立矣衆曰善初夜超遂將吏士往奔虜營會天大風超令十人持鼓藏虜舍後約曰見火然皆當鳴鼓大呼餘人悉持兵弩夾門而伏超乃順風縱火前後鼓譟虜衆驚亂超手格殺三人吏兵斬其使及從士三十餘級餘衆百許人悉燒死

明日乃還於是召鄯善王廣以虜使首示之一國震怖超告以漢威德自今以後勿復與北虜通廣叩頭願屬漢無二志遂納子為質還白竇固固大喜具上超功效

三國蜀諸葛亮初在南陽時先主凡三往乃見因屏人曰漢室傾頹姦臣竊命主上蒙塵孤不度德量力欲信大義於天下而智術淺短遂用猖獗至于今日然志猶未已君謂計將安出亮曰自董卓以來豪傑並起跨州連郡者不可勝數曹操比於袁紹則名微而衆寡然操遂能克紹以弱為強者非惟天時抑亦人謀也今操擁百萬之衆挾天子以令諸侯此誠不可與爭鋒孫權據有江東已歷三世國險而民附賢能為之用此可與為援而不可圖也荊州北據漢沔利盡南海東連吳會西通巴蜀此用武之國而其主不能守此殆天所以資將軍將軍豈有意乎益州險塞沃野千里天府之土高祖因之以成帝業劉璋

暗弱張魯在北民殷國富而不知存恤智能之士思得明君將軍既帝室之冑信義著於四海總攬英雄思賢如渴若跨有荊益保其巖阻西和諸戎南撫夷越外結好孫權內脩政理天下有變則命一上將將荊州之軍以向宛洛將軍身率益州之衆以出秦川百姓孰敢不簞食壺漿以迎將軍者乎誠如是則霸業可成漢室可興矣先主曰善於是與亮情好日密咸資決策焉及亮事後主為丞相

出師伐魏屯陽平遣魏延諸軍并兵東下亮惟留萬人守城魏司馬懿率二十萬衆拒亮而與延軍錯道徑至前當亮六十里所偵候白懿言亮在城中兵少力弱亮亦知懿垂至已與相逼欲前赴延軍相去又遠回迹反追勢不相及將士失色莫知其計亮意氣自若敕軍中皆卧旗息鼓不得妄出菴幔又令大開四城門掃地卻洒懿嘗謂亮持重而猥見勢弱疑其有伏兵於是引軍北趣山明日食

時亮拊手大笑謂參佐曰司馬懿必謂吾怯將有彊伏循山走矣候邏還白如亮所言

魏荀彧為漢侍中守尚書令常居中持重太祖雖征伐在外軍國事皆與彧籌焉既用其計破張繡禽呂布定徐州遂與袁紹相拒孔融謂彧曰紹地廣兵強田豐許攸智計之士也為之謀審配逢紀盡忠之臣也任其事顏良文醜勇冠三軍統其兵殆難克乎彧曰紹兵雖多而法不整田豐剛而犯上許攸貪而不治審配專而無謀逢紀果而自用此二人留知後事若攸家犯其法必不能縱也不縱攸必為變顏良文醜一夫之勇可一戰而禽也太祖遂以彧議用奇兵襲紹別屯斬其將淳于瓊等紹退走審配以許攸家不法收其妻子攸怒叛紹顏良文醜臨陣授首田豐以諫見誅皆如彧所策

吳周瑜事孫權為前部督曹操入荊州劉琮舉衆降操得其水軍船步兵數十萬吳將士

聞之皆恐懼權延見羣下問以計策議者咸謂大計不如迎之瑜曰不然今使北土已安操無内憂能曠日持久來爭疆場又能與我較勝負於舟楫可也今北土既未平加以馬超韓遂尚在關西為操後患且舍鞍馬仗舟楫與吳越爭衡非其所長又今盛寒馬無藁草驅中國士衆遠涉江湖不習水土必生疾病此數者用兵之患也而操皆冒行之將軍擒操宜在今日瑜請得精兵三萬人進往夏

口。保為將軍破之。權曰老賊欲廢漢自立久矣。徒忌二袁呂布劉表與孤爾。今數雄已滅。惟孤尚存。孤與老賊勢不兩立。君言當擊甚與孤合。此天以君授孤也。瑜果敗操于赤壁

晉王允之總角時從伯敦。敦謂為似己。恒以自隨出則同輿入則同寢。敦嘗夜飲。允之辭醉先卧。敦與錢鳳謀為逆。允之已醒。悉聞其言。慮敦或疑己。便於卧處大吐。衣面並污。鳳既出。敦果照視。見允之卧吐。以為大醉。不復疑之。

時允之父舒始拜廷尉。求還定省。敦許之。至都以敦鳳謀議事白舒。舒即與導俱啓明帝。及敦平。帝欲令允之仕。舒請曰臣子尚少。不樂早官。帝許之

後魏崔浩為祭酒。宋高祖為晉將伐姚泓。舟師自淮泗泝河西上。假道於魏。詔羣臣議。咸曰劉裕揚言伐姚。意或難測。宜先發軍斷河上流。勿令西過。太宗將從之。浩曰。此非上策。司馬休之徒擾其荊州。劉裕切齒來久。必欲伐之。今若塞其西路。裕必上岸北侵。如此則姚無事而我受敵。未若假之水道。縱裕西入。然後興兵塞其東歸之路。所謂卞莊刺虎。兩得之勢也。使裕勝也。必德我假道之惠。令姚氏勝也。亦不失救鄰之名。縱使裕得關中。懸遠難守。終為我物。今不勞兵馬。坐觀成敗。鬭兩虎而收長久之利。上策也。太宗不聽。竟從羣議。遣長孫嵩發兵拒之。戰於畔城。為晉將朱超石所敗。太宗聞之。恨不用浩計

後周宇文深。累官尚書直事郎中。及高歡以兵屯蒲坂。遣將竇泰趣潼關。太祖問策於深。深曰泰高歡之驍將也。頑凶而輕敵。令大軍若就蒲坂。則歡拒守。泰必援之。內外受敵。取敗之道。不如遣輕銳之卒。潛出小關。竇性躁急必來決戰。歡持重未即救之。則竇可擒也。帝喜曰是吾心也。軍遂行。果獲泰而歡退。是冬歡率大衆渡河涉洛至沙苑。諸將皆有懼色。唯深獨賀。帝詰之。深對曰高歡之撫河北甚

得衆心雖乏智謀人皆用命以此自守未易可圖今懸師渡河非衆所欲唯歡恥失賓氏所謂忿兵一戰可擒不賀何為請假深一節發兵邀其走路殆無遺類矣帝然之尋大破歡軍如深所策

唐王珪嘗侍宴太宗謂珪曰卿識鑒清通尤善談論自房玄齡等咸宜品藻又可自量孰與諸子珪對曰孜孜奉國知無不為臣不如玄齡才兼文武出將入相臣不如李靖敷奏詳

明出入惟允臣不如温彥博處繁理劇衆務必舉臣不如戴胄以諫諍為心恥君不及堯舜臣不如魏徵至於激濁揚清嫉惡好善臣於數子亦有微長帝深然其言衆亦各以為盡己所懷謂之確論

房玄齡父彥謙仕隋歷司隸刺史玄齡幼警敏開皇中天下混一皆謂隋祚方永玄齡密白父曰上無功德徒以周近親妄誅殺攘神器而有之不為子孫立長久計淆置嫡庶競侈僭相傾鬩終當內相誅夷其亡跬步可須也彥謙驚曰無妄言年十八舉進士補隰城尉坐累徙上郡太宗以燉煌公徇渭北杖策上謁軍門一見如舊署渭北道行軍記室參軍太宗為秦王授府記室封臨淄侯征伐未嘗不從衆爭取怪珍玄齡獨收人物致幕府太宗嘗曰漢光武得鄧禹門人益親今我有玄齡猶禹也及太宗與隱太子有隙召玄齡與謀乃引杜如晦協判大計累進考功郎中

文學館學士太宗即位謂玄齡有決勝帷幄定社稷功進爵邢國公

裴行儉為禮部尚書曉陰陽算術每制敵推克必先期捷日高宗調露元年突厥阿史德温傅反帝以行儉為定襄道行軍大總管至單于之北際晚下營壕塹方周遽令移就崇岡將士皆云士衆已就安堵不可勞擾行儉不從更令促之比夜風雨暴至前設營所水深丈餘將吏驚服問行儉曰何以知風雨也

行倫笑曰自今日但依我節制何須問我所由知也

裴知古爲太樂令神龍元年正月享太廟樂作知古密語萬年令元行沖曰金石諧婉將有大慶在唐室子孫乎是月中宗復位

張九齡見安祿山初以范陽偏校入奏事氣驕蹇謂裴光庭曰亂幽州者此胡雛也及討奚契丹敗張守珪執如京師九齡署其狀曰穰苴出師而誅莊賈孫武習戰猶戮宮嬪守

珪法行于軍祿山不容免死玄宗不許赦之九齡曰祿山狼子野心有逆相宜即辜誅之以絕後患玄宗曰卿無以王衍知石勒而害忠良卒不用玄宗後在蜀思其忠爲泣下

顔真卿爲平原太守安祿山逆節頗著真卿以霖雨爲託修城浚濠未幾祿山果反河朔盡陷獨平原城守具備

郭子儀建中初有疾百官造問皆不屏婢妾及御史中丞盧杞至子儀遽麾去遠側獨隱几待杞杞去或問其故子儀曰彼形怪陋而心險吾左右見之必笑此人若得權吾當族矣

李晟德宗時爲京畿渭北鄜坊丹延招討使率師討朱泚復京師初晟屯渭橋時熒惑守歲久之方退賓介或勸曰今熒惑已退皇家之利可速用兵晟曰天子外次人臣但當死節安知天道至是謂參佐曰前者士大夫勸晟出兵非敢拒也且軍可用之不可使知之

嘗聞五緯盈縮無准晟懼復來守歲則我軍不戰而自潰矣參佐歎服

宋曹彬進檢校太傅伐江南十一月金陵城陷初彬之總師也太祖謂曰俟克李煜當以卿爲使相副帥潘美預以爲賀彬曰不然是行也仗天威遵廟謨乃能成事吾何功哉況使相極品乎美曰何謂也彬曰太原未下爾及還獻俘帝謂曰本授卿使相然劉繼元未下姑少待之美竊視彬微笑帝覺遽詰所以美

不敢隱遂以實對帝亦大笑乃賜彬錢二十萬

李昉常期王旦為相自小官薦之昉病召旦勉以自愛既退謂其子弟曰此人後日必為太平宰相然東封西祀亦不能救也

李沆為相寇準嘗以丁謂之才薦於沆而終未用一日寇謂沆曰比屢言謂之才而相公終不用豈其才不足用耶沆曰如斯人者才則才矣顧其為人可使之在人上乎準曰如謂者相公終能抑之使在人下乎沆笑曰他日後悔當思吾言也其後謂與準權寵相軋交互傾奪始服沆之識

李迪為翰林學士召對龍圖閣真宗命迪草詔徐謂迪曰曹瑋在秦州屢請益兵未及遣遽辭州事第怯耳誰可代瑋者迪對曰瑋知唃厮囉欲入寇且窺關中故請益兵為備非怯也且瑋有謀略諸將皆非其比何可代令關右兵多可分付瑋帝因問關右兵幾何對

曰臣向在陝西以方寸小冊書兵糧數備調發今猶置佩囊中帝令自探取目黃門取紙筆具疏其處當留兵若干餘悉赴塞下帝顧曰真所謂頗牧在禁中矣未久唃厮囉果犯邊秦州方出兵復召迪問曰瑋此舉勝乎對曰必勝居數日奏至瑋與敵戰三都谷果大勝帝曰卿何以知瑋必勝迪曰唃厮囉兵遠來使諜者聲言以某日下秦州會食以激怒瑋瑋勒兵不動坐待敵至是以逸待勞也臣用此而知勝帝益重之

王旦相真宗時趙德明言民飢求糧萬斛大臣皆曰德明新納誓而敢違請以詔書責之帝以問旦旦請勅有司具粟百萬於京師詔德明來取帝大喜德明得詔書慙且拜曰朝廷有人又契丹奏請歲給外別假錢幣帝以示旦旦曰東封甚近車駕將出以此探朝廷之意耳帝曰何以荅之旦曰止當以微物而輕之也乃於歲給三十萬物內各借三萬仍

論次年額内除之契丹得之大懟

王嘉祐爲舘職寇準謂之曰吾尹京外議云何對曰人言丈人且入相準曰於吾子意何如嘉祐曰以愚觀之不若不爲相之善也相則譽望損矣自古賢相所以能建功業澤生民者與其君相得如魚之有水故言聽計從而臣主俱榮今丈人負天下重望天下有太平之責焉丈人於明主能若魚之有水乎準大喜曰元之雖文章冠天下至於深識遠慮則不逮吾子矣嘉祐元之之子也

薛奎守蜀一見華陽范鎮愛之舘於府舍俾與子弟講學鎮益自謙退每步行趨府門踰年人不知其爲客也及還朝載以俱有問奎入蜀何所得曰得一偉人當以文學名世

張方平通判睦州時趙元昊欲叛而未有以發則爲嫚書求大名以怒朝廷覬得譴絶以激使其衆時論皆請發兵誅之方平識其意以爲朝廷與契丹盟天下忘備蓋三十年矣若驟用之必有喪師蹶將之憂當順適其意使未有以發得歲月之頃以其間選將厲士堅城除器爲不可勝以待之雖元昊終於必叛而兵出無名吏士不直其上難以決勝小國用兵三年而不見勝負不折則破我以全制其後必勝之道也

狄青爲樞密使領兵討邕州賊儂智高敗之智高縱火燒城遁去時賊屍有衣金龍衣者衆謂智高已死欲以上聞青曰安知非詐耶寧失智高不敢誣朝廷以貪功已而知智高果不死人服其有識

韓琦爲相夏國使至將以十事聞朝廷未知其何事也時太常少卿祝諮主舘伴既受命先見樞府已而見丞相琦曰樞府何語曰樞府云若使人議及十事第云受命舘伴不敢輒及邊事琦笑曰豈有止主飲食而不及他語耶琦乃徐料十事以授祝曰彼及其事則以其辭對辯其事則以其辭折祝唯唯而退

及宴使果及十事凡八事正中琦所料祝如教荅之夏人聳伏

唐介神宗時拜參知政事帝欲用王安石曾公亮因薦之介言其人難大任帝曰文學不可任耶經術不可任耶吏事不可任耶對曰安石好學而泥古故論議迂闊若使為政必多所變更退謂公亮曰安石果用天下必困擾諸公當自知之已而果然

呂誨拜御史中丞王安石執政時多謂得人誨將上疏劾之司馬光勸止之誨曰安石雖有時名然好執偏見輕信姦回喜人佞己聽其言則美施於用則踈寘諸宰輔天下必受其禍且上新嗣位朝夕所與圖議者二三執政而已苟非其人將敗國事此乃腹心之疾救之惟恐不逮顧可緩耶誨既斥安石益横光由是服誨之先見自以為不及也

趙鼎嘗謂其客方疇曰自鼎再相所引從官如常同胡寅張致遠張九成潘良貴呂本中

魏矼皆有士望異日决可保其無他疇曰願公徐觀之鼎曰此等人才如何變得其後諸賢流落之久皆壁立萬仞雖死不變疇始信鼎之能知人也

江萬里羅相時文天祥為湖南提刑因見萬里萬里素奇天祥志節語及國事愀然曰吾老矣觀天時人事當有變吾閱人多矣世道之責其在君乎君其勉之

五倫書卷之五十

五倫書卷之五十一

周。周公旦佐武王克商二年。武王有疾不豫。太公召公曰。我其爲王穆卜。周公曰。未可以戚我先王。周公乃自以爲功。爲三壇同墠。爲壇於南方北面。周公立焉。植璧秉珪。告于太王王季文王。史乃冊祝曰。惟爾元孫某遘厲虐

疾。若爾三王是有丕子之責于天。以旦代某之身。予仁若考。能多材多藝。能事鬼神。乃元孫不若旦多材多藝。不能事鬼神。乃命于帝庭。敷佑四方。用能定爾子孫于下地。四方之民罔不敬畏。嗚呼。無墜天之降寶命。我先王亦永有依歸。今我即命于元龜。爾之許我。我其以璧與珪歸俟爾命。爾不許我。我乃屏璧與珪。乃卜三龜。一習吉。啓籥見書。乃幷是吉。公曰。體。王其罔害。予小子新命于三王。惟永終是圖。茲攸俟能念予一人。公歸。乃納冊于金縢之匱中。王翼日乃瘳

列國。齊桓公會諸侯于葵丘。周襄王使宰孔賜桓公胙。曰。天子有事于文武。使孔賜伯舅胙。桓公將下拜。孔曰。且有後命。天子使孔曰。以伯舅耋老。加勞。賜一級。無下拜。對曰。天威不違顏咫尺。小白敢貪天子之命無下拜。恐隕越于下。以遺天子羞。敢不下拜。遂下拜登受

魯。孔子在朝。與下大夫言。侃侃如也。與上大

夫言。誾誾如也。君在。踧踖如也。與與如也。入公門。鞠躬如也。如不容。立不中門。行不履閾。過位。色勃如也。足躩如也。其言似不足者。攝齊升堂。鞠躬如也。屏氣似不息者。出降一等。逞顏色。怡怡如也。沒階趨翼如也。復其位。踧踖如也。執圭。鞠躬如也。如不勝。上如揖。下如授。勃如戰色。足蹜蹜如有循

衛。蘧伯玉爲大夫。靈公與夫人夜坐。聞車聲轔轔。至闕而止。過闕復有聲。公問夫人曰。知

此爲誰夫人曰此蘧伯玉也公曰何以知之夫人曰妾聞禮下公門式路馬所以廣敬也夫忠臣與孝子不爲昭昭信節不爲冥冥惰行蘧伯玉衛之賢大夫也仁而有智敬於事上此其人必不以暗昧廢禮是以知之公使人視之果伯玉也

漢石奮景帝時爲諸侯相歸老于家以歲時朝過宮門闕必下車趨見路馬必式焉帝時賜食于家必稽首俯伏而食如在帝前時奮家

以孝謹聞乎郡國雖齊魯諸儒質行皆自以爲不及也

石建爲郎中令事有可言屏人恣言極切至廷見如不能言者是以景帝尊禮之建嘗書奏事事下建讀之曰誤書馬者與尾而五今乃四不足一獲譴死矣其爲謹慎雖他皆如是

霍光武帝時爲奉車都尉光祿大夫出則奉車入侍左右出入禁闥二十餘年小心謹慎

未嘗有過每出入下殿門進止有常處郎僕射竊識視之不失尺寸其性質端正如此

張安世宣帝時爲大司馬車騎將軍領尚書事安世職典樞機以謹慎周密自著外內無間每定大政已決輒移病出聞有詔令乃驚使吏之丞相府問焉自朝廷大臣莫知其與議也嘗有所薦其人來謝安世大恨以爲舉賢達能豈有私謝邪絶弗與通有郎功高不調自言安世應曰君之功高明主所知人臣

執事何長短而自言乎絶不許已而郎果遷

孔光成帝時爲光祿勳復領尚書給事中如故凡典樞機十餘年守法度脩故事上有所問據經法以心所安而對不希指苟合時有所言輒削草藁以爲章主之過以奸忠直人臣大罪也有所薦舉唯恐其人之聞知沐日歸休兄弟妻子宴語終不及朝省政事或問光温室省中樹皆何木也光嘿不應更答以

他語其不泄如是
陰識光烈皇后之前母兄也光武建武元年以征伐軍功增封識叩頭曰天下初定將帥有功者衆臣託屬掖廷仍加爵邑不可以示天下帝甚美之及顯宗立爲皇太子以識守執金吾輔導東宮帝每巡郡國識常留鎮守京師委以禁兵入雖極言正議及與賓客語未嘗及國事帝敬重之常指識以勅戒貴戚激厲左右焉

馮豹章帝時舉孝廉拜尚書郎忠勤不懈每奏事未報常俯伏省閤或從昏至明帝聞而嘉之使黄門持被覆豹勅令勿驚由是數加賞賜
晉劉超元帝時累官至中書舍人于時天下擾亂征討叛逆超自以職在近密而書迹與帝手筆相類乃絶不與人交書時出休沐閉門不通賓客由是漸得親密加以處身清苦衣不重帛家無儋石之儲每有所賜皆固辭曰凡陋小臣擬竊賞賜無德叨祿殃咎是懼帝嘉之不奪其志
隋張乾威煬帝時拜謁者大夫淮南太守楊綝嘗與十餘人同謁見帝問乾威曰其首立者爲誰乾威下殿就視而答曰淮南太守楊綝帝謂乾威曰卿爲謁者大夫而乃不識參見人何也對曰但慮不審所以不敢輕對石建數馬是蓋謹之至其慎密皆此類也帝甚嘉之

唐韋斌爲銀青光祿大夫天性質厚每朝會不敢離立言笑嘗大雪在廷者皆振裾更立斌不徙足雪甚幾至鞾亦不失恭
陸元方在官清慎再爲宰相則天將有遷除每先以訪之必密封以進未嘗露其私恩臨終取前後奏藁悉命焚之又有書一匣常自緘封家人莫有見者及卒視之乃前後勅書其慎密如此
高郢性恭慎廉潔罕與人交守官奉法勤恪

掌誥累年家無制草或謂曰前輩皆留制集公焚之何也曰王言不可存私家時人重其慎密

宋王景太祖時以周之宿將封太原郡王復以為鳳翔節度使景性謙退折節下士每朝廷使至雖卑位必降階送迎周旋盡禮左右或曰王位尊崇無自謙抑景曰人臣重君命固當如是我惟恐不謹耳

陳恕太宗時為鹽鐵使每便殿奏事帝未深

察必形誚讓恕斂板踧縮退至殿壁負立若無所容俟意稍解復進懇執前奏終不改易或至三四帝以其忠多從之

李繼隆在太宗朝特被親信每征行必委以機要真宗以元舅之親不欲煩以軍旅優以近藩恩禮甚篤然能謙謹保身明德皇后寢疾欲面見之上促其往繼隆但詣萬安門外拜箋終不入又嘗命諸王詣第俟謁繼隆不設湯茗第假王府從行茶爐烹飲焉

晏殊真宗時知制誥判集賢院久之為翰林學士遷左庶子帝每訪殊以事率用方寸小紙細書已答奏并藁封上帝重其慎密

呂夷簡仁宗時拜同中書門下平章事大內火百官晨朝而宮門不開輔臣請對帝御拱宸門百官拜樓下夷簡獨不拜帝使人問其故曰宮廷有變羣臣願一望清光帝舉簾見之乃拜

曹佾神宗時封濟陽郡王帝每咨訪以政然

退朝終日語不及公事帝謂大臣曰曹王雖親貴而端拱寡過善自保真純臣也

蘇頌執政時羣臣奏對惟稟旨宣仁頌奏事宣仁畢必再稟哲宗有宣諭必告諸臣僚以聽聖語帝蓋默識之後羅相周秩為御史嘗論元祐執政至頌帝曰頌知君臣之義與他人不同

豐稷哲宗徽宗時三任言責每草疏必於密室子弟亦不得見退多焚藁未嘗以時政語人

元拜住爲宿衛長英宗在東宮聞宿衛之臣於左右咸稱拜住賢遣使召之欲與語拜住謂使者曰嫌疑之際君子所慎我長天子宿衛而與東宮私相往來我固得罪亦豈太子福也帝登極拜中書平章政事

德量

列國梁大夫宋就嘗爲邊縣令與楚隣界梁楚之邊亭皆種瓜梁人數灌其瓜瓜美楚人稀灌其瓜瓜惡楚令因以梁瓜之美怒其亭瓜

之惡也楚人心惡梁人之賢因往夜竊搔梁亭之瓜皆有焦死者梁亭人覺之亦欲竊往報搔楚亭之瓜因請於就就曰惡是構怨禍之道也人惡亦惡何褊之甚也若我教子必每暮令人往竊爲楚亭夜善灌其瓜勿令知也於是梁亭人如就言及楚亭旦而行瓜則又皆以灌矣瓜日以美楚亭怪而察之則乃梁亭人楚聞之大悅因以告楚王王愧之告吏曰此梁之陰讓也乃謝以重幣而請交於梁王故梁楚之歡由就始

趙藺相如拜上卿位在廉頗右頗曰我爲趙將有大功相如徒以口舌爲勞而位居吾上我見必辱之相如聞之不肯與會每朝嘗稱病不與爭列相如出望見頗引車避匿其舍人以爲羞相如曰強秦之所以不敢加兵於趙者徒以吾兩人在也今兩虎相鬬其勢不俱生所以爲此者先國家之急而後私讎也頗聞之肉袒負荊至門謝罪曰鄙賤之人不

知將軍寬之至此也卒相與歡爲刎頸之交

漢曹參惠帝時代蕭何爲相國擇郡國訥於文辭謹厚長者即召爲丞相史吏言文刻深欲務聲名者輒斥去之見人有細過掩匿覆蓋之府中無事焉爲相三年薨

直不疑文帝時爲郎其同舍有告歸誤持同舍郎金去已而金主覺亡意不疑不疑謝有之買金以償已而告歸者來而歸金亡金郎大慚以此稱爲長者

丙吉爲相寛大好禮讓掾吏有嗜酒者嘗從吉出醉嘔車上西曹主吏白欲斥之吉曰以醉飽之失去士使此人將復何所容西曹第忍之此不過汙丞相車茵耳

黄霸宣帝時爲潁川太守許丞老病聾督郵白欲逐之霸曰許丞廉吏雖老尚能拜起迎送重聽何傷且善助之無失賢者意或問其故霸曰數易長吏送故迎新之費及姦吏緣絶簿書盜財物公私費耗甚多所易新吏又未必賢或不如其故徒相益爲亂凡治道去其太甚者耳

何武遷揚州刺史時九江太守戴聖行治多不法武使從事廉得其罪聖懼自免後爲博士毁武於朝廷武聞之終不揚其惡而聖子賓客爲群盜得繫廬江聖自以子必死武平心決之卒得不死自是聖慚服

卓茂元帝時初辟丞相府史嘗出行有人認其馬茂問曰子亡馬幾何時對曰月餘矣茂有馬數年心知其謬默解與之挽車而去顧曰若非公馬幸至丞相府歸我他日馬主別得亡者乃詣府送馬叩頭謝之

王丹光武時徵爲太子少傅客初有薦士於丹者因選舉之後所舉者陷罪丹坐免客慙懼自絶而丹終無所言尋復徵爲太子太傅乃呼客謂曰子之自絶何量丹之薄也更爲設食相待如舊

班超章帝時爲將兵長史使西域鎮撫于寘

衛候李邑護送烏孫使者賜小昆彌以下錦帛邑始到于寘而值龜茲攻疏勒恐懼不敢前因上書陳西域之功不可成又盛毁超擁愛妻抱愛子安樂外國無内顧心超聞之歎曰身非曾參而有三至之讒恐見疑於當時矣遂去其妻帝知超忠乃切責邑曰縱超擁愛妻抱愛子思歸之士千餘人何能盡與超同心乎令邑詣超受節度詔超若邑任在外者便留與從事超即遣邑將烏孫侍子還京

師。徐幹謂超曰邑前毁君欲敗西域今何不緣詔書留之遣他吏送侍子乎超曰是何言之陋也以邑毁超故今遣之内省不疚何邺人言快意留之非忠臣也

陳重順帝時舉孝廉在郎署有同署郎負息錢數十萬債主日至詭求無已重乃密以錢還郎後覺知而厚辭謝之重曰非我之爲將有同姓名者終不言惠又同舍郎有告歸寧者誤持隣舍郎袴以去主疑重所取重不自

申説而市袴以償之後歸寧者以袴還主其事乃顯

劉寛爲南陽太守雖在倉卒未嘗有疾言遽色夫人欲試寛令恚伺當朝會裝嚴已訖使侍婢奉肉羹翻汚朝衣寛神色不異徐曰羹爛汝手乎其性度如此

三國蜀蔣琬代諸葛亮爲政督農楊敏毁琬曰作事憒憒姑對不及前人或以白琬主者請推敏琬曰吾實不如前人無可推也主者重

請乞問其憒憒之狀琬曰苟其不如則事不當理事不當理則憒憒矣復何問邪後敏坐事繫獄衆人懼其必死琬心無適莫得免重罪

晉王述清潔絶倫自康帝以來累躋重位每以柔克爲用謝奕性麤嘗忿述極言罵之述無所應面壁而已居半日奕去始復坐人以是稱之

後魏房景伯除清河太守郡民劉簡虎曾失禮

於景伯聞其臨郡闔家逃亡景伯督切屬縣追訪之而署其子爲西曹掾時山賊爲梗景伯命諭之賊以景伯不念舊惡一時俱下論者稱之

隋元褒爲原州總管有商人爲賊所劫其人疑同宿者而執之褒察其色寃而辭正遂捨其人商詣闕訟褒受金文帝遣使者窮治之使者責褒曰何故利金而捨賊也褒便引咎初無異詞使者與褒俱詣京師遂坐免官其盜

尋發於他所帝謂褒曰公朝廷舊人位望隆重受金捨賊非善事何至自誣也對曰臣受委一州不能息盜賊臣之罪一也州民為人所謗不付法司懸即放免臣之罪二也牽率愚誠無顧形迹不恃文書約束至令為物所疑臣之罪三也臣有三罪何所逃責臣又不言受賂使者復將有所窮究然則縲紲横及良善重臣之罪是以自誣帝嘆異之稱為長者

唐裴行儉嘗賜馬及珎鞍令史私馳馬馬蹶鞍壞懼而逃行儉招還之不加罪初平都支遮匐獲瓌寶不貲蕃酋將士願觀焉行儉因宴徧出示坐者有瑪瑙盤廣二尺文彩粲然軍吏趨跌盤碎惶怖叩頭流血行儉笑曰尔非故也何至是色不少吝

戴至德遷尚書右僕射時劉仁軌為左僕射人有所訴率優容之至德乃詰究本末理直者密為奏終不顯私恩由是當時多稱仁軌為解事僕射嘗更日聽訟有嫗詣省至德已收牒嫗乃復取曰初以為解事僕射今乃非是至德咲還之人服長者

婁師德深沉有度量嘗與李昭德偕行師德素豐碩不能遽步昭德遲之恚曰為田舍子所留師德笑曰吾不田舍復在何人其弟守代州辭之官師德教之耐事弟曰人有唾面潔之乃已師德曰未也潔之是逆其怒正使自乾耳

狄仁傑武后時以地官侍郎同鳳閣鸞臺平章事武后謂曰卿在汝南有善政然有譖卿者欲知之乎謝曰陛下以為過臣當改之以為無過臣之幸也譖者乃不願知后嘆其長者

郭子儀握兵處外而魚朝恩短毀于內嘗使人竊發其父墓盜未得子儀自涇陽來朝中外懼有變及見代宗唁之即號泣曰臣久主兵不能禁士殘人之墓人今發先臣墓此天

譴。非人患也。朝恩又嘗約子儀脩具。元載使人告以軍容將不利公。其下衷甲願從。子儀不聽。但以家僮十數往。朝恩曰。何車騎之寡。子儀告以所聞。朝恩泣曰。非公長者。得無致疑乎

陽城有人盜其樹。城遇之。慮其恥。退自匿。嘗絶糧。遣奴求米。奴以米易酒。醉卧於路。城怪其故。與弟迎之。奴未醒。乃負以歸。及覺。痛咎謝。城曰。寒而飲。何責焉

五代晉高防性沉厚。守禮法。初北京留守張從恩移潭州防禦使。表防為判官。有親校段洪進盜官木造器。市取其直。從恩怒。將殺之。洪進思緩其罪。紿曰。判官使為之。從恩召防詰之。防即引伏。洪進得免。從恩遣防錢十千。馬一匹。遣之。防拜受而去。終不自明。既而從恩悔。命騎追之。防不得已還。賓主如初。居歲餘。稍稍有言防自誣以活人。從恩益加禮重焉

宋張永德。太祖時為武勝軍節度。會出師討金陵。永德造戰船數十艘。運糧萬斛。自順陽沿漢水而下。富民高進者。豪橫莫能禁。永德乃發其姦。寘於法。進潛詣闕。誣永德緣險固置十餘砦。圖為不軌。太祖命樞密都承旨曹翰領騎兵察之。詰其砦所。進曰。張侍中誅我宗黨殆盡。希中以法報私憤耳。翰以進授永德。永德遽解縛。就市笞而釋之。時稱其長者

張平以供奉官監木務于彭門。時郡吏有侮平者數輩。後悉被罪。配京窯音遥務。平子從式

適董其役。見之以語平。平召至第。為設酒饌。勞之曰。公等不幸偶罹斯患。慎勿以前事為念。給以緡錢。且戒從式善視之。時人稱其寬厚

李昉素與盧多遜善。待之不疑。多遜屢譖昉於太宗。或以告昉。昉不之信。及入相。帝言及多遜事。昉頗為解釋。帝曰。多遜居常毀卿一錢不直。昉始信之。帝由此益重昉

呂蒙正不喜記人過。初參知政事。入朝堂有

朝士於簾內指之曰是子亦參政耶蒙正佯為不聞而過之其同列怒令詰其官位姓名蒙正遽止之曰若一知其姓名則終身不能復忘固不如無知也且不問之何損時皆服其量

張齊賢以右拾遺為江南轉運使一日家宴一奴竊銀器數事于懷中齊賢自簾下熟視不問及後為宰相門下厮役往往皆得班行而此奴竟不霑祿奴乘間再拜告曰某事相

公最久凡後於某者皆得官矣相公獨遺某何也因泣下不止齊賢憫然語曰我欲不言爾乃怨我爾憶江南日盜吾銀器數事乎我懷之三十年不以告人雖爾亦不知也吾備位宰相志在激濁揚清安敢以盜賊薦耶念汝事我日久今予汝錢三百千汝其去吾門下自擇所安蓋吾既發汝平昔之事汝必有愧於吾不可復留也奴震駭泣拜而去

王旦為相寇準在樞密院數短旦旦專稱準真宗謂旦曰卿雖稱其美彼專談卿惡旦曰理固當然臣在相位久政事缺失必多準對陛下無所隱益見其忠直此臣所以重準也帝以是愈賢旦中書有事送密院事違詔格準以上聞旦被責堂吏皆被罰不踰月密院有事送中書亦違詔格堂吏欣然呈旦旦令送還密院而已準大慚謝及準罷託人語旦求為使相旦驚曰將相之任豈可求耶吾不受私請也準深憾之已而除準武勝軍節度

使同中書門下平章事準入見謝曰非陛下知臣安能至此帝具道旦所以薦者準愧歎以為不可及

李沆素有長者譽一僕逋宅金數十千忽一夕遁去有女將十歲美姿格自寫一券繫於帶願賣於宅以償焉沆大惻之祝夫人曰願如己子育於室訓教婦德俟成求偶嫁之請夫人親結縭以主婚然而務在明潔夫人如所誨及笄擇一壻亦頗良具奩幣歸之女範

果堅白其二親後歸京聞之慼佩刻心骨沉痾夫婦封股爲羹饋之至羸衰經三年以報

呂夷簡執政范仲淹以天章閣待制知開封府屢攻夷簡短坐落職知饒州復天章閣待制知永興軍會夷簡復入相對仁宗曰范仲淹賢者朝廷將用之豈可但除舊職即除龍圖閣直學士陝西經畧安撫使仲淹謝曰嚮以公事忤犯相公不意相公奬拔乃尒夷簡

曰豈敢復以舊事爲念乎及仲淹知延州移書諭元昊以利害答書不遜仲淹焚其書不以聞執政以爲不當通書而又擅焚之宋庠請論以軍法帝顧謂夷簡何如夷簡曰止可薄責而已乃降一官知耀州

趙槩仁宗時召脩起居注歐陽脩後至朝廷欲驟用之難於越次槩聞請郡除天章閣待制糾察在京刑獄脩知制誥脩遇槩素薄又躐知制誥及脩有獄槩獨抗章明其罪言爲仇者所中傷不可以天下法爲人報怨脩得解始服其長者蓋槩秉心和平與人無怨怒雖在事而不言然陰以利物者爲不少議者以比劉寬婁師德云

王繕爲沂州録事參軍時曾宗道爲司戶參軍家貧食衆俸禄不給每貸於繕猶不足則又懇繕預貸俸錢宗道御下嚴庫吏深怨之訴宗道私貸繕錢州并劾繕繕諭宗道曰第歸罪某君無承也宗道曰過實自某公何辜

焉繕曰某仕無他志得罪無害君年少有志節明爽方正實公輔器無以輕過輙累遠業併得罪何益卒明宗道不知而獨得私貸之罪由是困銓曹二十餘年晚用薦者引對吏部案其功過上奏中有宗道姓名宗道時已叅大政侍殿中仁宗目宗道曰豈卿耶宗道遽稱謝且具陳其實仁宗嘆曰王繕長者也

韓琦在大名日有玉盞二隻每開宴召客特

設一卓覆以錦衣置盞其上一日召漕使且将用之酌酒勸座客俄為一吏誤觸倒玉盞俱碎坐客皆愕然吏且伏罪琦神色不動笑謂坐客曰凡物成毀亦自有數俄顧吏曰汝誤也非故也何罪之有坐客皆嘆琦寛厚

蘇頌平生於人無纖芥仇怨在杭州日有要人以事屬頌頌不從後其人當言路懷怨抵巇或謂其事迹書劄具存可辨頌笑曰吾豈為是哉在潁日通判趙至忠本朔漢人所至

輙與守競頌待之以禮具盡誠意他日至忠泣曰至忠虜人也然見義則服平生誠服者唯今韓魏公與公耳

金韓昉熙宗時除汴京留守封鄆國公致仕昉性仁厚待物甚寛有家奴誣告昉以馬資送叛人出境考之無狀有司以奴還昉待之如初曰奴誣主人以罪求為良耳何足怪哉人稱其長者

元耶律楚材與咸得卜有舊怨咸得卜譖於宗王曰耶律中書令率用親舊必有二心宜奏殺之宗王遣使以聞太宗察其誣責使者[illegible]遣之屬有訟咸得卜不法者太宗命楚材[illegible]之奏曰此人倨傲故易招謗今将有事南方他日治之未晚也帝私謂侍臣曰楚材不較私讎真寛厚長者汝曹當效之

阿魯渾薩理乞罷政事并免太史院事詔以為集賢大學士司天劉監丞言阿魯渾薩理在太史院時數言國家災祥事大不敬請下

吏治世祖大怒以為誹謗大臣當抵罪阿魯渾薩理頓首謝曰臣不佞頼陛下天地含容之德雖萬死莫報然欲致言者罪臣恐自是無為陛下言事者力諍之乃得釋帝曰卿真長者

五倫書卷之五十一

五倫書卷之五十二

臣道

善行

廉介

商伊尹耕於有莘之野而樂堯舜之道焉非其義也非其道也祿之以天下弗顧也繫馬千駟弗視也非其義也非其道也一介不以與人一介不以取諸人

伯夷非其君不事非其友不友不立於惡人之朝不與惡人言立於惡人之朝與惡人言如以朝衣朝冠坐於塗炭推惡惡之心思與鄉人立其冠不正望望然去之若將浼焉是故諸侯雖有善其辭命而至者不受也

列國魯柳下惠不以三公易其介

季文子相宣成襄三公無衣帛之妾無食粟之馬仲孫它諫曰子為魯上卿相二君矣妾不衣帛馬不食粟人其以子為愛且不華國乎文子曰吾亦願之然吾觀國人其父兄之食麤而衣惡者猶多矣吾是以不敢人之父兄食麤衣惡而我美妾與馬無乃非相人者乎且吾聞以德榮為國華不聞以妾與馬文子以告孟獻子獻子囚它七日自是它之妾衣不過七升之布馬餼不過稂莠文子聞之曰過而能改者民之上也使為上大夫

公儀休為相奉法循理使食祿者不得與下民爭利受大者不得取小時客有遺休魚者休不受客曰聞君嗜魚遺君魚何故不受也

休曰以嗜魚故不受也今為相能自給魚今受魚而免誰復給我魚者吾故不受也食茹而美拔其園葵而棄之見其家織布好而疾出其家婦燔其機云欲令農士工女安所售其貨乎

宋子罕為司城時宋人有得玉獻諸子罕子罕弗受獻者曰以示玉人玉人以為寶也故敢獻之子罕曰我以不貪為寶爾以玉為寶若以與我皆喪寶也不若人有其寶獻者稽

首而告曰小人懷璧不可以越鄉納此以請死也子罕寘諸其里使玉人爲之攻之而後使復其所

齊晏嬰朝乘弊車駕駑馬景公見之曰嘻夫子之祿寡耶何乘不任之甚也嬰對曰賴君之賜得以壽三族及國交遊皆得生焉臣得煖衣飽食弊車駑馬以奉其身於臣足矣嬰出公使梁丘據遺之輅車乘馬三返不受公不悅趣召嬰嬰至公曰夫子不受寡人亦不

乘嬰曰君使臣臨百官之吏節其衣服飲食之養以先齊國之人然猶恐其侈靡而不顧其行也今輅車乘馬君乘之上臣亦乘之下民之無義侈其衣食矣公從之

漢祭遵爲人廉約小心克己奉公賞賜輒盡與士卒家無私財身衣韋袴布被夫人裳不加緣光武以是重焉

宣秉光武時爲司隸校尉性節約常服布被蔬食瓦器帝嘗幸其府舍見而歎其賢賜布帛帳帷什物後爲大司徒司直所得祿俸輒以收養親族其孤弱者分與田地自無儋石之儲

王良爲大司徒司直在位恭儉妻子不入官舍布被瓦器司徒史鮑恢到東海過候其家良妻布裙曳柴從田中歸恢告曰我司徒史也欲見夫人妻曰妾是也恢乃下拜歎息而還

孔奮守姑臧長姑臧稱爲富邑奮力行清潔

隴蜀既平河西守令咸被徵召財貨連轂彌竟山澤奮單車就路姑臧吏民及羌胡更相謂曰孔君清廉仁賢舉縣蒙恩遂相賦斂牛馬器物千萬以上追送數百里奮謝之而已一無所受奮供養老母極膳妻子但食葱菜或嘲奮曰置脂膏中不能自潤而奮不改其操

鍾離意明帝時爲尚書時交阯太守張恢坐贓伏法詔以資物班賜群臣意得珠璣悉以

委地而不拜賜帝怪問其故對曰臣聞孔子忍渴於盜泉之水曾參回車於勝母之閭惡其名也此贓穢之寶誠不敢拜帝嗟歎曰清乎尚書之言乃更以庫錢三十萬賜意

楊震安帝時為東萊太守當之郡道經昌邑故所舉荆州茂才王密為昌邑令懷金十斤以遺震震曰故人知君君不知故人何也密曰暮夜無知者震曰天知地知我知子知何謂無知密愧而去後轉為涿郡太守子孫常

蔬食步行故舊或勸為開產業震曰使後世稱為清白吏子孫以此遺之不亦厚乎

楊秉震之子歷豫荆徐兖四州刺史遷任城相自為刺史二千石計日受俸餘祿不入私門故吏齎錢八萬遺秉閉門不受以廉潔稱

晉胡威荆州刺史質之子為徐州刺史厲操清白勤於政術風化大行初質為荆州威自京都省之家貧無車馬僮僕威自驅驢單行每至客舍躬放驢取樵炊爨食畢復隨侶進道

既至見父停廐中十餘日告歸父賜絹一疋為裝威跪曰大人清白不審於何得此曰是吾俸祿之餘以為汝糧耳威受之辭歸質帳下都督先威未發請假還家陰資裝於百餘里要威為伴每事佐助行數百里威疑而誘問之既知乃取所賜絹答謝而遣之後因他信具以白質質杖都督一百除吏名其父子清白如此晉武帝賜見語及平生帝歎其父清謂威曰卿清孰與父清威對曰臣不如也

帝曰卿父以何為勝耶對曰臣父清恐人知臣清恐人不知是臣不及遠也

鄧攸元帝時為吳郡守載米之郡俸祿無所受唯飲吳水而已後稱疾去職郡常有送迎錢數百萬攸去郡不受一錢百姓數千人牽攸船不得進攸乃小停夜中發去吳人歌之曰鄧侯挽不留謝令推不去

吳隱之遷晉陵太守在郡清儉妻自負薪遷左衛將軍雖居清顯祿賜皆班親族冬月無

被嘗澣衣乃披絮勤苦同於貧庶再爲廣州刺史地名石門有水曰貪泉飲者懷無猒之欲隱之既至泉所酌而飲之因賦詩曰古人云此水一歃懷千金試使夷齊飲終當不易心及在州清操踰厲常食不過菜及乾魚而已歸舟之日裝無餘貲拜度支尚書太常以竹蓬爲屏風坐無氈席遷中領軍初得祿裁留身糧其餘悉分振親族家人紡績以供朝夕時有困絕或并日而食身恒布衣不完妻子不霑寸祿

南宋孔覬仕至廷尉卿御史中丞性貞素不尚矯飾弟道存從弟徽頗營產業二弟請假東還覬出渚迎之輜重十餘船皆綿絹紙席之屬覬見之僞喜謂曰我比困乏得此甚安因命上置岸側既而正色謂道存等曰汝輩忝預士流何至作賈客邪命取火燒之後道存代覬爲後軍長史江夏內史時東土大旱都邑米貴一斗將百錢道存遣吏載五百斛米餉覬覬謂吏曰我在彼三載去官之日路糧不辦二郎至彼未幾那能便得此米邪可載米還之吏曰都下米貴乞於此貨之不聽吏乃載米而去

齊劉懷慰太祖置齊郡於京邑乃治瓜步以懷慰爲太守懷慰至郡不受禮謁民有餉其新米一斛者懷慰出所食麥飯示之曰旦食有餘幸不煩此因著廉吏論以達其意帝聞之手勑褒賞

北齊袁聿脩爲尚書郎十年未嘗受升酒之遺尚書邢邵與聿脩舊欵每省中語戲常呼聿脩爲清郎太寧初聿脩以太常少卿出使巡省仍命考校官人得失經兗州時邵爲刺史別後送白紬爲信聿脩不受與邵書云今日仰過有異常行瓜田李下古人所慎顧得此心不貽厚責邵亦欣然領解報書云老夫忽忽意不及此敬承來旨吾無間然弟昔爲清郎今日復作清卿矣

後周裴俠爲河北郡守。躬履儉素。愛民如子所食惟菽麥鹽菜而已。郡舊制有漁獵夫三十人以供郡守。俠悉罷之。又有民丁三十人以供役使。俠不以入私。並收庸直爲官市馬。歲月既積馬遂蕃息。去職之日。一無所取。俠嘗與諸牧守俱謁太祖。命俠別立。謂諸牧守曰。裴俠清慎奉公爲天下最。今衆中有如俠者可與俱立。衆皆默然無敢應者。乃厚賜俠。朝野嘆服。號爲獨立使君

隋趙軌爲齊州別駕。其東鄰有桑甚落其家。軌遣人悉拾還其主。因誡諸子曰。吾非以此求名。意者非機杼之物不願侵人。後徵入朝。父老相送者各揮涕曰。別駕在官水火不與百姓交。是以不敢以壺酒相送。公清若水請酌一杯水奉餞。軌受而飲之

房彥謙歷齊州録事參軍司隸刺史卒涇陽令。前後居官所得俸祿皆以周恤親友家無餘財雖致屢空怡然自得嘗從容獨笑顧其子玄齡曰。人皆因祿富我獨以官貧。所遺子孫在於清白耳

唐屈突通嘗爲行軍元帥長史從太宗平薛仁杲時珍物山積諸將皆爭取之通獨無所犯高祖聞而謂曰。公清正奉國著自始終名下定不虛也。特賜金銀六百兩綵千段

皇甫無逸高祖時拜民部尚書出爲同州刺史。徙益州大都督府長史。所至輒閉閤不通賓客左右無敢出入者。所須皆市易它境常

按部宿民家。鐙炷盡。主人將續進無逸抽佩刀斷帶爲炷。其廉介類如此

賈敦頤貞觀中遷滄州刺史在職清潔每入朝盡室而行唯弊車一乘羸馬數疋銜勒有闕以繩爲之。見者不知其刺史也

韋夏卿代宗時爲吏部侍郎。時從弟執誼在翰林嘗受人金有所干請密以金內夏卿懷中。夏卿不受曰吾與爾賴先人遺德致位及此顧當是哉。執誼大慙

段秀實德宗時爲司農卿初秀實自涇州被召戒其家曰若過岐朱泚必致贈遺慎毋納至岐泚固致大綾三百家人拒不遂至都秀實怒曰吾終不以汙吾第以置司農治堂之梁間吏後以告泚泚徃取視之其封帕果皆完新

陸贄調鄭尉罷歸壽州刺史張鎰有重名贄徃見語三日鎰竒之請爲忘年交贄既行餉錢百萬鎰曰請爲母夫人一日費贄不納止

受茶一串曰敢不承公之賜

錢徽憲宗時還庶子時韓公武以賂結公卿遺徽錢二十萬不納或言非當路可無讓徽曰取之在義不在官時稱徽有公望

宋曺彬初在周世宗時嘗使吳越致命訖即還私覿之禮一無所受吳越人以軽舟追遺之至於數四彬猶不受既而曰吾終拒之是近名也遂受而籍之以帰悉上送官世宗强還之彬始拜賜悉以分遺親舊而不留一錢

范質太祖時登相位以廉介自持未嘗受四方饋遺前後所得祿賜多給孤遺閨門之中食不異品身殁家無餘貲帝因論輔相謂侍臣曰朕聞范質止有居第不事生産真宰相也

沈倫爲隨軍水陸轉運使從王全斌伐蜀清廉無欲僞蜀群臣以珎異竒巧爲獻倫皆拒之蜀平東帰之日篋中所有惟圖書數卷而已太祖知之擢爲樞密副使

劉温叟爲御史中丞有清操太宗在晉邸聞其清介遣吏遺錢五百千温叟受之貯廳西舍中令府吏封署而去明年重午又送角黍執扇所遣吏即送錢者視西舍封識宛然還以白帝帝曰我錢尚不用况他人乎昔日納之是不欲拒我也今周歲不啓封其苦節愈見命吏輦帰邸

王禹偁爲翰林學士嘗草李繼遷制繼遷送馬五十疋潤筆禹偁却之及知滁州閩人鄭

褒徒步來謁禹偁愛其儒雅爲買一馬或[illegible]
買馬斛價者太宗曰禹偁能却繼遷五十馬
顧肯斛一馬價哉
李沆爲宰相自奉甚薄所居陋巷廳事無重
門頹垣敗壁不以屑慮堂前藥欄壞妻戒守
舍者勿葺以試沆沆朝夕見之經月終不言
妻以語沆沆笑謂其弟維曰豈可以此動吾
一念哉及治居第於封丘門内廳事前僅容
旋馬或言其太隘沆笑曰居第當傳子孫此

爲宰相廳事誠隘爲太祝奉禮廳事已寬矣
畢士安真宗時爲宰相雖貴奉養無異[illegible]
未嘗殖產爲子孫計故天下稱其清王旦嘗
面奏曰畢士安仕至輔相而四海無田園居
第沒未終喪家用已屈今其妻貸於臣家其
不負陛下可見矣
包拯徙知端州州歲貢硯前守緣貢率數十
倍以遺權貴人拯命製者纔足貢數歲滿不
持一硯歸

杜衍仁宗慶曆中爲相苞苴貨賄不敢到其
門時號清白宰相
趙抃仁宗時改益州轉運使蜀地遠民弱吏
肆爲不法州郡公相餽餉抃以身帥之蜀風
爲變後再知成都神宗立召知諫院及謝帝
曰聞卿匹馬入蜀以一琴一鶴自隨爲政簡
易亦稱是乎
劉恕神宗時官至秘書丞家貧至無以給旨
甘一毫不妄取於人其自洛陽南歸也時已

十月無寒具司馬光以衣襪一二事及舊貂褥
賚之固辭强與之行及潁州悉封而返之
元賈居貞甫冠爲行臺從事時法制未立人以
賄賂相交結有餽黃金五十兩者居貞卻之
太宗聞而嘉歎勑有司月給白金百兩以旌
其廉中統元年授中書左右司郎中從世祖
北征帝問郎俸幾何居貞以數對帝謂其太
薄勑增之居貞辭曰品秩宜然不可以臣而
紊制劉秉忠奏居貞爲參知政事又辭曰他

日必有由郎官援例求執政者將何以處之不拜

許衡嘗暑中過河陽喝甚道有梨衆爭取啖之衡獨危坐樹下自若或問之曰非其有而取之不可也人曰世亂此無主曰梨無主吾心獨無主乎衡家貧躬耕粟熟則食粟不熟則食糠覈菜茹處之泰然謳誦之聲聞戶外如金石財有餘即以分諸族人及諸生之貧者人有所遺一毫弗義弗受

鄭制宜世祖時為樞密院判官遷湖廣行省參知政事陛辭帝曰汝父死王事賞未汝及近者要束木伏誅已籍沒其財產人畜汝可擇其佳者取之制宜對曰彼以贓敗臣復取之寧無汙乎帝賢其所守賜白金千兩

張雄飛世祖時累官至參知政事嘗坐省中詔趣召之見於便殿謂曰聞卿貧甚今特賜卿銀二千五百兩鈔二千五百貫雄飛拜謝將出又詔加賜金五十兩及金酒器雄飛受賜封識藏於家後阿合馬之黨以雄飛罷政乞追奪賜物帝命近臣伯顏閲之封識如故

董士選世祖時累官江浙行省右丞遷汴梁行省平章政事平生以忠義自許尤號廉介自門生部曲無敢持一毫獻者晚年好讀易澹然終其身每一之官必責先業田廬為行貲故老而益貧子孫不異布衣之士仕者往往稱廉吏云

國朝張以寧少貧苦好學洪武初為翰林侍讀

學士清潔自守所居蕭然未嘗營財產嘗奉使安南襆被而往還遇疾卒於道臨終有詩云覆身惟有黔婁被垂橐都無陸賈金朝廷命有司歸其喪營葬以禮

劉敏洪武間為刑部侍郎初為中書吏時暮以小車出龍江市蘆葦旦載于家而後入莅事妻以蘆織席鬻以奉母人或瞰其亡以青瓷器遺其家者敏懸于梁俟其復來竟還之為楚相府錄事值中書以沒官女婦給文臣

家衆咸勸其請給以事毋敏固辭曰事母子
婦事何預它人及奸權事敗敏獨無所與人
稱其有行識云
凌漢為監察御史鞫獄平恕人有德漢者遇
諸塗邀漢飲厚報以金漢告曰子罪當爾律
有定法非我私子酒可飲而金不可受時有
廉得其事者以聞
太祖皇帝嘉之陞漢為右副都御史

五倫書卷之五十二

五倫書卷之五十三

臣道 善行 謙讓

虞禹為司空帝命兼百揆禹拜稽首讓于稷契
暨皐陶帝曰俞汝往哉
垂帝命曰汝共工垂拜稽首讓于殳斨暨伯
與帝曰俞往哉汝諧
益帝命曰汝作朕虞益拜稽首讓于朱虎熊

羆帝曰俞往哉汝諧
伯夷帝命典三禮伯拜稽首讓于夔龍帝曰
俞往欽哉
列國齊鮑叔牙事桓公桓公使之為宰鮑叔牙辭
曰臣君之庸臣也若必治國家則非臣之所
能也其惟管夷吾乎臣之所不如管夷吾者
五寬惠愛民臣不如也治國不失柄臣不如
也忠信可結於諸侯臣不如也制禮義可法
於四方臣不如也介冑執枹立于軍門使百

姓皆加勇臣不如也夫管仲民之父母也将欲治其子不可棄其父母

鄭子産以入陳之功鄭伯賞之享子展賜之先路三命之服先八邑賜子産次路再命之服先六邑子産辭邑曰自上以下降殺以兩禮也臣之位在四且子展之功也臣不敢及賞禮請辭邑公固與之乃受三邑公孫揮曰子産其将知政矣讓不失禮

晉趙衰文公使為卿辭曰欒枝貞慎先軫有謀胥臣多聞皆可以為輔臣弗若也公從之

原季晉文公使為卿辭曰夫三德者偃之出也以德紀民其章大矣不可廢也乃使狐偃為卿辭曰毛之智賢於臣其齒又長乃使狐毛将上軍狐偃佐之狐毛卒使趙衰代之辭曰城濮之役先且居之佐軍也善軍伐有賞善君有賞能其官有賞且居有三賞不可廢也且臣之倫箕鄭胥嬰先都在乃使先且居

将上軍公曰趙衰三讓其所讓皆社稷之衛也廢讓是廢德也以衰之故蒐于清源作五軍使衰将新上軍箕鄭佐之胥嬰将新下軍先都佐之

士丐晉侯使将中軍辭曰伯游長昔臣習於智伯是以佐之非能賢也請從伯游使荀偃将中軍士丐佐之使韓起将上軍辭以趙武又使欒黶辭曰臣不如韓起韓起願上趙武君其聽之使趙武将上軍韓起佐之欒黶将下軍魏絳佐之晉國之民是以大和諸侯遂睦君子曰讓禮之主也范宣子讓其下皆讓欒黶為汰弗敢違也

范文子晉景公命郤克将中軍欒書将下軍以士燮代荀庚佐上軍率師救魯衛敗齊師于鞍而歸文子後入其父武子曰無為吾望爾也乎對曰師有功國人喜以逆之先入必屬耳目焉是代師受名也故不敢武子曰吾知免矣郤克見公曰子之力也夫對曰君之

訓也二三子之力也臣何力之有焉文子見
勞之如郤伯文子對曰庚所命也克之制也
燮何力之有焉欒伯見公亦如之欒伯對曰
燮之詔也士用命也書何力之有焉
秦公孫支事穆公時公既得百里奚公孫支
乃致上卿以讓百里奚曰秦國處僻民陋以
愚危亡之本也臣自知不足以處其上請以
讓之公不許公孫支曰君不用賓相而得社
稷之臣君之祿也臣見賢而讓之臣之祿也

今君既得其祿矣而使臣失祿可乎請終致
之公不許公孫支曰臣不肖而處上位是君
失倫也不肖失倫臣之過進賢而退不肖君
之明也今臣處位廢君之德而逆臣之行也
臣將逃公乃許之故百里奚為上卿以制之
公孫支為次卿以佐之
楚屠羊說以昭王失國從王於難王反國將
賞從者及屠羊說說曰大王失國說失屠羊
大王反國說亦反屠羊臣之爵祿已復矣又

何賞之有王曰強之說曰大王失國非臣之
罪故不敢伏其誅大王反國非臣之功故不
敢當其賞王曰見之說曰楚國之法必有重
賞大功而後得見今臣之知不足以存國而
勇不足以死寇吳軍入郢說畏難而避寇非
故隨大王也今大王欲廢法毀約而見說此
非臣之所以聞於天下也王謂司馬子綦曰
屠羊說居處卑賤而陳義甚高子其為我延
之以三旌之位說曰夫三旌之位吾知其貴

於屠羊之肆也萬鍾之祿吾知其富於屠羊
之利也然豈可以貪爵祿而使吾君有妄施
之名乎說不敢當願復反吾屠羊之肆遂不
受
漢陳平文帝初立以平為相平以太尉周勃功
多欲讓勃位迺謝病帝怪平病問之平曰高
帝時勃功不如臣及誅諸呂臣功不如勃願
以相讓勃
馮異為人謙退與諸將相逢輒引車避道每

止頓諸將共論功伐異常屏止樹下軍中號大樹將軍

桓榮光武欲用榮爲博士叩頭讓曰臣經術淺薄不如同門生郎中彭閎揚州從事皐弘帝拜榮爲博士引閎弘爲議郎榮明經義每以禮讓相厭不以辭長勝人儒者莫之及榮卒子郁當襲爵上書讓於兄子汎帝不許不得已受封而悉以租入與之帝以郁先師子有禮讓甚見親厚

鄭弘少爲鄉嗇夫太守第五倫行春見而深奇之召署督郵後代鄧彪爲太尉時倫爲司空班次在下每正朔朝見弘曲躬而自卑明帝問知其故遂聽置雲母屏風分隔其間由此以爲故事

鄧隲平壽侯訓之子高密侯禹之孫也安帝時以定策功封上蔡侯增邑三千戶隲辭不獲遂逃避使者閒關詣闕自陳曰臣兄弟汙穢無分可採過以外戚遭值明時並寵列侯光昭當世誠慙誠懼無以處心陛下繼立皇統奉承大宗聖策定於神心休烈垂於不朽本非臣等所能萬一而猥推嘉美並享大封退自惟念不寒而慄誠不敢橫受爵土以增罪戾疏上不聽又上至五六乃許之

南宋劉懷慎武帝北伐以爲中領軍宿衛輦轂雖名位優重而恭恪愈至每所之造位任不踰己者皆束帶門外下車其謙退類如此

後周蔡祐有膂力便騎射從征伐常潰圍陷陣

爲士卒先軍還之日諸將爭功祐終無所競太祖每歎之嘗謂諸將曰祐口不言勳孤當代其論叙

隋高熲賀若弼平陳皆有功一日文帝從容語及之熲曰賀若弼先獻十策後於蔣山苦戰破賊臣文吏耳焉敢與武將論功帝大笑時論嘉其讓

唐崔玄亮清慎介獨自登朝行不樂趨競歷御史尚書密湖曹三郡守每一遷秩謙讓輒形

於色
宋呂蒙正爲相時宰相子起家即授水部員外郎蒙正奏曰臣忝甲科及第釋褐止授九品京官況天下才能老於巖穴不霑寸祿者多矣今臣男始離襁褓膺此寵命恐罹陰譴乞以臣釋褐時官補之自是宰相子止授九品京官著爲定制

呼延贊少爲驍騎卒以功遷康州團練使從真宗幸大名爲行宮内外都巡檢真宗選補軍校皆叙已功或至諠譁贊獨進曰臣月俸百千用不及半忝幸多矣自念無以報國不敢更求遷擢恐福過災生再拜而退衆嘉其知分

文彦博英宗即位起復成德軍節度使三上表乞終喪許之初仁宗不豫彦博與富弼等乞立儲嗣仁宗許焉而後宫將有就館者故其事緩已而彦博去位既服闋復以故官判河南有詔入覲英宗曰朕之立卿之力也彦

博竦然對曰陛下入繼大統乃先帝聖意皇太后協贊之力臣何力之有兼陛下登儲藩極之時臣方在外皆韓琦等承聖志受顧命臣無與焉帝曰備聞始議卿於朕有恩彦博遜謝不敢當至神宗時拜太尉復判河南於是王同老言至和中議儲嗣事彦博適入朝神宗問之彦博以前對英宗者復于帝曰先帝天命所在神器有歸實仁祖知子之明慈聖擁佑之力臣等何功帝曰雖云天命亦係人謀卿深厚不伐善陰德如丙吉真定策社稷臣也

王剛中高宗時以龍圖閣待制知成都府制置四川金敗盟敵騎度大散關人情洶洶剛中踔一馬夜馳二百里起吴璘於帳中責之曰大將與國義同休戚臨敵安得高枕而卧璘大驚又以蠟書抵張正彦濟師西師大集金兵敗走方議奏捷剛中倍道馳還謂其屬李燾曰將帥之功吾何有焉燾嘆曰身督戰

而功成不居過人遠矣

不欺

列國齊晏嬰治東阿三年景公召而數之曰吾以子為可而使子治東阿今子治而亂子退而自察也寡人將加大誅乎嬰曰臣請改道易行而治東阿三年不治臣請死公許之明年上計公迎而賀之曰善矣子之治東阿也嬰對曰前臣之治東阿屬託不行貨賂不至陂池之魚以利貧民當此之時民無飢者而

君反以罪臣今臣之治東阿也屬託行貨賂至左右陂池之魚入權家民之貧飢者過半君反迎而賀臣臣頑乞骸骨公乃下席而謝曰子彊復而治之東阿者子之東阿也寡人無復與焉

後魏高允為著作郎時遼東公翟黑子有寵於太武奉使并州受布千匹事覺黑子謀於允曰主上問我當以實告為當諱之允曰公帷幄寵臣有罪首實庶或見原不可重為欺罔

也中書侍郎崔鑒公孫質曰若首實罪不可測不如姑諱之黑子怨允曰君柰何誘人就死地入見帝不以實對帝怒殺之帝使允授太子經及崔浩以史事被收事連及允太子謂允曰入見至尊吾自導卿脫至尊有問但依吾語太子見帝言高允小心慎密且微賤制由崔浩請赦其死帝召允問曰國書皆浩所為乎對曰臣與浩共為之然浩所領事多總裁而已至於著述臣多於浩帝怒曰允罪

甚於浩何以得生太子懼曰天威嚴重允小臣迷亂失次耳臣嚮問皆云浩所為帝問允信如東宮所言乎對曰殿下以臣侍講日久哀臣欲丐其生耳實不問臣臣亦無此言帝顧謂太子曰直哉此人情所難而允能為之臨死不易辭信也為臣不欺君忠也宜特除其罪以旌之他日太子讓允曰吾欲為卿脫死而卿不從何耶允曰臣與崔浩實同史事死生榮辱義無獨殊誠荷殿下再造之慈違

心苟免非臣所願也太子動容稱歎允退謂人曰我不奉東宮指導者恐負翟黑子故也

宋曹彬初爲周世宗親吏太祖始事世宗於澶州彬掌茶酒太祖嘗從彬求酒彬曰此官酒不敢相與自沽酒以飲太祖及即位語羣臣曰世宗舊吏不欺其主者獨曹彬耳由是委以腹心之任

魯宗道爲諭德時居近酒肆嘗微行就飲肆中偶真宗亟召使者及門久之宗道方自酒

肆來使者先入約曰即上怪公來遲何以爲對宗道曰第以實言之使者曰然則公當得罪曰飲酒人之常情欺君臣子之大罪也帝果問使者具以宗道所言對至帝詰之謝曰有故人自鄉里來臣家貧無杯盤故就酒家飲帝以爲忠實可大用常以語太后太后臨朝遂大用之

呂夷簡真宗時擢刑部員外郎兼侍御史知雜事蜀賊李順叛執送闕下左右稱賀既而屬御史臺按之非是賀者趣具順獄夷簡曰是可欺朝廷耶卒以實奏

寇準少英邁年十九舉進士太宗取人多臨軒顧問年少者往往罷之或教準增年答曰準方進取可欺君邪竟以實對

晏殊景德初張知白安撫江南以神童薦之真宗召殊與進士千餘人並試廷中神氣不懾援筆立成後二日復試詩賦論殊奏臣嘗私習此賦請試他題帝愛其不欺既成數稱

善擢秘書省正字

胡宿仁宗時詳議官闕判院者當擇人薦於上宿與同列得二人一人者監稅河北以水災虧課同列議曰虧課小失不是白上以累才宿不可至帝前悉白之且曰此人小累其才是惜帝曰果得才小累何卹遂除詳議官同列退誚宿曰詳議欲得人公苦欲白上緣是不得柰何宿曰彼得與不得一詳議官耳是固亦有命也宿以誠事主今白首矣不忍

絲髮欺君以負平生之節。為之開陳聽主上自擇耳。同列驚曰。其從公久。乃不知公所存如此。

李君行入京。至泗州留止。其子弟請先往。君行問其故。曰科場近。欲先至京師貫開封戶籍取應。君行不許。曰。汝虔州人而貫開封戶籍。欲求事君而先欺君。可乎。寧遲緩數年。不可行也。

恬退

漢張良佐高帝定天下。封留侯。即導引不食穀。杜門不出。嘗曰。家世相韓。及韓滅。不愛萬金之資。為韓報讎。彊秦天下震動。今以三寸舌為帝者師。封萬戶侯。此布衣之極。於良足矣。願棄人間事。欲從赤松子遊。乃學辟穀導引。

董仲舒為膠東相。以老病乞致仕。武帝欲留用之不得。朝廷每有大議。輒遣廷尉張湯至其家問得失。仲舒於是作春秋決獄二百三十二事以對。時論高之。

疏廣為太子太傅。兄子受為少傅。太子每進見。太傅在前。少傅在後。父子並為師傅。朝廷以為榮。廣謂受曰。吾聞知足不辱。知止不殆。功遂身退。天之道也。今仕宦至二千石。宦成名立。如此不去。懼有後悔。豈如父子相隨出關。歸老故鄉。以壽命終。不亦善乎。即日父子俱移病。上疏乞骸骨。宣帝以其年篤老。皆許之。賜黃金二十斤。太子贈以五十斤。公卿大

夫故人邑子設祖道。供張東都門外。送者車數百輛。道路觀者皆曰。賢哉二大夫。或歎息為之下泣。

朱雲為槐里令。既罷。復建白欲斬佞臣張禹。成帝直之。自後不復仕。薛宣為丞相。雲往見之。宣備賓主禮。因留雲宿。從容謂雲曰。在田野無事。且留我東閣。可以觀四方奇士。雲曰。小生乃欲相吏耶。宣不復敢言。雲年七十餘終於家。

鄭均爲尚書以病乞骸骨拜議郎以歸章帝廵幸過任城幸均舍勑賜尚書祿以終身號白衣尚書

晉陶侃鎮武昌至季年懷止足之分不與朝權欲遜位居國佐吏等苦留之及疾篤將歸長沙軍資器仗牛馬舟船皆有定簿封印倉庫自加管鑰以付王愆期然後登舟朝野以爲美談

陶潛以親老家貧謂親朋曰聊欲絃歌以爲

三逕之資可乎執事者聞之以爲彭澤令郡遣督郵至縣吏白應束帶見之潛歎曰我不能爲五斗米折腰向鄉里小兒即日解印綬去賦歸去來辭

南宋沈慶之封始興郡公以年滿七十固請辭事武帝嘉其意許之以爲侍中左光祿大夫開府儀同三司又固讓不許表疏數十上又面陳曰張良名賢漢高猶許其退自有何用必爲聖朝所須乃稽顙自陳言輒泣涕帝不

能奪聽以郡公罷就第

齊王僧虔以舊臣遷侍中左光祿大夫開府儀同三司僧虔謂兄子左僕射儉曰汝任重於朝行當有寵命之加我若復受此則一門二台司實所畏懼乃固辭客問其故僧虔曰吾榮位已過無以報國豈容更受高爵以貽官謗耶

唐李靖太宗時遣使十六道廵察風俗靖得畿內道會足疾懇乞骸骨帝遣中書侍郎岑文

本諭旨曰自古富貴而知止者蓋少雖疾頓憊猶力于進公今引大體朕深嘉之欲成公美爲一代法不可不聽授撿校特進就第

李日知先天中爲刑部尚書屢乞骸骨玄宗許之日知初不謀于家既得請歸即治行妻驚曰產利空空何辭之遽日知曰仕至此已過吾分人亦何厭之有若厭于心無日而是也既罷不治田園唯飾臺池引賓客與娛樂而已

宋韓維不好進薦志問學嘗以進士薦禮部父任執政不就廷試乃以父任守将作監主簿丁外艱服除闔門不仕仁宗患縉紳奔競諭近臣曰恬退守道者旌擢則躁求者自當知耻於是宰相文彥博宋庠等言維好古嗜學安於静退乞加甄録以厚風俗召試學士院辭不赴除國子監主簿

陳執中罷執政判亳州年六十九生日族子多獻老人圖爲壽其姪世脩獨獻范蠡圖且

賛其上曰賢哉陶朱霸越平吳名遂身退扁舟五湖執中甚喜即日上疏求退遂以司徒致仕

龐籍知定州請老召還京師籍陳請不已或謂籍今精力克壯年少所不及主上注意方厚何遽引去若此之堅籍曰必待筋力不支明主厭棄然後乃去是不得已豈知止足之謂耶凡上表者九手疏二十餘通朝廷不能奪聽以太子太保致仕

范鎮舉進士禮部奏名第一故事殿廷唱名過三人則首禮部選者必越次抗聲自陳率得寘上列吳育歐陽脩號稱耿介亦從衆鎮獨不然同列屢趣之不爲動至第七十九人乃隨呼出應退就列無一言廷中皆異之自是舊風遂革後拜翰林學士時王安石行新法上疏乞致仕遂以戶部侍郎家居凡所宜得恩典悉不與焉

邵雍與富弼早相知富初入相謂門下士田

棐曰爲我問堯夫可出當以官職起之不即命爲先生處士以遂隱居之志田爲雍言雍不答以詩謝之富終不相忘乃因明堂祫享赦詔天下舉遺逸富意謂河南必以雍應詔時文彥博尹洛以兩府禮召見雍不屈嘉祐詔求遺逸留守王拱辰以雍應詔授将作監主簿後復舉逸士補潁州團練推官皆固辭卒贈秘書省著作郎謚康節

蘇頌爲集賢校理富弼韓琦爲相務推尚廉

退有德之士以勸勵風俗知頌頗久次儒館不干榮利屢問所欲惟力求外以便親養遂除知潁州後弼遺頌書曰若吾子出處可謂真古君子矣

范祖禹以司馬光薦編脩秘省時王安石當國人皆奔競祖禹未嘗往謁安石弟安國與祖禹友善嘗諭安石意以祖禹獨不親附故未進用祖禹竟不往見哲宗時祖禹為翰林學士帝欲相章惇祖禹言惇不可用帝不悅

祖禹遂乞郡乃知陝州其後以蔡卞之譖貶永澧黔州復安置賀英州祖禹平生澹然無欲家人不見其喜怒之容每被除擢必力辭不得已然後就職及被貶謫處之恬然嘗曰吾西蜀一布衣耳今復不仕何為不可

元史天澤初拜中書左丞相辭曰臣兄天倪有二子一子管民政一子掌兵權臣復叨寵遇一門之內處三要職分所當辭憲宗不許後以李璮之反由權太重天澤復言兵民之權不可併于一門行之請自臣始即日子姪解兵符者十七人

董文用為衛輝路總管至元間代歸田里茅茨數椽僅蔽風雨閱書賦詩怡然閑居裕宗在東宮時數言文用勳舊忠良何以不見用於是臺臣復奏起為山北遼東道提刑按察使文用竟辭不起

五倫書卷之五十三

五倫書卷之五十四

父道

嘉言

易家人有嚴君焉父母之謂也

詩詒厥孫謀以燕翼子○君子有穀詒孫子于胥樂兮

春秋左氏傳愛子敎之以義方弗納於邪○子之能仕父敎之忠古之制也

禮記幼子常視無誑○名子者不以國不以日月不以隱疾不以山川男女異長女子許嫁笄而字○知爲子然後可以爲人父○凡三王敎世子必以禮樂樂所以脩内也禮所以脩外也禮樂交錯于中發形於外是故其成也懌恭敬而温文立太傅少傅以養之欲其知父子君臣之道也太傅審父子君臣之道以示之少傅奉世子以觀太傅之德行而審喻之○太傅在前少傅在後入則有保出則有師是以教諭而德成也○凡生子擇於諸母與可者必求其寬裕慈惠温良恭敬愼而寡言者使爲子師子能食食敎以右手能言男唯女俞男鞶革女鞶絲○六年敎之數與方名○七年男女不同席不共食八年出入門戶及即席飮食必後長者始敎之讓

儀禮父醮子命之曰往迎爾相承我宗事勗帥以敬先妣之嗣若則有常○父送女命之曰戒之敬之夙夜無違命○母施衿結帨曰勉之敬之夙夜無違宮事○庶母及門内施鞶申之以父母之命○命之曰敬恭聽宗爾父母之言夙夜無愆視諸衿鞶

論語愛之能勿勞乎

孟子古者易子而敎之父子之間不責善責善則離

説苑賢父之於子也慈惠以生之敎誨以成之養其義藏其僞時其節愼其施子年七歲已上父爲之擇明師選良友勿使見惡少漸之以善使之早化○父母正則子孫孝慈

顏之推曰父子之嚴不可以狎骨肉之愛不可以簡簡則慈孝不接狎則怠慢生焉○父母威嚴而有慈則子女畏愼而生孝

韓愈曰愛其子擇師而教之

程頤曰善養子者當其嬰孩鞠之使得所養全其和氣乃至長而性美○古人生子能食能言而教之小學之法以豫爲先人之幼也知思有所未至便當以格言至論日陳于前雖未曉知且當薰聒使盈耳充腹久自安習若

固有之雖以它言惑之不能入也○父子之間大率以情勝禮以恩奪義惟剛立之人能不以私愛失其正理

張栻曰爲人父者當脩身以率其子弟身脩則將有不言而威不令而從者矣

胡宏曰父子有法然後人道久

家頤曰人生至樂無如讀書至要無如教子○父子之間不可溺於小慈自小律之以威繩之以禮則長無不肖之悔○教子有五導其性廣其志養其材鼓其氣攻其病廢一不可○人家子弟惟可使覿德不可使覿利○養子弟如養芝蘭既積學以培植之又積善以滋潤之

善行上

父

周周公旦伯禽父也伯禽與康叔封朝于成王見周公三見三笞之康叔有駭色謂伯禽曰有商子者賢人也與子見之康叔與伯禽見

商子而問焉商子曰南山之陽有木曰橋二子盍往觀乎二子往南山之陽見橋竦焉實而仰反以告乎商子商子曰橋者父道也商子曰南山之陰有木曰梓二子盍往觀乎二子往南山之陰見梓勃焉實而俯反以告商子商子曰梓者子道也二子明日見周公入門而趨登堂而跪周公拂其首勞而食之曰安見君子二子對曰見商子周公曰君子哉商子也

列國魯孔子嘗獨立鯉趨而過庭曰學詩乎對曰未也不學詩無以言鯉退而學詩他日又獨立鯉趨而過庭曰學禮乎對曰未也不學禮無以立鯉退而學禮又嘗謂鯉曰汝為周南召南矣乎人而不為周南召南其猶正墻面而立也歟

曾子有疾謂曾元曾華曰吾無顏氏之才何以告汝夫華多實少者天也言多行少者人也飛鳥以山為卑而層巢其巔魚鱉以淵為

淺而穿穴其中然所以得者餌也君子苟能無以利害身則辱安從至乎官怠於宦成病加於小愈禍生於懈惰孝衰於妻子察此四者慎終如始詩曰靡不有初鮮克有終

漢石奮以上大夫歸老于家少子慶為內史入外門不下車奮聞之不食慶恐肉袒請罪不許舉宗及其兄建肉袒奮讓之曰內史貴人入閭里里中長老皆走匿而內史坐車中自如固當乃謝罷慶慶及諸子弟入里門趨至家子孫為小吏來歸謁必朝服見之不名子孫有過失不誚讓為便坐對案不食然後諸子相責因長老肉袒固謝罪改之乃許子孫勝冠者在側雖燕必冠申申如也僮僕訢訢如也唯謹

疏廣為太子太傅以年老致仕歸鄉里日以所賜金令家共具設酒食請族人故舊賓客相與娛樂居歲餘廣子孫竊謂昆弟老人廣所愛信者曰子孫幾及君時頗立產業今日

飲食費且盡宜從丈人所勸說君買田宅老人即以閒暇時為廣言此計廣曰吾豈老誖不念子孫哉顧自有舊田廬令子孫勤力其中足以共衣食與凡人齊今復增益之以為贏餘但教子孫驕惰耳賢而多財則損其志愚而多財則益其過且富者衆之怨也吾既無以教化子孫不欲益其過而生怨又此金者聖主所以惠養老臣也故樂與鄉黨宗族共享其賜以盡吾餘日不亦可乎於是族人

悅服
歐陽地餘宣帝時為太子中庶子。授太子經。元帝即位。地餘侍中貴幸至少府。戒其子曰。我死官屬即送汝財物愼勿受汝九卿儒者子孫以廉潔著稱可以自成及地餘死少府官屬共送數百萬其子不受帝聞而嘉之賜錢百萬

鄭玄以書戒子益恩曰入此歲來已七十矣家事大小。汝一承之家今頗多於昔勤力務時無恤飢寒菲飲食薄衣服尚可令吾寡過。及病困又告之曰吾煢煢一夫曾無同生相依其勗求君子之道研鑽勿替恭愼威儀以近有德顯譽成於僚友德行立於己志若致聲稱亦有榮於所生耳

三國蜀諸葛武侯戒子書曰君子之行靜以脩身儉以養德非淡泊無以明志非寧靜無以致遠夫學須靜也才須學也非學無以廣才非靜無以成學慆慢則不能研精險躁則不

能理性年與時馳意與歲去遂成枯落悲歎窮廬將復何及也

晉陶潛家務悉委之兒僕未嘗有喜慍之色為彭澤令不以家累自隨送一力給其子書曰汝旦夕之費自給為難今遣此力助汝薪水之勞此亦人子也可善遇之。

南宋顏延之子竣事孝武帝為吏部尚書領驍衛將軍任總內外既貴重權傾一朝延之嘗早過竣遇賓客盈門竣方卧不起延之怒曰。恭敬撙節福之本也驕狠傲慢禍之始也況出糞土之中。而升雲霞之上傲不可長其能久乎。

後魏源賀為太尉。疾篤遺令勑諸子曰吾頃以老病辭事不悟天慈降恩爵逮於汝汝其毋傲吝毋荒怠毋奢越毋嫉妬疑思問言思審行思恭服思度遏惡揚善親賢遠佞目觀必直耳屬必正誠勤以事君清約以行己吾終之後所葬時服單櫝足申孝心芻靈明器一

無用也

唐李襲譽高祖時擢揚州大都督府長史所得廩祿散于宗親以餘資寫書罷揚州載書數車嘗謂子孫曰吾性不喜財遂至屢乏然負京有賜田十頃能耕之足以食河內千樹桑事之可以衣江都書力讀可資仕進吾歿後能勤此無資於人矣

房玄齡治家有法度常恐諸子驕侈席勢凌人乃集古今家誡書爲屏風令各取一具曰

留意於此足以保躬矣漢袁氏累葉忠節吾心所尚爾宜師之

王凝常居栗如也子弟非公服不見閨門之內若朝廷然御家以四教勤儉恭恕正家以四禮冠婚喪祭聖人之書及公服禮器不假垣屋什物必堅朴曰毋苟費也門巷果木必方列曰毋苟亂也

韋陟爲吏部尚書家法脩整子允就學夜分視之見其勤旦日問安色必怡稍怠則立之

堂下不與語雖家僮數十然應門賓客必允主之

柳公綽爲河東節度使在公卿間最名有家法中門東有小齋自非朝謁之日每平旦輒出至小齋諸子仲郢皆束帶晨省於中門之北公綽決私事接賓客與弟公權及羣從弟再會食自旦至暮不離小齋燭至則命子弟一人執經史躬讀一過訖乃講議居官治家之法或論文或聽琴至人定鍾然後歸寢諸

子皆昏定於中門之內遇饑歲則諸子皆蔬食曰昔吾兄弟侍先君爲丹州刺史以學業未成不聽食肉吾不敢忘也

柳玭嘗戒其子弟曰凡門第高可畏不可恃也立身行己事有失得罪重於他人無以見先人於地下此其所以可畏也門高則驕心易生族盛則爲人所嫉懿行實才人未之信少有疵纇衆皆指之此其所以不可恃也故膏粱子弟學宜加勤行宜加勵僅得比他人

爾

五代劉玭為縣令其子贊始就學衣以青布衫襦每食則玭自肉食而別以蔬食食贊于廡下謂之曰肉食君之祿也爾欲之則勤學問以干祿吾肉非爾之食也由是贊益力學舉進士官至御史中丞刑部侍郎

竇禹鈞五子儀儼侃偁僖皆為顯官世稱教子必曰燕山竇氏馮道贈之以詩曰燕山竇十郎教子有義方靈椿一株老丹桂五枝芳

宋王旦為相以儉約率子弟使在富貴不為驕侈兄子睦欲舉進士旦曰吾嘗以太盛為懼其可與寒士爭進至其薨也子素猶未官遺表不求恩澤每見家人服飾似過即瞑目曰吾門素風一至於此亟令減損故家人或有一衣稍華必於車中易之不敢令其見焉

高瓊有子十四人皆教以讀書真宗嘗賜以經史瓊每戒諸子毋曲事勢要以斬進身若吾奮節行間至秉旄鉞豈因人力哉

楊億嘗訓子弟曰童穉之學不止記誦養其良知良能當以先入之言為主日記故事不拘今古必先以孝悌忠信禮義廉恥等事如黃香扇枕陸績懷橘叔敖陰德子路負米之類只如俗說便曉此道理久久成熟德性若自然矣

陳省華三子堯叟堯佐堯咨皆進士及第省華與燕國夫人俱康寧堯叟知樞密院次子直史館少子知制誥每對客三子列侍客不

自安省華曰學生列侍常也士大夫以為榮

韓琦每誡其子曰窮達禍福固有分定枉道以求之徒喪所守謹勿為也余以孤忠自信未嘗有夤緣憑藉而每遭人主為知己今忝三公所恃者公道與神明而已焉可誣哉

司馬池光父也光五六歲時弄胡桃女兄欲為脫其皮不得女兄去一婢以湯脫之女兄復來問脫胡桃皮者光曰自脫也父適見之訶曰小子何得詐語光自是不敢詐語後光

以誠授學者曰自不妄語始
包拯家訓云後世子孫仕宦有犯贓濫者不得放歸本家亡歿之後不得葬於大塋之中不從吾志非吾子孫共三十七字其下押字又云仰珙刻石竪於堂屋東壁以詔後世凡十四字珙拯之子也
韓億教子嚴肅第二子綜自西京倅謁告省覲綜弟絳縝及從弟宗彥皆中甲科歸公喜置酒召僚屬之親厚者俾諸子坐於席隅坐

中忽云二郎吾聞西京有疑獄奏讞者其詳云何綜思之未得已訶之再問未能對遂推案索杖大詬曰汝食朝廷厚祿倅貳一府事無巨細皆當究心大辟奏案尚不能記則細務不舉可知吾在千里無所干預猶能知之爾叨冒廪祿何顔報國必欲撻之諸子股栗衆賓力解方已
張昷之有女幼最鍾愛然居常至細微事教之必有法度如飲食之類飯羮許更益魚肉不許更進時昷之已為待制河北都轉運使矣又女嫁呂希哲女之母乃其姑申國夫人姊也一日來視女見舍後有鍋釜之類大不樂謂申國夫人曰豈可使小兒輩私作飲食壞家法耶其嚴如此
呂公著教其子希哲事事循蹈規矩希哲甫十歲祁寒暑雨侍立終日不命之坐不敢坐也日必冠帶以見長者平居雖甚熱在父母長者之側不得去巾襪縛袴衣服唯謹行步

出入無得入茶肆酒肆市井里巷之語鄭衛之音未嘗一經於耳不正之書非禮之色未嘗一接於目公著嘗言人生内無賢父兄外無嚴師友而能有成者少矣
邵雍戒子孫曰上品之人不教而善中品之人教而後善下品之人教亦不善不教而善非聖而何教而後善非賢而何教亦不善非愚而何是知善也者吉之謂也不善也者凶之謂也傳有之曰吉人為善惟日不足凶人

為不善亦惟日不足汝等欲為吉人乎欲為凶人乎

胡瑗治家甚嚴閨門整肅尤謹内外之分兒婦雖父母在非節朔不許歸寧嘗曰嫁女必須勝吾家者娶婦必須不若吾家者或問其故曰嫁勝吾家則女之事人必欽必戒娶不若吾家則婦之事舅姑必執婦道

范純仁每戒子弟曰人雖至愚責人則明雖有聰明恕己則昏苟能以責人之心責己恕

己之心恕人不患不到聖賢地位也又曰六經聖人之事也知一字則行一字要須造次顛沛必於是則所謂有為者亦若是爾

胡安國其子寅被召造朝安國戒之曰凡出身者本吾至誠惻怛憂國愛君濟民利物之心立乎人之本朝不可有分毫私意善人君子吾信重之惡人小人吾憐憫之諸葛武侯心如明鏡不以私情有好惡故黃皓甘於卑賤而不辭李平廖立甘於廢黜而不怨焉謖

入幕上賓流涕誅之不釋也

元董俊屢誡諸子曰吾一農夫耳遭天下多故徒以忠義事人僅立門戶深願汝曹力田讀書勿求非望為累也

廉希憲嘗戒其子曰丈夫見義勇為禍福無預於己謂皋夔稷契伊傅周召為不可及是自棄也天下事苟無牽制三代可復也又曰汝讀狄梁公傳乎梁公有大節為不肖子所墜汝輩宜慎之

國朝王升其子璵為平涼知縣升以書遺之曰凡為官須廉潔自守貧者士之常也古人謂貧乏不能存此是好消息撫民以仁慈為心報國以忠勤為本處己以謙敬為先進脩以學業為務有暇日宜玩味經史至於先儒性理之書亦當潛心其間於此見得透徹則自然所思無邪又熟讀律令則守法不惑仕與學蓋不可偏廢人便則買附子二三枚川椒一二斤必經稅而後來餘物非所覬也後璵

坐事逮繫刑部獄其書為捜獄者所得以奏
太祖皇帝覽之嘉嘆良久遣使賜廾白金百兩
絹十匹附子五枚川椒五斤仍復其家

五倫書卷之五十四

五倫書卷之五十五

父道

善行

母

列國魯敬姜者大夫公父文伯之母也文伯退朝朝其母其母方績文伯曰以歜之家而主猶績乎其母嘆曰魯其亡乎使童子備官而未之聞耶夫民勞則思思則善心生逸則淫淫則忘善忘善則惡心生沃土之民不材淫也瘠土之民莫不向義勞也是故王后親織玄紞公侯之夫人加之以紘綖卿之內子為大帶命婦成祭服列士之妻加之以朝服自庶士以下皆衣其夫社而賦事烝而獻功男女効績愆則有辟古之制也吾冀而朝夕脩我曰必無廢先人爾今曰胡不自安以是承先君之官予懼穆伯之絕嗣也

孟子之母其舍近墓孟子少時嬉戲為墓間之事踴躍築埋孟母曰此非所以居子也乃

去舍市。其嬉戲為賈衒。孟母曰此非所以居子也。乃徙舍學宫之旁。其嬉戲乃設俎豆揖讓進退。孟母曰此真可以居子矣。遂居之。孟子幼時問東家殺猪何為。母曰欲啖汝。既而悔曰吾聞古有胎教。今適有知而欺之。是教之不信。乃買猪肉以食之。既長就學。而歸。母問學所至。孟子自若也。母以刀斷其織曰子之廢學若吾斷斯織。孟子懼。勤學不息。遂成大儒

魏芒慈母者孟陽氏之女。芒卯後妻也。有三子。前妻之子五人皆不愛慈母。遇之甚異。猶不愛。慈母乃令其三子不得與前妻子齊衣服飲食起居進退。前妻子猶不愛。於是前妻中子犯魏王令當死。慈母憂戚悲哀。朝夕勤勞以救之。人有謂慈母曰。子不愛母。何為勤勞憂懼如此。慈母曰。如妾親子雖不愛妾。猶救其禍而除其害。獨於假子而不為。何以異於凡母。其父為其孤也。而使妾為其繼母。繼母如母。為人母而不能愛其子。可謂慈乎。親其親而偏其假。可謂義乎。不慈且無義。何以立於世。遂訟之。魏安釐王聞之。高其義。乃赦其子。復其家。自此五子親附慈母。雍雍若一

齊義母者。齊二子之母也。宣王時有人鬬死於道。吏訊之。被一創。二子兄弟立其傍。吏問之。兄曰我殺之。弟曰非兄也。乃我殺之。期年吏不能決。言之相。相召其母。問何所欲殺活。其母泣而對曰。殺其少者。相曰夫少子者人

之所愛也。今欲殺之。何也。對曰少者妾之子。長者夫前妻之子也。夫疾且死。屬妾善養視之。受人之託。豈可忘之。且殺兄活弟。是以私愛廢公義也。背言忘信。是欺死者也。泣下沾襟。相入言於王。王高其行。皆赦不殺。而尊其母曰義母

田母者。齊相田稷子之母也。稷子受下吏之貨金百鎰。以遺其母。母曰子為相三年矣。祿未嘗多若此也。安所得之。對曰誠受之於下。

其母曰吾聞士脩身潔行不爲苟得非義之事不計於心非理之利不入於家今君設官以待子厚祿以奉子言行則可以報君夫爲人臣而事其君猶爲人子而事其父也爲人臣不忠是爲人子不孝也不義之財非吾有也不孝之子非吾子也稷子慙而出反其金自歸罪於宣王請就誅焉王聞之大賞其母之義遂舍稷子之罪復其相位而以公金賜其母

王孫賈之母當齊閔王時淖齒作亂王出走賈失王之處母曰女朝去而晩來則吾倚門而望女暮出而不還則吾倚閭而望女今事王王出走女不知其處女尚何歸賈乃入市中曰淖齒亂齊國殺閔王欲與我誅齒者袒右市人從之者四百人與誅淖齒刺而殺之

楚孫叔敖母有賢德叔敖爲嬰兒時出遊見兩頭蛇殺而埋之歸見其母而泣焉母問其故對曰吾聞見兩頭蛇者死今出遊見之母曰蛇今安在對曰吾恐他人復見之而埋之矣母曰女不死矣夫有陰德者陽報之德勝不祥仁除百禍爾嘿矣必興於楚其後叔敖果爲楚令尹

趙馬服君趙奢之妻括之母也孝成王時秦攻趙王使括代廉頗爲將括母上書言括不可使王問之對曰括父爲將身所奉飯而進食者以十數所友者以百數得賞賜盡以與軍吏士大夫受命之日不問家事今括一旦

爲將東向而朝軍吏無敢仰視者王所賜金帛歸藏於家父子異心願王勿遣王曰母置之吾已決矣母曰即有不稱妾請無隨坐王許之後括果敗秦射殺之卒四十萬皆降母以諫得不坐

漢王陵母楚漢相爭時陵嘗聚黨數千人屬漢王項王取陵母置軍中陵使至則東嚮坐陵母欲以招陵陵母既私送使者泣曰願爲老妾語陵善事漢王漢王長者毋以老妾故持

二心。妾以死送使者。遂伏劍而死

陳嬰母素有賢名。時東陽少年相聚數千人。强立嬰爲長。縣中從者得二萬人。少年又欲立嬰爲王。其母謂嬰曰。自我爲女家婦。未嘗聞女先有貴者。今暴得大名不祥。不如有所屬。事成猶得封侯。事敗易以亡。非世所指名也。嬰乃不敢爲王。以兵屬項梁

雋不疑母有賢行。武帝時不疑爲京兆尹。行縣錄囚徒還。輒問不疑有所平反。活幾何人。

即不疑多所平反。母喜笑。飲食語言異於他時。或亡所出。則怒爲之不食。故不疑爲吏。嚴而不殘

嚴嫗者。河南太守嚴延年母也。延年每論囚。流血數里。河南號爲屠伯。母嘗從東海來。欲從延年臘。到洛陽。適見報囚。母大驚。便止都亭。不肯入府。延年出至都亭謁母。母閉閤不見。延年免冠頓首閤下。母乃見之。因數責延年曰。女幸備郡守。不聞仁義教化有以全安愚民。顧乘刑罰多殺人。欲以立威。豈爲民父母意哉。延年服罪。頓首謝。因自爲母御歸府舍。母畢正臘。謂延年曰。天道神明。人不可獨殺。吾去女東歸。掃除墓地耳。後歲餘。延年果敗。東海莫不稱母賢知

翟母者。翟方進後母也。方進年十二三。失父。辭後母西至京師受經。母憐其幼。隨之長安。織屨以給。方進從博士受春秋。積十餘年。經學明習。後爲丞相。封高陵侯。既富貴而後母

尚在。供養甚篤

陸續母治家有法。續爲太守尹興門下掾。時楚王英謀反。事連太守。詣廷尉獄。續與主簿及掾史五百餘人詣洛陽詔獄。續母自吴遠至京師。無緣相見。但作食以饋續。續對食悲泣不自勝。使者問其故。續曰。母來不得見。故悲耳。問何以知之。續曰。因食餉羹。識母所自調和。母截肉未嘗不方。斷葱以寸爲度。是以知之。使者以聞。特赦之

曹世叔妻班彪之女也名昭博學高才有節行有法度和帝數召入宮令皇后諸貴人師事焉號曰大家昭傷諸女當適人而不漸訓誨不聞婦禮懼失容他門取辱宗族作女誡七章曰卑弱曰夫婦曰敬慎曰婦行曰專心曰曲從曰和叔妹昭諸女各寫一通馬融善之令妻女習焉

范滂母有賢行建寧中大誅黨人詔捕滂滂詣獄其母就與之訣滂白母曰仲博孝敬足

以供養滂從龍舒君歸黃泉存亡各得其所惟大人割不忍之恩勿增感戚母曰汝今得與李杜齊名死亦何恨既有令名復求壽考可兼得乎滂跪受教再拜而辭顧謂其子曰吾欲使女為惡則惡不可為使女為善則我不為惡行路聞之莫不流涕

穆姜姓李氏安衆令程文矩之妻也有二子而前妻四子以母非所生憎毀日積穆姜撫字益隆衣食資供皆兼倍所生或謂母曰四子不孝甚矣何不別居以遠之對曰吾方以義相導使其自遷善也及前妻長子興遇疾困篤母親調藥膳恩情篤密興疾瘳呼三弟謂曰繼母慈仁出自天愛吾兄弟不識恩養禽獸其心雖母道益隆我曹過惡亦已深矣遂將三弟詣南鄭獄陳母之德狀己之過乞就刑辟縣言之於郡郡守表異其母蠲除家徭遣散四子許以脩革自後訓導愈明並為良士

趙苞母就養遼西為鮮卑所掠苞舉衆出戰賊出母以示苞母遙謂苞曰人各有命何得相顧以虧忠義昔王陵母對漢使伏劍以固其志爾其勉之苞破賊母卒遇害

姜氏母者撫夷將軍姜叙之母也建安中馬超攻冀害涼州刺史韋康叙時屯歷城母亦在焉叙姑子楊阜為康從事陰欲為康報仇過歷候叙言康被害及冀中之難母聞之謂叙曰韋使君遇難豈一州之恥亦汝之負汝

無顧我事淹變生人誰不死死國忠義之大者但當速發我不以餘年累汝也叙進兵攻超超自出擊叙至歷無備執叙母母怒罵超超殺之事聞詔令襃揚

三國魏羊琇母辛氏有才鑒鍾會爲鎮西將軍請琇爲參軍母曰吾爲國憂今日難至吾家行矣戒之軍旅之間可以濟者惟仁恕乎古之君子入則致孝於親出則盡忠於國在職思其所司在義思其所立無貽父母憂患而

已後會至蜀果反琇竟以道全身

吳孟仁之母遣仁從南陽李肅學爲作厚褥大被或問其故母曰小兒無德致客學者多貧故爲廣被庶可得與氣類接也仁爲驃騎將軍朱據軍吏將母在營既不得志又夜雨屋漏因起涕泣以謝其母母曰但當勉之何足泣也據亦稍知之除爲鹽池司馬自能結網捕魚作鮓寄母母因以還之曰汝爲魚官而以鮓寄我非避嫌也宜深戒之

晉虞潭母孫氏性聰敏識鑒過人潭自幼童便訓以忠義永嘉末潭爲南康太守值杜弢搆逆孫氏勉潭以必死之義傾其資產以餽戰士潭遂克捷蘇峻作亂潭時守吳興又假節征峻孫氏戒之曰吾聞忠臣出孝子之門汝當捨生勿以吾老爲慮也仍貿其所服環珮爲軍資發其家僮令隨潭助戰峻平拜武昌侯太夫人

陶侃母湛氏生侃而貧每紡績資給之使結

交勝己者賓至輒款延不厭一日大雪鄱陽孝廉范逵寓宿於侃母乃徹所卧新薦自剉給其馬又密截髮賣以供殽饌逵聞之歎曰非此母不生此子侃後爲潯陽縣吏監魚梁以一坩鮓遺母母封鮓及書責侃曰爾爲吏以官物遺我非惟不能益我乃以增吾憂矣

韋逞母宋氏家世以儒學稱其父無子以周官音義授之并以其書付焉其後適韋氏生逞夫卒逞幼宋氏晝則樵采夜則教逞紡績

無廢。遲遂學成名立。仕秦主苻堅爲太常。堅嘗幸太學。問博士經典。乃憫禮樂遺闕。博士盧壼進曰。廢學既久。書傳零落。比年綴撰正經粗集。唯周官禮注未有其師。竊見太常韋逞母宋氏。傳其父業。得周官音義。今年八十。視聽無闕。可以傳授後生。於是堅命就宋氏家立講堂。置生員百二十人。隔絳紗幔受業。號宋氏爲宣文君。賜侍婢十人。周官學復行於世

南梁王僧辯母魏氏。性安和。善於綏接。家門內外莫不懷之。初僧辯以罪下獄。夫人流淚徒行謝罪。及僧辯免。夫人深相責勵。辭色俱嚴。云人之事君。惟須忠烈。非但保佑當世。亦乃慶流子孫。及僧辯克復舊京。功蓋天下。夫人恒自謙損。不以富貴驕物。朝野咸共稱之。謂爲明哲婦人也

後魏房景伯母崔氏。景伯爲清河太守。每有疑獄。常先請焉。貝丘人列子不孝。吏欲案之。景伯入白其母。母曰。聞名不如見面。小人未見禮教。何足責哉。但呼其母來。吾與之同居。其子置左右。令見汝事吾。或應自改。景伯遂召其母入。崔氏與之共食。景伯爲之溫凊。其子侍立。未及旬日。悔過求還。崔氏曰。此雖顏慙。未知心愧。且可置之。凡經二十餘日。其子叩頭流血。其母涕泣乞還。然後聽之。終以孝聞

隋鍾士雄母蔣氏。士雄初爲陳伏波將軍。陳以士雄嶺南酋帥。慮其反覆。質蔣氏於都下。及

隋平江南。欲以恩義致之。乃遣蔣氏歸臨賀。既而同郡虞子茂等作亂。舉兵攻城。遣人召士雄。士雄將應之。蔣氏謂士雄曰。我前在揚都。備嘗辛苦。今逢聖化。母子聚集。沒身不能上報。焉得爲逆哉。汝若背德忘義。我當自殺汝前。士雄遂止。復爲書諭子茂等以禍福。子茂不從。尋爲官軍所敗。朝廷聞而嘉之。封蔣氏爲安樂縣君

鄭善果母崔氏。性嚴明有節操。博涉書史。通

曉治方善果以父死王事方數歲襲開封縣
公年十四為魯郡太守每出聽事母輒坐障
後察之聞其剖斷合理歸則大悅賜坐對談
笑若行事不允或妄瞋怒即還堂泣不食善
果歸伏床下乃謂曰汝先君在官清恪以身
徇國吾望汝副其心汝不知禮訓何以負荷
忠臣之業乎汝自童子襲茅土至方伯安可
妄加瞋怒墮於公政或內墜尔家風以亡官
爵外虧天子之法以取罪戾吾死何面目見

汝先人地下又恒紡績夜分乃寐善果曰兒
秩俸幸足何勤如是母曰此秩俸乃天子報
尔先人之忠當散贍族姻何可獨擅其利且
絲枲紡織婦人之務上自王后下至大夫士
妻各有所製若墮業者是為驕逸吾雖不知
禮其可自敗名乎善果由此克己號為清吏
唐崔玄暐母盧氏嘗戒玄暐曰吾聞姨兄辛玄
馭云子姓仕宦有言其貧窶不自存此是好
消息若貲貨盈衍衣馬輕肥此惡消息吾嘗

以為確論比見親表中仕宦者務多財以奉
親而其親不究所從來必出乎祿廩則善如
其不然何異盜乎若今為吏不能忠清無以
戴天履地宜識吾意故玄暐所守以清白名
柳仲郢母韓氏相國休曾孫家法嚴肅儉約
教諸子常粉苦參黃連熊膽和為丸令永夜
習學含之以資勤苦
李景讓母鄭氏治家嚴景讓為浙西觀察使
嘗怒牙將杖殺之軍且謀變母召景讓廷責

曰爾鎮撫方面而輕用刑一夫不寧豈特上
負天子亦使百歲母銜羞泉下何面目見先
大夫乎將鞭其背大將為請不許皆泣謝迺
罷由是一軍遂定
宋蘇易簡母薛氏賢而能教易簡參知政事太
宗召其母入禁中賜冠帔命坐問曰何以教
子成此令器對曰幼則束以禮讓長則教以
詩書帝顧左右曰真孟母也
寇準母太夫人性嚴準少時不脩小節頗愛

飛鷹走犬太夫人每不勝怒舉稱鍾投之中足流血由是折節從學及貴母已亡每捫其瘡痕輒哭

陳堯咨母馮氏有賢德堯咨善射為荊南太守秩滿歸謁其母母曰爾典名藩有何異政對曰州當孔道過客以兒善射莫不歎服母曰忠孝以輔國爾父之訓也爾不行仁政以善化民顧專卒伍一夫之伎豈父之訓哉因擊以杖金魚墮地世稱馮氏善教子有孟母

之風焉

歐陽脩幼失父其母鄭氏親教讀書家貧無資以荻畫地教脩書字嘗謂曰汝父為吏嘗夜燭治官書屢廢而歎吾問之則曰死獄也我求其生不得耳吾曰生可求乎曰求其生而不得則死者與我皆無恨也矧求而有得耶以其有得則知不求而死者有恨也夫常求其生猶失之死而世常求其死也其平居教他子弟常用此語脩服之終身

劉安世母有賢名安世初除諫官未拜命入白母曰朝廷不以安世不肖使在言路倘居其官須明目張膽以身任責脫有觸忤禍譴立至主上方以孝治天下若以老母辭當可免母曰不然吾聞諫官為天子諍臣汝父平生欲為之而弗得汝幸居此地當捐身以報國恩正得罪流放無問遠近吾當從汝所之於是受命在職正色立朝面折廷爭人目之為殿上虎

韓賢母者韓肖胄之母也肖胄琦之曾孫紹興三年以簽書樞密院事充通問使將適金其母語之曰汝家世受國恩當受命即行勿以我老為念帝稱為賢母封榮國夫人

吳賀母謝氏每賀與賓客語輒於屏間竊聽之忽聞言及人之長短怒笞賀一百或解夫人曰臧否士之常而笞之若是夫人曰愛其女者必取三復白圭之士妻之今獨產一子當使知義命而出語忘親豈可久之道哉因

泣不食賀由是恐懼謹默
張奎母宋氏嘗親教奎與其次子亢讀書客至輒於窓間聽之客與其子論文學政事則爲之設饌或閑話諧謔則不設也後二子皆登第奎少嗜酒嘗有酒失母怒欲笞之遂不復飲終身
元姚天福母最賢初天福拜監察御史母戒之曰古稱公爾忘私委質爲臣當罄所衷以塞其職勿以未亡人爲恤俾吾追踪陵母死之

日猶生之年也天福亦請於憲府曰御史責當言路有犯無隱苟獲譴乞不爲親累或以聞世祖歎曰天福母子雖生今世其義烈之言當於古人中求之
薛闍母姚里氏遼王耶律留哥妻也留哥卒姚里氏入奏會世祖征西域皇太弟承制以姚里氏佩虎符權領其衆及帝還姚里氏携乃次子善哥等見帝于河西請以薛闍襲爵帝曰薛闍從朕征西域積功爲拔都魯不可遣

當令善哥襲其父爵姚里氏拜且泣曰薛闍者留哥前妻所出當立善哥婢子所出若立之是私已而蔑天倫竊以爲不可帝嘆其賢許以薛闍襲爵
拜住母怯烈氏有賢操拜住爲太常禮院使年方二十吏就第請署字適在後園閱羣戲母厲聲呵之曰官事不治若爾所爲豈大人事耶拜住深自克責一日入内侍宴英宗强以數卮既歸母戒之曰天子試汝量汝當日

益戒懼無酣于酒拜住之賢母之訓也
秦母柴氏秦閏夫繼室也生一子與前妻子俱幼閏夫病且死囑柴氏以二子柴氏鞠之無異心閏夫死家事日微柴氏辛勤紡績遣二子就學至正中賊犯晉寧時有惡少與張福爲仇往滅其家及官軍至福訴其事連柴氏長子法當誅柴氏引次子詣官泣訴曰往從惡者吾次子非長子也次子曰我之罪可加於兄乎鞫之至死不易其言官反疑次子

非柴氏所出訊之他因始得其情官義柴氏之行為之言曰婦執義不忘其夫之命子趨死而能成母之志此天理人情之至也遂并二子俱釋之時人皆以為難有司上其事旌其門而復其家

伯叔

漢馬援在交阯還書戒其兄子嚴敦曰吾欲汝曹聞人過失如聞父母之名耳可得聞口不可得言也好議論人長短妄是非正法此吾

所大惡寧死不願聞子孫有此行也龍伯高敦厚周慎口無擇言謙約節儉廉公有威吾愛之重之願汝曹效之杜季良豪俠好義憂人之憂樂人之樂清濁無所失父喪致客數郡畢至吾愛之重之不願汝曹效也效伯高不得猶為謹敕之士所謂刻鵠不成尚類鶩者也效季良不得陷為天下輕薄子所謂畫虎不成反類狗者也二子並喜譏議通輕俠客故援切戒之

薛包好學篤行弟子求分財異居包不能止乃中分其財奴婢引其老弱者曰與我共事久若不能使也田廬取其荒頓者曰吾少時所治意所戀也器物取其朽敗者曰吾素所服食身口所安也弟子數破其產輒復賑給

許荊許世荊父也世嘗報仇殺人怨家會衆操兵至荊家欲殺世荊時為會稽郡掾從府休歸因出門解劒長跪曰前無狀相犯咎皆在荊不能相教兄既早沒一子為嗣忍令死

者傷其滅絕令願殺身代世塞咎雖死以往猶謂更生怨家扶起荊曰許掾郡中稱為賢吾何敢相侵因遂委去

張範字公儀漢末之亂其子陵及其弟承之子戩俱為山東賊所得範直詣前請二子賊以陵還範範謝曰諸君相還兒厚矣夫人情雖愛其子然吾憐戩之小請以陵易之賊義其言悉以還範曹操聞而嘉之以範為議郎

晉庾袞兄之孤女芳將嫁美服既具袞乃刈荊

茗為箕箒召諸子集之于堂男女以班命芳
曰芳乎汝少孤汝逸汝豫不汝疵瑕今汝適
人將事舅姑灑掃庭內婦之道也故賜以此
匪器之為美欲溫恭朝夕雖休勿休也
郗鑒值永嘉喪亂甚窮餒鄉人以鑒名德傳
共飯之時兄子邁外甥周翼並小常攜之就
食鄉人曰各自饑困以君賢欲共相濟耳恐
不能兼有所存鑒於是獨往食訖以飯著兩
頰邊還吐與二兒後並得存同過江邁位至

護軍翼為剡縣令鑒之薨也翼追撫育之恩
解職而歸席苫心喪三年
鄧攸為晉右僕射永嘉末沒于石勒過泗水
攸乃斫壞車以牛馬負妻子而逃又遇賊掠
其牛馬步走擔其兒及其弟子綏度不能兩
全乃謂其妻曰吾弟早亡唯有一息理不可
絕止應自棄我兒耳幸而得存我後當有子
妻泣而從之乃棄其子而去之卒以無嗣時
人義而哀之為之語曰天道無知使鄧伯道

無兒弟子綏服攸喪三年
荀崧從弟遁遯音早亡二息序廞年各數歲崧
迎與共居恩同己子太尉臨淮公荀顗國廢
欲以崧子襲封崧哀序孤微乃讓封與序論
者稱焉
南宋王僧虔為武陵太守攜諸子姪以往兄子
慈中途得病僧虔為廢寢食同行客慰喻之
僧虔曰昔馬援子姪之間一情不異鄧攸於
弟子更逾所生吾實懷其心已兄之胤不宜

忽之若此子不救便當回舟謝職
齊劉靈哲為齊郡太守前軍將軍兄子景煥為
魏所獲父懷珍卒當襲爵靈哲固辭以兄子
在魏無容越當茅土乃傾產贖景煥累年不
能得武帝哀之為遣使請之魏人送以還襲
懷珍封爵朝廷義之
後魏房亮太和中歷濟北平原二郡太守以清
廉稱時邊州刺史例得一子出身亮不言己
子而請以弟之子超為奉朝請士論稱之

宋范質爲宰相。從子杲嘗求奏遷秩。質作詩曉之。其略曰。戒尒學立身。莫若先孝悌。怡怡奉親長。不敢生驕易。戰戰復兢兢。造次必於是。戒尒學干祿。莫若勤道藝。嘗聞諸格言。學而優則仕。不患人不知。惟患學不至。戒尒遠恥辱。恭則近乎禮。自卑而尊人。先彼而後己。相鼠與茅鴟。宜鑑詩人刺。戒尒勿放曠。放曠非端士。周孔垂名教。齊梁尚淸議。南朝稱八達。千載穢靑史。戒尒勿嗜酒。狂藥非佳味。能移

謹厚性。化爲凶險類。古今傾敗者。歷歷皆可記。戒尒勿多言。多言衆所忌。苟不慎樞機。災厄從此始。是非毁譽間。適足爲身累。舉世重交游。擬結金蘭契。忿怨從是生。風波當時起。所以古人疾。蘧篨與戚施。舉世重游俠。俗呼爲氣義。爲人赴急難。往往陷囚繫。所以馬援書。殷勤戒諸子。舉世賤淸素。奉身好華侈。肥馬衣輕裘。揚揚過閭里。雖得市童憐。還爲識者鄙。我本羇旅臣。遭逢堯舜理。位重才不充。

戚戚懷憂畏。深淵與薄冰。蹈之唯恐墜。爾曹當閔我。勿使增罪戾。閉門斂蹤跡。縮首避名勢。勢位難久居。畢竟何足恃。物盛則必衰。有隆還有替。速成不堅牢。亟走多顛躓。灼灼園中花。早發還先萎。遲遲澗畔松。鬱鬱含晚翠。賦命有疾徐。靑雲難力致。寄語謝諸郎。躁進徒爲耳。

歐陽脩與其姪通理書曰。歐陽氏累世蒙朝廷官祿。吾今又被榮顯。致汝等並列官品。當

思報效。如有差使。盡心向前。至於臨難死節。亦是汝榮事。但存心盡公。神明自祐。汝慎不可思避事也。書中言欲買朱砂來。吾不闕此。汝於官下宜守廉。何得買官下物。吾在官所。除飲食外不曾買一物。可觀此爲戒也。

范鎭兄鎡卒于隴城。無子。鎭聞其有遺腹子在外。徒步求之兩蜀間。二年乃得之。曰吾兄異於人。體有四乳。是兒亦必然。已而果然。遂携以歸。名曰百常

元朱顯姪彥昉等𭡝孤。自祖宗來。分財異居。已五十餘年。至是顯謂弟耀曰父子兄弟本同一氣。況彥昉孤弱如此。可異爨乎。乃會拜祖墓下。取分券焚之。與姪同居

叔母

晉任氏皇甫謐之叔母也。謐年二十不好學。嘗得瓜果。輒進任氏。任氏曰孝經云。三牲之養猶為不孝。汝今年餘二十。目不存教。心不入道。無以慰我。因嘆曰昔孟母三徙以成仁。曾氏烹豕以存教。豈我居不卜隣。教有所闕乎。脩身篤學自汝得之。於我何有。因對之流涕。謐乃感激就學。勤力不怠。遂博綜典籍百家之言。號玄晏先生

五倫書卷之五十五

五倫書卷之五十六

子道十三

嘉言上

易蠱初六幹父之蠱。有子考无咎。厲終吉。象曰幹父之蠱。意承考也。○九二幹母之蠱得中道也

書嗣爾股肱純其藝黍稷奔走事厥考厥長肇牽車牛遠服賈用孝養厥父母厥父母慶。自洗腆致用酒

詩維桑與梓必恭敬止靡瞻匪父靡依匪母○蓼蓼者莪匪莪伊蒿哀哀父母生我劬勞○無父何怙無母何恃出則銜恤。入則靡至○父兮生我母兮鞠我拊我畜我長我育我顧我復我出入腹我欲報之德昊天罔極○孝子不匱永錫爾類○靡有不孝自求伊祜

春秋穀梁傳曰孝子揚父之美不揚父之惡

禮記凡為人子之禮冬溫而夏凊昏定而晨省。在醜夷不爭○夫為人子者三賜不及車馬

故州閭鄉黨稱其孝也兄弟親戚稱其慈也
僚友稱其弟也執友稱其仁也交游稱其信
也○夫爲人子者出必告反必面所遊必有
常所習必有業恒言不稱老○爲人子者居
不主奧坐不中席行不中道立不中門食饗
不爲槩祭祀不爲尸聽於無聲視於無形不
登高不臨深不苟訾不苟笑孝子不服闇不
登危懼辱親也父母存不許友以死○凡爲
人子者父母存冠衣不純素孤子當室冠衣

不純采○父母有疾冠者不櫛行不翔言不
惰琴瑟不御食肉不至變味飲酒不至變貌
笑不至矧怒不至詈疾止復故○仁人之事
親也如事天事天如事親○庶子之正於公
族者教之以孝悌睦友子愛明父子之義長
幼之序○子事父母雞初鳴咸盥漱櫛縰笄
總拂髦冠緌纓端韠紳搢笏左右佩用婦事
舅姑如事父母雞初鳴咸盥漱櫛縰笄總衣
紳左右佩用以適父母舅姑之所及所下氣

怡聲問衣燠寒疾痛苛癢而敬抑搔之出入
則或先或後而敬扶持之進盥少者奉槃長
者奉水請沃盥盥卒授巾問所欲而敬進之
柔色以溫之○男女未冠笄者雞初鳴咸盥
漱櫛縰拂髦總角衿纓皆佩容臭昧爽而朝
問何食飲矣若已食則退若未食則佐長者
視具○父母舅姑將坐奉席請何鄉將衽長
者奉席請何趾少者執床與坐御者舉几斂
席與簟縣衾篋枕斂簟而襡之○父母舅姑

之衣衾簟席枕几不傳杖屨祗敬之勿敢近
敦牟巵匜非餕莫敢用與恒飲食非餕莫之
敢飲食○在父母舅姑之所有命之應唯敬
對進退周旋慎齊升降出入揖遊不敢噦噫
嚏咳欠伸跛倚睇視不敢唾洟寒不敢襲癢
不敢搔不有敬事不敢袒裼不涉不撅褻衣
衾不見裏父母唾洟不見冠帶垢和灰請漱
衣裳垢和灰請澣衣裳綻裂紉箴請補綴○
子婦孝者敬者父母舅姑之命勿逆勿怠若

飲食之雖不耆必嘗而待加之衣服雖不欲必服而待加之事人代之已雖弗欲姑與之而姑使之而后復之○父母有過下氣怡色柔聲以諫諫若不入起敬起孝說則復諫不說與其得罪於鄉黨州閭寧孰諫父母怒不說而撻之流血不敢疾怨起敬起孝○父母有婢子若庶子庶孫甚愛之雖父母沒沒身敬之不衰子有二妾父母愛一人焉子愛一人焉由衣服飲食由執事毋敢視父母所愛

雖父母沒不衰子甚宜其妻父母不說出子不宜其妻父母曰是善事我子行夫婦之禮焉沒身不衰父母雖沒將爲善思貽父母令名必果將爲不善思貽父母羞辱必不果○舅沒則姑老冢婦所祭祀賓客每事必請於姑介婦請於冢婦舅姑使冢婦毋怠不友無禮於介婦舅姑若使介婦毋敢敵耦於冢婦不敢並行不敢並命不敢並坐凡婦不命適私室不敢退婦將有事大小必請於舅姑子

婦無私貨無私蓄無私器不敢私假不敢私與婦或賜之飲食衣服布帛佩帨茝蘭則受而獻諸舅姑舅姑受之則喜如新受賜若反賜之則辭不得命如更受賜藏以待乏婦若有私親兄弟將與之則必復請其故賜而后與之○父命呼唯而不諾手執業則投之食在口則吐之走而不趨親老出不易方復不過時親癠色容不盛此孝子之疏節也父沒而不能讀父之書手澤存焉爾母沒而杯圈

不能飲焉口澤之氣存焉爾○孝有三大孝尊親其次弗辱其下能養○君子之所謂孝者先意承志諭父母於道○孝子之養老也樂其心不違其志樂其耳目安其寢處以其飲食忠養之○父母之所愛亦愛之父母之所敬亦敬之至於犬馬盡然而況於人乎○孝子之有深愛者必有和氣有和氣者必有愉色有愉色者必有婉容孝子如執玉如奉盈洞洞屬屬然如弗勝如將失之嚴威儼恪

非所以事親也○身也者父母之遺體也行
父母之遺體敢不敬乎。居處不莊非孝也事
君不忠非孝也涖官不敬非孝也朋友不信
非孝也戰陳無勇非孝也五者不遂。裁及其
親敢不敬乎○夫孝置之而塞乎天地溥之
而横乎四海。施諸後世而無朝夕○孝有三
小孝用力中孝用勞大孝不匱○父母愛之
喜而弗忘父母惡之懼而無怨父母有過諫
而不逆父母既沒必求仁者之粟以祀之此

謂禮終○一舉足而不敢忘父母。一出言而
不敢忘父母。一舉足而不敢忘父母是故道
而不徑。舟而不游。不敢以先父母之遺體行
殆。一出言而不敢忘父母。是故惡言不出於
口。忿言不反於身。不辱其身。不羞其親可謂
孝矣○君子之所謂孝也者國人稱願然曰
幸哉有子如此。所謂孝也已。衆之本教曰孝
其行曰養。養可能也。敬為難。敬可能也安為
難。安可能也卒為難。父母既沒慎行其身不

遺父母惡名可謂能終矣○孝子之事親也
有三道焉生則養沒則喪喪畢則祭養則觀
其順也喪則觀其哀也祭則觀其敬而時也
盡此三道者孝子之行也○善則稱親過則
稱已則民作孝　父母在不敢有其身不敢
私其財示民有上下也　君子無不敬也敬
身為大身也者親之枝也敢不敬與不能敬
其身是傷其親傷其親是傷其本傷其本枝
從而亡

論語父在觀其志父沒觀其行。三年無改於父
之道可謂孝矣○生事之以禮。死葬之以禮
祭之以禮○今之孝者是謂能養至於犬馬
皆能有養不敬何以別乎○色難有事弟子
服其勞有酒食先生饌曾是以為孝乎○父
母在不遠遊遊必有方○事父母幾諫見志
不從又敬不違勞而不怨○父母之年不可
不知也一則以喜一則以懼○君子之居喪
食旨不甘聞樂不樂居處不安

孟子未有仁而遺其親者也○君子不以天下儉其親○世俗所謂不孝者五惰其四支不顧父母之養一不孝也博弈好飲酒不顧父母之養二不孝也好貨財私妻子不顧父母之養三不孝也縱耳目之欲以為父母戮四不孝也好勇鬬很以危父母五不孝也○事孰為大事親為大守孰為大守身為大○不得乎親不可以為人不順乎親不可以為子○孝子之至莫大乎尊親○養生者不足以

當大事唯送死可以當大事

孝經夫孝德之本也教之所由生也身體髮膚受之父母不敢毀傷孝之始也立身行道揚名于後世以顯父母孝之終也夫孝始於事親中於事君終於立身○愛親者不敢惡於人敬親者不敢慢於人○父母生之續莫大焉君親臨之厚莫重焉故不愛其親而愛他人者謂之悖德不敬其親而敬他人者謂之悖禮○孝子之事親居則致其敬養則致其樂病則致其憂喪則致其哀祭則致其嚴○君子之事親孝故忠可移於君○父有爭子則身不陷於不義○生事愛敬死事哀戚

荀卿曰勞苦彫萃而能無失其敬災禍患難而能無失其義不幸見惡而能無失其愛非仁人莫能行

揚雄曰事父母自知不足者其舜乎不可得而久者事親之謂也孝子愛日○孝至矣乎一言而該聖人不加焉

歐陽脩曰凡子之事親者盡其心焉耳心貴正正則不敢私其所私者大孝之道也

司馬光曰其事親無以踰於人能不欺而已矣其事君亦然○凡子受父母之命必籍記而佩之時省而速行之事畢則返命焉或所命有不可行者則和色柔聲具是非利害而白之待父母之許然後改之若不許苟於事無大害者亦當曲從若以父母之命為非而直行己志雖所執皆是猶為不順之子況未必

是乎
程頤曰士大夫受職於君期盡其職事又況親受身於父母安可不盡其道
張載曰事親奉祭豈可使人為之
呂希哲曰孝子事親須事事躬親不可委之使令也嘗觀穀梁言天子親耕以供粢盛王后親蠶以供祭服國非無良農工女也以為人之所盡事其祖禰不若以已所自親者也此說最盡事親之道又說為人子者視於無形聽於無聲未嘗頃刻離親也事親如天頃刻離親則有時而違天天不可得而違也
呂大臨曰君子之道莫大乎孝孝之本莫大乎順親故仁人孝子欲順乎親必先乎妻子不失其好兄弟不失其和室家宜之妻孥樂之致家道成然後可以養父母之志而無違也故身不行道不行於妻子文王刑于寡妻至於兄弟則治家之道必自妻子始
胡寅曰處家庭不違乎孝則子道得矣

胡宏曰道非仁不立孝者仁之基也
朱熹曰聖人之於天地猶子之於父母○或問盡其道謂之孝弟熹曰夫以一身推之則身者資父母血氣以生者也盡其道者則能敬其身敬其身者則能敬其父母矣不盡其道則不敬其身不敬其身則不敬父母其斯之謂歟
呂祖謙曰愛其親者事親之孝

善行上

子
周尹伯奇吉甫之子也為後母所譖而見逐乃編芰荷以為衣采楟（山梨木名）花以為食清朝履霜援琴而歌從親之令不敢有怨
列國鄭穎考叔為穎谷封人初莊公以其弟叔段之故寘其母姜氏于城穎而誓之曰不及黃泉無相見也既而悔之穎考叔聞之有獻于公公賜之食食舍肉公問之對曰小人有母皆嘗小人之食矣未嘗君之羹請以遺之

公曰爾有母遺繄我獨無潁考叔曰敢問何謂也公語之故且告之悔對曰君何患焉若闕地及泉隧而相見其誰曰不然公從之公入而賦大隧之中其樂也融融姜出而賦大隧之外其樂也洩洩遂爲母子如初

晉魏顆武子之子也武子疾有嬖妾無子命顆曰必嫁是疾革則曰必以爲殉及卒顆嫁之曰疾革則亂吾從其治命也

楚石奢昭王之相也嘗行縣道有殺人者奢

追之乃其父也縱其父而還自繫焉使人言之王曰殺人者臣之父也夫以父立政不孝廢法縱罪非忠臣罪當死王曰追而弗及不當伏罪子治其事矣奢曰不私其父非孝子也不奉主法非忠臣也王赦其罪上之惠也伏誅而死臣之職也遂自刎而死

老萊子孝奉二親行年七十作嬰兒戲著五色斑斕之衣嘗取水上堂詐跌仆臥地爲小兒啼弄雛於親側欲親之喜

魯臯魚哭於道孔子行聞其聲甚悲孔子曰前有賢者至則臯魚也孔子避車而與之言曰子非有喪何哭悲也臯魚曰樹欲靜而風不止子欲養而親不待往而不可追者年也去而不可得見者親也吾請從此辭矣

少連大連善居喪三日不怠三月不懈期悲哀三年憂東夷之子也

高子臯之執親之喪也泣血三年未嘗見齒君子以爲難

顏丁善居喪始死皇皇焉如有求而弗得既殯望望焉如有從而弗及既葬慨然如不及其反而息

仲由孔子弟子嘗曰昔者由事二親常食藜藿之實而爲親負米百里之外親沒之後南游於楚從車百乘積粟萬鍾累茵而坐列鼎而食願食藜藿爲親負米不可復得也

閔損早喪母父娶後妻生二子母嫉損所生子衣綿絮衣損以蘆花絮父冬月令損御車

體寒失靷。父察知之。欲遣後妻。損啓父曰。母在一子寒。母去三子單。父善其言而止。母亦感悔。遂成慈母

曾參。晳之子也。參養晳。必有酒肉。將徹。必請所與。問有餘。必曰有。晳嗜羊棗。參不忍食羊棗。嘗曰。吾及親仕三釜而心樂。後仕三千鍾而不洎。吾心悲。參有疾召門弟子曰。啓予足啓予手。詩云。戰戰兢兢。如臨深淵。如履薄冰。而今而後。吾知免夫。小子

樂正子春。下堂而傷其足。數月不出。猶有憂色。門弟子曰。夫子之足瘳矣。數月不出。猶有憂色。何也。樂正子春曰。善如爾之問也。善如爾之問也。吾聞諸曾子。曾子聞諸夫子曰。天之所生。地之所養。惟人爲大。父母全而生之子全而歸之。可謂孝矣。不虧其體。不辱其親可謂全矣。故君子跬步而不敢忘孝也。今予忘孝之道。予是以有憂色也

韓伯俞有過。其母笞之泣。母曰。他日笞子未嘗泣。今泣何也。對曰。他日俞得罪。笞常痛。今母之力不能使痛。是以泣

剡子。父母年老。俱患雙目。思食鹿乳。剡子衣鹿皮入鹿羣之中。以取鹿乳。獵者見欲射之。告訴乃免

漢金日磾。本匈奴休屠王子也。武帝元狩中。父爲昆邪王所殺。日磾日夕悲愴。與母閼氏弟倫俱降漢。沒入官。輸黃門養馬。久之帝游宴見日磾奇其狀貌。拜爲馬監。遷侍中駙馬都

尉。日磾奉母盡孝道。其母教誨二子甚有法度。帝聞嘉之。既死。詔圖其像于甘泉宮。署曰休屠王夫人閼氏。日磾每過見畫像。常拜涕泣。久乃去。帝愈厚之

丁蘭年十五喪母。乃刻木作母事之。供養如生。宣帝嘉之。拜中大夫

董永少失母。獨養父。父亡無以葬。乃從人貸錢一萬。永謂錢主曰。後若無錢還。當以身作奴。主甚憫之。永得錢葬父畢。遂偕其妻詣錢

主為奴。主曰本言一人。今何有二。永曰。言一得二。理何乖乎。主問永妻何能。妻曰能織耳。主曰為我織絹若干。即放爾。及絹足遂放之

郭巨父沒。分財與二弟。巳獨取母供養寄住。鄰有凶宅無人居者。共推與之居。無禍患。嘗掘地得金一釜。上有券云天賜孝子郭巨。巨不敢聞于官。官依券題還之。遂得供養云

蔡順少孤養母。嘗出求薪。有客卒至。母望順不還。乃噬其指。順即心動馳歸。跪問其故。母

曰。有急客來。吾噬指以悟汝耳。值王莽亂。人相食。順採桑椹。赤黑異器。賊問所以。順曰。黑者奉母。赤者自食。因遺米三斗與食母。及母年九十以壽終。未葬。里中灾火逼其舍。順抱棺號哭叫天。火越燒他室。順獨得免

劉平更始時天下亂。平扶侍其母奔走逃難。匿野澤中。平朝出求食。逢餓賊將烹之。平叩頭曰。今旦為老母求菜。老母待平為命。願得歸食母畢。還就死。因涕泣。賊見其至誠哀而遣之

江革少失父。獨與母居。遭天下亂。革負母逃難。常采拾以為養。數遇賊。或劫欲將去。革輒涕泣求哀。言有老母。辭氣愿款。有足感動人者。賊以是不忍殺之。或乃指避兵之方。遂得俱全於難。轉客下邳。窮貧裸跣。行傭以供母。便身之物莫不畢給。鄉黨稱之曰江巨孝

龐范父遭亂客死于蜀。范年十五。辭母西迎父喪。蜀郡太守張穆重資送范。范無所受。與

客徒步負喪歸葭萌。載船觸石破沒。范抱持棺柩。遂俱沉溺。衆傷其義。鉤求得之。救療僅免於死。穆聞復馳遣使持前資物追范。范又固辭

姜詩值年荒。與婦傭作養母。賊經其里。束兵安步。云不可驚孝子母。好飲江水。詩子常取水溺死。夫婦痛之。恐母知。詐云行學。一日忽泉湧出舍側。味如江水。每旦出雙鯉魚。常以供膳

毛義家貧以孝行稱南陽張奉慕其名往候之府檄適至以義守安陽令義捧檄而入喜動顏色奉心賤之及義母死去官數辟公府及舉賢良公車徵皆不至奉嘆曰賢者固不可測往日之喜乃為親屈也

黄香年九歲失母思慕憔悴殆不免喪鄉人稱其孝獨養其父躬服勤苦夏則扇枕席冬則以身溫被後名聞於世官累遷至尚書令

薛包有至行父娶後妻而憎包分出之包日

夜號泣不能去至被毆杖不得已廬於舍外旦入而灑掃父怒又逐之乃廬於里門晨昏不廢積歲餘父母慙而還之

茅容年四十餘耕於野時與等輩避雨樹下衆皆夷踞相對容獨危坐愈恭郭林宗見而異之遂與共言因請寓宿旦日容殺雞為饌林宗謂為己設既而以供其母自以草蔬與客同飯林宗起拜之曰卿賢乎哉因勸令學卒以成德

申屠蟠九歲喪父哀毀過禮服除不進酒肉者十餘年每忌日輒三日不食以孝稱於時

蔡邕性篤孝母患滯病三年邕自非寒暑節變未嘗解襟帶不寢寐者七旬母卒廬于冢側動靜以禮有兎馴擾其室傍又木生連理遠近奇之

三國

魏徐庶初從昭烈在樊曹操來攻獲庶母庶辭昭烈而指其心曰本欲與將軍共圖王霸之業者以此方寸之地耳今失老母方寸

亂矣無益於事請從此別遂詣操

王脩年七歲喪母母以社日亡來歲鄰里社脩感念母哀甚鄰里聞之為罷社

吳孟宗母年老病篤冬節將至思筍食時地凍無筍宗往竹林中泣而告天有頃地上出筍數莖持歸作羹供母食畢而病愈皆以為至孝所感

陸績年六歲於九江見袁術術出橘績懷三枚去拜辭墮地術謂曰陸郎作賓客而懷橘

手績跪吞曰欲歸遺母衔大竒之
晉王裒父儀爲魏安東將軍司馬東關之敗司馬昭問於衆曰近日之事誰任其咎儀對曰責在元帥昭怒曰司馬欲委罪於孤邪遂引出斬之裒痛父非命於是隱居教授三徵七辟皆不就廬於墓側旦夕常至墓所拜跪攀栢悲號涕泣著樹樹爲之枯讀詩至哀哀父母生我劬勞未嘗不三復流涕門人受業者並廢蓼莪之篇及司馬氏簒魏裒終身未嘗

西向而坐以示不臣於晉
李密父早亡母何氏改醮密時年數歲祖母劉氏躬自撫養密長奉事以孝謹聞劉氏有疾未嘗解衣飲膳湯藥必先嘗後進泰始初徵爲太子洗馬密以祖母年高無人奉養乃上表陳情有曰臣無祖母無以至今日祖母無臣無以終餘年母孫二人更相爲命臣密年四十有四祖母劉今年九十有六是臣盡節於陛下之日長而報劉之日短也武帝覽

之曰士之有名不虚然哉乃停召
王祥早喪親繼母朱氏不慈數譖之由是失愛於父每使掃除牛下祥愈恭謹父母有疾衣不解帶湯藥必親嘗母常欲食生魚時天寒冰凍祥解衣將剖冰求之冰忽自解雙鯉躍出持之而歸母又思黄雀炙復有雀數十飛入其幕復以供母鄉里驚嘆以爲孝感所致事母三十餘年始出仕累官至司空太保
山濤性至孝早孤居貧事母曲盡孝道年四

十舉孝廉爲尚書吏部郎後遷尚書濤以母老心在色養旦夕不廢後轉太常卿以疾不就母喪濤年踰六十居喪過禮負土成墳手植松栢時人稱之
庾衮少時諸父並貴盛衮父獨守貧約衮躬親稼穡以給供養父亡作筥賣以養母母見其勤曰我無所食對曰母食不甘衮將何居母感而安之母歿服喪居墓側歲大飢藜羹不糝門人欲進飯者衮每曰已食莫敢爲設

或有斬其墓栢莫知其誰乃召鄉人集于墓而自責焉因叩頭涕泣謝祖禰曰德之不脩不能庇先人之樹咎罪也父老咸亦爲之垂泣自後人莫之犯

吳隱之年十歲丁父憂每號哭行人爲流涕而奉母備極孝道與太常韓康伯鄰居康伯母賢明婦人也每聞隱之哭聲輟飱投筯爲之悲泣既而謂康伯曰汝若居銓衡當舉如此輩人及康伯爲吏部尚書隱之遂階清級

王延九歲喪母泣血三年幾至滅性每至忌日悲啼三旬繼母卜氏遇之無恩恒以蒲穰及敗麻頭與延貯衣其祖母聞而問之延終不言事母彌謹卜氏嘗盛冬思生魚使延求而不獲杖之流血延循汾水叩凌而哭忽有一魚長五尺躍出冰上延取以進母食之積日不盡延事親色養夏則扇枕席冬則以身溫被卜氏心悟撫延如己生

南宋潘綜遭孫恩之亂祆黨攻破烏程村邑綜與父驃共走避賊驃年老行遲賊轉逼驃驃語綜曰我不能去汝走可脫幸勿俱死驃困乏坐地綜迎賊叩頭曰父年老乞賜生命賊至驃亦請曰兒年少自能走今爲我不去我不惜死乞活此兒賊因斫驃綜抱父於腹下賊斫綜頭面凡四創綜已悶絶有一賊從旁來語其衆曰此兒以死救父何可殺之殺孝子不祥賊乃止父子並得免文帝時改其里爲純孝里蠲租布三世

何子平事母至孝爲海虞令得祿唯以養母不及妻子人疑其儉薄而問之子平曰希祿本在養親不在爲己問者慚而退母喪去官哀毀踰禮時東土飢荒繼以師旅八年不得營葬晝夜號哭常如祖括之日冬不衣絮夏不就清涼一日以米數合爲粥不進鹽菜所居屋敗不蔽風日兄子伯與欲爲葺理子平不肯曰我情事未申天地一罪人耳屋何宜覆蔡興宗爲會稽太守甚加矜賞爲營塚壙

五倫書卷之五十六

五倫書卷之五十七

南齊庾黔婁爲孱陵令到縣未旬父易在家遘疾黔婁忽心驚舉身流汗即日棄官歸家家人悉驚其忽至時易疾始二日醫云欲知差劇但嘗糞甜苦易泄利黔婁取嘗之味轉甜滑心愈憂苦至夕每稽顙北辰求以身代

梁吉翂孚云切年十一遭母憂水漿不入口殆將滅性天監初父爲吳興原鄉令爲吏所誣逮詣廷尉翂年十五號泣衢路祈請公卿其父理雖清白而恥爲吏訊虛自引咎當大辟翂乃撾登聞鼓乞代父命武帝以其童幼疑受教於人勑廷尉蔡法度取其款實法度多方脅誘翂竟無少變法度以聞帝乃宥其父

陳殷不害性至孝居父憂過禮魏平江陵失母所在于時甚寒雪凍老弱死者滿溝壑不害

行哭道路。遠近尋求。見死人溝中。即投身扶捧閲視。舉體凍僵。水漿不入口。號泣不輟。如是者七日。始得母屍。憑屍而哭。每舉輒氣絶。行路皆為流涕。即江陵權殯。弟不使為武康令。道路隔絶。父不得奔赴。晝夜號泣。居處飲食。常為居喪之禮。及母柩歸葬。身自負土。手植松柏。每歲時伏臘。必三日不食。人稱其兄弟之孝

隋華秋。幼喪父。事母以孝聞。家貧。傭賃為養。其

母患病。秋容貌毁悴。鬚鬢頓改。及母終。遂絶櫛沐。髮盡禿落。廬於墓側。負土成墳。郡縣嘗大獵。有一兎奔入秋廬。匿其膝下。自是常宿廬中。馴擾左右。大業初。郡守嘉其孝感。以聞詔表其門閭

唐陳叔達。武德間。授黄門侍郎。封江國公。嘗賜食。得蒲萄。不舉。高祖問之。對曰。臣母病渴。求不能致。願歸奉之。帝流涕曰。卿有母遺乎。因賜之。又賚物百段

岑文本。父之象。仕隋為邯鄲令。坐為人訟不得申。文本年十四。詣司隷理冤。辨對哀暢。無所詘。衆屬目。命作蓮花賦。文成。合臺嗟賞。父訟遂得直

張志寛居父喪。哀毁。州里稱之。王君廓兵略地。不暴其閭。後為里正。忽詣縣稱母疾求歸急。令問狀。志寛對曰。母有疾。志寛輒病。是以知之。令謂其妄。繫於獄。馳驗如言。乃慰遣之母終。負土成墳。手蒔松柏。高祖遣使者就安

邑弔之。拜員外散騎常侍。賜物四十段。表其閭

房玄齡為司空。事繼母。能以色養。恭謹過人。其母病。請醫至門。必迎拜垂泣。及居喪。尤甚柴毁。太宗命散騎常侍劉洎就加寛譬。遺寢牀粥食鹽菜

王少玄。父隋末死亂兵。遺腹生。少玄甫十歲問父所在。母以告。少玄即哀泣求屍。時野中白骨覆壓。或曰。以子血漬而滲者父骨也。少

玄鏡膺閱旬而獲遂以葬創甚彌年乃興貞觀中州言狀授徐王府參軍

許坦年十歲餘隨父入山採藥父爲獸所噬即號叫以杖擊之獸遂奔走父以得全太宗聞之謂侍臣曰坦雖幼童能致命救親至孝自衷深可嘉尚授文林郎賜物五十段

狄仁傑爲并州法曹參軍時親在河陽仁傑登太行山顧見白雲孤飛謂左右曰吾親舍其下瞻悵久之雲移乃得去及居母喪有白

鵲馴擾之異

李迥秀中宗時累官脩文舘學士其母少賤妻嘗詈媵婢母聞不樂迥秀即出其妻或問之曰娶婦欲事姑苟違顏色何可留後所居堂產芝草犬乳鄰猫帝以爲孝感表其門閭

張九齡有至性居父喪哀毀庭中木連理玄宗時出爲冀州刺史以母不肯去鄉里表換洪州都督徙貴州兼嶺南按察選補使改工部侍郎知制誥數乞歸養詔不許以其弟九臯九章爲嶺南刺史歲時聽給驛省家遷中書侍郎以母喪解毀不勝哀有紫芝産坐側白鳩白鵲巢冢樹

元德秀少孤事母孝玄宗時舉進士不忍去左右自負母入京師既擢第母亡廬墓側食不鹽酪藉無茵席

杜羔其父任河北尉而卒母經兵亂不知所在羔徧求不獲憂號終日後隨從兄兼任澤潞判官兼嘗鞫獄于庭羔在側有一老媼見

羔竊語曰此少年狀貌類吾夫左右以告詰之乃羔母也迎侍而歸又往訪父墓邑中故老無存者舘于佛寺日夜悲泣忽於屋柱煙煤下見字數行拂視之乃父遺跡云我子孫若求吾墓當於某村某家問之羔哭而往果有父老年八十餘指其丘隴因得歸葬

五代唐張蔵英舉族爲賊孫居道所害蔵英年十六僅以身免後逢居道於幽州市引佩刀刺之不死爲吏所執節帥趙德鈞壯之釋不

問就補牙職藏英後聞居道避地關南乃求
爲關南都巡檢使微服携鐵撾匿伺其出擊
之仆地齧其耳啖之遂㑹歸設父母位縛居
道於前號泣鞭之臠其肉經三日刳其心以
祭即詣官首服官爲請而釋之燕薊間目爲
報讐張孝子

宋王樵咸平中契丹遊騎渡河舉家被掠樵即
棄妻挺身入契丹訪父母累年不獲還淄川
刻木招魂以葬立祠畫像事之如生服喪三

年哀動行路嘗北望嘆曰身世如此自比於
人可乎遂與俗絕遊塞下著策千何承矩取
望求滅遼復讐不用乃於城東南累塼自環
謂之繭室入室掩其戶而坐

顧忻早喪父事母至孝鷄初鳴具冠帶率妻
子詣母之室問其所欲如此五十年未嘗離
左右初母病忻葷辛不入口者十載及母老
目不能視物忻日夜號泣祈天母目忽明燭
下能縫紉年九十餘無疾而終

許俞少喪母事父以孝謹聞供給甘旨父之
所欲無遠邇必致之與妻子共食麤糲晨夕
事父必盡珍異常示豐厚恐貽父憂公卿聞
者多率俸以助其養父年垂八十謂俞曰覬
汝登科之後歿于地下足矣大中祥符七年
俞果登第授滎陽從事扶侍歸海陵別業即
路有日父疾沉篤俞晝夜供省以至澣濯必
親或問其故俞曰澣濯於家人之手慮其厭
怠也父喪摧毀幾至滅性或歷父經由之地

涕泣者永日士流服其孝

司馬池少喪父舉進士當試殿廷而報母亡
友匿其書池心動夜不能寐曰吾母素多疾
家豈有異乎行至宮城門徘徊不能入因語
其友而友止以母疾告遂號慟而歸

查道父元方爲滑州掌書記道性至孝在滑
州母疾調煎藥劑經旬不寐母思鱖魚求莫
能得道詣黃河禱而釣焉因獲魚携歸爲羹
母食而疾愈親喪口絕甘美雖深冬積雪常

布素徒跣。杖而後起
趙抃。母卒。廬墓三年。縣榜其里曰孝弟。及抃
卒。子屼（居切 擬）執喪。而甘露降墓木。屼卒。子雲
又以毀死。人稱其世孝
范純仁。登進士第。調知武進縣。以遠親不赴
易長葛。又不往。父仲淹曰。汝昔日以遠為言。
今近矣。復何辭。純仁曰。豈可重於祿食而輕
去父母邪。雖近亦不能遂養焉
趙槩。知制誥。時會郊祀。當進階封且任一子

京官。槩乞回其恩。封母郡太君。宰相謂槩曰。
公為學士。擬封不久矣。槩曰。母八十二。朝夕
不可期。頃及今以為榮。許之。後遂以為例。與
高若訥同判流內銓。若訥言。往嘗知貢舉。闈
母病不得出。幾不能生。槩矍然即請郡以便
親。遂除蘇州
富弼為相。以母喪去位。時久無宰相持喪者。
朝命必欲起復。詔再下。力辭。末又引事切責。
有云。以相國而守匹夫之節。任天下而為門

內之私。朕所不取也。且命中人督弼起復。同
就道。不得先還。弼復抗章不就
歐陽脩為南京留守。母沒。奉喪歸葬吉之永
豐瀧岡。將興役。忽陰雨彌月。脩念襄事愆期
日夕憂懼。里之老父告之曰。鄉有沙山之神
乃吾郡太守也。廟祀於此。里人遇水旱。禱之
必應。盍以告焉。脩乃為文齋潔而謁之。翌日
天宇開霽。始克舉事。人皆以為孝感所致。
張知白。九歲。其父終邢州。殯於佛寺。及契丹

寇河北。寺宇多頹廢。殯不可辨。知白既登第。
徒行訪之。得佛寺殿址。恍然識其處。既發。其
衣衾皆可驗。衆歎其誠孝
李瓊。幼失父。家苦貧。而至孝於母。後以鬻繒
為業。家稍豐厚。孝心益堅。娶妻有子。而移居
母之室。夜常十餘起。母每諭之曰。汝年來筋
力頗憊。盍求婢以給侍。我免汝之勞苦。瓊曰。
凡母之所欲。不親經手。意如有失。其母遂不
之強。以是家人無敢怠惰。凡市人知瓊之孝

者物之出。必先求以奉瓊。瓊得之。十倍酬其價。或問之。瓊曰。奐誘其甘滑以奉母。豈議價焉。淄州人張用聞其至孝。因與之卜鄰而居。

徐積三歲。父死。旦旦求之甚哀。母使讀孝經。輒淚落不能止。以父名石。終身不用石器。行遇石則避而不踐。事母極謹嚴。朝夕具公裳定省。非有大故。未嘗去母側。所奉飲饌。皆手自調味。母飲食時。輒率家人侍左右。為兒戲或謳歌以悅之。舉貢禮部。不忍遠去。徒步載

母入京師。母亡。水漿不入口。悲慟嘔血。廬墓三年。哭不絕音。

朱壽昌。年七歲。父巽守雍。出其母劉氏嫁民間。母子不相知者五十年。壽昌行四方求之不已。飲食罕御酒肉。與人言輒流涕。熙寧初壽昌知廣德軍。棄官入秦。與家人訣。誓不見母不復還。行次同州得焉。劉時年七十餘矣。雍守錢明逸以其事聞。詔壽昌還就官。由是天下皆知其孝。

司馬康。幼端謹。事親至孝。丁母憂。勺飲不入口者三日。哀毀骨立。父光薨。喪祭皆用禮經。家法不為世俗事。居廬蔬食。寢於地。遂得腹疾。服除。為著作佐郎兼侍講。竟以腹疾終。公卿士大夫以至市井之人無不哀之。贈右諫議大夫。

唐伯虎。父游瀘南。伯虎兄弟居母喪於丹山。伯虎夜半蹴弟庚曰。吾夢收父書。發之得亟來二字。吾心動矣。汝奉母奠朝夕。吾趨瀘南。

庚未及應。伯虎奮曰。吾決矣。起裹糧。黎明走洪川。僦舟遇江漲。客舟皆艤岸不敢動。伯虎彷徨江岸。時有漁者持小艇繫港中。啗以厚利。不許。伯虎趨入艇中。叱僕夫鮮維。漁者不得已從之。二日半至瀘南。父果疾甚。見伯虎大驚。問其故。具告之。是日病少間。伯虎具舟侍父歸丹稜。

黃庭堅為太史。性資至孝。奉母安康郡君。每夕親為母滌溺器。未嘗頃刻不供子職。故史

傳曰孝友之行追配古人云
趙君錫性至孝母亡事父良規不違左右夜
則寢於傍凡衾裯薄厚衣服寒溫藥石精粗
飲食旨否櫛髮剪爪整冠結帶如內則所載
者無不親之哲宗時登進士第以親故不願
仕良規每出必扶掖上下嘗從謁文彦博異
其容止問而知之語諸子令視以為法
楊芾性至孝每自外歸必市酒肉以奉二親
未嘗及妻子紹興五年大饑為親負米百里

外遇盜奪之不與盜欲兵之芾慟哭曰吾為
親負米不食三日矣幸哀我盜義而釋之
朱泰家貧鬻薪養母常適數十里外易甘旨
以奉母泰服食粗糲戒妻子嘗候母顔色一
日雞初鳴入山及明憩于山足遇虎搏攫負
之而去泰已瞑眩行百餘步忽稍醒厲聲曰
虎為暴食我所恨母無託爾虎忽棄泰於地
走不顧如人疾驅狀乃匍匐而歸母扶持以
泣泰亦強舉動不踰月如故鄉里聞其孝感

率金帛遺之里人目為虎殘
趙善應居饒之餘干縣性純孝母畏雷每聞
雷則披衣走其所嘗寒夜遠歸從者將扣門
遽止之曰勿驚吾母露立達明門啓而後入
母喪哭泣嘔血瘠毀骨立終日俯首柩傍聞
雷猶起側立垂涕既終喪言及其親未嘗不
揮涕生朝必哭於廟父終肺疾每膳不忍以
諸肺為羞母生歲值卯謂卯兔神也終身不
食兔

鮑壽孫宋末歛盜起壽孫與父宗巖避地山
谷間其父為賊所得束縛樹上將殺之壽孫
拜前願代父死宗巖曰吾老矣僅一子若見
殺宗祀絶矣吾寧自死賊兩釋之
元廉希憲至元初歷官至中書平章政事丁母
憂率親族行古喪禮勺飲不入口者三日慟
則嘔血不能起寢臥草土廬于墓傍宰執以
憂制未定欲亟力起之相與詣廬聞號痛聲
竟不忍言

王閏。父素多貲。既老而貧。不甘澹薄。每食必需魚肉。閏朝夕勤苦。入市營奉不闕。父性復乖戾。閏左右承順。甚得其歡心。父嘗臥疾。一夕室中火延蘼壁間。閏聞火聲驚起馳救。火已熾。煙焰蔽寢戶。閏突入火中。解衣蒙父抱而出。肌體灼爛。而父無少傷。一女不能救。遂焚死。世祖聞之。復其役

蕭道壽家貧。鬻鍼以自給。母年八十餘。道壽事養盡禮。每旦候母起。夫婦親侍盥櫛。日三

飯。必待母食然後退就食。至夕必待母寢。然後退就寢。出外必以告。母許乃敢出。母或怒欲罰之。道壽自進杖伏地以受杖。足母命起。乃起。拱立左右。俟色喜乃退

郭狗狗。父寧戍大良。史太尉攻陷大良。寧全家被俘。史將殺寧。狗狗年五歲。告史曰勿殺我父。當殺我。史驚問寧曰。是兒幾歲耶。寧曰五歲。史曰五歲兒能爲是言。吾當全汝家。即以騎送寧等往合州。寧家俱得還

陳韶孫。父瀏世家番禺。以罪流肇州。韶孫年十歲。不忍父遠謫。朝夕號泣願從。父不能奪。遂與俱往。跋涉萬里。道過遼陽平章塔出見而憫焉。語之曰。天子寬仁。罰不及嗣。邊地苦寒。非汝所堪。吾返汝故鄉。汝願之乎。韶孫曰。既不能以身代父。當死生以之。歸非所願也。塔出驚異。及父死。韶孫哀慟。見者爲之泣下。肇州萬戶以聞。命遣還鄉里。仍旌異之

黄贇。父均道。延祐間求官京師。留贇江南。時

贇年幼。及長。聞父娶妾居永平。往省之。則父没已三年矣。庶母聞贇來。盡挾貲去更嫁。拒不見贇。贇泣語人曰。吾來爲省父也。今不幸父没。思奉骨歸葬。而莫知其墓。苟得見庶母指示。死不恨矣。尚忍利遺財邪。久之。聞庶母居海濵。亟裹糧往見。庶母復拒之。三日不納。庶母之弟憐之。與偕至永平屬縣樂亭。求父墓。又弗得。贇日夜悲哭。禱於神。一夕夢老父以杖指葬處曰。見片甎即可得。明日就其地

求之庶母之弟曰此真是已歛時有某物可驗遂啓朽棺得父骨以歸

趙應祥性至孝年十四歲其父行賈不還既長往尋其父時從父從北來言父已久死而不知其處日夜哀號即辭母往求父骨誓必得乃還聞都下有曾老者與父厚善即走數千里往詢焉知父死濵州利津縣又徒跣至利津得朱琪張文者言若父吾所葬棺具有題識在城南門外然歲久多榛莽冢墓纍纍

不可辨識矣應祥往復行哭七日求不得即解髮繫馬鞍祝曰隨馬所之遇吾父墳者當髮解鞍墮既歷數墳不應忽經一墳髮解鞍墮發視之棺上具有父姓名召朱張視之信然遂獲父骨歸葬廬陵人以為孝感所致

周樂父日成通經能文海賊據温州拘日成置海舟上樂隨往事其父甚謹一日賊酋遣人沉日成於水樂哭請曰我有祖母幸留父侍養願以身代父死不聽樂抱父不捨遂同死焉

孫抑有孝性登進士第歷任至刑部郎中關保之變挈父母妻子避兵平陽之柏村有亂兵至剽掠挾白刃嚇抑母求財不得舉刃欲斫之抑亟以身蔽母請代受斫母得免而父為所虜不知所向或語之曰汝父被驅而東矣然東軍得所掠民皆殺之汝慎無往就死也抑曰吾可畏死而棄吾父乎遂往出入死地屢瀕危殆卒得父以歸洪洞

吳祐至正二十六年晉安城破有卒入其室挾白刃脅其母林氏索財寶不得揮刃欲刺母祐急以身蔽母而奪其刃手指盡裂被傷仆地良久而甦開目視母曰母幸無恙我死無憾矣遂瞑目而絶

國朝章溢洪武初擢營田司僉事嘗有疾在告
太祖皇帝問中書左司都事張來碩曰章溢疾平否來碩對以溢念母不置思之成疾耳即日遣歸省仍賜銀綺後拜御史中丞母沒乞

丁憂不允章數上知其情不可奪遂可其請
溢居喪悲戚甚居常忽忽若不能自存着感
疾益深尋卒

李貞尚皇姊長公主貞性孝友母太夫人性
嚴微忤其意輒加叱責嘗侍養值母怒投其
食器於地貞徐拾之恭敬愈至有弟四人父
既沒求分財異居貞語之曰父沒而母在苟
分財異居老母得無不可於意乎先人田廬
俱侯老母百歲後隨所欲取之吾不較也諸

弟皆媿服

王中家業農未嘗知書而性至孝母沒廬墓
三年身被衰麻日食饘粥旦夕哭奠未嘗櫛
髮易衣墓側無水浚井四丈餘不得泉中環
井再拜籲天泉水湧出鄉里以為孝感事聞
詔旌表之

李英年十五喪父家貧力作養其母劉氏冬
寒必温衾席母嘗病疽英為吮之數日而愈
母又病滯下英取糞嘗之味甜心切驚懼母

尋卒日夜號哭廬墓三年事聞詔旌其門

周炳事母焦氏至孝母嘗病篤炳呼天禱神
求以身代遂愈後復病痢思食獐肉炳求之
不得忽一獐入其家即以供母母病復差人
以為孝感所致

侯昱事母甚謹嘗受業於東平州學聞母病
即謁告歸省晝夜侍湯藥衣不解帶母沒廬
於墓側寢苫枕塊蔬食水飲旦夕哭奠如初
喪三年然後歸旌其門曰孝行

李文選早喪父事母莫氏至孝具甘旨候寒
温晨昏不少懈母喜則喜母或不樂則拜問
其故致婉辭以慰之必母喜乃止尤能友愛
其兄弟鄉閭宗族稱之無間言

顧仲禮幼孤事母至孝嘗遇歲凶負母流移
他郡供養甚至七年始歸遇蝗起仲禮行田
間泣曰蝗食苗且盡吾何以為養俄有疾風
吹蝗去苗得不傷母卒仲禮年已六十廬墓
側三年悲慟如一日事聞詔旌其門

魏敏。洪武戊辰進士。授吏科給事中。以母病謁告歸省。未至而母卒。敏即之墓所哀慟。水漿不入口者五日。廬墓三年。旦夕衰服哭奠如初喪。鄉里稱其孝

趙讓。母喪。廬于墓側。有猛虎猝至。讓無懼容。虎竟去。又有強賊六人夜入讓廬。讓以情訴。賊憫之。遺讓鈔而去

張翼。為國子監生。父母死。皆蔬食廬墓三年。有慈烏數百。旦暮飛鳴墓樹。人以為孝感。有司上其事。詔旌表其行

五倫書卷之五十七

五倫書卷之五十八

道

善行下

女

漢。叔先雄者。犍為叔先泥和之女也。永建初。泥和為縣功曹。縣長遣謁巴郡太守。乘船墮湍水而溺。屍喪不得。雄感念怨痛。號泣晝夜。心不圖存。常有自沉之計。所生一男一女。俱幼。雄各作一囊。盛珠環。繫兒。數為訣別之辭。言

欲赴水求其父。家人每防閑之。經百許日後。稍懈。雄乘小船於父溺處慟哭。遂自投水死。後六日。與父屍相持浮於江上。郡縣表言。為雄立碑。圖其像焉

趙氏女字娥。父為同縣人所殺。而娥兄弟三人。俱疾物故。娥陰懷感憤。潛備刀兵。常推車以候讎家。十餘年不能得。後遇於都亭。刺殺之。因詣縣自首曰。父仇已報。請就刑戮。福祿長尹嘉義之。解印綬欲與俱亡。娥不肯去。曰。

怨塞身死妾之明分結罪治獄君之常理何敢苟生以枉公法後遇赦得免

孝女曹娥父盱為巫祝漢安二年五月五日於縣江泝濤迎神溺死不得屍娥年十四乃沿江號哭晝夜不絶聲旬有七日遂投江而死三日後與父屍俱出元嘉中上虞長度尚改葬娥於江南道傍為立碑焉

晉荀灌崧之小女也幼有奇節崧為襄城太守為杜曾所圍力弱食盡欲投於故吏平南將

軍石覽計無所出灌時年十三乃率勇士數十人踰城突圍夜出賊追甚急灌督厲將士且戰且前得入魯陽山獲免遂向覽乞師又代書與南中郎將周訪結為弟兄訪即遣子撫率三千人會覽救崧賊聞兵至散走灌之力也

王氏女廣之女也美姿容性慷慨有丈夫之節廣仕劉聰為西揚州刺史蠻梅芳陷揚州廣被殺女時年十五芳納之於暗室中擊芳

不中芳曰何故反女曰蠻畜我誅父賊吾聞之父讎不同天母讎不同地汝逆害人父母復以無禮凌人吾所以不死者欲誅汝爾所恨不得梟汝首於通衢以塞大恥乃自殺

後魏河東姚氏女字女勝少喪父無兄弟母憐而守養年六七歲有孝性人言其父者聞輒垂泣隣里異之正光中母死女勝年十五哭泣不絶聲水漿不入口者數日不勝哀遂死有司請為營墓立碑表其門閭比之曹娥號

其里曰上虞里名其墓為孝女塚

唐張氏營州都督皖城公倫之女也生數歲父母微有疾即觀察顏色不離左右晝夜省視究如成人稍長恭順彌甚適延壽公于欽明子敏直敬事舅姑克盡婦道而尤孝於其親初聞倫有疾即號踊自傷不能食倫卒後凶問至號哭一慟而絶高宗下詔賜物百段令史官編録之

衛孝女字無忌父為鄉人衛長則所殺無忌

甫六歲。無兄弟。母改嫁。逮長志報父仇。會從父大延客。長則在坐。無忌抵以甓殺之。詣吏稱父冤已報。請就刑。巡察使褚遂良以聞。太宗免其罪。給驛徙雍州。賜田宅。州縣以禮嫁之

奉天竇氏二女。生長草野。幼有志操。永泰中。羣盜數千人剽掠其村落。二女皆有容色。長者年十九。幼者年十六。匿岩穴間。曳出之。驅迫以前。臨壑谷深數百尺。其姊先曰。吾寧就

死義。不受辱。即投崖下而死。盜方驚駭。其妹繼之自投。折足破面流血。羣盜乃舍之而去。京兆尹第五琦嘉其貞烈。奏之。詔旌表其門閭。永蠲其家丁役

楊香。順陽南鄉縣楊豐女也。隨父田間穫粟。豐為虎所噬。香年甫十四。手無寸刃。乃搤虎頸。豐因獲免。太守平昌孟肇之賜資穀。旌其門閭

宋朱娥者。越州上虞朱回女也。母蚤亡。養于祖媪。娥十歲。里中朱顏與媪競。持刀欲殺媪。一家驚潰。獨娥號呼突前擁蔽媪。手挽顏衣。以身下墜顏刀。曰。寧殺我。無殺媪也。媪以娥故得脫。娥連被數十刀。猶手挽顏衣不釋。顏忿恚。斷其喉以死。事聞。賜其家粟帛。會稽令為娥立像于曹娥廟。歲時配享焉

詹氏女。紹興初。年十七。淮寇號一窠蜂。破蕪湖。女歎曰。父子無俱生理。我計決矣。頃之賊至。執其父兄將殺之。女泣拜曰。妾雖窶陋。願

相從。贖父兄命。不然。且併命無益也。賊然之。釋父兄縛。女麾手使亟走。無相念。我得侍將軍足矣。從賊行數里。過市東橋。躍入水中死。賊相顧駭歎而去

韓氏女。字希孟。或曰丞相琦之裔。少明慧。知讀書。開慶元年。元兵至岳陽。女年十有八。為卒所掠。將挾以獻其主將。女知必不免。竟赴水死。越三日得其屍。於練裙帶有詩曰。我質本瑚璉。宗廟供蘋蘩。一朝嬰禍難。失身戎馬

間寧當血刃死不作衽席完漢上有王猛江
南無謝安長號赴洪流激烈摧心肝

元王氏女父出耘舍傍遇豹為所噬曳之升山
父大呼女識父聲驚趨救以父所棄鋤擊豹
腦殺之父乃得生

徐氏彩鸞字淑和浦城徐嗣源之女略通經
史每誦文天祥六歌必為之感泣至正十五
年青田賊寇浦城徐氏從嗣源逃旁近山谷
賊持刀欲害嗣源徐氏前曰此吾父也寧殺

我賊舍父而止徐氏徐氏語父曰兒義不受
辱今必死父可速去賊拘徐氏至桂林橋拾
炭題詩壁間有惟有桂林橋下水千年照見
妾心清之句乃厲聲罵賊投于水賊競出之
既而乘間復投水死

陳淑真富州陳璧之女璧故儒者避亂移家
隆興淑真七歲能誦詩鼓琴至正十八年陳
友諒寇隆興淑真見隣姬倉皇來告乃取琴
坐牖下彈之曲終泫然流涕曰吾絕絃於斯

乎父母怪問之淑真曰城陷必遭辱不如早
死明日賊至其居臨東湖遂溺焉水淺不死
賊抽矢脅之上岸淑真不從賊射殺之

隆興劉氏二女長曰貞年十九次曰孫年十
七皆未許嫁陳友諒兵至其母泣謂二女曰
城或陷置汝何所二女曰寧死不辱父母也
城陷二女登樓相繼自縊婢鄭奴亦自縊

婦

漢陳孝婦年十六而嫁未有子其夫當行戍且

行時屬孝婦曰我生死未可知幸有老母無
他兄弟備養吾不還汝肯養吾母乎孝婦應
曰諾夫果死不還婦養姑不衰慈愛愈固紡
績織紝以為家業終無嫁意居喪三年其父
母哀其少無子而早寡也將取嫁之孝婦曰
夫去時屬妾以養老母妾既諾之夫養人老
母而不能卒許人以諾而不能信將何以立
於世欲自殺其父母懼而不敢嫁也遂使養
其姑姑八十餘以天年終盡賣其田宅財物

以葬之終奉祭祀淮陽太守以聞文帝使使者賜黃金四十斤復之終身無所與號曰孝婦

樂羊子之妻不知何氏女羊子遠從師學妻常躬勤養姑盜有欲犯妻者乃先劫其姑妻聞操刀而出盜曰釋汝刀從我可全不從我則殺汝姑妻仰天而歎舉刀刎頸而死盜亦不殺其姑太守聞之即捕殺盜而賜妻縑帛以禮葬之號曰貞義

唐鄭義宗妻盧氏畧涉書史事舅姑甚得婦道嘗夜有強盜數十人持仗鼓譟踰垣而入家人悉奔竄唯有姑獨在堂盧冒白刃往立姑側為賊捶擊幾死賊去後家人問曰羣賊凶橫何獨不懼答曰人所以異於鳥獸者以其有仁義也吾雖不敏安敢忘義且比隣有急尚相赴救況在姑而可委棄若萬一危禍豈宜獨生其姑每云古人稱歲寒然後知松栢之後凋吾今見盧新婦之心矣

唐夫人者中書侍郎崔遠之祖母也夫人事姑孝姑長孫夫人年高無齒唐夫人每旦櫛縰笄拜於階下即升堂乳其姑長孫夫人不粒食數年而康寧一日疾病長幼咸萃宣言無以報新婦願新婦有子有孫皆得如新婦孝敬則崔氏之門安得不昌大乎

宋荊國大長公主太宗女也真宗時下嫁駙馬都尉李遵勗舊制選尚者降其父為兄弟行時遵勗父繼昌亡恙主因繼昌生日以舅姑

禮謁之帝聞密以兼衣寶帶器幣助其為壽

信國長公主神宗女也崇寧三年下嫁鄭王潘美之曾孫意事姑脩婦道潘故大族夫黨數十百人賓接皆盡禮無褻外言志尚沖澹服玩不為紛華歲時簡嬉遊十年間惟一適西池而已

廖氏臨江貢士歐陽希文妻也紹興三年春盜起建昌號白氈笠過臨江希文與妻共挾其母傅氏走山中為賊所追廖以身蔽姑使

希文潛負以逃賊執廖欲汙之廖正色叱賊賊知不可屈揮刀斷其耳臂廖猶罵賊曰爾輩叛逆至此我卽死爾輩亦不久屠戮語絶而仆鄉人義而葬之號廖節婦墓

元霍氏二婦尹氏楊氏至元間尹氏夫耀卿歿姑命其更嫁尹氏曰婦之行一節而已再嫁而失節妾不忍爲也姑曰世之婦皆然人未嘗以爲非汝獨何恥之有尹氏曰人之志不同妾知守妾志爾姑不能強楊氏夫顯卿繼

歿慮姑欲其嫁卽先白姑曰妾聞婦姒猶兄弟也宜相好焉今姒既留妾可獨去乎願與共脩婦道以終事吾姑姑曰汝果能若是吾何言哉於是同處二十餘年以節孝聞

闞氏紹興俞新妻也大德四年新歿闞氏年尚少父母慮其不能守欲更嫁之闞氏曰姑老子幼妾去當令誰視也卽斷髮自誓父知其志篤乃不忍強姑久病風且失明闞氏手滌溷穢不怠時漱口上堂舐其目目爲復明及姑卒家貧無資傭工與子親負土葬之朝夕悲號聞者惨惻鄉里嘉其孝爲之語曰欲學孝婦當問俞母

趙孝婦早寡事姑孝家貧傭織於人得美食必持歸奉姑自啖粗糲不厭嘗念姑老一旦有不諱無由得棺乃以次子鬻富家得錢百緡買杉木治之棺成置于家南鄰失火時南風烈甚火勢及孝婦家孝婦亟扶姑出避而棺重不可移乃撫膺大哭曰吾爲姑貴兒得

棺無能爲我救之者苦莫大焉言畢風轉而北孝婦家得不焚人以爲孝感所致

湯煇妻張氏處州兵亂其家財先已移入山砦夫與姑共守之舅以疾未行張歸任藥膳且以輿自隨既而賊至卽命以輿載其舅而已遇賊賊以刃脅之曰從我則生否則死張掠髮整衣請受刃賊未忍殺張懼汙卽奪其刃自刺死年二十七

國朝韓太初妻劉氏事姑甯氏甚謹太初故元

時為知印。洪武七年。例遷和州。挈家以行。姑在道遇疾。劉氏剌臂血和湯以進。姑疾愈。至瓜州復病。亦如之。比至和州。太初卒。劉氏種蔬以給食養姑尤謹。又二年。姑患風疾不能起。時盛暑。劉氏晝夜侍姑側。驅蚊蠅。姑體腐蛆生席間。又為齧蛆。蛆不復生。及姑病篤。齧劉氏指與之訣。劉氏號呼神明。刲股肉和粥以進。姑復蘇。越月而卒。劉氏殯舍側園中。欲還合葬于舅墓。哀號不能歸。事聞。

太祖皇帝遣中使賜劉氏衣一襲。鈔貳拾錠。官為送其姑喪歸葬。旌表其門。復其家徭役

李大妻甄氏。奉姑甚孝。夫與其弟異居。一日姑往視其次子家。甄氏隨行。不忍去姑側。姑力遣之還。甫三日。甄氏心驚。舉身流汗。意姑疾也。亟往省之。果有以疾來告者。甄氏沿道拜禱。至姑側。侍湯藥數日而愈。後姑年九十一以疾終。既葬。甄氏廬墓三年。旦暮悲號不輟。里人稱為孝婦。詔旌表其門

五倫書卷之五十八

五倫書卷之五十九

易恒六五恒其德貞婦人吉夫子凶象曰婦人
貞吉從一而終也夫子制義從婦凶也○家
人女正位乎內男正位乎外男女正天地之
大義也○六二无攸遂在中饋貞吉○夫婦
之道不可以不久也故受之以恒
詩窈窕淑女君子好逑○言告師氏言告言歸

薄汚我私薄澣我衣害澣害否歸寧父母○
之子于歸宜其室家○于以采蘩于沼于沚
于以用之公侯之事○被之僮僮夙夜在公
被之祁祁薄言還歸○于以采蘋南澗之濱
于以采藻于彼行潦○于以盛之維筐及筥
于以湘之維錡及釜○于以奠之宗室牖下
誰其尸之有齊季女○習習谷風以陰以雨
黽勉同心不宜有怒采葑采菲無以下體德
音莫違及爾同死○女曰雞鳴士曰昧旦子

興視夜明星有爛將翺將翔弋鳧與鴈○弋
言加之與子宜之宜言飲酒與子偕老琴瑟
在御莫不靜好○雞既鳴矣朝既盈矣匪雞
則鳴蒼蠅之聲○無非無儀唯酒食是議無
父母詒罹
禮記男子親迎男先於女剛柔之義也天先乎
地君先乎臣其義一也執贄以相見敬章別
也男女有別然後父子親父子親然後義生
義生然後禮作禮作然後萬物安無別無義

禽獸之道也壻親御授綏親之也親之也者
親之也敬而親之先王之所以得天下也出
乎大門而先男帥女女從男夫婦之義由此
始也婦人從人者也幼從父兄嫁從夫夫死
從子夫也者夫也夫也者以知帥人者也○
婦人無爵從夫之爵坐以夫之齒男不言內
女不言外非祭非喪不相授器其相授則女
授以篚其無篚則皆坐奠之而後取之外內
不共井不共湢浴不通寢席不通乞假男女

不通衣裳。內言不出。外言不入。男子入內。不嘯不指。夜行以燭。無燭則止。女子出門。必擁蔽其面。夜行以燭。無燭則止。道路男子由右。女子由左○禮始於謹夫婦。為宮室辨外內。男子居外。女子居內。深宮固門。閽寺守之。男不入。女不出。男女不同椸枷。不敢縣於夫之揮椸。不敢藏於夫之篋笥。不敢共湢浴。夫不在。斂枕篋簟席。襡器而藏之○取妻不取同姓。以厚別也。故買妾不知其姓。則卜之○敬慎重正而後親之。禮之大體。而所以成男女之別。而立夫婦之義也○婦順者。順於舅姑。和於室人。而後當於夫。以成絲麻布帛之事。以審守委積蓋藏。是故婦順備而后內和理。而后家可長久也。故聖王重之

孟子。男子生而願為之有室。女子生而願為之有家

王吉曰。夫婦人倫大綱

王通曰。古者男女之族。各擇德焉。不以財為禮。

司馬光曰。婦者家之所由盛衰也

真德秀曰。夫之道在敬身以帥其婦。婦之道在敬身以承其夫。故父之醮子。必曰勉帥以敬。送女。必曰敬之戒之。夫婦之道。盡於此矣

善行

夫

列國。晉冀缺耨。其妻饁之。敬。相待如賓。臼季使過冀。見之。與之歸。言諸文公曰。敬。德之聚也。能敬必有德。德以治民。君請用之。文公以為下軍大夫

漢。宋弘。建武初為太尉。湖陽公主新寡。光武與共論朝臣。微觀其意。主曰。宋公威容德器。羣臣莫及。帝以弘先有妻。難於斥言。後弘被引見。帝令主坐屏風後。從容謂弘曰。諺云貴易交。富易妻。人情乎。弘曰。臣聞貧賤之交不可忘。糟糠之妻不下堂。帝顧主曰。事不諧矣

三國。魏。常林少單貧。自非手力。不取之於人。性好學。漢末為諸生。帶經耕鋤。其妻自擔餉饋

之林雖在田野其相敬如賓

晉山濤初為布衣家貧謂其妻韓曰忍飢寒我後當作三公及濤榮貴貞慎儉約雖爵及十乘而無嬪媵

唐尉遲敬德累官至鄂國公太宗嘗謂曰朕欲以女妻卿何如敬德叩頭謝曰臣妻雖鄙陋相與共貧賤臣雖不學聞古人富不易妻此非臣所願也帝乃止

孫泰姨老以二女為託曰長女損一目汝可

妻其女弟姨卒泰乃娶其姊或詰之荅曰人有廢疾非泰何適

宋呂蕡舉進士聘里中女未行既中第婦家言曰吾女故無疾既聘而後盲蕡曰君不為欺又何辭遂娶之生五男子皆中進士第其一人丞相大防是也

孫明復退居泰山之陽枯槁憔悴鬚鬢皓白故相李迪守兗見之歎曰先生年五十一室獨居誰事左右不幸風雨飲食生疾柰何吾

弟之女甚賢可以奉箕箒明復固辭迪曰吾女不妻先生不過一官人妻先生德高天下幸壻李氏明復曰相家女不以妻公侯貴戚而固以嫁山谷衰老藜藿不充之人相國之賢古無有也予不可不成相國之賢遂娶之李氏亦甘淡薄事其夫盡禮當時士大夫莫不賢之

周恭叔自太學早年登科幼議毋黨之女登科後其女雙瞽遂娶焉愛過常人程頤曰頤

未三十時亦做不得此事

劉庭式未第時議娶鄉人之女未納幣及登進士第女以病喪明或勸納其幼女庭式笑曰吾心已許之矣豈可負吾初心哉卒娶之生數子後死時庭式通判密州逾年不復娶州守蘇軾問曰哀生於愛愛生於色今君愛何從生哀何從出乎庭式曰吾知喪吾妻而已吾若緣色而生愛緣愛而生哀色衰愛弛吾哀亦忘則凡揚袂倚市目挑而心招者皆

可以為妻也耶軾深善其言

鄭叔通初定夏氏女為婚及登第歸則夏氏女已啞其伯奴欲別擇叔通堅不可曰此女其若不娶平生遂無所歸况以無恙而定婚因疾而遂棄豈人情哉竟娶之

妻

列國衛共姜者世子共伯之妻也共伯蚤死共姜守義父母欲奪而嫁之共姜不許作栢舟之詩以死自誓

晉趙衰妻趙姬晉文公之女也文公為公子時與衰奔狄狄人入其二女叔隗季隗公以叔隗妻衰生盾及返國復以趙姬妻衰生原同屏括樓嬰趙姬請迎盾與其母而納之衰辭而不敢姬曰不可夫得寵而忘舊不義好新而嫚故無恩與人勤於隘厄富貴而不顧無禮君棄此三者何以使人雖妾亦無以侍執巾櫛衰許諾乃迎叔隗與盾來姬以盾為賢請立為嫡子使三子下之以叔隗為內子姬親下之及盾為正卿思姬之讓恩請以姬之中子屏括為公族大夫

叔姬者羊舌子之妻叔向叔魚之母叔向名肸叔魚名鮒羊舌子好正不容於晉去而之三室之邑三室之邑人相與攘羊而遺之羊舌子不受姬曰夫子居晉不容去之三室之邑又不容是於夫子不容也不如受之羊舌子受之曰為肸與鮒亨之叔姬曰不可子常不遂令肸與鮒童子也隨大夫而化者不可

食以不義之肉不若埋之以明不與於是乃盛以甕埋壚陰後二年攘羊之事發都吏至羊舌子曰吾受之不敢食也發而視之則其骨存焉都吏曰君子哉羊舌子不與攘羊之事矣

齊杞梁之妻當莊公襲莒時梁戰而死莊公歸遇其妻使使者弔之於路梁妻曰今梁有罪君何辱命焉若令梁免於罪則賤妾有先人之敝廬在妾不得與郊弔於是莊公乃還

車詣其室成禮然後去。梁之妻無子。內外皆無五屬之親。既無所歸。乃枕其夫之屍於城下而哭。內誠動人。道路過者莫不爲之揮涕。既葬。曰。吾何歸矣。夫婦人必有所倚者。父在則倚父。夫在則倚夫。子在則倚子。今吾上則無父。中則無夫。下則無子。內無所依以見吾誠。外無所倚以見吾節。吾豈能更二哉。亦死而已。遂赴淄水而死

命婦者晏子僕御之妻也。晏子將出。命婦窺

之。其夫爲御。擁大蓋策駟馬。意氣洋洋。甚自得也。既歸。其妻曰。宜矣子之卑且賤也。夫曰。何也。妻曰。晏子長不滿六尺。身相齊國。名顯諸侯。今者吾從門間觀之。其志恂恂自下。思念深矣。今子身長八尺。乃爲之僕御。然子之意洋洋若自足者。妾是以去也。其夫謝曰。請自改。何如。妻曰。是懷晏子之智。而加以八尺之長也。夫躬仁義。事明主。其名必揚矣。且吾聞寧榮於義而賤。不虛驕以貴。於是其夫乃深自責。學道謙遜。常若不足。晏子怪而問其故。具以實對。晏子賢其能納善自改。升諸景公。以爲大夫。顯其妻以爲命婦

楚貞姬者。白公勝之妻也。白公死。貞姬紡績不嫁。吳王聞其美且有行。使大夫持金百鎰。白璧一雙以聘焉。以輜軿三十乘迎之。將以爲夫人。大夫致幣。貞姬辭之曰。白公生時。妾幸得充後宮。執箕帚。掌衣履。拂枕席。託爲妃匹。白公不幸死。妾願守其墳墓。以終天年。今

王賜金璧之聘。夫人之位。非愚妾之所聞也。且夫棄義從欲者汙也。見利忘死者貪也。夫貪汙之人。王何以爲哉。妾聞之。忠臣不借人以力。貞女不假人以色。豈獨事生若此。於死者亦然。妾既不仁。不能從死。今又去而嫁。不亦大甚乎。遂辭聘而不行。吳王賢其守節有義。號曰貞姬

宋。女宗者。鮑蘇之妻也。養姑甚謹。鮑蘇仕衛三年而娶外妻。女宗姒謂曰。可以去矣。女宗

曰何故。姒曰。夫人既有所好。子何留乎。女宗曰。婦人以專一為貞。以善從為順。豈以專夫室之愛為善哉。夫禮天子十二。諸侯九。卿大夫三。士二。今吾夫誠士也。有二不亦宜乎。且婦人有七見去。妬正為首。吾姒不教吾以居室之禮。而反欲使吾為見棄之行。遂不聽。事姑愈謹。宋公聞之。表其閭。號曰女宗

魯。黔婁之妻。當黔婁死。曾子與門人往弔之。其妻出戶。曾子弔之。上堂見黔婁之屍在牖

下。枕墼席稾。縕袍不表。覆以布被。手足不盡斂。覆頭則足見。覆足則頭見。曾子曰。斜引其被則斂矣。妻曰。斜而有餘。不如正而不足也。生時不邪。死而邪之。非其意也。曾子不能應。遂哭之曰。嗟乎。先生之終也。何以為謚。其妻曰。以康為謚。曾子曰。先生在時。食不充口。衣不蓋形。死則手足不斂。傍無酒肉。生不得其美。死不得其榮。何樂於此而謚為康乎。其妻曰。昔君嘗欲授之政。以為國相。先生辭而不為。是有餘貴也。君嘗賜之粟三十鍾。先生辭而不受。是有餘富也。彼先生者。甘天下之澹味。安天下之卑位。不戚戚於貧賤。不忻忻於富貴。求仁而得仁。求義而得義。其謚曰康。不亦宜乎。曾子曰。唯。斯人也而有斯婦

陶大夫荅子妻。荅子治陶三年。名譽不興。家富三倍。數諫不用。居五年。從車百乘歸休。宗人擊牛而賀荅子。其妻獨抱兒而泣。姑怒曰。何其不祥也。婦曰。夫子能薄而官大。是謂

嬰害。無功而家昌。是謂積殃。昔楚令尹子文之治國也。家貧國富。君敬民戴。故福結於子孫。名垂於後世。今夫子不然。貪富務大。不顧後害。妾聞南山有玄豹。霧雨七日而不下食。何也。欲以澤其毛而成文章也。故藏而遠害。犬彘不擇食以肥其身。坐而須死耳。今夫子治陶。家富國貧。君不敬。民不戴。敗亡之徵見矣。今願與少子俱脫。姑怒。遂棄之。期年。荅子之家果以盜誅。唯其母老以免。其妻乃與少

子歸養姑終天年
漢鮑宣妻桓氏字少君宣嘗就少君父學父奇其清苦故以女妻之裝送資賄甚盛宣不悅謂妻曰少君生富驕習美飾而吾實貧賤不敢當禮妻曰大人以先生修德守約故使妾侍執巾櫛既奉承君子唯命是從宣笑曰能如是是吾志也妻乃悉歸侍御服飾更著短布裳與宣共挽鹿車歸鄉里拜姑禮畢提甕出汲脩行婦道鄉邦稱之

梁鴻妻孟氏姿貌甚醜而德行甚脩鄉里多求者孟氏輒不肯行年三十父母問其所欲對曰欲節操如梁鴻者時鴻未娶世家多願妻之亦不許聞孟氏語言遂求納之孟氏盛飾入門七日而禮不成孟氏跪問曰竊聞夫子高義今來而見擇請問其故鴻曰吾欲得衣裘褐之人與共遁世避時今若衣綺繡傅黛墨非鴻所願也孟氏曰妾幸有隱居之具乃更粧衣椎髻而前鴻喜曰誠鴻妻也字之曰德曜名光共遁霸陵山中後復相從至會稽賃舂爲事雖雜庸保之中孟氏每進食舉案齊眉不敢正視以禮脩身
王霸妻不知何氏女霸少立高節光武時連徵不仕妻亦美志行初霸與同郡令狐子伯爲友後子伯爲楚相其子爲郡功曹子伯令之奉書於霸車馬服從雍容如也霸之子時方耕於野聞賓至投耒而歸見令狐子沮怍不能仰視霸目之有愧容客去而久卧不起

妻怪問其故霸曰吾與子伯素不相若向見其子容服甚光舉措有適而我兒蓬髮歷齒未知禮則見客而有慚色父子恩深不覺自失耳妻曰君少脩清節不顧榮祿今子伯之貴孰與君之高柰何忘宿志而慙兒女子乎霸崛起而笑曰有是哉遂共終身隱遯
樂羊子妻不知何氏女羊子嘗行路得遺金一餅還以與妻妻曰妾聞志士不飲盜泉之水廉者不受嗟來之食況拾遺求利以汙其

行乎羊子大慙乃捐於野而遠尋師學一年來歸妻跪問其故羊子曰久行懷思無他異也妻乃引刀趨機而言曰此織生自蚕繭成於機杼一絲之累以至於寸累寸不已遂成丈匹今若斷斯織也則捐失成功稽廢時月夫子積學當日知其所亡以就懿德若中道而歸何異斷斯織乎羊子感其言還就學遂七年不返妻常躬勤養姑又遠饋羊子俾卒業

許升妻呂氏字榮升少為博徒不理操行榮嘗躬勤家業以奉養其姑數勸升脩學每有不善輒流涕進規榮父積忿疾升乃呼榮欲改嫁之榮歎曰命之所遭義無離貳終不肯歸升感激自勵乃尋師遠學遂以成名尋被本州辟命行至壽春為盜所殺刺史尹耀捕盜得之榮迎喪於路聞而詣州請甘心讎人耀聽之榮乃手斷其頭以祭升靈後郡遭寇賊賊欲犯之榮踰垣走賊拔刀追之賊曰從我則生不從我則死榮曰義不以身受辱寇虜遂殺之是日疾風暴雨雷電晦冥賊惶懼叩頭謝罪乃殯葬之

劉長卿妻桓氏生男五歲而長卿卒桓氏防遠嫌疑不肯歸寧兒年十五又夭歿桓氏慮不免乃豫刑其耳以自誓宗婦相與愍之謂曰若家殊無他意假令有之猶可因姑姊妹以表其誠何貴義輕身之甚哉對曰昔我先君五更學為儒宗尊為帝師五更以來男以

忠孝顯女以貞順稱詩云無忝爾祖聿脩厥德是以豫自刑翦以明我情沛相王吉上奏高行顯其門閭號曰行義桓嫠

皇甫規妻不知何氏女善屬文能草書時為規答書記衆人怪其工及規卒時妻年猶盛而容色美後董卓為相國聘以軿輜百乘馬二十疋奴婢錢帛充路妻乃輕服詣卓門跪自陳請辭甚酸愴卓使傅奴侍者悉拔刀圍之而謂曰孤之威教欲令四海風靡何有不

行於一婦人乎妻知不免乃立罵卓曰君羌胡之種毒害天下猶未足耶妾之先人清德奕世皇甫氏文武上才爲漢忠臣君親非其趣使走吏乎敢欲行非禮於爾君夫人耶卓乃引車庭中以其頭懸軛鞭撲交下妻謂持杖者曰何不重乎速盡爲惠遂死車下後人圖畫號曰禮宗云

陰瑜妻荀氏名采潁川荀爽女也聰敏有才藝適陰氏產一女而瑜卒後同郡郭奕喪妻

爽以采許之因詐稱病篤召采既不得已而歸懐刃自誓爽令傅婢執奪其刃扶抱載之既到郭氏乃偽爲歡喜之色謂左右曰我本立志素情不遂柰何乃使建四燈盛裝飾請奕入相見共談言辭不輟奕敬憚之遂不敢逼至曙而出采因勑左右辦浴既入室而掩戶權令侍人避之以粉書扉上曰屍還陰氏遂以衣帶自縊時人傷焉

三國吳孫翊妻徐氏有美色賊嬀覽殺翊悉取其嬪妾而復欲逼徐氏徐氏恐違之見害乃使人謂覽乞至晦日設祭除服覽許之徐氏遂潛使親信者語翊舊所委任將孫高傅嬰二人具白逼已之狀欲以求助焉高嬰等許之乃密結翊平時所侍養二十餘人盟誓合謀至晦日徐氏遂設祭除服薰衣沐浴內施帷帳以候覽焉覽密遣偵之無復疑慮徐氏乃命高嬰輩羅住戶外使人報覽言已除凶畢矣覽遂盛飾而入徐氏出拜戶外覽纔下

拜徐氏即呼高嬰等齊出殺覽徐氏仍服衰絰持覽首以祭翊墓舉軍震駭以爲神

晉梁緯妻辛氏緯爲散騎常侍西都陷沒爲劉曜所害辛氏有殊色曜將納之辛氏據地大哭仰謂曜曰妾聞男以義烈女不再醮妾夫已死理無獨全且夫人再辱明公亦安用哉乞即就死下事舅姑遂號哭不止曜曰貞婦也任之乃自縊而死曜以禮葬之

許延妻杜氏延爲益州別駕爲李驤所害驤

欲納杜氏爲妻杜氏號哭守夫屍罵驤曰汝輩逆賊無道死有先後寧當久活我杜家女豈爲賊妻也驤怒害之

後魏魏溥妻房氏貴鄉太守房湛之女也幼有烈操年十六而溥遇疾且卒顧謂之曰死不足恨但痛母老家貧赤子蒙眇抱怨於黃壚耳房垂泣而對曰幸承先人餘訓出事君子義在偕老有志不從蓋其命也今夫人在堂弱子襁褓願當以身少相感永深長往之恨

俄而溥卒及將大斂房氏操刀割左耳投之棺中仍曰鬼神有知相期泉壤流血滂然助喪者哀懼姑劉氏輟哭而謂曰新婦何至於此對曰新婦年少不幸早寡實慮父母未量至情覬持此自誓耳聞知者莫不感愴

隋裴倫妻柳氏少有風訓大業末倫爲渭源令屬薛舉之亂縣城爲賊所陷倫遇害柳氏年四十有二女及兒婦三人皆有美色柳氏謂之曰我輩遭逢禍亂汝父已死自念不能全汝我門風有素義不受辱於羣賊我將與汝等同死如何其女等皆垂泣曰唯母所命柳氏遂自投於井其女及婦相繼而下皆死於井中

唐房玄齡妻盧氏玄齡微時病且死諉曰吾病革君年少不可寡居善事後人盧泣入帷中剔一目示玄齡明無它玄齡良瘉禮之終身

魏徵妻裴氏徵卒太宗命百官赴喪給羽葆鼓吹陪葬昭陵裴氏曰夫平生儉素今葬以

羽儀非其志也悉辭不受以布車載柩而葬

韋雍妻蕭氏雍在幽州幕府朱克融亂雍被劫蕭聞難與雍皆出左右格之不退雍臨刃蕭呼曰我苟生無益願令日死君前刑者斷其臂乃殺雍蕭意象晏然觀者哀歎是夕死大和中詔贈蕭爲蘭陵縣君

五代王凝妻李氏凝家青齊間爲虢州司戶參軍以疾卒于官家素貧一子尚幼李氏攜其子負凝遺骸以歸東過開封止於旅舍主人

不納。李氏顧天色已暮不肯去。主人牽其臂
而出之。李氏仰天慟曰。我為婦人不能守節。
而此手為人所執耶。即引斧自斷其臂。見者
為之嘆泣。開封尹聞之。白其事於朝。厚恤李
氏。而笞其主人

宋。包總妻崔氏。總拯之子。早亡。惟一稚兒。拯夫
婦意崔不能守。使左右嘗其心。崔蓬垢涕泣
出堂下見拯曰。翁天下名公也。婦得齒賤獲。
執澣滌之事幸矣。況敢汙家乎。生為包氏婦。

死為包氏鬼。誓無它也。其後稚兒亦卒。母呂
自荊州來。誘崔欲嫁之。謂曰。喪夫守子。子死
孰守。崔曰。昔之留也。非以子也。舅姑故也。今
舅歿姑老。忍舍去乎。呂怒曰。我寧死此。決不
獨歸。崔曰。母遠來。義不當使母獨還。然至荊
州。儻以不義見迫。必絕於尺組之下。願以死
還包氏。遂偕去。母見其誓必死。卒還包氏

張晉卿妻丁氏。靖康中。與晉卿避兵於大隗
山中。為金兵所得。挾之鞍上。丁自投于地。戟

手大罵。連呼曰。我死即死耳。誓不受辱於爾
輩。復扶上馬。再三罵不已。卒忿然舉梃縱擊。
遂死杖下

馬元頴妻榮氏。建炎二年。賊張遇寇儀真。榮
與其姑及二女走維揚。姑素羸。榮扶掖不忍
舍。俄賊至。脅之不從。賊殺其女。脅之益急。榮
厲聲詬罵。遂殺之

李好義妻馬氏。開禧間。好義為興州正將。蜀
將吳曦叛。好義誓死報國。迺夜饗士。麾衆受

甲。與昆季及子姪拜決于家廟。囑馬氏曰。日
出無耗。當自為計。死生從此決矣。馬氏曰。汝
為朝廷誅賊。何以家為。我決不辱李家門戶。
好義喜曰。婦人女子。尚念朝廷。不愛性命。我
輩當何如。衆皆踊躍。果誅曦而還

王貞婦。夫家臨海人也。德祐二年冬。元兵入
浙東。貞婦與其舅姑夫皆被執。既而舅姑與
夫皆死。主將見婦皙美。欲內之。婦號慟欲自
殺。為奪挽不得死。夜令俘囚婦人雜守之。婦

乃陽謂主將曰若以吾爲妻妾者欲令終身善事主君也吾舅姑與夫死而我不爲之衰是不天也不天之人若將焉用之願請爲服期即惟命苟不聽我我終死耳不能爲若妻也主將恐其誠死許之然防守益嚴明年春師還挈行至嵊縣青楓嶺下臨絶壑婦待守者少懈齧指出血書字石上南望慟哭自投崖下而死後其血皆漬入石間盡化爲石天且陰雨即墳起如始書時元至治中旌爲貞

婦郡守立石祠嶺上易名曰清風嶺

謝枋得妻李氏宋末枋得起兵守安仁兵敗逃入閩中時武萬戶以枋得豪傑恐其扇變購捕之根及其家人李氏携二子匿貴溪山荆棘中採草木而食武兵蹤迹至山中令曰苟不獲李氏屠而墟李聞之曰豈可以我故累人吾出事塞矣遂就俘明年徙囚建康或指李言曰是當没入矣李聞之撫二子淒然而泣左右曰雖没入將不失爲官人妻何泣也李曰吾豈可嫁二夫耶顧謂二子曰若幸生還善事吾姑吾不得終養矣是夕解裙帶自經獄中死

許古妻劉氏初古挈家僑居蒲城其後仕于金元兵圍蒲劉謂二女曰汝父在朝而兵勢如此事不可保若城破被驅一爲所汙柰何不若俱死以自全已而攻城益急劉與二女相繼自盡

譚氏婦趙吉州永新人宋末江南郡縣皆附

元永新復嬰城自守元兵破城趙氏抱嬰兒隨其舅姑同匿鄉校中爲悍卒所獲殺其舅姑執趙欲汙之不可臨之以刃曰從我則生不從則死趙罵曰吾舅死於汝吾姑又死於汝吾與其不義而生寧從吾舅姑以死耳遂與嬰兒同遇害血漬禮殿兩楹之間八觀爲婦人與嬰兒狀久而宛然如新或訝之磨以沙石不滅又鍛以熾炭其狀益顯

元劉平妻胡烈婦至元七年平當戍棗陽車載

其家以行夜宿沙河傍有虎至銜平去胡覺
起追之持虎足顧呼車中兒取刀殺虎虎死
扶平還入棗陽城求醫以傷卒縣官言狀命
恤其母子仍旌異之
李如忠繼室馮氏名淑安大名官家女如忠
初娶蒙古氏生子任而卒再娶馮氏如忠爲
山陰縣尹病篤謂馮曰吾已矣其柰汝何馮
氏引刀斷髮自誓不他適如忠歿兩月遺腹
生子名伏李氏及蒙古氏之族在北聞如忠

歿相率來山陰乘馮氏病取其貲及任以去
馮不與較一室蕭然惟餘如忠及蒙古氏之
柩而已朝夕哭泣隣里不忍聞父之黨衣權
厝二柩藏（殂及歿及）山下攜其子廬墓側時年始
二十二羸形苦節爲女師以自給父母來視
之憐其孤苦欲使更事人馮爪面流血不肯
從居二十年始護喪歸葬汶上齊魯之人聞
之莫不嘆息
李五妻張氏濟南鄒平縣人年十八夫戍福

建之福寧州死於戍時舅姑父母俱老家貧
張自度不能歸其夫喪益自勤苦蠶繅紡績
以爲養舅姑父母繼死喪葬訖嘆曰夫死數
千里外不能歸骨以葬者以舅姑父母無所
仰故也今不幸舅姑父母皆死而夫之骨終
暴棄遠土妾何以生爲乃卧積冰上誓曰使
妾卒能歸夫之骨以葬即幸不凍死卧月餘
不死鄉人異之乃相率贈以錢張大書其事
于衣以行由鄒平至福寧凡五千餘里不四

十日而至得見其猶子問夫所葬處則已忘
之矣張哀號欲絶忽其夫降于童道别及死
哀苦狀且指示骨所在張如其言求之果得
骨以歸有司上其事遂旌表其門復其身
惠士玄妻王氏至正十四年士玄病革王氏
曰吾聞病者糞苦則愈乃嘗其糞頗甘王氏
色愈憂士玄屬王氏曰我病必不起前妾所
生子汝善保護之待此子稍長即從汝自嫁
矣王氏泣曰君何出此言耶設有不諱妾義

當死。尚復有他說乎。君幸有兄嫂。此兒必不失所。居數日。士玄卒。比葬。王氏遂居墓側。蓬首垢面。哀毀逾禮。常以妾子置左右。飲食寒煖。惟恐不至。歲餘。妾子亦死。乃哭曰。無復望矣。屢引刀自殺。家人驚救得免。至終喪。親舊皆賚酒禮祭士玄于墓。祭畢。衆欲行酒。王氏已經死於樹矣

周婦毛氏。美姿色。至正十五年。隨其夫避亂麻鷿山中。爲賊所得。脅之曰。從我。多與若金。

否則殺汝。毛氏曰。寧剖我心。不願汝金。賊以刀磨其身。毛氏因大詈曰。碎冈賊。汝碎則臭我碎則香。賊怒。刳其腸而去

黄仲起妻朱氏。至正十六年。張士誠寇杭州其女臨安奴倉皇言曰。賊至矣。我別母求一死也。俄而賊驅諸婦至其家。且指朱氏母子。曰。爲我看守。日暮我當至也。朱氏聞之懼受辱。遂與女俱縊死。妾馮氏嘆曰。我生何爲。亦自縊死。繼而仲起弟婦蔡氏。抱幼子玄童。與乳母皆自縊。及暮賊至。見諸屍滿室。盡掠其家財而去

趙洙妻許氏。集賢大學士有壬之姪女也。至正十九年。紅巾賊陷遼陽。洙時爲儒學提舉。夫婦避亂匿資善寺。洙以叱賊見害。許氏不知也。賊甘言誘許氏。令指示金銀之處。許氏大言曰。吾詩書冠冕故家。不幸遇難。但知守節而死。他皆不知也。賊以刃脅之。許氏色不變。已而知其夫死。因慟哭伏地。罵聲不絕口。

且曰。吾母居武昌。死於賊。吾女兄弟亦死賊。今吾夫又死。焉使我得報汝。當臨汝矣。遂遇害。寺僧見許氏死狀。哀其貞烈。賊退。與洙合葬之

李仲義妻劉氏。名翠哥。至正二十年。房山縣大饑。平章劉哈剌不花兵乏食。執仲義欲烹之。劉氏聞之。遽往涕泣伏地告曰。所執者吾夫也。乞矜憐之。貸其生。吾家有醬一甕。米一斗五升。窖于地中。可掘取之以代吾夫。兵不

從劉氏曰吾夫瘦小不可食吾聞婦人肥黑者味美吾肥且黑願就烹以代夫死兵遂釋其夫而烹劉氏聞者莫不哀之

江文鑄妻范氏名妙元年二十一歸于江及門未合巹(音謹)夫忽以癇(亥閒切)疾卒范曰我既入江氏之門即江氏婦也豈以夫亡有異志哉遂居江氏之家卒年九十五

王野妻柳氏未成婚而野卒柳哭之盡哀誓不再嫁其兄將奪其志柳曰業已歸王氏雖

未成婚而夫婦之禮已定矣雖凍餓死豈有他志哉後寢疾不肯服藥曰二十六而寡今已逾半百得死此疾幸矣遂卒

裘皮鐵妻李氏皮鐵疫死李氏年二十二停柩二年晝夜哀臨比葬之日陳祭辭柩畢縊于屋西桑樹而死鄉人義之遂合葬焉

國朝任士中妻俞氏年二十而寡一女生二歲男始五閱月姑先卒舅仕于遠方家貧無所依親戚咸勸之再適俞氏曰吾忍令吾兒呼他人為父耶遂截髮自誓親戚復强之欲自刎衆懼而止以紡績為業教育子女女長嫁俞邦用亦早寡所親憐其貧亦勸之更嫁女曰我再嫁夫家宗祀誰主之寧死不改節以辱吾母乃歸與母同居守志有司上其事遂旌表所居曰雙節之門

步善慶妻陳氏善慶為壻於陳以疾卒陳氏哀痛三年如一日服除拜其父母兄弟乞養以終身父曰汝年尚少當為汝更擇配女不

答即日自經死事聞詔旌表之

傅驢兒妻岳氏年十八未有子驢兒病且死囑之曰我死汝善事後人岳氏泣曰妾終不令君獨死而妾獨生含恥以事他人妾不為也驢兒卒憑屍號慟明旦自經死

徐得安妻陳氏年二十時得安病革謂之曰汝年少無子我死從汝更嫁陳泣曰既為君婦尚忍事他姓乎即割耳剪髮為誓得安死納之棺中終身不改節事聞詔旌表之

嚴庸妻袁氏事舅姑孝姑疾侍湯藥不懈甚爲鄉隣所稱庸時爲儒學生一日歸省途中值水溺死袁時年十八亟趨夫溺處尋屍不見因大哭曰夫死無子我獨生何爲即投水死兩月餘水退漁人於沙際見二屍同處皆以爲節義所感有司以聞旌爲貞烈

五倫書卷之五十九

五倫書卷之六十

兄弟

書惟孝友于兄弟克施有政

詩陟彼岡兮瞻望兄兮兄曰嗟予弟行役夙夜必偕上愼旃哉猶來無死○豈無他人不如我同父○凡今之人莫如兄弟○死喪之威兄弟孔懷原隰裒矣兄弟求矣○脊令在原兄弟急難○兄弟鬩于墻外禦其侮○儐爾籩豆飲酒之飫兄弟旣具和樂且孺○宜兄宜弟令德壽豈○伯氏吹壎仲氏吹篪○爾酒旣旨爾殽旣嘉豈伊無人兄弟匪他○此令兄弟綽綽有裕不令兄弟交相爲瘉○戚戚兄弟莫遠具爾或肆之筵或授之几

春秋左氏傳曰兄弟雖有小忿不廢懿親

春秋穀梁傳曰兄弟天倫也

論語兄弟怡怡

孟子曰仁人之於弟也不藏怒焉不宿怨焉親

愛之而已矣。親之欲其貴也。愛之欲其富也。
孝經事兄弟故順可移於長
荀卿曰爲人兄慈愛而見友。爲人弟敬詘而不悖
顏之推曰。兄弟者。分形連氣之人也。方其幼也。父母左提右挈。前襟後裾。食則同案。衣則傳服。學則連業。遊則共方。雖有悖亂之人。不能不相愛也。及其壯也。各妻其妻。各子其子。雖有篤愛之人。不能不少衰也。娣姒之比兄弟。

則疎薄矣。今使疎薄之人。而節量親厚之恩。猶方底而圓蓋。必不合矣。惟友悌深至。不爲傍人之所移者免夫
張載曰。斯干詩言兄及弟矣。式相好矣。無相猶矣。言兄弟宜相好。不要相學。猶似也。人情大抵患在施之不見報則輟。故恩不能終。不要相學。己施之而已

善行

兄弟

虞舜異母弟象。性傲。日以殺舜爲事。舜爲天子。不藏怒宿怨。封之有庳。使吏治其國而納其貢稅以富貴之
商伯夷叔齊。孤竹君之子也。父欲立叔齊。父卒。叔齊讓伯夷。伯夷曰。父命也。叔齊亦不肯立。俱逃去。國人立其中子
周太伯與弟仲雍。皆太王之子。季歷之兄也。季歷賢而有聖子昌。太王欲立季歷以及昌。於是太伯仲雍相與逃之荊蠻。以避季歷。是爲

王季。而昌爲文王。孔子曰。太伯其可謂至德也已。三以天下讓。民無得而稱焉
列國宋穆公。本宣公之弟。宣公以其子與夷幼。傳位於穆公。及穆公疾。召大司馬孔父曰。先君舍與夷而立寡人。寡人弗敢忘。若以大夫之靈。得保首領以沒。先君若問與夷。其將何辭以對。請子奉之以主社稷。寡人雖死。亦無悔焉。對曰。羣臣願奉君之子馮也。公曰不可。先君以寡人爲賢。使主社稷。若棄德不讓。是

廢先君之舉也豈曰能賢光昭先君之令德可不務乎吾子其無廢先君之功使公子馮出居於鄭

宋襄公茲父爲桓公太子桓公愛後妻之子目夷茲父亦愛之言於公曰請使目夷立臣爲之相以佐之公曰何故也對曰臣之舅在衛愛臣若臣立則不可以往絕迹於衛是背母也且臣自知不足以屢目夷之上公不許強以請公許之將立公子目夷目夷辭曰兄

立而弟在下是其義也今弟立而兄在下不義也不義而使目夷爲之目夷將逃乃逃之衛茲父從之三年桓公有疾使人召茲父曰若不來是使我以憂死也茲父乃反公復立之以爲太子然後目夷歸也

衛公子壽者宣公之子太子伋之異母弟公子朔之同母兄也其母與朔謀欲殺伋而立壽使人與伋乘舟於河中將沈而殺之壽知不能止因與之同舟舟人不得殺又使伋之

齊將使盜見載旌要而殺之壽止伋伋曰棄父之命非子道也不可壽又與之偕行其母不能止乃戒之曰壽無爲前也壽又竊伋旌以先行盜見而殺之伋至痛壽代己之死涕泣悲哀載其屍還至境而自殺

吳季子札者王壽夢之子也壽夢四子長曰遏次曰餘祭次曰夷昧札其季也最賢三兄皆知之於是王壽夢薨遏以位讓季子季子終不肯當遏謂諸弟曰季子賢使國及季子

則吳可以興乃兄弟相約以次繼立必致國于季子故遏死餘祭立餘祭死夷昧立夷昧死次及季子季子時使行于外夷昧之子僚遂自立爲吳王季子使還復事如故遏子光曰以吾父之意則國當歸季子以繼嗣之法則我適也當代立君僚何爲也於是乃使專諸刺僚殺之以位讓季子季子曰爾殺吾君吾受爾國則吾與爾爲共簒也爾殺其兄吾又殺汝則是昆季父子相殺無已時也卒去

之延陵終身不入吳號延陵季子

漢陳伯家貧與弟平同居平好讀書不事生產伯力耕縱平使游學平為人長大美色或謂平貧何食而肥若是其嫂疾之曰亦食糠覈耳有叔如此不如無有伯聞之逐其婦

卜式河南人以田畜為事有少弟弟壯式脫身出獨取羊百餘口田宅財物盡與弟式入山牧十餘年羊致千餘頭買田宅而弟盡破其產式輒復分與之

王商字子威涿郡蠡吾人也商少為太子中庶子以肅敬敦厚稱父薨商嗣為侯推財以分異母諸弟身無所受

王琳字巨尉汝南人年十餘歲喪父母因遭大亂百姓奔逃唯琳兄弟獨守冢廬號泣不絕弟季出遇赤眉賊為所捕琳自縛詣賊請先季死賊矜而放遣之

許武建武中會稽太守第五倫舉為孝廉武以二弟晏普未顯欲令成名乃謂之曰禮有分異之義家有別居之道於是共割財產以為三分武自取肥田廣宅奴婢強者二弟所得並皆劣少鄉人皆鄙武貪而稱弟能讓由是晏等俱得選舉武乃會宗親泣曰吾為兄不肖盜竊聲位二弟年長未沾榮祿所以求得分財自取大譏今理產所增三倍於前悉推與二弟一無所留於是郡中翕然稱之

劉紆楚孝王之後王莽時廢為庶人家彭城紆性慈篤早失母同產弟原鄉侯平尚幼紆

親自鞠養常與同臥起飲食及成人未嘗離左右平病卒紆哭泣嘔血數月亦卒

淳于恭字孟孫北海淳于人王莽末歲饑兵起恭兄崇將為盜所烹恭請代得與俱免後崇卒恭養其孤幼教誨問學有不如法輒反用杖自箠以感悟之姪皆愧而改過

趙熹南陽宛人也少有節操從兄為人所殺無子熹年十五常思報之挾兵結客遂往復仇而仇家皆疾病無相拒者熹以因疾報殺

非仁者心。且釋之而去。顧謂仇曰：爾曹若健，遠相避也。仇皆卧自搏。後病愈，悉自縛詣熹。熹不與相見，後竟殺之

鄭均，任城人。兄為縣吏，頗受禮遺，均數諫止，不聽。即脱身為傭。歲餘，得錢帛，歸以與兄，曰：物盡可復得，為吏坐贓，終身捐棄。兄感其言，遂為廉潔

楊厚，廣漢新都人。厚母初與前母子博不相安。厚年九歲，思令和親，乃託疾不言不食。母知其意，恩養博加篤

孔奮，篤於骨肉。弟奇在洛陽為諸生，分祿俸以供給其糧用，四時送衣，下至脂燭，每有所食甘美，輒減以遺寄

魯恭，扶風人。恭憐弟丕小，欲先就其名，託疾不仕。郡數以禮請，謝不肯應。母強遣之，恭不得已而西。因留新豐教授。丕舉方正，恭乃始為郡吏。後令中年，位至司徒

趙孝，遭天下亂，人相食。孝弟禮為賊所得，將烹之。孝聞，即自縛詣賊，曰：禮久餓羸瘦，不如孝肥飽。賊大驚，並釋之。且謂曰：可歸更持米糒來。孝求不得，復往報賊，願就烹。衆異之，遂不害。明帝聞其行，召拜諫議大夫

班固以父彪所續前史未詳，乃潛精研思，欲就其業。既而有人上書告固私改作國史者。有詔下郡收固，繫京兆獄，盡取其家書。固弟超恐固為郡所覆考，不能自明，乃馳詣闕上書，得召見，具言固所著述意。而郡亦上其書。明帝甚奇之，召除蘭臺令史

劉愷當襲父般爵，讓與弟憲，逃而避封。有司奏請絶國，和帝美其義，特優加之。愷猶不出。有司復奏之。侍中賈逵上書曰：孔子稱能以禮讓為國，於從政乎何有。上納之。詔下曰：故居巢侯劉般嗣子愷，當襲父般爵，而稱父遺意，致國弟憲，遯亡七年，所守彌固。蓋王法崇善，成人之美。其聽憲嗣爵。乃徵愷，拜為郎，稍遷侍中。愷之入朝，在位者莫不仰其風行

繆肜少孤。兄弟四人皆同財業。及各取妻。諸婦遂求分異。又數有鬬爭之言。肜深懷忿歎。乃掩戶自撾曰。繆肜汝脩身謹行。學聖人之法。將以齊整風俗。柰何不能正其家乎。弟及諸婦聞之。悉叩頭謝罪。遂更爲敦睦之行。安帝時爲中牟令。

李充家貧。兄弟六人同衣遞食。妻竊謂充曰。今貧居如此。難以久安。願思分異。充僞酬之曰。當醖酒具會。請呼鄉里內外。充於坐中前

跪白母曰。此婦無狀。而教充離間母子兄弟。罪合遣斥。便呵叱其婦。遂令出門。婦銜涕而去。

姜肱。彭城人。家世名族。與二弟仲海季江俱以孝行著聞。友愛天至。嘗同被臥。及各娶妻。兄弟相戀。不能別寢。以係嗣當立。乃遞往就室。嘗與季江適野。遇盜欲殺之。兄弟爭死。肱曰。弟年幼。父母所憐愍。又未聘娶。願自殺身濟弟。季江言兄年德在前。家之珎寶。國之英俊。乞自受戮以代兄命。盜戢刃曰。二君賢人。吾等不良妄相侵犯。乃兩釋之。

晉王覽。字玄通。瑯琊人。與兄祥友愛甚篤。母朱氏遇祥無道。覽年數歲。見祥被楚撻。輒涕泣抱持。至於成童。每諫其母。其母少止凶虐。朱屢以非理使祥。覽輒與祥俱。又虐使祥妻。覽妻亦趍而共之。朱患之乃止。祥喪父之後。漸有時譽。朱深疾之。密使酖祥。覽知之。徑趍取酒。祥疑其有毒。爭而不與。朱遽奪覆之。自後

朱賜祥饌。覽輒先嘗。朱懼覽致斃。遂止。

庾袞。咸寧中大疫。二兄俱亡。次兄毗復危殆。癘氣方熾。父母諸弟皆出次於外。袞獨留不去。諸父兄強之。乃曰。袞性不畏病。遂親自扶持。晝夜不眠。其間復撫柩哀臨不輟。如此十有餘旬。疫勢既歇。家人乃反。毗病得差。袞亦無恙。父老咸曰。異哉此子。守人所不能守。行人所不能行。歲寒然後知松栢後凋。始知疫癘之不能相染也。

劉洛，中山人。縣差充征，弟興私代之，背軍逃歸州，以洛名捕斬。興詣郡列稱逃是興，身請求代洛死。洛固陳己實正名，宜從憲辟。兄弟爭命，詳刑有疑，慮囚者曰：洛應征輒留，興冒名逃役，俱應極法，但兄弟競死，義情可嘉，宜特原之

王容，上郡人也。嘗與弟儁子元直西如涼州，路中糧匱，容留儁、元直於途，乞丐民間。比還，儁為賊所掠，元直逃免，容乃將元直追賊，叩頭求哀曰：人情自當皆愛其子，但此弟未生，家君見背，孤遺相長，以至于今。請以元直易儁。賊相謂曰：以子易弟，義之大也。於是以儁、元直授容而去。容後亡，儁勺水不入口者五日，雖服喪期年，而心喪六載

南宋謝述少有志行，隨兄純在江陵。純遇害，述奉純喪還鄉，行至西塞山，值暴風，純喪舫流漂，不知所在。述乘小船尋求，經純妻庾舫過，庾遣人謂述曰：小郎去必無及，寧可存亡俱盡耶。述號泣答曰：若安全至岸，當須營理，如其已致意外，述亦無心獨存。因冒浪而進，見純喪幾沒，述號叫呼天，幸而獲免。人以為精誠所致也。武帝聞而嘉之

蔡廓，考城人，奉兄軌如父。家事大小，皆諮而後行，公祿賞賜，一皆入軌，有所資須，悉就典者請焉。從高祖在彭城，妻郗氏書求夏服，廓答書曰：知須夏服，計給事自應相供，無容別寄

謝弘微為尚書吏部郎，參預機密。兄曜歷御史中丞，卒。弘微蔬食積時，哀戚過禮，服除猶不噉魚肉。沙門釋慧琳詣弘微，與之共食，見其蔬素，慧琳曰：檀越素既多疾，頃者肌色微損，即吉之後，猶未復膳，若以無益傷生，豈所望於得理。弘微答曰：衣冠之變，禮不可踰。在心之哀，實未能已。遂感咽，廢食歔欷不自勝。

吳欣之，元嘉末，弟慰之為武進縣史，隨王誕起義，太子遣軍主華欽討之，慰之見執，將死，

欣之詣欽乞代弟命。辭淚哀切。兄弟皆見原。

孫棘彭城人。事母至孝。母臨亡。以小兒薩屬棘。特深友愛。時發民爲軍。薩代棘行。及後軍期。應死。棘薩爭死。妻許氏又遣屬棘曰。君當門戶。豈可委罪小郎。且大家臨終。以小郎屬君。竟未有妻息。君已二兒。死復何憾。太守張岱表聞。詔原之。仍榜其門

後魏楊播與弟椿津並敦義讓。昆季相事。有如父子。播性剛毅。椿津恭讓。兄弟旦則聚於廳

堂。終日相對。未曾入內。有一美味。不集不食。廳堂間往往幃幔隔障。爲寢息之所。時就休偃。還共談笑。椿年老。曾他處醉歸。津扶持還室。仍假寢閤前。承候安否。椿津年過六十。並登台鼎。而津常旦暮參問。子姪羅列階下。椿不命坐。津不敢坐。椿每近出。或日斜不至。津不先飯。椿還然後共食。食則津親授匙箸。味皆先嘗。椿命食然後食。初津爲泗州。椿在京宅。每有四時嘉味。輒因使次附之。若或未寄不先入口。椿每得所寄。輒對之下泣。一家之內。男女百口。緦服同爨。庭無間言。當世莫逮焉

崔光韶事親以孝聞。初除奉朝請。光韶與弟光伯同産。操業相伴。特相友愛。遂請於吏部尚書李沖。讓官於光伯。辭色懇至。沖爲奏聞高祖嘉而許之。光韶性嚴毅。聲韻抗烈。與人平談。常若震厲。至於兄弟議論外間。謂爲忿怒。然孔懷雍睦。人少逮之

裵侑早喪父。二弟三妹並幼弱。侑撫養訓誨甚至。弟務早世。侑哭之慟。行道不忍聞。愛育孤姪過於己子。及將異居。田宅奴婢悉推與之

房景伯性淳和。通知書史。諸弟宗之。如事嚴親。嘗寢疾。弟景先躬侍湯藥。衣不解帶。形容毀瘁。見者憐之。景先亡。景伯蔬食。及期哀痛如親喪。幼弟景遠亦終喪哭臨。不入內寢。鄉里語曰。有義有禮。房家兄弟。魏獻文時除清

河太守

崔孝芬兄弟孝義慈厚。弟孝暐等奉孝芬盡恭順之禮。坐食進退。孝芬不命則不敢也。雞鳴而起。且溫顏色。一錢尺帛不入私房。吉凶有須。聚對分給諸婦。亦相親愛。有無共之

裴安祖少聰慧。年八九歲。就師講詩至鹿鳴篇。語諸兄曰。鹿雖禽獸。得食相呼。而況人乎。自此之後。未嘗獨食。弱冠。州辟主簿。氏有兄弟爭財。詣州相訟。安祖以禮義責讓之。明日

兄弟相率謝罪

北齊陸卬。文宣天保初為吏部郎中。遭母喪毀瘁成疾。頓伏牀枕。弟摶遇疾臨終。謂家人曰。大兄尫病若此。性至慈愛。摶死不可使知之。亦不可使聞哭聲。懼致感動。家人至祖載方始告之。卬聞。一慟而絕。朝野悲之

吳達之以從祖弟敬伯夫妻荒年被略賣江北。達之有田十畝。貨以贖之。同財共宅。郡命為主簿。固以讓兄。又讓世業舊田與族弟。弟亦不受。田遂閒廢

隋牛弘為吏部尚書。弟弼好酒而酗。嘗醉射殺弘駕車牛。弘還宅。其妻迎謂弘曰。叔射殺牛。弘聞無所怪問。直答曰。作脯。坐定。其妻又曰。叔射殺牛。大是異事。弘曰。已知。顏色自若。讀書不輟

盧操事繼母張氏至孝。張生三子。溺愛之。命操常執勤。至炊。為三弟設席。操服勤不倦。張遣其子讀書。命操策驢隨之。操即執鞭引繩

知僮僕。三弟嗜酒縱佚。抵忤於人。致人踵門詬及其母。操即涕泣拜而解之。惡少相謂曰。不意三賊有此令兄。其干犯長者不義也。相與拜操而去。母亡。訓養三弟。恩愛沒身不衰

唐李知本事親篤至。與其弟知隱雍順。子孫百餘。至貨用僮僕皆無間。大業末。盜賊過閭不入。相戒曰。無犯義門。往依者五百餘室。皆賴以免

李勣性友愛。其姊病。嘗自為煮粥。火燎其鬚。

姊曰僕妾多矣何為自苦乃此勣曰姊今年老勣亦老雖欲數為姊煮粥其可得乎

張楚金少有志行事親以孝聞初與兄越石同預鄉貢進士州司將罷越石而薦楚金辭曰以順則越石長以才則楚金不如固請俱退時李勣為都督歎曰貢士本求才行相推如此何嫌雙舉也乃俱薦擢第

岑文本棘陽人太宗時拜中書令任職久賚錫豐饒皆令弟文昭主之文昭時為校書郎

多交輕薄帝不悅曰卿弟多過朕將出之文本對曰臣少孤母所鍾念者弟也不欲離左右今若外出無此弟是無母也泣下嗚咽帝愍其意

張嘉貞為并州長史為政嚴肅甚為人吏所畏開元初因奏事至京師上聞其善政數賞慰嘉貞因奏曰臣少孤兄弟相依以至今日臣弟嘉祐今授鄯州別駕與臣各在一方同心離居邈絕萬里乞移就臣側近臣兄弟盡力報國死無所恨玄宗嘉其友愛特改嘉祐為忻州刺史

陸景融象先後母弟也象先被笞景融諫不入則自楚毋為損威人多其友弟

李光進憲宗時為振武節度使事親有至性母歿居喪三年不歸寢弟光顏先娶而母委以家事及光進娶母已亡弟婦籍貲畜納管鑰於姒光進命返之曰婦逮事姑且嘗命掌家事不可改因相持泣乃如初

宋王旦母弟傲不可訓一日遇冬至祀家廟列百壺於堂前弟皆擊破之家人惶駭旦忽自外入見酒流滿地不可行俱無一言但攝衣步入其後弟忽感悟復為善終亦不言

杜衍前母有二子不孝悖其母改適河陽錢氏祖母卒衍年十五六二兄遇之無狀至引劍斫之傷腦出血數升其姑匿之僅而得免乃詣河陽歸其母繼父不之容往來孟洛間貧甚傭書以自資嘗至濟源富民相里氏奇

之妻以女由是資用稍給舉進士殿試第四及貴其長兄猶存待遇甚有恩禮二兄及錢氏姑子孫受衍蔭補官者數人仍皆爲之婚嫁

范純仁知襄城縣伯兄久病心疾純仁侍疾湯藥飲食居處衣服必躬必親如孝子之事嚴父貫文元守北都辟掌機密召編校祕閣書籍皆以兄病辭不赴

張存性孝友嘗爲蜀郡得綺繒文錦以歸悉

布之堂上恣兄弟擇取常曰兄弟手足也妻妾外舍人耳柰何先外人而後手足乎收恤宗屬嫁娶窮嫠不使一人失所

司馬旦與弟光友愛篤至年將八十光奉之如嚴父保之如嬰兒每食少頃則問曰得無飢乎天少冷則拊其背曰衣得無薄乎光後居洛旦居夏縣有園沼勝槩光歲一往省旦旦亦間至洛視光凡光平時所與論天下事旦有助焉及光被門下侍郎召固辭不拜旦引大義語之曰生平誦堯舜之道思致其君今時可而違非進退之正也光幡然就位方是時天下懼光之終不出及聞此皆欣然稱旦曰長者之言也

彭汝礪居家孝友事寡嫂甚謹兄無子爲立後官之又官其弟汝方而後及其子汝方聞汝礪喪即棄官歸論者多之族人貧者分俸錢賙給或爲置義莊

余天錫以觀文殿學士致仕與弟天任友愛

至篤天任爲兵部尚書方未仕貧時兄弟率更衣以出嘗終歲同衾其從子晦出帥全蜀亦嘗置義莊以贍宗族

呂祖儉祖謙之弟也受業祖謙如諸生監明州倉將上會祖謙卒部法半年不上者爲違年祖儉必欲終朞喪朝廷從之詔違年者以一年爲限自祖儉始

范正平純仁之子蔡京當國言正平矯撰父遺表又謂李儀之所述純仁行狀妄載中使

蔡克明傳二聖虛佇之意遂逮正平儀之克明同詣御史府正平將行其弟正思曰議行狀時兄方營窀穸之事參預筆削者正思也兄何爲哉正平曰時相意屬我且我居長我不往兄弟俱將不免不若身任之遂就獄

趙彥霄兄弟二人父母服闋後同爨十二年兄彥雲惟聲色博奕是娛生業壞已逾半彥霄諫之不入遂求析籍及五年而兄之生計蕩然矣公私逋負尚三千餘緡彥霄因除夕

置酒邀兄嫂而告之曰向者初無分爨意以兄用度不節恐皆蕩盡俱有飢寒之憂今幸留一半亦足以給伏臘兄自今復歸中堂以主家務即取分書付之火管鑰之屬悉以付焉因言所少逋負以已儲錢償之兄初有慚色不從不得已而受之次年彥霄與長子俱膺鄉薦一舉登第鄉人大敬服之

鄭德珪與弟德璋孝友天至晝則聯几案夜則同衾被德璋素剛直與物多忤一日爲仇家陷於死罪當會逮揚州德珪哀弟之見誣乃陽謂曰彼欲害吾也何預爾事我往則奸狀白爾去得不死乎即治行德璋追至諸暨道中兄弟相持頓足哭爭欲就死德珪默計沮其行夜將半從間道逸去德璋復追至廣陵德珪已死於獄德璋聞之慟絕者數四負骨歸葬廬墓再朞毎一悲號烏鳥皆翔集不去

單煦友愛兄熙兄嘗毆人至死未有知者煦

曰家貧親老仰兄以養義當代之死即趨詣闘所以待捕已而死者蘇驚問之煦以情告其人感嘆遂輟訟

元郭道卿四世祖以孝行著宋高宗紹興間有詔旌之鄉里爲立孝子祠元初盜起居民多走匿道卿與弟佐卿獨守祠不去俱被執盜將殺佐卿道卿泣告曰吾有兒已長弟弱子幼請代弟死佐卿亦泣曰吾家事賴兄以理請殺我道卿因引頸請刃盜相顧曰汝孝門

兄弟若此吾何忍害兩釋之
芊仁盧江人元世祖遣將阿朮下江南仁與兄弟爲亂兵所掠時年七歲賣爲汴人李子安家奴力作二十餘年子安憐之縱遣爲良仁跡知其兄在睦州弟在邯鄲皆爲役無恙乃百計經營懇貸親故詣二家求贖之六年始得遂其志小大二十餘口復同居友愛篤至鄉里稱歎
虞集性孝友二親僑寓下邑左右承順無違

弟樂早卒教育其孤無異己子兄采以管庫輸賦京師虧數千緡盡力營貸代償之無難色撫庶弟嫁孤妹具有恩意人皆稱之
劉廷讓武平人文宗至順初兵起民被殺掠廷讓挈家避山中有幼弟方乳母王氏寘于懷兵急廷讓乃棄己子一手抱幼弟一手扶母疾驅得免事聞旌之
郭全事繼母唐古氏甚孝繼母生三子皆幼全躬耕以養既長娶婦各求分財異居全不能止凡田盧器物自取荒瘠朽弊者奉唐古氏以居甘旨無乏
吳思達兄弟六人嘗以父命析居思達爲開平主簿父卒還家治葬事會宗族泣告其母曰吾兄弟別處十餘年矣今多破產以一母所生可使兄弟苦樂不均耶即以家財代償其逋更復共居不數年宅後榆柳爲之連理人以爲義感云

宗族

晉王延年十五喪二親奉叔父以孝聞子良孫及弟從子爲戮人賊所掠延年追而請之賊以良孫歸延年延年拜請曰我以少孤爲叔父所養此叔父之孤孫也願以子易之賊曰君義士也免之
唐劉君良饒陽人四世同居族兄弟猶同產也門內斗粟尺帛無所私隋大業中荒饉妻勸其異居乃易置庭樹鳥雛令鬬且鳴家人怪之妻曰天下亂禽鳥不相容況人邪即與兄

弟別處月餘密知其計因斥去妻曰爾破吾家召兄弟流涕以告更復同居貞觀六年表異其門閭

張公藝九世同居北齊隋唐皆旌表其門麟德中高宗封泰山幸其宅召見公藝問其所以能睦族之道公藝請紙筆以對乃書忍字百餘以進其意以爲宗族所以不協由尊長衣食或有不均卑幼禮節或有不備更相責望遂爲乖爭茍能相與忍之則家道雍睦矣

宋陳競陳宜都王叔明之後居江州自昉至競十三世同居長幼七百口不畜僕妾上下姻睦人無間言每食必羣坐廣堂未成人者別爲一席有犬百餘亦置一槽共食一犬不至羣犬亦皆不食

李昉治家有法子孫守之數世不衰閨門至二百餘口猶同居共爨田園邸舍所收及有官者俸祿皆聚之一庫計口日給餉婚姻喪葬所費皆有常數分命子弟掌其事其規摹大抵出於翰林學士宗諤所制也

韓琦合族百口衣食均等無所異嫁孤女十餘人養育諸姪比于己子所得恩例先及旁族逮其終子有褐衣未命者追孝祖考恨不及養奉塋域甚厚自五世祖塚皆訪得之買田其旁植松檟召人守視之貴顯五十年身爲將相累更大賜予及其沒也庫無羨錢寶無奇玩賴天子賜金帛官出葬資喪事得以無乏

范仲淹語諸子弟曰吾吳中宗族甚衆於吾固有親踈然吾祖宗視之則均是子孫吾安得不恤其飢寒哉且自祖宗來積德百餘年而始發於吾若獨享富貴而不恤宗族異日何以見祖宗於地下今亦何顏入家廟乎仲淹輕財好施尤厚於族人既貴於姑蘇近郭買良田數千畝爲義莊以養羣從之貧者擇族人長而賢者一人主其出納人日食米一升歲衣縑一匹嫁娶喪葬皆有贍給自政府

出歸姑蘇焚黄捜外庫惟有絹三千匹令掌
吏錄親戚及閭里知舊自大及小散之皆盡
曰宗族鄉黨見我生長幼學壯仕為我助喜
何以報之哉
吕公著自為小官不問生事而夫人亦好施
仕寖顯内外姻戚亦益多為相受賜所散至
十之九三公俸賜率以周九族家無餘積米
不足至糴以繼之
程珦前後五得任子以均諸父子孫嫁遣孤

女必盡其力所得俸錢分贍親戚之貧者伯
母劉氏寡居公奉養甚至其女之夫死公迎
從女兄以歸教養其子均於子姪既而女兄
之女又寡公懼女兄之悲思又取甥女以歸
嫁之時小官祿薄克己為義人以為難
吳奎姻族有不能自存者為畢嫁娶以錢二
千萬買田號曰義莊以周親戚朋友之貧乏
者終之日家無餘財諸子無宅以居焉
陸九韶九齡之弟也其學淵粹隱居山中晝

之言行夜必書之其家累世義居一人最長
者為家長一家之事聽命焉歲選子弟分任
家事凡田疇租稅出納庖爨賓客之事各有
主者九韶以訓戒之辭為韻語晨興家長率
衆弟子謁先祠畢擊鼓誦其辭使列聽之子
弟有過家長會衆子弟責而訓之不改則撻
之終不改度不可容則言之官府屏之遠方
焉
元鄭文嗣婺州浦江人其家十世同居凡二百

四十餘年一錢尺帛無敢私至大間表其門
文嗣沒從弟大和繼主家事益嚴而有恩家
庭中凜如公府子弟稍有過頒白者猶鞭之
每遇歲時大和坐堂上羣從子皆盛衣冠鴈
行立左序下以次進拜跪奉觴上壽畢皆肅
容拱手自右趨出足武相銜無敢參差者見
者嗟慕謂有三代遺風狀聞復其家部使者
余闕為書東浙第一家以褒之大和方正不
奉浮屠老子教冠昏喪葬必稽朱熹家禮而

行執親喪哀甚。三年不御酒肉。子孫從化皆孝謹。雖嘗仕宦不敢一毫有違家法。諸婦唯事女工。不使預家政。宗族里閭皆懷之以恩。家畜兩馬。一出則一為之不食。人以為孝義所感

王元伯。鎮江金壇人。四世不異爨。家人百餘口無間言。日使諸女諸婦各聚一室為女工。畢斂貯一庫。室無私藏。幼稚啼泣。諸母見者即抱哺。一婦歸寧。留其子。衆婦共乳。不問孰為已兒。兒亦不知孰為已母也。兄宣伯卒。即以家事付姪軌。軌辭曰。叔父行也。叔宜主之。元伯曰。姪宗子也。姪宜主之。相讓既久。卒以付軌。縉紳之家自謂不如。至元間旌表其門

五倫書卷之六十

五倫書卷之六十一

朋友之道

嘉言

朋友

易。麗澤兌。君子以朋友講習。○二人同心。其利斷金。同心之言。其臭如蘭。○君子上交不諂。下交不瀆

詩。伐木丁丁。鳥鳴嚶嚶。出自幽谷。遷于喬木。嚶其鳴矣。求其友聲。相彼鳥矣。猶求友聲。矧伊人矣。不求友生。神之聽之。終和且平。○視爾友君子。輯柔爾顏。不遐有愆

禮記。君子不盡人之歡。不竭人之忠。以全交也○獨學而無友。則孤陋而寡聞。○儒有合志同方。營道同術。並立則樂。相下不厭。久不相見。聞流言不信。其行本方立義。同而進。不同而退。其交友有如此者

論語。有朋自遠方來。不亦樂乎。○毋友不如己者。○朋友數。斯疏矣。○晏平仲善與人交。久

而敬之○乘肥馬衣輕裘與朋友共敝之而
無憾○子貢問友子曰忠告而善道之不可
則止無自辱焉○朋友切切偲偲○君子以
文會友以友輔仁○居是邦也事其大夫之
賢者友其士之仁者○益者三友損者三友
友直友諒友多聞益矣友便辟友善柔友便
佞損矣○子夏之門人問交於子張子張曰
子夏云何對曰子夏曰可者與之其不可者
拒之子張曰異乎吾所聞君子尊賢而容衆

嘉善而矜不能我之大賢與於人何所不容
我之不賢與人將拒我如之何其拒人也
孟子責善朋友之道也○不挾長不挾貴不挾
兄弟而友友也者友其德也不可以有挾也
○一鄉之善士斯友一鄉之善士一國之善
士斯友一國之善士天下之善士斯友天下
之善士以友天下之善士為未足又尚論古
之人頌其詩讀其書不知其人可乎是以論
其世也是尚友也

揚雄曰朋而不心面朋也友而不心面友也
王通曰以勢交者勢傾則絶以利交者利窮則
散故君子不與也○君子先擇而後交小人
先交而後擇故君子寡尤
程頤曰朋友講習更莫如相觀而善工夫多近
世淺薄以相歡狎為相與以無圭角為相歡
愛如此者安能久若要久須是恭敬君臣朋
友皆當以敬為主也
張載曰今之朋友擇其善柔以相與拍肩執袂

以為氣合一言不合怒氣相加朋友之際欲
其相下不倦故於朋友之間主其敬者日相
親與得效最速
呂大臨曰同僚之契交承之分有兄弟之義至
其子孫亦世講之前輩專以此為務今人知
之者蓋少矣又如舊舉將及嘗為舊任按察
官者後己官雖在上前輩皆辭避坐下坐風
俗如此安得不厚乎
范祖禹曰與賢於己者處則自以為不足與不

如己者處則自以為有餘自以為不足則日
益自以為有餘則日損
胡宏曰能攻人實病者至難也能受人實攻者
為尤難人能攻我實病我能受人實攻朋友
之義其庶幾乎不然其不相陷而為小人者
幾希矣
朱熹曰朋友之交責善所以盡吾誠取善所以
益吾德非以相為賜也然各盡其道而無所
苟焉則麗澤之益自有不能已者○朋友之

際其合不正未有久而不離者故賢者順理
而安行智者知幾而固守○葉賀孫問朋友
之義自天子以至于庶人皆須友以成而陳
安卿只說以類聚莫未該朋友之義否朱子
曰此亦只說本來如此自天子至於庶人未
有不須友以成乃是後來事說朋友功效如
此人自與人同類相求牛羊亦各以類相從
朋友乃彞倫之一今人不知有朋友之義者
只緣但知有四箇要緊而不知朋友亦不可

闕又曰朋友之於人倫所關至重
黃榦曰朋者人類之中志同而道合者也故曰
天叙有典豈人力也哉君臣父子夫婦長幼
一失其序則天典不立人道化為夷狄矣朋
友道絕則此四者雖欲各居其分不可得也
善而莫予告也過而莫予規也觀感廢而怠
心生講習踈而實理晦則五常百行顛倒錯
繆而不可勝救矣然則朋友者列於人倫而
又所以紀綱人倫者也所可重者若此而世

莫之重焉可不為之慶歎也邪○斯道之顯
晦係於人物之盛衰蓋義理以講習而明德
性以相觀而善子然獨立而無與為侶則學
問廢而見識淺繩約弛而怠慢生古之人所
以重朋來之樂者豈不以此歟
許衡曰凡取友必須趨向正當切磋琢磨有益
於己者若乃邪僻卑汙與夫柔佞不情相誘
為非者謹勿近之
師生

禮記安其學而親其師樂其友而信其道是以雖離師輔而不反也○凡學之道嚴師爲難師嚴然後道尊道尊然後民知敬學○善學者師逸而功倍又從而庸之不善學者師勤而功半又從而怨之

論語溫故而知新可以爲師矣○有教無類

孟子人之患在好爲人師○君子之所以教者五有如時雨化之者有成德者有達材者有答問者有私淑艾者此五者君子之所以爲

教也○君子引而不發躍如也中道而立能者從之

老聃曰善人者不善人之師不善人者善人之資

荀卿曰師術有四而博習不與焉尊嚴而憚可以爲師耆艾而信可以爲師誦說而不陵犯可以爲師知微而論可以爲師○禮者所以正身也師者所以正禮也故非禮是無法也非師是無師也不是師法而好自用是猶以

盲辨色以聾辨聲也○農精於田而不可以爲田師賈精於市而不可以爲賈師工精於器而不可以爲器師有人也不能此三技而可使治三官曰精於道者也精於物者以物物精於道者兼物○夫人有性質美而心辨知必將求賢師而事之擇良友而友之得賢師而事之則所聞者堯舜禹湯之道也得良友而友之則所見者忠信敬讓之行也身日進於仁義而不自知也者靡使然也今與不

善人處則所聞者欺誣詐僞也所見者汙漫淫邪貪利之行也身且加於刑戮而不自知者靡使然也

揚雄曰務學不然務求師師者人之模範也模不模範不範爲不少矣一閧之市不勝異意焉一卷之書不勝異說焉一閧之市必立其平一卷之書必立其師

王通曰度德而師易子而教

韓愈曰古之學者必有師師者所以傳道授業

解惑也人非生而知之者孰能無惑惑而不從師其為惑也終不解矣生乎吾前其聞道也固先乎吾吾從而師之生乎吾後其聞道也亦先乎吾吾從而師之吾師道也夫庸知其年之先後生於吾乎是故無貴無賤無長無少道之所存師之所存也

黃睎曰學非師而功益勞友非人而過益滋是以古之君子從師而後言顧友而後行其失鮮矣

周敦頤曰師道立則善人多

程顥曰學者必求其師記問文章不足以為人師以所學者外也故求師不可不慎所謂師者何也理也義也○古之人得其師傳故因經以明道後世失其師傳故非明道不能以知經

楊時曰古之人其道足以師世範俗惟孔孟足以當之東漢而下師道益嚴然稽其所知所行皆不足以勝其任也唐之韓愈固嘗欲以師道自居其視李翺張籍輩皆謂從吾遊今翺籍之文具在考其言未嘗以弟子自列則師果可好為乎苟其道未足以成德達材雖欲為之而人不與也愈且如是況其下者乎

呂大臨曰人之患在好為人師故舍我而去者不追呼之使來有教無類故從我而來者不拒逆之使去但能以此求道之心至則受而教之論語稱互鄉難與言童子見門人惑子曰與其進也不與其退也人潔己以進與其

潔也不保其往也故聖賢在下其所以取人苟有向善之心皆取之亦以進人為善不為異日之不保而廢其今日與人為善之意

李愿中曰某聞之天下有三本焉父生之師教之君治之闕其一則本不立古之聖賢莫不有師其肄業之勤惰涉道之淺深求益之先後若存若亡其詳不可得而考惟洙泗之間七十二弟子之徒議論問答具在方冊有足稽焉是得夫子而益明也孟子之後道失所

傳。枝分泒別。自立門戶。天下真儒不復見於世。其聚徒成群。所以相傳授者。句讀文義而已耳。謂之熄焉可也。夫巫醫樂師百工之人。其術淺。其能小。猶且莫不有師。儒者之道。可以善一身。可以理天下。可以配神明而參造化。一失其傳而無所師。可不爲之大哀邪。

朱熹曰。夫道雖若大路然。非上智生知之質。亦豈能不藉師友而獨得之哉。要當有以發其端倪。然後有餘師者可得而求耳。

呂祖謙曰。歐陽脩有云。古之學者必嚴其師。師嚴然後道尊。道尊然後篤敬。篤敬然後能自守。能自守然後果於用。果於用然後不畏而不遷。三代之衰。學校廢。至兩漢師道尚存。故其學者各守其經以自用。是以漢之政理文章與其當時之事。後世莫及者。其所從來深矣。後世師法漸壞。而今世無師。學者不尊嚴。故自輕其道。輕之則不能至。不至則不能篤信。信不篤。則不知所守。守不固。則有所畏而物可移。是故學者惟俯仰徇時。以希祿利爲急。至於忘本趨末。流而不返。夫以不信不固之心。守不至之學。雖欲果於自用。莫知其所以用之之道。又況有祿利之誘。刑禍之懼。以遷之哉。

陸子靜曰。人生而不知學。學而不求師。其可乎哉。秦漢以來。學絕道喪。世不復有師。以至于唐。曰師曰弟子云者。反以爲笑。韓退之柳子厚猶爲之屢歎。惟本朝理學遠過漢唐。始復

有師道。雖然。學者不求師。與求而不能虛心。不能退聽。此固學者之罪。學者知求師矣。能退聽矣。所以導之者。乃非其道。此則師之罪也。

饒仲元曰。師道立。則天下之不善者皆可變而爲善。天下之不中者。皆可化而爲中。而善人豈不衆哉。善人衆。則國家之用隨取隨足。上焉可以格君心。中焉可以立政事。下焉可以移風俗。而朝廷豈有不正。天下豈有不治者

哉若昔唐虞五典之敷掌之於契寬栗直溫之教典之於夔至于成周順先王詩書禮樂以造士而教之中和者亦惟擇有道有德者主之皆所以立師道也是以天下後世稱人才盛美治功之成者必曰唐虞成周及周之衰則學校之政不脩而師道闕矣於是洙泗之間有吾夫子者出而任其責焉一時及門之士如顏曾冉閔之流固已如時雨之化矣故其德行政事言語文學莫不卓然皆有可

稱使夫子而得時行道引其類而進之則唐虞成周之治有不難致者夫子既沒而得其道者或以傳授於來嗣或以友教於諸侯隨其大小亦皆於世道有所補焉後世師道不立學者無復講明道義磨礲氣質之益矣至

本朝安定胡公首倡體用之學以淑其徒使學者明於經義講於時務篤於踐履而不為口耳之習故一時賢士大夫多出其門而散在四方者亦皆循循雅飭師道之立蓋彷乎

此是後周子復得孔孟不傳之道於遺經建圖屬書以覺來學而程子兄弟實紹其傳於是益推古者大學教人之法以淑諸人以傳諸後而我文公先生又從而光大之淵源所漸徧及海內有志之士探討服行而推其所得以正主庇民者不絕于時能使大義既乖而復正公道久屈而復伸者皆夫人之力也師道之立於是為盛

善行上

朋友

列國齊管夷吾鮑叔牙二人相友夷吾嘗歎曰吾少窮困時嘗與鮑叔賈分財多自與鮑叔不以我為貪知我貧也吾嘗為鮑叔謀事而大窮困鮑叔不以我為愚知時有利不利也吾嘗三仕三見逐於君鮑叔不以我為不肖知我不遭時也吾嘗三戰三北鮑叔不以我為怯知我有老母也吾所事公子糾敗吾幽囚受辱鮑叔不以我為無恥知我不羞小節

而恥名不顯於天下也生我者父母知我者鮑叔也

衛卜商端木賜皆孔門弟子孔子嘗曰吾死之後則商也日益賜也日損曾子曰何謂也子曰商也好與賢己者處賜也好與不若己者處不知其子視其父不知其人視其友不知其君視其所使不知其地視其草木故曰與善人居如入芝蘭之室久而不聞其香即與之化矣與不善人居如入鮑魚之肆久而

不聞其臭亦與之化矣丹之所藏者赤漆之所藏者黑是以君子必慎其所與處者焉

魯秦莊子死孟武伯問於孔子曰古者同寮有服乎答曰同寮有相交之義昔者虢叔閎夭太顛散宜生南宮适五臣同寮比德以贊文武及虢叔死四人者為之服朋友之服古之達禮者行之也

漢杜林為光祿勳與馬援鄉里親厚援南方還時林馬適死援遣子將一馬遺林曰朋友有車馬之餽可以備之

朱暉嘗游太學同郡張堪素有名稱見暉甚重之接以友道嘗執暉臂曰欲以妻子託朱生暉以堪先達舉手未敢對自後不復相見堪卒暉聞其妻子窮困乃往候視厚賑贍之暉子頡怪而問曰大人不與堪為友平生未曾相聞子孫竊怪之暉曰堪嘗謂知己吾已信於心也

申屠蟠與濟陰王子居同游太學子居臨歿以

身託蟠蟠乃躬推輦車送喪歸鄉里遇司隸從事於河鞏之間從事義之為封傳護送蟠不肯受投傳於地而去事畢還卒業太學

范式少受業太學式與汝南張元伯善二人並告歸鄉里式謂元伯曰後二年當還將過拜尊親見孺子焉乃共剋期日期將至元伯具以白母請設饌以候之母曰二年之別千里結言何相信之審耶對曰巨卿信士必不乖違母曰若然當為尔醞酒至其日巨卿果至

升堂拜飲盡懽而別巨卿式字也後式仕為郡功曹元伯疾篤同郡郅君章殷子徵晨夜省視之元伯臨盡歎曰恨不見吾死友子徵曰吾與君章非死友耶元伯曰若二子者吾生友耳山陽范巨卿所謂死友也尋卒式忽夢見元伯玄冕垂纓屣履而呼曰巨卿吾以某日死當以某時葬子未我忘豈能相及式怳然覺寤具告太守請往奔喪太守許之式便服朋友之服馳往赴之式未及到而喪已發引既至壙將窆而柩不肯進其母撫之曰元伯豈有望耶遂停柩移時乃見素車白馬號哭而來其母望之曰是必范巨卿也巨卿既至叩喪言曰行矣元伯死生異路永從此辭會葬者千人咸為揮涕式因執紼引柩於是乃前式遂留止冢次為脩墳樹然後去

雷義與陳重結交最厚義舉茂才讓重刺史不聽義遂陽狂被髮走不應命後同舉孝廉同拜尚書郎鄉里為之語曰膠漆自謂堅不如雷與陳

習脂少與孔融善每戒融剛直及融被害許下故舊莫敢收者習往撫尸曰文舉舍我死我何用生為曹操聞之大怒收習將殺之會赦免魏主丕以習有欒布之節加中散大夫

樓護有故人呂公無所歸護身與呂公妻與呂嫗同食後護妻子頗厭呂公護流涕責妻子曰呂公故舊窮老託身於我義所當奉遂養呂公終身

三國蜀張裔先主以為巴郡太守少與楊恭友善恭早死遺孤未數歲裔迎留與分屋而居事恭母如母恭之子息長大為之娶婦買田宅產業使立門戶

吳周瑜初孫堅興義兵討董卓徙家於舒堅子策與瑜同年獨相友善瑜推道南大宅以舍策升堂拜母有無共之

陸瑁少好學篤義陳國陳融陳留濮陽逸沛郡蔣纂廣陵袁迪等皆單貧有志就瑁遊處

瑁劄少分甘與同豐約及同郡徐原居會稽
素不相識臨死遺書托以孤弱瑁爲起立墳
墓收導其子
吳範與魏滕同邑相善滕嘗有罪孫權責怒
甚嚴敢有諫者死範謂滕曰與汝偕死滕曰
死而無益何用死爲範曰安能慮此坐觀汝
耶乃髡頭自縛詣門下使鈴下以聞鈴下排
閤入言未卒權大怒欲使投以戟逡巡走出
範因突入叩頭流血言與涕並良久權意釋

乃免滕滕見範謝曰父母能生長我不能免
我於死丈夫相知如汝足矣何用多爲
晉應詹元帝時爲建武將軍家富於財時京兆
韋泓喪亂之際又遭饑疫客游洛陽素聞詹
名依託之詹與分甘共苦情若兄弟遂隨從
積年爲之婚娶置宅居之又薦于帝以至顯
宦詹卒泓製朋友之服追趙氏祀程嬰杵臼
之義祭詹終身
南梁范雲武帝時累遷至尚書右僕射雲好節

尚奇專赴人之急少時與領軍王畋善畋亡
于官舍貧無宅居雲乃迎喪還其家躬營含
歛
唐羅道琮慷慨尚節義貞觀末上書忤旨徙嶺
表有同斥相善者死荊襄間臨終泣曰人生
有死獨委骨異壤邪道琮曰吾若還終不使
君獨留此瘞路左去歲餘遇赦歸方霖潦積
水失其殯處道琮慟諸野波中忽若溢沸者
道琮曰若屍在可再沸祝已水復湧乃得屍

負之還鄉
王方翼高宗時爲瀚海都護司馬還朔州其
友趙持滿誅死親戚莫敢收其屍方翼曰欒
布哭彭越義也周文王掩骼仁也絕友義蔽
主仁何以事君遂往哭其屍具禮收葬帝嘉
之不罪
王晙爲桂州都督初劉幽求放封州廣州
都督周利貞欲殺之道出晙所晙知其故[illegible]
不遣利貞移書督趣幽求懼告晙曰勢且[illegible]

全正恐累君奈何晙曰公之坐非朋友所終
晙在終不忍公無罪就死地俄崔湜等誅幽
求復執政
吳保安睿宗時姚巂蠻叛拜李蒙爲姚州都
督宰相郭元振以弟之子仲翔托蒙蒙表爲
判官時保安羅義安尉未得調以仲翔里人
也見之曰願因子得事李將軍可乎仲翔哀
其窮力薦之蒙表爲掌書記後蒙深入與蠻
戰沒仲翔亦被執蠻人必求千縑乃肯贖會

元振物故保安留巂州營贖仲翔苦無貲乃
力居貨十年得縑七百都督楊安居異其故
引與語曰子棄家急朋友之患至是乎乃以
官貲助之保安即委蠻得仲翔以歸後仲翔
爲代州戶曹母喪服除喟曰吾賴吳公生吾
死今親歿可行其志時保安以彭山丞客死
其妻亦歿喪不克歸仲翔爲服縗絰囊其骨
徒跣負之歸葬廬墓三年後爲嵐州長史迎
保安子爲娶而讓以官

李勉少貧客梁宋與諸生共逆旅諸生疾且
死出白金曰左右無知者幸君以此爲我葬
餘則君自取之勉許諾既葬密置餘金棺下
後其家謁勉共啓墓出金付之
柳宗元憲宗元和十年徙柳州刺史時劉禹
錫得播州宗元曰播非人所居而禹錫親在
堂吾不忍其窮無辭以白其大人且萬一無
母子俱往理即具奏欲以柳州授禹錫而自
往播會大臣亦爲禹錫請因改連州

徐晦憲宗時擢櫟陽尉所善楊憑得罪貶臨
賀尉姻友憚累無往候者獨晦至藍田慰餞
宰相權德輿謂曰君送臨賀誠厚無乃爲累
乎晦曰方布衣時臨賀知我今忍遽棄邪有
如公異時爲奸邪譖斥又可爾乎德輿歎其
直稱之朝李夷簡遽表爲監察御史晦過謝
問所以舉之之由夷簡曰君不負楊臨賀肯
負國乎後歷中書舍人強直守正不沉浮於
時

宋查道淳化中初赴舉貧不能上道親族裒錢三萬遺之道出滑州過父友呂翁家翁喪無以葬毋兄將鬻其女以辦襄事道傾橐中錢悉與之又與嫁其女

韓億李若谷未第時皆貧同試京師每出謁更為僕李先登第授許州長社縣主簿赴官自控妻驢億為負一箱將至長社三十里李謂韓曰恐縣吏來箱中止有錢六百以其半遺韓相持大哭別去後舉韓亦登第仕皆至

參政世為婚姻不絕

范純仁仲淹子也仲淹在睢陽遣純仁到姑蘇般麥五百斛純仁時尚少既還舟次丹陽見石曼卿問寄此久何也曼卿曰兩月矣三喪在淺土欲葬之而北歸無可與謀者純仁以所載麥舟付之單騎到家拜起侍立良久仲淹曰東吳見故舊乎曰曼卿為三喪未舉方留滯丹陽時無郭元振莫可告者仲淹曰何不以麥舟付之純仁曰付之矣

侯可仁宗時為華原主簿少與申顏為友顏病重千里為求醫未歸而顏死目不瞑人曰其待侯君乎且斂而可至拊之乃瞑顏無子不克葬可辛勤百營鬻衣相役卒葬之方天寒單衣以居有饋白金者顧顏之妹處室舉以佐其奩具一日自遠歸家以窶告適友人郭行扣門曰吾父病醫邀錢百千賣吾廬而不售可惻然計橐中裝略當其數盡與之關中稱其賢

陳襄少孤益自策勵求士之賢者親而友之得鄉士陳烈周希孟鄭穆為之友四人者氣古行高磨礲鐫切相期以天下之重為己任時學者方溺於彫篆之文以相高所謂知天盡性之説皆指以為迂闊而莫之講襄與三人者獨以斯道鳴於海隅聞者始皆笑之而驚四人者不為變守之益堅躬行於其家由家達于州閭人卒信而化之父兄皆飭其子弟請從之由是閩中士人宗之謂之四先生

巢谷少舉進士遊秦鳳涇原間與韓存寶相
友善熙寧中存寶為河州將有功會瀘州蠻
擾邊命存寶出兵討之存寶不習蠻事邀谷
至軍中問焉及存寶得罪自度必死謂谷曰
我涇原武夫死非所惜顧妻子不免寒餓槖
中有銀數百兩非君莫可使遺之者谷許諾
即變姓名懷銀步往授其子人無知者存寶
死谷即隱避焉

陳希亮為太常少卿輕財好施篤於恩義少

與蜀人宋輔遊輔卒于京師母老子少希亮
養其母終身而以女妻其孤端平使與諸子
游學卒與子忱同登進士第

鮮于侁神宗元豐二年知揚州時蘇軾自湖
州赴獄親朋皆絕交道揚侁往見臺吏不許
通或曰公與軾相知久其所往來書文宜焚
之勿留不然且獲罪侁曰欺君負友吾不忍
為以忠義分譴則所願也

王回指宗時為睦親宅講書與左司諫鄒浩
友善皇后劉氏立浩將論之密告回回曰事
寧有大於此者乎子雖有親然移孝為忠亦
太夫人素志也浩南遷人莫敢顧回斂交游
錢與治裝往來經理且慰安其母邏者以聞
逮詣詔獄衆為之懼回居之晏然御史詰之
對曰實嘗預議不敢欺也時有田晝者陽翟
人與浩以氣節相激厲劉后之立晝謂人曰
志完不言可以絕交矣及浩得罪晝迎諸塗
浩出涕晝正色責曰使志完隱默官京師得

寒疾不汗五日死矣豈獨嶺海之外能死人
哉願君毋以此舉自滿士所當為者未止此
也浩茫然自失歎謝曰君之贈我厚矣

汪應辰高宗時通判建州遂請祠以歸寓居
常山之永平院張九成謫邵州交游皆絕應
辰時通問及其父喪言者猶攻之而應辰不
遠千里往弔人皆危之及通判袁州丞相趙
鼎死朱崖扶喪過郡應辰為文祭曰惟公兩
登上宰皆值艱危之時一斥南荒遂為生死

之別事已定於盖棺恩特容於歸骨吏付之火其子借兵衛以歸道出衢州華傑為守斉[illegible]秦檜意指應辰為阿附死黨符移訊鞫徧揔[illegible]行槖求祭文不可得時胡寅遺檜書謂此[illegible]不足竟事乃寢

元金履祥好學無倦而尤篤於分義有故人子坐事毋子分配為隸不相知者十年履祥傾貲營購卒贖以完其子後貴履祥終不自言相見勞問辛苦而已世祖時隱居仁山之下學者稱為仁山先生

陳旅游京師翰林侍講學士虞集見其所為文慨然歎曰此所謂我老將休付子斯文者矣薦之除國子助教出為江浙儒學副提舉入為應奉翰林文字遷國子監丞旅平生於師友之義尤篤每感集為知己其在江浙時集歸田已數載欲為問候計千里訪集于[illegible]川集感其來留旬日而別惓惓以斯文相知[illegible]惓然若將永訣焉集每與學者語必以旅[illegible]平生益友也

五倫書卷之六十一

五倫書卷之六十二

朋友之道

善行下

師生

魯孔子弟子子路初以戎服見拔劒而舞曰。古之君子固以劒自衛乎。孔子曰。古之君子忠以為質。仁以為衛。不出環堵之室而知千里之外。有不善則以忠化之。侵暴則以仁固之。何待劒乎。子路曰。由乃聞此言。請攝以受教。

公明宣學於曾子。三年不讀書。曾子問之。公明宣曰。宣見夫子居庭。親在。叱咤之聲未嘗至於犬馬。宣說之。學而未能。宣見夫子之應賓客。恭儉而不懈惰。宣說之。學而未能。宣見夫子之居朝廷。嚴臨下而不毀傷。宣說之。學而未能。宣說此三者。學而未能。安敢不學乎。

漢。云敞師事同縣吳章。平帝時章為博士。王莽秉政。章忤莽坐腰斬。當是時章弟子千餘人。莽以為惡黨。皆當禁錮不得仕宦。乃盡更名他師。敞時為大司徒掾。自劾吳章弟子。收抱章尸歸棺斂葬之。京師稱焉。車騎將軍王舜高其節義。薦為中郎諫大夫。

桓榮少學長安。習歐陽尚書。事博士九江朱普。貧窶無資。常客傭以自給。精力不倦。十五年不窺家園。會普卒。榮奔喪九江。負土成墳。因留教授。徒衆數百人。

鍾興從少傅丁恭受春秋。明帝召興拜郎中。令授皇太子及諸王侯經。封關內侯。興辭以

無功不受。帝曰。生教太子及諸王侯。非大功耶。興讓師恭。於是封恭關內侯。

鄭玄事馬融。居門下三年不得見。融使高第弟子授玄。玄日夜尋繹。融聞之。召見。玄因從質諸疑問。義畢辭歸。融喟然謂門人曰。鄭生已去。吾道東矣。

符融少游太學。師事李膺。膺夙性高簡。每見融。輒絕他賓客。聽其言論。融幅巾奮袖。談論如雲。膺每捧手歎息。郭林宗始入京師。時人

莫識融一見嗟服因以介於膺由是知名

三國魏牽招年十餘歲詣同縣樂隱受學後隱為車騎將軍何苗長史招隨卒業值京師亂苗隱見害招與隱門生史路等觸蹈鋒刃共殯斂隱屍送喪還歸道遇寇鈔路等皆悉散走賊欲斫棺取釘招垂淚請免賊義之乃釋而去由此著名

晉許孜敏而好學年二十師事豫章太守會稽孔冲受詩書禮易及孝經論語學竟還鄉里

冲在郡卒孜聞盡哀負擔奔赴送喪返葬會稽蔬食執役制服三年然後歸

唐陽城德宗時為國子司業引諸生告之曰凡學者所以學為忠與孝也諸生有久不省親者乎明日謁城還養者二十輩有三年不歸侍者斥之簡孝秀德行升堂上沉酗不率教者皆罷之躬講經籍由是生徒斥斥皆有法度

戚同文家世業儒邑人楊慤開門授徒同文幼過學舍因授禮記輒能成誦慤異而留之未終歲畢誦五經慤後妻以女弟讀書累年不解帶時晉末亂絕意祿仕慤勉之仕同文曰長者不仕同文何仕慤遇疾不起以家事託之同文為葬其三世數喪聚徒開講學者聞之不遠千里請益于門被其教而登高第者五六十人

宋胡瑗為蘇湖二州教授嚴條約以身先之雖大暑必公服終日以見諸生嚴師弟子之禮

其在湖學置經義治事齋經義齋者擇疏通有器局者居之治事齋者人各治一事又兼一事如治民治兵水利算數之類其在太學亦然故其所教者多適於時用其弟子散在四方隨其人賢愚皆循循雅飭其言談舉止遇之不問可知為胡公弟子學者相與稱先生不問可知為胡公也嘗言劉彝善治水後累為政皆興水利時稱湖學多秀彥若錢藻之淵篤孫覺之純明范純仁之直溫錢公輔

之簡諒皆出其門○徐積嘗從瑗學初見而退頭容少偏瑗忽厲聲曰頭容直積因自思曰不獨頭容直心亦要直自此不敢有邪心

孫明復以師道自任時孔道輔爲人剛直嚴重不妄與人闚明復之風就見之石介執杖屨侍左右明復坐則立升降拜則扶之及其往謝也亦然魯人既素高此二人由是始識師弟子之禮莫不嗟嘆之

周敦頤爲南安軍司理洛人程珦攝通守事

視其氣貌非常人與語知其學爲知道也使其子顥頤受學焉茂叔每令尋孔顔樂處所樂何事二程之學源乎此矣故顥之言曰自再見周茂叔後吟風弄月以歸有吾與點也之意

李之才權共城令時邵雍居母憂于蘇門山百源之上布裘蔬食躬爨以養父之才扣門來謁勞苦之曰好學篤志果何似雍曰簡策迹外未有適也之才曰君非迹簡策者其如物理之學何他日則又曰物理之學學矣不有性命之學乎雍再拜願受業於是先示之以陸淳春秋意欲以春秋表儀五經既可語五經大旨則授易而終焉其後雍卒以易名世

程顥教人自致知至於知止誠意至於平天下灑埽應對至於窮理盡性循循有序病世之學者舍近而趨遠處下而窺高所以輕自大而卒無得也在潁昌時楊時調官京師因

往潁昌從學顥喜甚每言曰楊君最會得容易及歸送之出門謂坐客曰吾道南矣先是建州林志寧出入文彦博門下求教彦博云此中無以相益有二程先生者可往從之因使人送顥處志寧乃語游酢及時時等謂不可不一見也於是同往師焉

朱公掞初見明道于汝歸謂人曰光庭在春風中坐了一月

楊時得明道之傳而歸及聞其卒設位哭寢

門而以書赴告同學者後與游酢同見伊川伊川瞑目而坐二子侍立既覺顧謂曰賢輩尚在此乎今既晚且休矣及出門門外雪深一尺矣

譙定初自涪陵至汴聞伊川程頤講道于洛潔衣往見棄其學而學焉遂得聞精義造詣愈至浩然而歸其後頤貶涪實定之鄉也北山有巖師友游泳其中涪人名之曰讀易洞後居蜀蜀人敬而不敢名稱之曰譙夫子云

呂希哲始與程頤同游學少程一二歲察其學問淵源非他人比首以師禮事之由是知見日益廣大然亦未嘗專主一說務畧去枝葉一意涵養直勁捷以造聖人專慕曾子之學盡力乎其內者其讀經書平直簡要不為辭說以知言為先自得為本躬行為實不尚虛言不為異行

劉安世從學於司馬光問盡心行己之要光語之以誠且令自不妄語始安世終身行之

家居未嘗有惰容久坐身不傾倚作字不草書不好聲色貨利其忠孝剛直皆則象光年既老名望益重嘗曰吾欲為元祐全人見司馬公於地下足矣

胡憲紹興中以鄉貢入太學會伊洛學有禁憲獨陰與劉勉之誦習其說既而學易於譙定久未有得定曰心為物漬故不能有見唯學乃可明耳憲喟然歎曰所謂學者非克己工夫耶自是一意下學不求人知歸故山力

田賁藥以奉親從游者日衆號籍溪先生

劉勉之自幼强學日誦數千言弱冠以鄉舉詣太學時蔡京用事禁士毋得挾元祐書自是伊洛之學不行勉之求得其書每深夜同舍生皆寐乃潛抄而默誦之譙定至京師勉之聞其從程頤游遂於易學遂師事之不事科舉業專務正學以卒其業焉

劉子翬太師韐之仲子高宗朝通判興化軍以不堪吏責辭歸武夷山與籍溪胡憲白水

劉勉之相得每見講學外無雜言他所與遊皆海内知名士而期以任重致遠者惟新安朱熹而已初熹父松且死以熹托子翬及熹請益子翬告以易之不遠復三言俾佩之終身熹後卒為儒宗

楊萬里高宗朝為永州零陵丞時張浚謫永杜門謝客萬里三往不得見以書力請始見之勉以正心誠意之學萬里服其教終身乃名讀書之室曰誠齋

羅從彥以累舉恩為惠州博羅縣主簿聞同郡楊時得河南程氏學慨然慕之及時為蕭山令步往學焉時熟察之乃喜曰惟從彥乃可與言道於是日益以親時弟子千餘無及從彥者從彥初見三日即驚汗浹背曰不至是幾虛過一生矣

李侗聞郡人羅從彥得河洛之學從之累年受春秋中庸語孟之說從彥好靜坐侗退入室中亦靜坐從彥令靜中看喜怒哀樂未發前氣象所謂中者久之而於天下之理該攝洞貫以次融釋各有條序從彥亟稱許焉

林光朝聞吴中陸子正嘗從尹焞學因往從之遊自是專心聖賢踐履之學通六經貫百氏言動必以禮四方来學者亡慮數百人南渡後以伊洛之學倡東南者自光朝始

張栻丞相浚子也頴悟夙成浚愛之自幼學所教莫非仁義忠孝之實長師胡宏宏一見即以孔門論仁親切之旨教之栻退而思若

有得焉宏稱之曰聖門有人矣栻益自奮勵以古聖賢自期嘗曰自秦漢以来言治者汨於五伯功利之習求道者淪於異端空虛之說而於先王發政施仁之實天理人倫之教莫克推而講明之故言治者若無豫於學而求道者反不涉於事民莫睹乎三代之盛可勝歎哉惟濂溪先生崛起於千載之後獨得微指於殘編斷簡之中推本太極以及乎陰陽五行之流布人物之所以生化於是知人

之為至靈而性之為至善萬物有其宗萬事循其則舉而措之則可見先王之所以為治者皆非私知之所出孔孟之意于以復明至于二程先生則又推而極之凡聖人之所以教人與學者之所以用工本末始終精粗該備於是求道者有其序而言治道者有所本矣

朱熹少時慨然有求道之志父松病亟嘗屬熹曰籍溪胡原仲白水劉致中屏山劉彥冲

學有淵源吾所敬畏吾即死汝往事之而惟其言之聽故熹之學既博求之經傳復徧交當世有識之士延平李侗嘗學於羅從彥熹歸自同安不遠數百里徒步從之終日儼然端坐一室討論墳典未嘗少輟從游之士迭誦所習以質其疑意有未喻則委曲告之而未嘗倦問有未切則反覆戒之而未嘗隱務學篤則喜見於言進道難則憂形於色講論經典商略古今率至夜半雖疾病諸生問辨則脫然若沉疴之去體一日不講學則惕然常以為憂樞衣而來遠自川蜀窮鄉晚出家畜其書私淑諸人者不可勝數嘗曰秦漢以來天下之士莫知所以為學是以天理不明而人欲熾道學不傳而異端起人挾其私智以馳騖一世宋興有濂溪者作然後天理明而道學之傳復續蓋有以闡夫太極陰陽五行之奧而天下之為中正仁義者有以知其所自來言聖學之有要而下學者知勝私復

禮之可馴致於上達明天下之有本而言治者知誠心端緒之可以舉而措之於天下其所以上接洙泗千載之統下啓河洛百世之傳者脉絡分明而規模亦宏遠矣

蔡元定父發博覽群書以程氏語錄邵氏經世張氏正蒙授元定曰此孔孟正脉也元定深涵其義既長辨析益精登西山絕頂忍飢食薺讀書聞朱熹名往師之熹扣其學大驚曰此吾老友也不當在弟子列遂與對榻講

論諸經奧義每至夜分四方來學者必俾先從元定質正焉

陳淳少習舉子業林宗臣見而奇之曰此非聖賢事業也因授以近思錄淳退而讀之遂盡棄其業朱熹來守其郡淳請受教熹曰凡閱義理必窮其原如為人父何故止於慈為人子何故止於孝其他可類推也淳聞而為學益力日求其所未至熹數語人以南來吾道喜得陳淳門人有疑問不合者則稱淳善

問

錢時幼奇偉不群讀書不為世儒之習以易冠漕司既而絕意科舉究明理學江東提刑袁甫作象山書院招主講席學者興起政事多所裨益郡守及新安紹興守皆厚禮延請開講郡庠其學大抵發明人心論議宏偉指摘痛快聞者皆有得焉

廖德明嘗為潯州教授為學者講明聖賢心學之要在南粵時立師悟堂刻朱熹家禮及程氏遺書公餘延僚屬及諸生親為講解遠近化之嘗語人以仕學之要曰德明自始仕以至為郡惟用三代直道而行一語而已

元許衡至元中辭中書左丞復以為集賢大學士兼國子祭酒世祖親為擇蒙古弟子俾教之衡聞命喜曰此吾事也時所選弟子皆幼稚衡待之如成人出入進退其嚴若君臣其為教因覺以明善因明以開蔽相其動息以為張弛課誦少暇即習禮或習書筭少者則

令習拜跪揖讓進退應對或射或投壺負者罰讀書若干遍久之諸生人人自得尊師敬業下至童子亦知三綱五常為生人之道

耶律有尚初受業許衡之門其學邃於性理而尤以誠為本前後五居國學三為祭酒其立教以義理為本而省察必精切以恭敬為先而踐履必端慤凡文詞小技綴緝雕刻足以破裂聖人之大道者皆屏黜之是以諸生知趨正學崇正道以經術為尊以躬行為務

悉爲成德達材之士。大抵其敎法一遵許衡之舊。海内宗之

五倫書卷之六十二